沈家本与中国法律文化国际学术研讨会论文集

李雪梅　主编

第三辑

中国政法大学出版社

2024·北京

图书在版编目（CIP）数据

沈家本与中国法律文化国际学术研讨会论文集. 第三辑 / 李雪梅主编. -- 北京：中国政法大学出版社，2024. 7. -- ISBN 978-7-5764-1654-1

Ⅰ. D909.252-53

中国国家版本馆 CIP 数据核字第 202478NK22 号

书　名	沈家本与中国法律文化国际学术研讨会论文集（第三辑） SHENJIABEN YU ZHONGGUO FALÜ WENHUA GUOJI XUESHU YANTAOHUI LUNWENJI DISANJI
出版者	中国政法大学出版社
地　址	北京市海淀区西土城路 25 号
邮　箱	bianjishi07public@163.com
网　址	http://www.cuplpress.com (网络实名：中国政法大学出版社)
电　话	010-58908466(第七编辑部) 010-58908334(邮购部)
承　印	保定市中画美凯印刷有限公司
开　本	720mm×960mm　1/16
印　张	27.5
字　数	450 千字
版　次	2024 年 7 月第 1 版
印　次	2024 年 7 月第 1 次印刷
定　价	130.00 元

目 录

上 编　沈家本研究及评述

下 编 传统法律文化研究

上编

沈家本研究及评述

再论"平恕"法理

——从沈家本论唐律宗旨谈起

前 言

沈家本于《明律目笺一》"断罪无正条",说:"断罪无正条,用比附加减之律,定于明而创于隋。国朝律法承用前明,二百数十年来,此法遵行勿替。近来东西国刑法皆不用此文,而中国沿袭既久,群以为便,一旦议欲废之,难者锋起,而未考古人之议此律者正非一人也。"此处详论古人议此律者,非只一人,尤其着重唐、明、清律,论述颇为中肯,治法史者,值得细读。沈氏对于唐律议论如下:

> 唐律此文本于开皇,乃用律之例,而非为比附加减之用也。观《疏》议所言,其重其轻皆于本门中举之,而非取他律以相比附,故或轻或重仍不越乎本律之范围。其应出者,重者且然,轻者更无论矣。其应入者,轻者且然,重者更无论矣。其宗旨本极平恕,而赵冬牺犹讥之,矧明律之宗旨与唐律又不同哉。[1]

其要有四:(1)唐律此条规定源自隋《开皇律》;(2)此条为轻重相举,非为"比附加减"(按,此为明律所加),所以出入轻重,都是在"本门中举之,而非取他律(按,此为清律所加)以相比附";(3)本条之立法宗旨极

---

〔1〕参见(清)沈家本撰,邓经元、骈宇骞点校:《历代刑法考·明律目笺》"断罪无正条",中华书局1985年版,第1807-1814页。

为"平恕"；但对赵冬牺之讥（按，指赵冬牺议论勿用条目中包含"准加减"一事），不以为然。(4) 明律之宗旨与唐律不同。关于此点，沈氏指出："按引律比附，应加应减，定拟（此处似脱"罪名"两字），此明改唐律之文，与唐律之举重明轻、举轻明重，其宗旨遂不同矣。"

沈氏进而详析明清律修改唐律所出现流弊甚大，尤其清律自律内增一"他"字。沈氏说："盖既为他律，其事未必相类，其义即不相通，牵就依违，狱多周内，重轻任意，冤滥难伸。此一字之误，其流弊正有不可胜言者矣。……自国初以来，比附之不得其平者，莫如文字之狱。"〔1〕此处不讨论"断罪无正条"内容问题，但对于唐律适用轻重相举一事，沈氏评议其宗旨极为"平恕"，实是非常重要的提示，笔者以为正是传统法文化核心价值所在。关于"平恕"法理，笔者先前已有初步讨论，此处拟就法文化中的意义再进一步探讨。〔2〕

一、议法从持"平"到"平恕"及其实例

（一）议法持"平"到"平恕"

"平"字已见于十三经，但"恕"字只见于《礼记》《左传》《论语》《孟子》，可见"恕"字较"平"字晚出。春秋晚期，孔门师生论恕道已甚为充实。例如子贡问曰："有一言而可以终身行之者乎？"孔子曰："其恕乎！己所不欲，勿施于人。"〔3〕孔子对曾子曰："吾道一以贯之。"曾子门人问此"道"为何？曾子曰："夫子之道，忠恕而已矣。"〔4〕根据这样的对话可知，孔子认为终身可用来励行的一句话，就是一个"恕"字，而"恕"之义，正如孔子所说的"己所不欲，勿施于人"。同时，曾子认为孔子一贯励行之道，是"忠恕"而已，也就是在"恕"字之前多加一个"忠"字。这样一来，"恕"的使用更加多元化。此处的问题，在于曾子为何要多加一个"忠"字，"恕"与"忠恕"的差别何在？孔门没进一步说明，历来遂有各种不同的解读。拙稿无法处理如此复杂的时代性解读，仅就法文化传统思维略抒浅见。

〔1〕 参见（清）沈家本撰，邓经元、骈宇骞点校：《历代刑法考·明律目笺》"断罪无正条"，中华书局 1985 年版，第 1816 页。

〔2〕 参见高明士：《中国中古礼律综论续编 礼教与法制》，元照出版公司 2020 年版，《序》第 1-5 页。此处拟再进一步探讨。

〔3〕 （宋）朱熹集注：《四书集注 乙种本·论语·卫灵公》，世界书局 1964 年版，第 67 页。

〔4〕 （宋）朱熹集注：《四书集注 乙种本·论语·卫灵公》，世界书局 1964 年版，第 15 页。

明太祖洪武二十四年（1391年）六月壬午（二十七日），升大理寺丞周志清为卿。太祖谕之曰："大理之职，即古之廷尉，历代任斯职者，独汉清称张释之、于定国；唐称戴胄，盖有由其处心公正，议法平恕，狱以无冤，故流芳后世。今命尔为大理卿，当推情定法，毋为深文，务求明允，使刑必当罪，庶几可方古人，不负朕命也。"〔1〕此即明太祖举汉唐优良法吏为例，下谕期勉即将出任大理卿周志清，要"处心公正"，并将"平恕"悬为议狱执法最高准则，正如诏谕所示："议法平恕，狱以无冤"，做到推情定法，刑必当罪。太祖这个诏谕，正提示法吏要传承优良法文化的核心价值，并训示"毋为深文，务求明允"，这样才能媲美古人，不辜负君上使命。

明太祖指出史上著名"处心公正，议法平恕"的廷尉或大理卿，在汉朝为张释之、于定国，在唐朝为戴胄，至今学界亦甚为重视，经常引述。但就法史的演变而言，有以下两个问题值得讨论：其一，就史实而言，张释之、于定国乃至戴胄，其实是指议法持平公正，但明太祖用"平恕"。其二，"平"与"恕"，乃至"平恕"，其实是不同概念，而"平恕"一词，较为晚出。兹先讨论此三位之议法原则。

1. 汉朝张释之事例

汉朝张释之事例，指汉文帝乘舆马被惊动，"犯跸"之人，有可能被处死，交由廷尉审理。廷尉张释之以为依法（如淳注曰《乙令》）只能罚金，释之曰："法者天子所与天下公共也。今法如是，更重之，是法不信于民也。且方其时，上使使诛之则已。今已下廷尉，廷尉，天下之平也，壹倾，天下用法皆为之轻重，民安所错其手足？唯陛下察之。"此处提出所谓"廷尉，天下之平也"名言，即明示用法要持"平"，亦是司法所要追求的终极目标。〔2〕文帝终于接受释之之议，堪谓明君。〔3〕

2. 汉朝于定国事例

于定国在汉宣帝时出任廷尉，《汉书·于定国传》曰："其决疑平法，务在哀鳏寡，罪疑从轻，加审慎之心。朝廷称之曰：张释之为廷尉，天下无冤民；于定国为廷尉，民自以不冤。"唐·颜师古对"民自以不冤"，注曰：

---

〔1〕《明实录》卷二百九"（太祖）洪武二十四年六月二十七日"条，第3123页。

〔2〕关于法文化中的"平"者境界解析，笔者已有初步解析，参见高明士：《中国中古礼律综论 法文化的定型》，商务印书馆2017年版，第75—102页。

〔3〕《汉书》卷五十《张释之传》，中华书局1962年版，第2310页。

"言知其宽平，皆无冤枉之虑。"[1]师古着重"宽平"，亦即宽容、公平，强调公平，当无问题，但是否还要加上"宽"字，有待进一步思考。盖班固所谓"决疑平法"，即针对廷尉一职之职责而言，[2]决疑为鞫谳疑罪，平法即平狱。至谓"务在哀鳏寡"，班固于《于定国传》"赞曰"："于定国父子哀鳏哲狱"，哀鳏哲狱即哀矜折狱。[3]关于"哀矜"一词，下节说明。至于"罪疑从轻"，亦见《尚书·大禹谟》。"加审慎之心"，是对以上所述的总结，即用刑宜具审慎之心，如《尚书·舜典》所说："钦哉钦哉，惟刑之恤哉。"

总之，班氏对于定国的评述，除"平法"之外，还加上哀矜慎刑的表现。哀矜慎刑正是实践"恕"道，此后进一步发展成为"平恕"法理，只是此时尚无用此一词。[4]

3. 唐朝戴胄事例

唐朝戴胄明习律令，尤晓文簿，太宗贞观元年（627年），迁大理少卿，常犯颜执法，尤其对若干案例，太宗执意要处死刑，而戴胄仍据法力争，如有关诈伪资荫案，太宗对不自首者要处以死刑，胄则依法断流，胄说："法者，国家所以布大信于天下，言者，当时喜怒之所发耳。陛下发一朝之忿而许杀之，既知不可而置之于法，此乃忍小忿而存大信也。若顺忿违信，臣窃为陛下惜之。"结果，太宗说："法有所失，公能正之，朕何忧也。"[5]《旧唐

---

〔1〕《汉书》卷七十一《于定国传》，中华书局1962年版，第3034页。

〔2〕《汉书》卷十九上《百官公卿表第七上》记载："廷尉，秦官。"应劭注曰："听狱必质诸朝廷，与众共之，兵狱同制，故称廷尉。"师古注曰："廷，平也。治狱贵平，故以为号。"《后汉书》卷二十五《百官志》："廷尉，卿一人，中二千石。本注曰：掌平狱，奏当所应。凡郡国谳疑罪，皆处当以报。"

〔3〕（清）皮锡瑞：《尚书大传疏证》卷六《甫刑》，《大传》引孔子曰："听讼虽得其情，必哀矜之。死不可复生，断不可复续也。"接着引《尚书·吕刑》曰："哀矜哲（折）狱。"《疏证》曰："陈乔枞曰：'案：矜、鳏，古通用字。隶古定本矜作敬，哲作折。然则《大传》哲字，当即折之叚借也。'锡瑞案：陈说是也。"参见（清）皮锡瑞撰，吴仰湘点校：《尚书大传疏证》卷六《甫刑》，中华书局2022年版，第300-301页。（宋）吴仁杰撰：《两汉刊误补遗》卷七"哀鳏"，载影印文渊阁《四库全书》总第253册，《史部·正史类》，北京出版社2012年版，第877页。卷七《哀鳏》曰："哀鳏哲狱，《刊误》读为哀矜，固合于《大传》孔子之言，至所谓务在哀鳏寡，以《大传》哀孤独矜寡等语推之，疑班氏本文如此，非后人所增也。"由此可知班氏所谓"务在哀鳏寡"，当即《尚书大传》所指"哀孤独矜寡等语"（见前引《尚书大传疏证》，第299页），可简称为"哀矜"。

〔4〕《后汉书·赵壹传》记载皇甫规给赵壹书函中，提及"惟君明睿，平其凤心"。（唐）李贤等注曰："平，恕也。"参见《后汉书》卷八十下《赵壹传》，中华书局1965年版，第2633页。此处已寓有"平恕"之意，但仍为唐人用法。

〔5〕《旧唐书》卷七十《戴胄传》，中华书局1975年版，第2532页。

书·戴胄传》记载:"胄前后犯颜执法多此类。所论刑狱,皆事无冤滥,随方指擿,言如泉涌。"[1]戴胄之例,指胄能够犯颜直谏,执法公正。

清世宗雍正三年(1725)十月七日,谕大学士等曰:"用刑贵于平恕,惟平惟恕,斯宽非滥而严非枉。但'平恕'二字,必详慎精密,得其至情,方能无误。若祗照旧例断决,则一巡抚衙门老吏能之,何待朕与尔等大臣。"[2]

此诏谕清楚指出"平"与"恕"本为两个不同概念,但认为"用刑贵于平恕",也就是要以"平恕"作为断狱议法的最高准绳。接着指示要遵守以下两个原则,才能达到"平恕"境界:一是"宽非滥而严非枉",确实掌握宽、严分际,才不致出现浮滥或冤枉;二是"详慎精密,得其至情",断案要谨慎细心,抽丝剥茧,才能探求案情的真相。这是对"平恕"作最详细的定义,训示司法遵守,以免误判。若只按照"旧例"断案,与一巡抚衙门老吏没什么二样,枉费君臣期待。由此可知,直至清代,"平恕"已成为法文化的核心价值。

(二)"平恕"一词何时出现?

自古以来,"平"与"恕"(含哀矜)的德目各自存在与发扬。两者结合成为"平恕"一词,何时出现?史载不明。以现今文献看来,最早的事例,浅见以为出自西晋武帝泰始年间(265—274?),野王令夏侯湛作"昆弟诰",其中提道:"厚爱平恕,以济其宽裕。"史书称夏侯湛:"幼有盛才,文章宏富,善构新词。"夏侯湛与潘岳齐名,被称为"连璧"。[3]由此看来,"平恕"一词恐为夏侯湛所造的"新词"。盖"恕"的涵养,正是孔门最高的道德指标,西晋为士族政权,儒学受重视,理所当然,正如礼学重视丧礼,令与律成为相对的重要法典,《丧葬令》《服制令》为西晋《泰始令》重要篇目之一,驯至"平恕"一词在西晋出现,当非偶然现象。

(三)议法"平恕"实例

两晋南北朝时期,论述使用"平恕"一词已出现许多事例。兹举《大藏经》《史传部》所著录若干高僧传为例,例如梁僧祐撰《弘明集》,收录朱广

---

〔1〕《旧唐书》卷七十《戴胄传》,中华书局1975年版,第2532页。

〔2〕《清实录·世宗宪皇帝实录》卷三十七"雍正三年十月七日"条,第548页。

〔3〕《晋书》卷五十五《夏侯湛传》,中华书局1974年版,第1491-1497页。

之《疑夷夏论谘顾道士》一文，曰："舟车之喻虽美，平恕之情未笃。"〔1〕又如《续高僧传·译经篇》《隋释彦琮传》记载释彦琮着有《辩正论》，其中论述"宣译之业"，需要具备八条件，第五曰："襟抱平恕，器量虚融，不好专执，其备五也。"〔2〕《续高僧传·义解篇》《唐释保恭传》记载释保恭曰："陈、隋、唐代，三国天子之所隆焉。"唐高祖时，以保恭禅师"志行清澄"，任命为大庄严寺纲统，其传曰："平恕衷诣，众无怨焉。"〔3〕

　　史书用"平恕"赞许法吏，如上所述，其实例多见于隋唐以后，直至明清，已是常见的用词。〔4〕例如，隋文帝时期，大理卿薛胄与少卿赵绰，"俱名平恕，然胄断狱以情，而绰守法，俱为称职"。〔5〕唐太宗于即位之初，说："古称至公者，盖谓平恕无私。"〔6〕贞观初（627），殿中侍御史崔仁师亦曰："凡治狱当以平恕为本。"〔7〕高宗时，狄仁杰为大理丞，"岁中断久狱万七千人，时称平恕"〔8〕。武则天建周时期，虽任用酷吏执法，但也有任用良吏持平，徐有功、杜景俭即是，《资治通鉴》卷二〇四武则天天授元年（690）七月条，记载："时法官竞为深酷，唯司刑丞（按，即大理丞）徐有功、杜景俭独存平恕，被告者皆曰：遇来、侯必死，遇徐、杜必生。"〔9〕

---

　　〔1〕　朱广之曾任南齐时代临川王常侍，此文系针对顾欢之"夷夏论"而作，以儒家之立场，认为佛、道二教各有其用，而倡调和说。参见梁僧祐撰：《弘明集》卷七，朱广之：《疑夷夏论谘顾道士》，载高楠顺次郎编辑：《大正新修大藏经》，大正一切经刊行会1925年版，第五十二卷《史传部四》，第2102本，第44页。

　　〔2〕　《隋东都上林园翻经馆沙门释彦琮传》曰："释彦琮，俗缘李氏，赵郡柏人人也。世号衣冠，门称甲族，少而聪敏，才藻清新，识洞幽微，情符水镜。……乃着辩正论，以垂翻译之式。"参见（唐）道宣撰，苏小华校注：《续高僧传校注》卷二《译经篇二》，上海古籍出版社2021年版，第50-55页。

　　〔3〕　（唐）道宣撰，苏小华校注：《续高僧传校注》卷十一《义解篇七》，《唐京师大庄严寺释保恭传》，上海古籍出版社2021年版，第304页。

　　〔4〕　稍感不解的是，朱子对"平"与"恕"均有详细论述，惟似无讨论"平恕"一词，不解其故，祈方家有以教之。

　　〔5〕　《隋书》卷六十二《赵绰传》，中华书局1973年版，第1486页。

　　〔6〕　（唐）吴兢撰，谢保成集校：《贞观政要集校》卷五《论公平》，中华书局2003年版，第278页。

　　〔7〕　杨家骆主编：《新校资治通鉴注》卷一九二"贞观元年十二月"条，世界书局1970年版，第6042页。

　　〔8〕　《新唐书》卷一一五《狄仁杰传》，中华书局1975年版，第4207页。

　　〔9〕　杨家骆主编：《新校资治通鉴注》卷二〇四"则天后天授元年七月"条，世界书局1970年版，第6465页。

此处亦用 "平恕" 来形容徐、杜执法公平。徐有功卒后，中宗神龙元年（705），以有功 "执法平恕，追赠越州都督，特授一子官"。[1]李德裕于武宗会昌年间（841—846）曰："徐有功自司刑丞累迁至司刑少卿，数议大狱，务在平恕，凡所济活者数百家。"[2]史传评宪宗宰相崔群奏议曰："群凡启奏，平恕如此。"[3]以上为隋唐所见诸实例，均以 "平恕" 为标的。

宋以后，再看如下诸例：宋仁宗至和元年（1054），太常博士审刑院详议官吴及奏疏曰："历世用刑，无如本朝之平恕。"[4]宋徽宗政和三年（1113）闰四月二十七日，户部尚书刘炳（昺）上疏时说："君子者，法之原必本于平恕；圣人者，礼之制莫尚乎变通。"[5]

若再参照前述明清时期君主的诏谕，可知至迟在隋唐以后，司法断狱运用 "平恕" 法理，已经深入朝野人心。易言之，执法 "平恕"，在隋唐以后迄至明清，已经成为法文化最高的核心价值。

二、恕道溯源及其多元意义——哀矜、仁恕与忠恕

"平" 加上 "恕"，重点为 "恕"，借 "恕" 的内在动力，提升 "平" 的丰富内涵，赋予道德约束力，使 "平" 字不再是谨守冷冰冰的律文。但 "恕" 字较为晚出，与其相近之古义为 "矜" 或 "哀矜"。例如世界最古的刑书《尚书》，并无 "恕" 字，相近于 "恕" 字而具有法文化概念的是 "哀矜"，"哀矜" 义近 "仁恕"。恕字的发扬，至孔门师徒的教育，达到充实升华，曾子再提出 "忠恕"，成为至高的道德水平，恕道因而呈多元性意义，最后由 "平恕" 统摄，成为法文化发展过程中甚具意义的特点。以下略述 "平恕" 之缘由。

（一）所谓 "哀矜"

所谓 "哀矜"，语见《尚书·吕刑》，其曰："皇帝哀矜庶戮之不辜，报

---

〔1〕《旧唐书》卷五十《刑法志》，中华书局 1975 年版，第 2149 页。

〔2〕 傅璇琮、周建国校笺：《李德裕文集校笺》卷十二《杂状·故赠越州都督徐有功》，河北教育出版社 2000 年版，第 206 页。

〔3〕《新唐书》卷一百六十五《崔群传》，中华书局 1975 年版，第 5081 页。

〔4〕 李焘注曰："及，此疏恐以皇祐五年（1053）上。"（宋）李焘撰：《续资治通鉴长编》卷一百七十七 "仁宗至和元年十二月末" 条，中华书局 1985 年版，第 4299-4300 页。

〔5〕 刘琳等校点：《宋会要辑稿》册三《礼·礼三六·丧服·杂服制》"礼三六之一六"，上海古籍出版社 2014 年版，第 1548 页。

虐以威。"此处的"哀矜"，为怜悯之意。这段的白话意思，指伟大的上帝，怜悯这些受害的民众本是无罪，所以用惩罚来报复那些残暴的人。唐孔颖达在注疏《尚书》以及孔安国《传》，有四处使用"哀矜"作解。[1]《尚书·舜典》曰："钦哉钦哉，惟刑之恤哉。"这是强调用刑要谨慎。宋陈经《尚书详解》曰："钦者，敬也，以言其不敢忽也。恤者，忧也，以言得其情则哀矜而勿喜也。"[2]陈经即借《论语·子张篇》曾子曰："如得其情，则哀矜而勿喜"，为《舜典》此句作解。[3]明丘濬曰："哀者，悲民之不幸；矜者，怜民之无知；勿喜者，勿喜己之有能也。呜呼！圣门教人，不以听讼为能，而必以使民无讼为至。"[4]这是对哀与矜个别进一步解说，同时忠告执法者要将心比心对待百姓诉讼双方，以期无讼。

唐律虽无使用"恕"字，但仍多遵循古意，持"矜"或"哀矜"之情断狱，充分呈现恕道，尤其"老小及疾有犯"条（总30条），该条《疏》议曰："依周礼：年七十以上及未龀者，并不为奴。今律：年七十以上、七十九以下，十五以下、十一以上及废疾，为矜老小及疾，故流罪以下收赎。"[5]据此，可知有关老、小、笃疾犯罪，律循《周礼》（《秋官·司厉》）之礼意，哀矜断狱，从宽量刑，明清律亦然，正是传统法文化令人注目的特质。元儒柳赟《唐律疏义序》曰："盖姬周而下，文物仪章，莫备于唐。始太宗因魏徵一言，遂以宽仁制为出治之本，中书奏谳，常三覆五覆而后报可，其不欲以

---

〔1〕 兹举如下二例。《尚书·召诰》曰："天亦哀于四方之民"，此处之"哀"，即解为"哀矜"。参见《尚书正义》卷十四。《尚书·康王之诰》曰："昔君文、武丕，平富，不务咎。"孔安国《传》曰："言先君文、武道大，政化平美，不务咎恶。"孔颖达对"不务咎恶"，正义曰："言哀矜下民，不用刑罚。"参见《尚书正义》卷十八。

〔2〕 （宋）陈经：《尚书详解·虞书》卷二《舜典》，载王云五主编：《丛书集成初编》，商务印书馆1936年版，第22页。

〔3〕 朱子指出，当时法官对《尚书》"钦恤"说有所误解，辩解曰："多有人解书做宽恤之'恤'，某之意不然。若做宽恤，如被杀者不令偿命，死者何辜！大率是说刑者民之司命，不可不谨，如断者不可续，乃矜恤之'恤'耳。"所以"恤刑"之"恤"，宜解为矜恤，而非宽恤；"恤刑"即慎刑，而非宽恤刑责。参见《朱子语类》卷七十八《尚书一·舜典》，载（宋）朱熹撰，朱杰人、严佐之、刘永翔主编：《朱子全书》第十六册，上海古籍出版社、安徽教育出版社2002年版，第2655页。

〔4〕 （明）丘濬：《大学衍义补》卷一百六《慎刑宪·详听断之法》，京都中文出版社1979年版，第22页。

〔5〕 参见《唐律疏议》"老小及疾有犯"条，中华书局1983年版，第80-81页。又如《疏》议有关奴婢隶隶的问答，答曰："奴婢贱隶，唯于被盗之家称人，自外诸杀杀伤，不同良人之限。若老、小、笃疾，律许哀矜，杂犯死刑，并不科罪；伤人及盗，俱入赎刑。"

法禁胜德化之意,皦然与哀矜慎恤者同符。"〔1〕柳氏认为自周以下,"文物仪章",以唐朝最为完备,这是受唐太宗的影响。盖太宗在魏徵谏诤之下,施政以宽仁为本,执法"哀矜慎恤",允称德政,成为后世楷模。

（二）关于"仁恕"

汉代许慎《说文解字》释"恕"字曰:"仁也。"清代段玉裁《说文解字注》曰:"孔子曰:'能近取譬,可谓仁之方也矣。'（《论语·雍也篇》）孟子曰:'强恕而行,求仁莫近焉。'（《孟子·尽心上》）是则为仁不外于恕,析言之则有别,浑言之则不别也。仁者,亲也。"又曰:"从心,如声。"段氏认为许慎将"恕"字解为仁,当源自孔孟学说。诸儒也有各自的解析,例如朱子引程伊川（程颐）曰:"我不欲人之加诸我也,吾亦欲无加诸人,仁也;己所不欲,勿施于人,恕也。"朱子因而曰"欲立人、欲达人",即子贡所谓"欲无加人",仁之事也;"能近取譬",求仁之方,即孔子所谓"勿施于人",恕之事也。〔2〕

于是仁与恕合称为"仁恕",亦成为法文化中常用的赞许之词。元代徐元瑞《吏学指南》有一节名称为"仁恕",列举史上著名执法崇尚"仁恕"者,例如西汉陈咸,性仁恕,尝戒子孙曰:"为人议法,当依于轻,虽有百金之利,慎无与人重。"唐陆象先为剑南按察使,"政尚仁恕"等。〔3〕

（三）关于"矜恕"

"哀矜"与"仁恕"的表现,有其不同时代的背景,但用来说明亲亲仁民的态度并无二致。因此,在君臣问政论刑常等同引述,而简称为"矜恕"。例如《后汉书·郭躬传》曰:"（章帝）元和三年（86 年）,拜为廷尉。躬家世掌法,务在宽平,及典理官,决狱断刑,多依矜恕,乃条诸重文可从轻者四十一事奏之,事皆施行,着于令。"〔4〕《魏书·游肇传》曰:"（宣武帝景明末,503 年?）徙廷尉卿,兼御史中尉,黄门如故。肇,儒者,动存名教,直绳所举,莫非伤风败俗。持法仁平,断狱务于矜恕。"〔5〕

---

〔1〕（元）柳贇:《唐律疏义序》,载《唐律疏议》,中华书局 1983 年版,第 663 页。

〔2〕参见《晦庵先生朱文公文集》卷四十一《答冯作肃》,载（宋）朱熹撰,朱杰人、严佐之、刘永翔主编:《朱子全书》第二十二册,上海古籍出版社、安徽教育出版社 2002 年版,第 1849 页。

〔3〕（元）徐元瑞,叶潜昭校订:《吏学指南》"仁恕"条,大华印书馆 1969 年版,第 119-121 页。

〔4〕《后汉书》卷四十六《郭躬传》,中华书局 1965 年版,第 1544 页。

〔5〕《魏书》卷五十五《游肇传》,中华书局 1974 年版,第 1216 页。

"哀矜"与"仁恕"相提并论，至宋代尤为明显，如太宗太平兴国六年（981）十月丁亥，"两京诸州府系囚令役夫洒扫狱户每五日一遣吏视之诏"曰：

> 应两京及诸州府系囚等，朕焦劳万几，钦恤庶狱，乃眷士民之蕃庶，尚念法令之滋彰，图圄未空，逮捕犹众，……不示哀矜，岂彰仁恕。宜令诸处，候诏到日，令役夫洒扫狱户，每五日一遣吏视之，供馈水浆，洗涤杻械，疾者给医药，无使饥渴夭枉，以伤好生之德。[1]

宋太宗淳化元年（990）正月乙巳，"诫约州郡刑狱诏"曰："朕司牧黎人，哀矜庶狱，累行钦恤之诏，用推仁恕之恩，而以官吏之间，委任尤剧。凡在决谳，所宜尽心，巧诋者必致于严科，平反者亦加其懋赏。惩劝之道，斯为至焉。"[2]宋英宗治平元年（1064）十月二十五日，天章阁待制兼侍读李受、天章阁侍讲傅卞奏曰："我太祖、太宗以神武英睿，一统海内，功业之大，上格皇天。真宗以盛德大明纂承洪绪，恭俭御物，仁恕抚民，勤劳万机，哀矜庶狱。"[3]此处举出宋太祖、太宗、真宗都能够仁恕爱民，哀矜断狱，无怪乎近人法史名家徐道邻指出："宋朝的皇帝懂法律和尊重法律的，比中国任何其他的朝代都多。"接着举出八位皇帝，首先即宋太祖、太宗、真宗。[4]1935 年公布施行的《中华民国刑法》第五十九条规定："犯罪之情况可悯恕者，得酌量减轻其刑。"当是传统法文化中恕法道理的遗存。

（四）"忠恕"与"平施"

何谓"忠恕"？前引《论语·里仁篇》记载孔子曰："吾道一以贯之。"此"道"为何？曾子曰："夫子之道，忠恕而已矣。"此即将孔子之"道"，解为"忠恕"。北宋邢昺《论语正义》解释"忠恕"曰："忠谓尽中心也，恕

〔1〕《宋大诏令集》卷二百《政事五十三·刑法上》"两京诸州府系囚令役夫洒扫狱户每五日一遣吏视之诏"，中华书局 1962 年版，第 740 页。

〔2〕《宋大诏令集》卷二百《政事五十三·刑法上》"诫约州郡刑狱诏"，中华书局 1962 年版，第 743 页。

〔3〕刘琳等校点：《宋会要辑稿》册二《礼·礼二四·明堂御札》"礼二四之三八、三九"，上海古籍出版社 2014 年版，第 1159-1160 页。

〔4〕参见徐道邻：《宋律中的审判制度》，载徐道邻：《中国法制史论集》，志文出版社 1975 年版，第 89 页；徐道邻：《宋代多明法之君》，载徐道邻：《中国法制史论略》柒"宋"之二，正中书局 1953 年版，第 66 页、第 67 页。

谓忖己度物也。言夫子之道，唯以忠恕一理以统天下万事之理，更无他法，故云而已矣。"〔1〕这个说法，就是以一个道理来统摄万物，非常简明。朱子对于此事，有更详细的解说：

> 尽己之谓忠，推己之谓恕。"而已矣"者，竭尽而无余之辞也。夫子之一理浑然而泛应曲当，譬则天地之至诚无息，而万物各得其所也。自此之外，固无余法，而亦无待于推矣。曾子有见于此而难言之，故借学者尽己、推己之目以着明之，欲人之易晓也。盖至诚无息者，道之体也，万殊之所以一本也；万物各得其所者，道之用也，一本之所以万殊也。以此观之，"一以贯之"之实可见矣。或曰："中心为忠，如心为恕。"于义亦通。〔2〕

这段注解，所谓"尽己之谓忠，推己之谓恕"，语出程颐（世称伊川先生）〔3〕，朱子经常引述，至今学界亦常引用，此处不拟再赘词，而特别要提出来说明的，就是"至诚无息者"以下的一段话，用白话说，指怀有真诚者，通行无阻，这是道的本体，也就是各色各样的东西总归一个道理；各色各样的东西有它自处的地方，这是道的运用；总体来说，就是一本万殊。

朱子师生对"忠恕"还有一段长篇的对话，启发深省。《朱子语类·论语·里仁篇下》"子曰参乎章"条摘要如下：

> 一者，忠也；以贯之者，恕也。体一而用殊。"一"只是一二三四之"一"。"一"只是一个道理。主于内为忠，见于外为恕。忠是无一毫自欺处，恕是"称物平施"处。所谓一贯者，会万殊于一贯。忠恕是工夫，公平则是忠恕之效，所以谓"其致则公平"。致，极至也。〔4〕

其中解"恕"是"称物平施"，深中肯綮，语见《周易正义·谦》《象》

〔1〕 参见（魏）何晏集解；（唐）陆德明音义；（宋）邢昺疏，朱汉民整理，张岂之审定：《论语注疏》卷四《里仁篇》，北京大学出版社2000年版，第56页。

〔2〕 （宋）朱熹集注：《四书集注 乙种本·论语·里仁篇》，世界书局1964年版，第15页。

〔3〕 参见《和刻本汉籍·二程全书·附索引》卷五十一《经说·论语说·里仁》，京都中文出版社1979年版，第7页，总1773页。

〔4〕 参见《朱子语类》卷二十七《论语·里仁篇下》"子曰参乎章"，载（宋）朱熹撰，朱杰人、严佐之、刘永翔主编：《朱子全书》第十五册，上海古籍出版社、安徽教育出版社2002年版，第966页、第968页、第977页、第995页、第999页。

曰："地中有山，谦。君子以裒多益寡，称物平施。"曹魏王弼注曰："多者用谦以为裒，少者用谦以为益，随物而与，施不失平也。"唐代孔颖达曰："称物平施"者，称此物之多少，均平而施，物之先多者而得其施也，物之先寡者而亦得其施也，故云"称物平施"也。[1]所以"称物平施"正面上指"裒多益寡"，也就是减多余以补不足；随物而给，不失其平。这个说法，等于给"平"字赋予新义。朱子在上奏"封事"，对"称物平施"有更详细的解说，曰："只据'平'之一字而言，则臣于《易·象》'称物平施'之言，窃有感也。盖古之欲为平者，必称其物之大小高下而为其施之多寡厚薄，然后乃得其平。若不问其是非曲直而待之如一，则是善者常不得伸，而恶者反幸而免。以此为平，是乃所以为大不平也。"[2]

根据以上说法，可知王弼注解"称物平施"说"随物而与"，甚为简要。朱子谓"恕"是"称物平施"，进而将忠与恕比喻为用一个道理来贯穿万般不同个体，也就是"体一而用殊"，但最终为"平施"。如果"不问其是非曲直而待之如一"而视为"平"，其实是"大不平"。这里说出重点所在，此即如何才是"平"或"公平"？朱子以为需要了解事物的大小高下、是非曲直，也就是了解事物的万殊性，以忠恕之心（也就是仁）贯穿其理，达到"体一"（一元的理，或曰理一），即可得其平。[3]

另外，朱子于注释《礼记·大学》"所谓平天下在治其国者"一章，对"平"字之义，也提出类似的看法，曰："是以君子必当因其所同，推以度物，使彼我之间各得分愿，则上下四旁均齐方正，而天下平矣。"朱子总结此章"治国平天下"，进而释曰："则亲贤乐利各得其所，而天下平矣。"[4]朱子此说，其实也是呼应汉朝张释之所说的："廷尉，天下之平也。"简言之，"平"

---

〔1〕 李学勤主编：《十三经注疏·周易正义》卷二《谦》，北京大学出版社1999年版，第81页。

〔2〕 参见《晦庵先生朱文公文集》卷十一《封事·戊申封事》，载（宋）朱熹撰，朱杰人、严佐之、刘永翔主编：《朱子全书》第二十册，上海古籍出版社、安徽教育出版社2002年版，第602页。按，《戊申封事》之戊申，当指宋孝宗淳熙十五年，1188年，十一月，朱子时为59岁。

〔3〕 "体一而用殊"，亦可曰："理一分殊"。参见《朱子语类》卷二十七《论语·里仁篇下》"子曰参乎章"，载（宋）朱熹撰，朱杰人、严佐之、刘永翔主编：《朱子全书》第十五册，上海古籍出版社、安徽教育出版社2002年版，第975页。参见黄俊杰：《全球化时代朱子"理一分殊"说的新意义与新挑战》，载黄俊杰：《儒家思想与中国历史思维》附录二，台大出版中心2014年版，第295-311页。

〔4〕 （宋）朱熹集注：《四书集注 乙种本·大学章句》，世界书局1964年版，第8页。

就是让万物各得其所，但必须要有尽己推己的忠恕之心才能做到。近人俞荣根指出孔子仁学谈得最多的是忠恕，总体来说，是要推己及人，将心比心。又说：

> 忠恕并不是把人与人、人与己一一拉平，而是有宗法伦常的差等和尊卑贵贱的差别的，但它毕竟包含着人格自重和尊重对方人格的合理内容。……所以，忠恕的为仁之道，实在是一种为人做人、重人爱人之道。[1]

俞氏说法可看成对朱子学说的诠释，强调执法者要有仁慈之心，将心比心，并非硬要将所有的人拉平，而是要让万物各得其所，也就是《周易》所说的"称物平施"，才符合"忠恕"之义。

以上从哀矜、仁恕、忠恕等德目，论述恕道的多元性意义，自先秦以来既已存在于统治阶层内心，至孔门学团更丰富其内涵，影响后世甚巨。这样的多元性恕道意义，在汉晋以后很明显地是简取"平恕"法理，作为议法断狱的至高准绳，更能掌握儒教精神以及追求司法公平正义，进而奠立法文化的核心价值，行用至明清。

三、吕刑"惟齐非齐，有伦有要"与"平恕"语境关系——历史文化传承的探索

根据以上的说明，再回头检讨《尚书》，因它是传统刑法的渊源。《尚书》虽无直接论及"平恕"，但谈及"齐平"与仁恕思想，广义而言，已具有平恕精神。《尚书·吕刑》曰：

> 刑罚世轻世重，惟齐非齐，有伦有要。

清儒朱骏声（1788—1858）释曰："齐，犹一也。伦，犹理也。要，犹中也。……言惟在齐其参差不一者而使之平，则凡刑罚无不理，而顺中而正矣。"[2]朱骏声曰："齐，犹一也。"指"齐"有如"一"，此"一"并非硬

---

[1]　参见俞荣根：《儒家法思想通论》，商务印书馆2018年版，第222-227页。
[2]　参见（清）朱骏声：《尚书古注便读》卷四下，广文书局1977年版，第25页。

性指一竿到底之齐头一，而是"齐平"之意，也就是齐其不齐使之平，正如前节朱子所说的"万殊之所以一本也"、"一本之所以万殊也"。所以"齐平"不能用商鞅的"壹刑"论来解，而应依据身份不同量刑，以求"顺中而正"，达到无不匀适，"有伦有要"；也就是刑须恰当其分，罪有应得，具有辩证法意义。

宋·夏僎《尚书详解·周书》卷二十五《吕刑》曰："所谓轻重两刑，谓如某罪今法当如此，然从恕言之，则有时又未可以如此，或轻或重，更取圣断。呜呼！穆王之时，周道衰矣，不谓乃有哀矜惨怛如吕侯者，岂非去成康不试之时尚未远，故犹有遗风余韵也欤。"[1]

夏僎指出周穆王时，周道已衰，其诰吕侯之辞，论刑罚轻重，能够秉持哀矜恕心，因而赞叹犹有成康之遗风。同时指出，《吕刑》论刑罚轻重，其背后实含有仁恕思想。

宋儒蔡沉《书集传》卷六《周书·吕刑》进一步释曰："若谓罚之轻重，亦皆有权焉。权者，进退推移，以求其轻重之宜也。……言刑罚虽惟权变是适，而齐之以不齐焉。至其伦要所在，盖有截然而不可紊者矣。此两句总结上意也。"[2]

蔡沉以为"惟齐非齐"是以"有伦有要"作前提，刑罚虽然可以权变，但其目的在齐之以不齐。《孟子·滕文公下》曰："夫物之不齐，物之情也。或相倍蓰，或相什伯，或相千万。子比而同之，是乱天下也。"[3]

孟子认为事物之不齐，出自本性，不能强使平头，那是乱天下。因此，《吕刑》所谓"有伦有要"的具体思维，当由现实的身份（或地位）制去推展伦理，掌握精要，以求刑罚恰当其分，执法者若能抱持仁恕之心，刑罚轻重，即可平允。

所以从《吕刑》所说的"惟齐非齐，有伦有要"法理，来思考朱子对"忠恕"的解析时，可知忠如一，亦如齐；恕者"称物平施"。易言之，"惟齐非

〔1〕（宋）夏僎：《尚书详解·周书》卷二十五《吕刑》，载王云五主编：《丛书集成初编》，商务印书馆 1936 年版，第 623–624 页。

〔2〕（宋）蔡沈撰，王丰先点校：《书集传》卷六《周书·吕刑》，中华书局 2018 年版，第 293–294 页。

〔3〕参见（宋）朱熹集注：《四书集注 乙种本·孟子·滕文公上》，世界书局 1964 年版，第 41 页。

齐"是要达到齐平,简曰:"平";"有伦有要",或如朱子所说的"会万殊于一贯",所持之功夫为"恕",而达到"万物各得其所",这就是"平恕"的境界。刑罚轻重的原理,除根据犯罪的客观事实(原情定罪)而外,仍需考虑个别身份的差异性,正是"体一而用殊"、"理一分殊"在法理的运用。断狱用刑若能本着仁恕之心,定罪恰当其分,即可实现"惟齐非齐,有伦有要"的法理。〔1〕上述的忠一、体一 理一,乃至齐一,均有"一本"之义,亦可解为一贯齐平。因物有不齐,所以执法者必须胸怀仁恕之心,会万殊于一贯,才能持平,实现"平恕"的至高美德。

结语:再论"平恕"

学界迄今将"平"或公平正义作为传统法文化的最高价值,此说原则上无误。这个说法或许受到《礼记·大学》"平天下"或"天下平"的影响;就司法而言,最重要的恐怕还是来自汉朝张释之所说的:"廷尉,天下之平也。"(《汉书·张释之传》)"平"在此处,被认为断狱追求正义的终极目标。惟若由传统法文化发展加以审视,可知传统法文化的核心价值,除"平"之外,还需加上"恕"字元素,成为"平恕",才能符合历史事实以及传统法文化的核心价值所在。盖"平"重视客观的外在事实,"恕"则重视内在的良知评断,两者相辅相成,才能达到断狱用刑恰当其分的境界。

"恕"为仁之义,或源自《尚书》所见的"哀矜"之心。孔子说:"吾道一以贯之。"曾子以为:"夫子之道,忠恕而已矣。"(《论语·里仁篇》) 前引朱子注解此段对话,其中提到"一理浑然而泛应曲当",正是对孔子所谓"吾道一以贯之"的正面诠释。其所要实现的是"万物各得其所"的境界。这个境界,源自《周易》的"称物平施"。陈景良说:"家庭所需要的公平最终有赖于关系修复,而不是惩罚实施。这正是'天理、国法、人情'平衡的最高境界,是恰到好处的司法公正。在某种意义上,'正义'本身就是'恰到好处'。"〔2〕此处说的虽是家庭,但也可广义理解为社会的人际关系。司法的公正与正义,在某种意义上指"恰到好处",正如前述朱子以"万物各得其

---

〔1〕 参见高明士:《唐律同罪异罚法理与身份制》,载叶炜主编:《唐研究》第二十八卷,北京大学出版社 2023 年版,第 481–523 页。

〔2〕 参见陈景良、王小康:《江南雨中答客问:宋代法律史研究中的史料、理论与方法》,载里赞、刘昕杰主编:《法律史评论》总第 20 卷,社会科学文献出版社 2023 年版,第 329 页。

所"来诠释"忠恕"的境界。

西晋以后，"恕"与"平"相结合，而曰"平恕"，唐太宗说："古称至公者，盖谓平恕无私。"清世宗曰："用刑贵于平恕。""平恕"遂成为传统法文化至高的核心价值，堪谓其源有自。广义而言，"平恕"法理呈现于先秦，普遍行用，则在隋唐至明清。

或有以"天理、国法、人情"作为法文化的核心，且是传统司法追求公平正义所要遵循的法则，此说亦无误，基本上这是宋以后的讲法，盖《唐律疏议》无"天理"一词。情、理要运用得当，有赖于"恕"道的教养，常曰"得理饶人"，就是"恕"道的发挥；历来判词着重说理，亦正是"恕"道的表现。1935年公布施行的《中华民国刑法》第五十九条规定："犯罪之情况可悯恕者，得酌量减轻其刑"，则是传统恕道的遗存。人为感情的动物，皆有恻隐之心，社会若要取得和谐，除"平"的法理之外，还要发扬先秦以来的"平恕"法理。将"情理平恕"法理，视为普世法文化的核心价值，并不为过。

西方汉学对沈家本之论述

[德] 莱茵哈德·艾默理希撰* 王子潇译**

摘 要: 关于沈家本的研究大部分当然由中国学者用汉语写成。不过,这个领域在中国发展了数十年,成果丰硕,因此有一些问题,值得本文讨论。这包括:西方学者是否也参与了对沈家本的研究?有多少人?采用哪些学术形式?那些在欧美发表论文的中国学者,有什么特别的研究途径和方法?西方的沈家本研究影响如何?是否反映在中国近代史的表述当中?

关键词: 沈家本 马里努斯·约翰·梅耶尔 巩涛 冯客 华世平

一、工具书

翟理思(Herbert A. Giles,1845—1935)是英国外交官、汉学家,曾任宁波公使、剑桥教授。19 世纪末,他的《中国传记辞典》(*Chinese Biographical Dictionary*,1898)出版,收录 2579 个简短词条,从那至今,国际汉学界累积了一系列传记辞典,对我们的研究不可或缺。其中部分已经过时,包括《中国传记辞典》,以及更早的梅辉立(William Frederick Mayers,1831—1878)的《中国读者手册:传记、历史、神话与文献参考掌中书》(*The Chinese Reader's Manual:A Handbook of Biographical,Historical,Mythological,and General Literary Reference*,1874)。它们仅有汉学史上的价值,使用时需多加注意。另外一些辞典,虽然出版已经过了数十年,仍然无法被取代,值得长期重视。因为它们在极端困难的条件下诞生,即使放在今天,信息依旧丰富。《民国名人传记辞典》(*Biographical Dictionary of Republican China*,ed. by Howard L. Boorman and

---

* 莱茵哈德·艾默理希(Reinhard Emmerich),德国明斯特大学汉学系暨东亚研究所荣休教授。
** 王子潇,中国政法大学法学院博士研究生。

Richard E. Howard. New York：Columbia University Press 1967–1979，3 volumes）无疑名列其中。它收录了活跃于 1911—1949 年 600 位重要人物的传记。辞典编者包华德（Howard L. Boorman，1920—2008）的职业生涯始于美国外交部门，最初供职国务院，再加入海军，后来成为日语军官。1949 年新中国成立后，包华德被派往香港，不久返美，先在纽约的哥伦比亚大学，之后调往田纳西州纳什维尔的范德堡大学历史系。《民国名人传记辞典》编纂始自 20 世纪 50 年代中叶，在十七八年中，编者招募到大约 80 位作者，1/3 左右是中国人。扉页上署明主要作者，其中一些人被西方世界认为是民国时期的"中国通"。

包华德遗憾地说："部分领域未能给予充分关注，有些领域根本没有触及。"并特别提到医药界人士，以及厨师、娼妓、占卜者和运动员。[1]英国外交官、汉学家魏根深（Endymion Wilkinson，生于 1941 年）称，《民国名人传记辞典》受到诸多批评，包括"传记编写的标准不一"和"过时的禁忌"，但在他看来瑕不掩瑜。[2]不过，本文还是要指出这部辞典的两个缺点。首先，没有列出参考文献；其次，没有署明每篇传记的作者。尽管包华德对这种匿名的做法给出了合理解释，我仍为此遗憾——沈家本的传记内容翔实，长达四页，而我无从向它的作者致敬。[3]

这篇小传细致而清晰地回顾了沈家本的家世、教育、事业和学术成就，也不忘讲述他经受的各种挫折和失意，如提及沈家本的父亲"因为抗命"而早早黜职（第 96 页），沈家本迟至 1883 年才终于考取进士等事。在我看来，作者着重强调四点：

第一，年轻的沈家本在保定府任上初次遭遇外国人，并亲身经历"当地人和基督传教士的冲突"。从此，沈家本时常强调"教案对中国的危险"（第 96 页）。

第二，1902 年，沈家本与伍廷芳共同被慈禧太后委以修律重任，但是伍廷芳之后"兼任多职，冗务压身"，沈家本几乎"独当此任"（第 96 页）。

〔1〕 Biographical Dictionary of Republican China, Volume I, Preface, p. IX.

〔2〕 Wilkinson, *Chinese History. A New Manual*, （Enlarged Sixth Edition. Harvard University Press, 2022. 2 Volumes），Volume 2, p. 1657.

〔3〕 不署传记作者姓名，包华德解释如下：由于此时中国人际关系相当复杂，我们决定不为传记作者分别署名。原因有三：出于慎重；出版的文字不免经过翻译和深度编辑；参考书应尽量客观。许多中国作者不愿署名，因为有些文章涉及私人消息和个人经历。（*Biographical Dictionary of Republican China*，Volume I, Preface, p. X.）

第三，1906 年春，沈家本上奏《刑事民事诉讼法》，将道德从法律的考量中剥离。该法在三个方面具有革命性的意义：明确民法和刑法的界限；拓宽诉讼程序，允许两造交叉问询；引入陪审团制度，以制衡法官（第 97～98页）。1907 年提出的新刑律则更进一步。

第四，在官僚和儒流的阻碍乃至攻击之下，沈家本终于沮丧辞职。他1906 年上呈的法典被曲解为对"儒家伦常"的攻击，而翌年提出的《新刑律》被指责为"更有甚者，亵渎或藐视了法律固有的孔孟之道"（第 98 页）。

基于我的理解，作者笔下的沈家本，多半是中国法律史上的革命家，而非维护传统的改良者。而这一面被草草带过，例如将《历代刑法考》列为沈家本"最重要的著作"，又称"沈家本职业生涯的基调是坚信中国应当采用现代法律体系。他希望这一变革得以实现，而不排斥中国的法制传统"（第 99页）。〔1〕我猜想，在这部辞典创作的时代，突出沈家本革命者的角色，应该被视为与时代精神的一种呼应。〔2〕

这令我想起另一篇沈家本的传记。〔3〕它刊登在线上期刊《法庭之友》（*Amicus Curiae*），由伦敦大学高等法律研究院（Institute of Advanced Legal Studies, University of London）出版，同行评审，每年三期。该刊编辑自豪地宣称："《法庭之友》的两大优势在于作者的水准和主题的广度。领域涉及英国

---

〔1〕　谈及 1907 年的《新刑律》，作者也提到了这种激进的革新，"草案几乎完全构架于沈家本的首席刑律顾问、日本学者冈田朝太郎（1868—1936）的建议之上，而冈田又深受 1889 年德国法典的影响"（第 98 页）。更多关于冈田的讨论请见下文。

〔2〕　请见收录"沈家本"传记的 *Biographical Dictionary of Republican China*, Vol. III, p. ix, 它说明了该卷资料最迟收集于 1969 年 3 月。还有一种相反的观点，例如北京大学法学院梁根林教授近来指出：1902 年 4 月修订法律馆成立后，沈家本和伍廷芳被任命为负责人，沈家本确定了"沟通新旧，融会中西"的方针。基于此方针，他提出中国现代化的三项任务。首先是研究并翻译西方国家的重要法律和其他法律文献，同时应该认真对待中国传统法律文献。其次是挑选出那些符合当前情况的法律文献。最后是在融会中西法律传统的基础上起草新律。See Liang Genlin, "Einleitung: Wandel des Strafrechts und der Strafrechtstheorie in China-eine historische, kulturelle und politische Untersuchung" [in: Hilgendorf, Eric und Genling Liang (Hg.), *Strafrechtswissenschaft im Aufbruch. Texte zur Strafrechtswissenschaft und Strafrechtstheorie aus der Volksrepublik China*. Schriften zum Ostasiatischen Strafrecht, 10; Tübingen, Mohr Siebeck, 2021, pp. 1-29], pp. 3-4.

〔3〕　所幸华世平所说并不属实。他说到 2013 年为止，关于沈家本的唯一英文作品是两卷本《历史写作全球百科全书》（*A Global Encyclopedia of Historical Writing*, ed. by D. R. Woolf, Garland, 1998）中的一个词条。Hua Shiping, "Shen Jiaben and the Late Qing Legal Reform (1901-1911)", in: *East Asia*, 30 (2013), 121-138, p. 122.

法、欧洲法、外国法、国际法、比较法，反映了高等法律研究院卓著的国际声望。"几个月前，《法庭之友》发表了一篇关于沈家本的简短传记，作者帕特里克（Patricia Ng）博士是伦敦高等法律研究院的助理研究员。[1]

不幸的是，相比半世纪前《民国名人传记辞典》中的沈家本传，这篇新作稍显逊色。主要有三个缺点。第一，叙述过于笼统，例如称"沈家本的法律生涯主要是在清廷刑部供职数十年"。第二，评价同样过于笼统，而且不可靠，例如称"沈家本既成为改革派中坚，又因为长期在刑部和地方任职，而受保守派信任"。第三点尤其令人不快，这篇文章发表于2023年，又经过同行审查，却征引不严，参考随意，原文缺失，更没有摘录沈家本的只言片语。[2]

幸好，涉及沈家本的西方工具书中，还有更出色的代表作，容我向大家介绍。其中之一是德文巨著《中国大百科全书》（Das große China-Lexikon），书名便彰显雄心，收录400多个由名家撰写的词条。[3]作者包括何意志（Robert Heuser，生于1943年）律师，也是科隆大学中国法名誉教授。他的"法律传统与法学"（Rechtskultur und Rechtswissenschaft）仅用几行文字，便精准、直接、有据地介绍了沈家本。对于沈家本为中国法制现代化的努力，何意志的描述令人印象深刻："实现了刑事立法中对道德至上主义的限制，并重新定位国家利益，而在此之前，国家利益是该领域的唯一焦点。"[4]

---

〔1〕 Patricia S. W. Ng, "Shen Jiaben（1840-1913）", in: *Amicus Curiae*, Series 2, Vol 4, No 3（2023）, pp. 772-776.

〔2〕 毫不意外的是，提供超过五十万人传记资料的"中国历代人物传记资料库"（CBDB）基本上只引用了《民国名人传记辞典》的沈家本传。参见 https://projects.iq.harvard.edu/cbdb/how-cite-cbdb，最后访问日期：2023年10月14日。

〔3〕 Staiger, Brunhild（1938-2017）, Stefan Friedrich und Hans-Wilm Schütte unter Mitarbeit von Reinhard Emmerich（Hg.）, *Das große China-Lexikon. Geschichte, Geographie, Gesellschaft, Politik, Wirtschaft, Bildung, Wissenschaft, Kultur.* Darmstadt: Wissenschaftliche Buchgesellschaft, 2003. 《中国大百科全书》的前身《中国手册》［*China Handbuch*, ed. by Wolfgang Franke（1912-2007）in collaboration with Brunhild Staiger（1938-2017）. Düsseldorf: Bertelsmann Universitätsverlag, 1974］曾是德国中国研究的案头必备之作。《中国大百科全书》的英译本为《布里尔中国百科全书》（*Brill's Encyclopedia of China* ed. by Daniel Leese, Leiden, Boston: Brill, 2009），是东方学手册（the Handbook of Oriental Studies）系列之一。

〔4〕 *Das große China-Lexikon*, p. 607. 原文为 "Die unter dem Druck der ausländischen Mächte in den ersten Jahren des 20. Jh. einsetzenden und bis heute andauernden Bemühungen, das chinesische Rechtssystem zu modernisieren, führten zunächst unter Leitung von Shen Jiaben（1840-1913）, einem Beamten des Strafen-Ministeriums（*xing bu*）der Qing-Regierung, zur Zurückdrängung des ,Ethischen Maximums' in der Strafgesetzgebung und zur Überwindung der Beschränkung des staatlichen Interesses auf die Strafrechtsgesetzgebung." 英译则见: *Brill's Encyclopedia of China*, p. 563（entry "Legal Tradition"）。

二、教科书

邓嗣禹（1906—1988）与费正清（John K. Fairbank，1907—1991）编写的《中国对西方之回应》（*China's Response to the West*，A Documentary Survey 1839—1923，Cambridge：Harvard University Press，1961）。与其他作品不同，该书塑造了一种西方的主流观点，即中国在帝制晚期和民国时期的现代化进程主要是对垒西方的反应。该书将张之洞和刘坤一列为出类拔萃的改革家，并引用他们的著述，而对沈家本仅顺笔一提，在该书读者眼中显得无关紧要。[1]

在各个大学通行、面向大众的中国史教科书中，对沈家本的叙述也大致如此。著名的法国学者谢和耐（Jacques Gernet，1921—2018）仅用三行笔墨描述沈家本，还弄错他的生日，而德国学者傅海波（Herbert Franke，1914—2011）和陶德文（Rolf Trauzettel，1930—2019）甚至没有提到沈家本。[2]在美国汉学界，《东亚文明：传统与转型》则值得一提，[3]三位作者是哈佛教授，曾长期旅居中日。该书为几代学生塑造了东亚的西方形象，[4]尽管厚近千页，却只有一次提到沈家本，对他在法制改革上的作为也惜字如金。作者们强调沈家本"起初试图以现代方式阐释传统社会价值观，而最终建议革命

---

〔1〕 相关段落称："在官方改革计划之下，出台了大量文件，并取得了一些成就，改革的广泛影响见于张之洞和刘坤一1901年的联名奏折。……这些重要变革呈现多线并行的态势，法律、工业与通信、银行与金融……报业和社会习俗等都取得显著发展。……例如在法律领域，一个由沈家本领导的专门机构在1902—1907年修订了帝国的刑法典，并着手起草现代民法典和诉讼法典，这一发展为民国所继承"（*China's Response to the West*, p. 195.）。尽管前面提到的教科书仍占据主流，但它并非没有受到西方学界的批评。例如美国历史学者柯文（Paul A. Cohen，生于1934年）指责其停滞在19世纪维多利亚时代的基本观念中，"这个世界假设中国社会不可能从内部发生根本变化，因此只可能由于'从异体得到……致命的感染'而发生巨变"。（Cohen, *Discovering History in China：American Historical Writing on the Recent Chinese Past*. Columbia University Press, 1984, p. 77.）译者注：译文参考汉译本［美］柯文：《在中国发现历史——中国中心观在美国的兴起》，林同奇译，社会科学文献出版社，2017年版，第189页。

〔2〕 Gernet, Jacques（1921-2018），*Le Monde chinois*. Librairie Armand Colin 1972；Franke and Trauzettel, *Die Chinesische Welt*. Fischer, 1968（many reprints）.

〔3〕 Fairbank, John K.（1907-1991），Edwin O. Reischauer（1910-1990），Albert M. Craig（1927-2021），*East Asia. Tradition and Transformation*. Allen & Unwin 1973, 21975.

〔4〕 本书的前身也是如此。《东亚文明：传统与变革》的导言第20页称："本书有自己的故事，它很大程度上是对更早的两部书的浓缩，即《东亚：伟大的传统》（*East Asia：The Great Tradition*，1960）和《东亚：现代转型》（*East Asia：The Modern Transformation*，1965）。两书均已重写并更新。

性的转变"，还强调沈家本在 1907 年提出"刑律草案效法日、德，将法律与道德区分开来"（第 734 页），但忽略了沈家本尽量依靠自有的法律传统，来实现中国法律现代化的功劳。

遗憾的是，赫赫有名的《剑桥中国史》，晚清部分数百页，仅一处提到沈家本。该书的论点是清政府的改革（完全）师法西方，并打算基本依照西方的模式来修订法律。

但是在义和团事件后，清政府积极打算采用西法来富国强兵时，才终于看到了需要按照西方模式修订法律。自从政府开始主动提倡工商业以来，对民法和商法的需要就变得明显起来了；与此同时，中国人终于逐渐认识到不平等条约的种种不利，并希望取消治外法权。但是要达到这个目的，按照西方模式修改法律和修改司法管理是必不可少的。事实上，英国、美国和日本在它们 1902 年和 1903 年签订条约时已经要求修改。结果，清政府在 1902 年决定着手修订法律和司法管理的准备工作。为此目的，设立了一个官署，由有丰富经验的官员沈家本任主管，开始检查《大清律例》。结果，在 1905 年，如剐刑、枭首示众、死后斩首以及纹面等酷刑都被废除。杖刑等体罚则代之以罚款，连坐和严刑拷问也被废除。[1]

更有著作广为流传，甚至卷帙浩繁，而对沈家本只字不提，至多一笔带过。[2]列举不难，只是乏味。在本文的第三部分，我将介绍欧美学者在狭义上的研究著作中是如何讨论沈家本的。

三、学术著作

我们应当首先提到法学博士论文《中国现代刑法引论》（*The Introduction*

---

[1]　*Cambridge History of China.* Volume 11, *Late Ch'ing*, 1800-1911, Part 2［Edited by John K. Fairbank (1907-1991) and Kwang-Ching Liu (1921-2006). Cambridge University Press, 1980］, p. 408.（译者注：译文参考［美］费正清、刘广京编：《剑桥中国晚清史》，中国社会科学院历史研究所编译室译，中国社会科学出版社 1993 年版，第 469 页）。请注意，这些论述并非出自西方的历史学者，本章《政治和体制改革：1901—1911》的作者是东京东洋文库的市古宙三（1913—2014）。

[2]　杰出的美国历史学家史景迁（Jonathan D. Spence, 1936—2021）撰写的《追寻现代中国》（*The Search for Modern China*, Hutchinson, 1990）将近 900 页，饱受赞誉，只字不提沈家本；余凯斯（Klaus Mühlhahn）的新作《中国现代史：从清朝到现在》（*Geschichte des modernen China. Von der Qing-Dynastie bis zur Gegenwart*, C. H. Beck, 2021, 760 pages），又是一部巨著，对沈家本也只蜻蜓点水。

of Modern Criminal Law in China），1950 年在印度尼西亚大学完成。作者是荷兰人马里努斯·约翰·梅耶尔（Marinus Johan Meijer，1912-1991），导师是他的同胞，马里乌斯·亨德里克斯·范·德·瓦克（Marius Hendrikus van der Valk，1908-1978）。[1]

直至 70 年后的今天，《中国现代刑法引论》或许仍被西方学界视为该领域的典范之作。这篇论文的另一个贡献超越了它的狭义主题，它向西方普及了对中国法律的阐释。这包括如下梅耶尔自称的"基本理念"（第 2 页）：

> 中国哲学立足于这样一种理念，即天与地都由一种被称作"道"的原理所主宰，它是自然秩序的创造性原理。人间任何违反这种秩序的行动都会惊扰天地间的和谐，甚至可能引发洪水、干旱或内乱这样的灾祸。（第 2 页）

> 中国法律基本上是一种如下方式：当教育之类禁于未然的手段失效时，它被用以修复自然秩序。（第 3 页）

> 刑罚应当严格对应罪行的严重程度，而这种严重程度则是基于它对普世和谐的影响来衡量。（第 3~4 页）

这些阐释或许太过尖锐，无法为所有人所接受，此处暂且不论。在我看来，梅耶尔的书之所以拥有经久不衰的生命力，是因为提供与其主题相关的上谕、圣旨和奏本的丰富译文，十一个附录长达 80 余页。其中格外重要的是

---

〔1〕 Meijer, Marinus Johan, *The Introduction of Modern Criminal Law in China*, De Unie, 1950；Sinica Indonesia, Vol. Ⅱ. Reprints（not seen）include：Lung Men Bookstore, 1967；Westport, Connecticut：Praeger, 1976. 我至今没有找到更多关于梅耶尔的信息。据逵佩（Kuiper）称，梅耶尔在 1947 年至 1953 年担任印度尼西亚大学汉学研究所（*Sinologisch Instituut*, *Batavia*）的首任所长，该研究所由荷兰人于 1947 年创办。在印度尼西亚大学担任两年讲师（1953—1954）之后，1955 年，梅耶尔入职外交部。至于范·德·瓦克，1951 年成为莱顿大学中国法特任教授之前，担任印度尼西亚大学汉学研究所主任。[Cf. Kuiper, Pieter Nicolaas（生于 1951 年），"The Early Dutch Sinologists：A study of Their Training in Holland and China, and Their Functions in the Netherlands Indies（1854-1900）"（PhD, Leiden University, 2016）, pp. 268, 823. Open Access https：//hdl. handle. net/1887/37999，最后访问日期：2023 年 11 月 22 日。] 梅耶尔在供职外交部期间仍然继续中国法制史的研究。退休后（?），他在《通报》（*T'oung Pao*）杂志上发表了一些文章，并至少出版了一本专著《中华帝国晚期的谋杀与通奸：法律与道德研究》（*Murder and Adultery in Late Imperial China. A Study of Law and Morality.* Brill, 1991.）[也为田海所引用，参见 Barend ter Haar, "Between the Dutch East Indies and Philology（1919-1974）", doi：10.1163/9789004263123_ 004.]

由张之洞、刘坤一、沈家本和伍廷芳所上的奏本。尽管梅耶尔仅作了少量注释，但他的译文至今无人能及。据我所知，西方再没有关于沈家本的作品像梅耶尔的博士论文那样引证充实，也再没有作品像它一样，向不谙汉语的历史学者呈现事实，让他们有机会细致地了解沈家本及其同代人的思想。

梅耶尔的著作受到重要汉学家和法学家的高度认可。布迪（Bodde）和莫里斯（Morris）称赞它是"对 20 世纪头十年法律转型的杰出研究"，并在他们有关《刑案汇览》的开创性研究中多加引用。[1]另一部经常引用梅耶尔的作品，是美国历史学家任达（Douglas R. Reynolds，1944—2020）对新政时期思想和制度变迁的研究。[2]作者饱含热情地表达了他的看法，可归纳为两点：（1）新政时期发生的事件不亚于美国科学哲学家托马斯·库恩（Thomas Kuhn，1922—1996）所称的"无声革命"（第 2 页），其影响延续至今；辛亥革命时期那些自命的革命者的贡献，不过是保卫新政时期的成果。（2）新政革命"由慈禧太后（1835—1908）发起、推动"并"由精英官僚集团积极实施"（第 2 页），这一切之所以能实现可能有赖于 1898—1907 年中日之间的"黄金十年"。用任达的话来说：

> 粉碎经历 2100 年中国帝制政府模式及其哲学基础的，不是以孙中山（1866—1925）及其同伴为中心的 1911 年政治革命，恰恰相反，是 1901年至 1910 年以晚清政府新政为中心的思想和体制的革命。革命的英雄并不是孙中山周围那些自封的革命党人，讽刺的是，英雄恰恰是革命党人

---

〔1〕 Derk Bodde（1909-2003）and Clarence Morris, Law in Imperial China Exemplified by 190 Ch'ing Dynasty Cases（Translated from the Hsing-an hui-lan）. With Historical, Social, and Juridical Commentaries, Harvard University Press, 1967, p.575. 作为法制史学家，沈家本受到布迪和莫里斯的慷慨赞誉，但这一身份并非我们今天讨论的重点。见上引第 53-54 页："在研究中国法的现代中国学者里面，沈家本（1840—1913）具有极其重要的意义。在 20 世纪的头十年，中国法律经历了一场现代化改革。在这场改革中，沈家本起到了领导作用；这也使长期任职刑部的沈家本，走上事业顶峰。沈家本知识渊博，兼通古今法律，深怀现实关照。他的著述非常丰富，从单篇批注，到长篇专论，洋洋洒洒，在文集中有数百页之多。可惜他和正史编纂官一样，没有系统地研究本朝的法律。尽管如此，颇有见地的只言片语也常常出现在其他文章里，特别是序跋，有的为他人的法学著述而作，有的为重印的清期书籍而作。后世也有诸多相关著作，但多少只是重述沈家本的观点。"（译者注：译文参考汉译本［美］D. 布迪、C. 莫里斯：《中华帝国的法律》，朱勇译，梁治平校，江苏人民出版社 1995 年版，第 51 页。）

〔2〕 Reynolds, China, 1898-1912: The Xinzheng Revolution and Japan, Harvard University Asia Center, 1993.（译者注：译文参考汉译本［美］任达：《新政革命与日本》，李仲贤译，江苏人民出版社，1998 年版，但具体行文有所修订，且正文夹注所标仍为英文原书的页码。）

眼中的敌人——他们意图推翻的清政府及其保守派满汉官绅支持者。按本书分析，1911 年革命的主要意义，是保证新政年代思想、体制改革的存续——既不后撤，也不重蹈覆辙。[1]

任达将沈家本列为新政时期最重要的倡导者之一，与"数千名次要人物"并列。[2] 自然，为支撑这个观点，他强调了某些方面，即日本的支持对新政改革是必要的。

第一，任达多次征引梅耶尔，表彰沈家本对整体的法律改革，特别是刑法改革的贡献（第 179～184 页）。任达称，1902 年，修订法律馆成立，沈家本与伍廷芳同为负责人，但因为缺少国际经历，沈家本不得不向日本法律顾问寻求专业帮助。[3] 最主要的帮助来自冈田朝太郎，他"获得沈家本和伍廷芳的支持"，于 1906 年 9 月加入修订法律馆，随后在馆内外多处供职，直至 1915 年，为中国工作近十年。[4] 刚到修订法律馆，冈田就否决了"该馆已经完成八、九成的刑律草案"，并起草"全新的草案"，用任达的话说，这"获得了沈家本和伍廷芳的支持"（第 183 页）。任达还指出，沈家本在 1907 年 12 月 30 日呈上《大清新刑律草案》的奏折中，[5] 着重提到冈田的关键作用。最

---

〔1〕 Reynolds, *China*, 1898-1912: *The Xinzheng Revolution and Japan*, p. 1. 任达将新政解作"革命"的看法引发了质疑。例如傅佛果（Joshua A. Fogel，生于 1950 年）的书评指出："任达并未充分回答，既然新政时期已经发生了不流血的革命，为何 1911 年仍会发生暴力革命？辛亥革命维持并深化了既有的改革吗？还是干扰甚至摧毁了这些改革能够开展的根基？任达倾向于前者，但若在此主题上增加更多篇幅会有助于论证。"〔*China Review International*, 1.1 (1994), pp. 212-214, quote pp. 213-214.〕

〔2〕 Reynolds, *China*, 1898-1912: *The Xinzheng Revolution and Japan*, p. 2:"从朝廷到各省，一批官员在推动改革，主要有张之洞（1837—1909）、袁世凯（1859—1916）、庆亲王奕劻（1837—1917）、张百熙（1847—1907）、赵尔巽（1844—1927）、端方（1861—1911）、岑春煊（1861—1933）和沈家本（1840—1913）等人。这些重要的和其他成千上万次要人物的事业和成就，为帝制终结后的中国，以至今日的中国奠定了基础。"

〔3〕 Reynolds, *China*, 1898-1912: *The Xinzheng Revolution and Japan*, p. 181:"沈家本……毕竟缺乏西方法律的专门训练，伍廷芳又不是经常在身边，他在随后的改革工作中不得不依靠日本法律顾问。"

〔4〕 Reynolds, *China*, 1898-1912: *The Xinzheng Revolution and Japan*, p 183. 关于冈田朝太郎（1868—1936）的生平信息，参见该书第 182-183 页。冈田曾在柏林大学（1897—1898）和哈勒大学（1898—1899）学习法律。参见 Rudolf Hartmann, "Japans Studierende in Deutschland 1868-1914", https://themen.crossasia.org/japans-studierende/index/show, 最后访问日期：2023 年 10 月 15 日。

〔5〕 英译本见 Meijer, Introduction of Modern Criminal Law, pp. 190-198。

后任达强调了冈田的突出贡献："到1911年1月颁布时，冈田初稿中的敏感部分已经过五次修订，但仍有待于时间的检验。1912年后，中国政权更迭不休，新旧条文此增彼改，但冈田博士的《大清刑律》的'主体'，仍保留在中华民国时期的刑法中。"（第183页）

第二，沈家本致力于中国狱制改革，先有黄遵宪（1848—1905）为之倡议，后有刘坤一、张之洞于1901年7月上奏声援。1905年10月，沈家本与搭档伍廷芳获准派遣刑部代表团赴日学习法律，由董康（1867—1947）领衔（第175页）。任达还指出，正是沈家本，以高薪聘任日本司法省监狱事务官小河滋次郎（1862—1925），于1908—1910年来华。小河是东京帝国大学法学博士、教授，且拥有丰富的海外经历，他是晚清监狱改革中最重要的人物之一，并且"为中国设计模范监狱的蓝图"。[1]

有许多旁征博引的著述赞同梅耶尔的研究。然而，最近也出现一些批评。其中就有法国历史学家巩涛（Jérôme Bourgon，生于1950年）。[2]巩涛的研究专注于《删除律例内重法折》，由修订法律大臣沈家本和伍廷芳于1905年春联名上奏。这封奏折有里程碑的意义，因为上奏几天之后（1905年4月24日或25日），一封诏书就批准了他们的提议，开创了新的时代。这封奏折、随之而来的诏书，以及它们的影响，由巩涛总结如下：

> ［奏折］要求立即废除所谓的"酷刑"，诸如凌迟、枭首和戮尸。刑讯和笞杖在之后也被直接废除。尽管符合现代标准的刑法典直到1928年才出现，但从那时起，残酷刑罚已经在法律实践中禁止。中国由此进入了另一个时代：酷刑非法，却难以根除，宽紧不一，轻重多变。当时的中国也有骇人听闻的酷刑事件，主谋与当局高层串通，或受其唆使，但

---

〔1〕 Reynolds, *China, 1898-1912: The Xinzheng Revolution and Japan*, p. 176. 任达在上述书中这样简要描述了沈家本对小河滋次郎在华留驻的期待："给他的任务多种多样：协助沈家本努力改善中国监狱；把监狱学列入法律学堂（1905年底成立）的课程；协助'模范监狱'的具体规划，沈家本对此寄予厚望，在1907年6月11日已经奏明，明确以东京巢鸭监狱作为样本。"小河滋次郎曾在海外旅居，在德国生活的时间也较长。他于1895—1896年的冬季学期在柏林大学学习法律，1896年夏季学期则求学于波恩大学，并于1900年、1905年和1910年在柏林有过逗留。参见 Rudolf Hartmann, "Japans Studierende in Deutschland 1868-1914", https://themen. crossasia. org/japans-studierende/index/show，最后访问日期：2023年10月15日。

〔2〕 Bourgon, Jérôme, "Abolishing 'Cruel Punishments': A Reappraisal of the Chinese Roots and Long-term Efficiency of the Xinzheng Legal Reforms", in: *Modern Asian Studies*, 37. 4 (2003), pp. 851-862.

都不曾得到法律名义上的准许，他们也最终受到谴责，有些还被控告。残酷的刑罚早先由国家认可，后来为官方禁止并且羞于容忍，1905 年 4 月 24 日的奏折是这一转变的开端。（第 851 页）

至此，巩涛进一步追问改革者的主要动机和思想根源。不论是否照搬西方，他们是真心认为中国的法制改革应当效法西方吗？他们是谋新求新的真正革命者吗？还是恰恰相反，他们的主张畏缩在中国的旧思想中？梅耶尔支持前一种观点，而巩涛则反对。按照他的阐释，改革方案不过是重申陕派律学的主张，其渊源可追溯至宋代的陆游（1125—1210），而近世的代表在 19 世纪晚期的刑部供职，沈家本只是其中一员。巩涛断言：

> ［沈家本］是优秀的学者，但并非创造性的天才，甚至并非创造性的思想家。作为刑部陕派律学的殿军人物，他运用的是前人留下来的现成观点。（第 859 页）。

为补强论证，巩涛又指出，沈家本和伍廷芳 1905 年的奏折曾提及陆游，称"陆游主张废除凌迟"（第 858 页）。

第三，巩涛罗列陆游之外的陕派律学代表人物以及他们的作品，包括钱大昕（1728—1804）和王明德（约 1634—1681）。正如巩涛所说，后者在其论著《读律佩觿》中"把对凌迟非法的严谨论证和对受刑囚犯的真淳关怀结合起来"（第 860 页）。不过在巩涛看来，学派宗师当属薛允升（1820—1901），他在 19 世纪的最后十年主政刑部，并有《读例存疑》传世（第 859 页）。

我认为，梅耶尔之后，巩涛这篇短文是西方关于沈家本最重要的学术贡献。巩涛对梅耶尔的批评肯定有偏激之处，但此文的最大优点是引起西方读者关注中国悠久的考证传统，尤其是法律考证的传统。在当今西方文化被高估的氛围中，对此给予再高的赞扬，都是不为过的。[1]

---

〔1〕 巩涛的文章大概脱胎于其未出版的博士论文，《沈家本与清末中国法律》（"Shen Jiaben et le droit chinois à la fin des Qing"，Paris，1994），可惜目前似乎只能看微缩胶卷。维勒（K. G. Wheeler）在美国完成的博士论文也以沈家本为中心，题为"沈家本：面向中国刑事法制的转型"（"Shen Jiaben (1840-1913)：Toward a Reformation of China's Criminal Justice"，Yale University Dissertation，1998）。相较于巩涛之作，维勒的论文经常被西方文献征引，可惜我却无法读到。ProQuest 数据库的学位论文检索仅模糊地称应作者或学位授予单位要求暂不公开。参见 https：//www.proquest.com/docview/304460376，

接下来，请允许我介绍第三位西方学人：荷兰学者冯客（Frank Dikötter，生于 1961 年）。他供职于香港大学，同时受聘于斯坦福大学胡佛研究所。冯客是中国近代史领域最高产、观点最鲜明，但也是经常招致批评的学者之一。他的诸多论文中，有一篇 2000 年发表的《民国早期的犯罪与刑罚》（"Crime and Punishment in Early Republican China"），部分内容涉及"晚清刑制改革"。[1]通过引证沈家本的《狱考》及其他著述，甚至一封 1906 年写给戴鸿慈（1853—1910）的私信，冯客将沈家本描述成"贯穿民国时期的现代监狱体系"之父（第 144 页）。冯客认识到，沈家本的基本态度，是将其对法制传统的洞见与现代观念结合起来；[2]他概括出沈家本狱制改革的四个指导原则，[3]并提到沈家本相信"古代中国，同现代西方一样，监狱的首要任务应当是……对罪犯的根本改造，而非施以'苦痛和羞辱'"（第 145 页）。冯客还回顾了沈家本与小河滋次郎的亲密合作。最后不忘指出，是基于沈家本的提议，清廷于 1907 年颁下了监狱改良诏书。

　　简言之，但凡依据清晰，冯客的评论便可以被视为学术贡献。只不过他往往潦草注释，惰于征引，令人遗憾。当然，在这里也没有改观：他没有读过，至少没有完全读过那些研究提到的沈家本的文章。与同胞梅耶尔和法国人巩涛的作品相比，这是明显的缺陷。

　　从履历看，我想要介绍的最后一位学者不能与前几位轻易比肩。他叫华世平，出生在中国，1982 年于天津外国语学院获得文学学士学位，1986 年于中国社会科学院获得法学硕士学位，随后赴美，1993 年在夏威夷大学获得博士头衔。次年，他在美国开启学术职业生涯，并于 2008 年来到路易斯维尔大

（接上页）最后访问日期：2023 年 10 月 15 日。在本文完成之后我才得知简·弗朗西斯·基利（Jan Francis Kiely）的博士论文《创造良好公民：1907 至 1937 年间中国第一模范监狱的犯人改造》（"Making Good Citizens: The Reformation of Prisoners in China's First Modern Prisons, 1907–1937", University of California, Berkeley, 2001）。其中"沈家本：将模范监狱写入中国历史"（"Shen Jiaben. Writing the Model Prison into Chinese History"）一章也许很有意思，可惜与本文无缘。

　　〔1〕 Dikötter, Frank, "Crime and Punishment in Early Republican China: Beijing's First Model Prison, 1912–1922", in: *Late Imperial China*, 21. 2（2000），140–162，see esp. pp. 144–146.

　　〔2〕 "沈家本深谙古代中国法典的文献学，又借鉴现代刑法原则，将相传盛行于三代（早于公元前 221 年）的儒家感化精神融入现代监狱理念。后者的代表作是一所改造犯人的学校。"（Dikötter, "Crime and Punishment in Early Republican China", p. 144.）

　　〔3〕 "即建设模范监狱，培训监狱工作人员，颁布监狱规章和收集犯人数据。"（Dikötter, "Crime and Punishment in Early Republican China", p. 144.）

学。我要介绍的文章发表于 2013 年，题为"沈家本与晚清法制改革（1901—1911）"（"Shen Jiaben and the Late Qing Legal Reform［1901-1911］"）。[1]

华教授开篇便强调，沈家本在基层岗位默默耕耘数十载，直到六十多岁才在政坛崭露头角，并提出两个关键问题。其一：

> 在 1898 年的 103 天变法期间，这位清朝官僚并不热衷于改革，但为何突然在中国政治中扮演了如此重要的角色？

其二：

> "沈家本学"在中国冷寂多年，而为何近二十年突然备受瞩目？[2]

它们的答案可以用两个词概括，一是官场经验，二是实用主义优先于意识形态。用作者的话说：

> 长年平淡的刑部工作将沈家本训练成为一名老成持重的官员，这恰是康、梁等较早的改革家不具备的品质。（第 124 页）
> 最近二十年他被重新发现，是因为他的法制改革不依赖宏大的理论，而是逐步实践，这与 20 世纪 90 年代以来中国学界的氛围相吻合，即逐步形成一种共识，逐步改革中国的政治体制，而非依托宏大理论。（第 123 页）

在我看来，华教授的文章颇具价值，因为它向西方读者指出并解释了"沈家本热"。但是这篇文章不算沈家本学的独立贡献。作者既没有研究沈家本的著述，也没有琢磨既有的研究成果。当他提到相关的成果（大部分是中文的），总是急于论证观点，而不作评价。[3]

---

〔1〕 Shiping Hua, "Shen Jiaben and the Late Qing Legal Reform（1901-1911）", in：*East Asia*, 30（2013）, pp.121-138.

〔2〕 Hua, "Shen Jiaben and the Late Qing Legal Reform", p.124. 华世平在第 122 页注释 1 中列出从 1999—2012 年发表的百余篇关于沈家本的论文。

〔3〕 李在全近期发表的《晚清法律体系的改革》［ "The reform of the legal system in the late Qing", *Journal of Modern Chinese History*, 16.1（2022）, pp.50-70］也是如此。该文对沈家本研究做出很好的学术史回顾，但并无独立贡献，因此本文并未提到它。

四、结论

第一，华世平教授所称的"沈家本热"在中国硕果累累，欧美却反响寥寥。

第二，我对《民国名人传记辞典》的敬意始于学生时代，经过本次研究，更是有增无减。唯独遗憾，不知道沈家本词条的作者姓名。从文风看，作者可能是主编包华德所能招募到的一位中国学者。许多事实的陈述和判断似乎得到后出之作的回应。

第三，我惊讶地发现：主流的西方教科书，对沈家本几乎不曾讨论，甚至只字不提。

第四，今天提到的绝大多数学者，论述中只是草草引证，他们未必读过那些文献。梅耶尔是唯一的例外，我们应该以他为榜样。只有对史料经过文献学的处理，才能确保读者不会只看到结果，才能理解这些想法的来源及其合理性。毋须赘言，每位传主的思想都应该被尽量完整地展现出来。

第五，我的演讲题目是"能从关于沈家本的西方学术著作中学到什么"。您可能会批评这一选题过于草率、考虑不周。您也可能会疑惑"西方学术著作"具体所指为何，又如何与"非西方学术著作"相区别。这是一个合理且重要的问题，也许可留待下次讨论。[1]

2023 年 10 月 28 日于湖州

2023 年 11 月 25 日于明斯特

（译者附记：承业师赵晶教授以及明斯特大学汉学系暨东亚研究所于宏老师、陆岸博士费心校阅译稿，谨此申谢。）

---

[1] 我们大多数人注意到，中、西学者在普遍的（而非典型的）问题、方法和表达上存在不同，这里无法简单地逐一说明。这种复杂层叠交错，导致国际研究总是不能皆大欢喜（源于日益增长的发表压力，也因为语言的障碍和其他因素），思想的交流也受到阻碍。创办于 2007 年的双年刊《现代中国历史杂志》（*Journal of Modern Chinese History*）的编辑们也意识到这一问题。他们写道："近年来，中国近代史研究的主力军是中国学者，但他们至今仍没有打通与西方学术交流的渠道。中国社会科学院近代史研究所试图借助其主办的国际刊物 *Journal of Modern Chinese History* 来改变现状，该刊为中外学者提供直接对话的平台。"（https://www.tandfonline.com/action/journalInformation? show = aimsScope& journalCode = rmoh20）这指明了正确的方向。

清末民初中国法律创制得失的"他者"评议

——基于让·爱司嘉拉《中国法》兼及其对沈家本的评价

张仁善*

摘　要：《中国法》系法国著名法学家让·爱司嘉拉研究中国法的代表性巨著，内容涵盖中国法的历史、立法司法机构的演变、中国法律教育、清末民初中国法律创制的成败得失等；作者精通汉语，长期担任中华民国北京政府、南京国民政府的法律改革顾问，既有开阔的东西法律比较视野，又有亲历中国法律改革实践的经验，故能以"他者"的角色，考察评议中国法的古今流变，为中国法的发展提出建设性的改进方案；他对沈家本及其著述推崇备至，对沈氏的有关评议，可为该领域的研究提供借鉴。当下对爱司嘉拉其人、其书的介绍、翻译，仍具有较高的学术价值。

关键词：让·爱司嘉拉　《中国法》　法律创制　法律教育　沈家本

境内外学界对让·爱司嘉拉及其 1936 年在北平和巴黎同步出版的、研究中国法的代表作《中国法：概念与沿革、立法与司法制度、法律学科与法学教育概况》（*LE DROIT CHINOIS*：*Conception et évolution*：*Institutions législatives et judiciaires Science et enseignement*，以下简称《中国法》）的介绍或援用，我国大陆地区以蒋隽的《〈中国法〉及其作者让·埃斯卡拉》（社科院图书馆网页）、陈霓珊《民国民事立法中的"保守"与"激进"》（《近代史研究》2018 年第 3 期）、王健《西法东渐》（译林出版社 2020 年版）、朱明哲《法学知识的壮游：近代中法法学交流史》（法律出版社 2023 年版）；我国台湾地区以黄源盛《沈家本法律思想与晚清刑律变迁》（台湾大学法学博士论文）、李

　＊　张仁善，南京大学法学院教授。

鏵黴论文《一代汉学家与中国法巨擘：约翰·艾斯卡拉 Jean Escarra（1885—1955）》（《法制史研究》2000年创刊号）等著述为代表。本文拟结合国内外既有成果，约略介绍爱司嘉拉其人其事；基于《中国法》的日文中译稿，[1]参照法文版、英文版，对该书的基本内容作梗概描述；为了与本次学术讨论的主题大致呼应，侧重于《中国法》中涉及的清末民初立法的内容，讨论爱司嘉拉从"他者"的视角，考察中国法律创制的成败得失及贡献的改进意见，还将特别提及爱司嘉拉对沈家本及其著述的推崇和评议。[2]《中国法》其他章节中的内容，暂不作为本文讨论的重点。

一、充满传奇的国际性法学家

（一）富有情趣的法学大家

让·爱司嘉拉（Jean Escarra，1885—1955），法国法学界泰斗，是具有很高国际影响力的法学家。他曾在巴黎大学培养中国留法的法学博士生；精通中国法律史；指导、参与中华民国北京政府、南京国民政府的立法、司法活动；协助指导中国政府收回治外法权；为瞿同祖先生审读其经典著作——《中国法律与中国社会》

让·爱司嘉拉[3]

的英文版书稿……然而，这位欧洲法学界、汉学界绝对大师级别的人士，后世在中国获得的关注与其声名不够匹配。兹就其充满传奇的一生简述如下。

生平：爱司嘉拉于1885年4月1日出生在巴黎，父亲是法国加泰罗尼亚人，母亲是勃艮第人。1907年，爱司嘉拉22岁时即先后在雷恩（Rennes）、格勒诺布尔（Grenoble）和里尔（Lille）大学担任民法、商法和刑法讲师。第一次世界大战期间，他在炮兵部队服役。1930年，他被任命为巴黎法学院的教授。1955年8月14日，爱司嘉拉在巴黎去世，享年70岁。

---

〔1〕《中国法》的日文版全书，已由南京大学法学院法律史方向博士研究生梅晓凡翻译成中文稿，笔者作专业审定，全书约35万字，将择机出版。本文所引日文版内容，均引自梅晓凡的翻译稿。

〔2〕 Escarra名字的中文翻译，有爱斯加拉、艾斯嘉拉、艾斯卡拉、埃斯卡拉、爱司嘉拉等，本文采用的"爱司嘉拉"，系1924年1月法权讨论委员所编《法权讨论委员会职员录》中所列外籍顾问时登录的名字，可视为其原始的中文官方译名。

〔3〕 来源：王健著《河北大学辉煌的比较法史》中所采朱明哲提供的图片，http://law.hbu.cn/xsjl/8250.jhtml。

音乐发烧友：爱司嘉拉酷爱音乐，是杰出的小提琴和中提琴演奏家，巴赫的忠实爱好者，曾讲授文学和艺术领域的版权问题；与他人合写了一部音乐方面的著作《贝多芬四重奏》（*Beethoven's Quartets*），该书 1928 年出版后，曾被译成英文。

行伍经历：在第二次世界大战初期，爱司嘉拉在军事法庭担任要职，但在停战后，加入了驻英国的自由法国部队，并在那里担任外交事务处处长。1941 年 12 月至 1942 年 7 月，他在重庆代表戴高乐将军的政府，与国民政府商谈承认"自由法国"事宜，并于 1942 年 12 月加入戴高乐将军的参谋部，担任驻伦敦使团处处长，1943—1945 年在阿尔及尔和巴黎担任总参谋部第六处处长。1944 年 9 月，巴黎光复后，他重返法国，出任法国临时政府外交委员会主任。

比较法大家：1937 年，他被任命为巴黎法学院比较民法教授，1939 年被任命为海事商业立法教授。他还曾是埃及海商法编纂委员会成员（1949—1950 年），并曾担任埃塞俄比亚政府商法编纂专家。爱司嘉拉的主要研究领域为商法和比较法学。1947 年，他的《商法教程》被誉为最出色的商法著作之一；1948 年，他创办了《商法季刊》并担任主编；20 世纪 50 年代，爱司嘉拉出任法国商法典与公司法修订委员会主席。

登山爱好者：他身材魁梧，热爱大山。在他担任过的所有重要职务和获得的所有勋章中，最令他高兴的莫过于法国"阿尔卑斯俱乐部主席"和后来的"名誉主席"以及"阿尔卑斯"体育金质奖章。1935 年他出版了一本有关喜马拉雅山的著作——《喜马拉雅镜像》（*Images de l'Himalaya*）。1955 年 8 月 18 日，在他去世后的第四天，他被安葬在佩皮尼昂，邻近他所热爱的山脉，魂归山林之间。[1]

---

〔1〕 爱司嘉拉的生平介绍，主要参见蒋隽《〈中国法〉及其作者让·埃斯卡拉》（http://www.chinalawlib.org.cn/LunwenShow.aspx? FID = 20081224141145450128&CID = 20081224141525500170& AID = 20090408162421630515）、王健《西法东渐：外国人与中国法的近代变革》（译林出版社 2020 年）、朱明哲《法学知识的壮游：近代中法法学交流史》（法律出版社 2023 年）、黄源盛《沈家本法律思想与晚清刑律变迁》（台湾大学法学博士论文）、李鎨澂《一代汉学家与中国法巨擘：约翰·艾斯卡拉 Jean Escarra（1885—1955）》（《法制史研究》2000 年创刊号）、陈霓珊《民国民事立法中的"保守"与"激进"——基于爱斯嘉拉本土化立法方案的考察》（《近代史研究》2018 年第 3 期），NÉCROLOGIE，Jean Escarra（1885-1955），Author（s）：A. F. P. Hulsewé and M. H. van der Valk，Source：*T'oung Pao*（《通报》），1956，Second Series，Vol. 44，Livr. 1/3（1956），pp. 304-310，Published by：Brill 等。

（二）爱司嘉拉与中国法的特殊机缘

1921 年 11 月，爱司嘉拉作为世界著名的私法学者，受法国政府委派，继法国人宝道（Georges Padoux，1867—1960）之后来华担任中华民国北京政府顾问，从此与中国结下不解之缘。爱司嘉拉在中国生活、工作了 8 年有余，直至 1930 年才返回法国。正是在这第一次逗留期间，他开始学习中文。1933 年、1934 年、1938 年及 1940—1941 年他先后 4 次来华访问、讲学，其中 1938 年爱司嘉拉来到中国，回国后随即撰写了《抗日战争一年后的中国》一书，揭露日军暴行，展示中国人民的伟大抗战精神。

爱司嘉拉去世不久，《通报》设"公告"专栏，介绍爱司嘉拉："他的去世意味着（法国）中国法学研究领域失去了一位先驱者。"在爱司嘉拉之前，还有其他人在这一领域工作过，其中一些人功勋卓著，如斯汤顿、安德烈奥齐、科勒、布莱、阿拉贝斯特、贾米森、德卢斯塔尔、佩利奥特和施密特等，爱司嘉拉正是从这些早期学者以及与他同时代的东方和西方学者的工作中获益，为中国法律研究提供了一个坚实的框架，这得益于他对中国法律多方面影响的把握。他的历史研究最终成果被写入了他著名的巨著《中国法》，并在一定程度上被吸收进了《中国制度》一书（该书由亨利·马斯佩罗 Henri Maspero 开始，由爱司嘉拉完成）。爱司嘉拉并不以"汉学家"自居，却是名副其实的"汉学家"。爱司嘉拉一生中担任过许多职务，其中特别值得一提的是，他曾是亚洲协会董事会成员，并在巴黎大学中国高等研究院担任讲师。他还曾担任法国驻联合国教科文组织代表。曾任"伦敦中国学会"研究员、巴黎中国学院讲师等职。[1]

爱司嘉拉倾心学习中国文化，于我国古代典章、文物、哲学、语言等多有通晓，对中国政府和人民充满友情，希望中国早日富强。爱司嘉拉还致力于中国法律在西方的传播，他亲自翻译了梁启超的《先秦法律思想史》《中华民国 1928 年刑法典评注》等，并主编了法文版《中华民国大理院民商判例要旨汇览》（1912—1923）。他的成果曾被美国哈佛大学法学教授和东亚法律研究中心主任安守廉（William Alford）赞为"欧洲中国法顶尖专家及中国法国际先驱之一"（参见蒋隽文）。

有别于普通西方汉学家，爱司嘉拉对中国的认知不仅来源于书本文献，

---

〔1〕 参见 *T'oung Pao*（《通报》），1956，Second Series，Vol. 44，1956。

更主要的是其长年的履华经历，国府顾问的身份使得他的作品为汉学家们提供了许多独到的、极具史学价值的第一手资料。他所撰写的有关中国的著述是研究民国时期的立法、司法以及法学教育等不可多得的史料。

爱司嘉拉多次来华、担任国民政府顾问，其间，不仅参与了商法等法律的起草，还潜心研究中国传统文化和法律，对中国的立法、司法及法学教育等均有很深的了解，特别是在中外关系、领事裁判权、租借地以及列强在华权益等问题的研究上建树颇丰。爱司嘉拉精通法文、意大利文、德文和中文，传世作品甚多。有关中国社会和中国法律的著作亦复不少，其中最重要的一部著作当数《中国法》，它涉及中国古代法律史、民国法律史，含有法律思想、制度、司法、法律教育等内容，体系完整，贯通古今。尽管该著作出版于 20 世纪 30 年代，但至今看来，在很长一段时间内，这本书仍将是研究中国法律史不可或缺的经典，也是现代"汉学"研究方法方面的杰作。

（三）爱司嘉拉关于中国法与法权的著述

《通报》"公告"中将爱司嘉拉有关中国的著述分列为：A. 有关中国法，B. 有关在华的外国人，C. 有关中日关系，D. 有关中国的一般性论述，共计四类，57 种，这里仅就有关中国法及在华的外国人两部分胪陈如下。

A. 有关中国法的部分

1. 《中国私法编纂的一般问题》，北京，1922 年。

2. 《西方的中国法律研究方法》，《中国社会政治科学评论》，北京大学，1924 年。

3. 《中国民事诉讼法和商法法律法规》英文译本，北京，1924 年。

4. 《中国商业法》（增刊），巴黎，1925 年。

5. 《中国法与比较法》，国际比较法学会"Acta"案文，第一卷，柏林，1925—1926 年。

6. 《中华民国最高法院民商事判例摘要》，1912—1923 年。翻译、导言和注释（与刘镇中、吴昆吾、梁仁杰、胡文柄、陈浩贤合著，上海。1924—1926 年。

7. 《中国法律与比较法学》，天津，1926 年。

8. 宝道《梁启超〈法律的概念和立法的理论〉翻译、介绍和注释》序言，北京，1926 年。

9. 《1925 年民法典草案》第一卷、第二卷（中文文本）翻译（合著），北京，1926 年。

10. 《1926 年贸易法案译文》，北京，1926 年。

11. 《中国的立法和法律学的转变》，里昂，1927 年。

12. 给 D. P. 的函件，1928，2.93，关于中国最高法院 1924 年 5 月 5 日和 1926 年 4 月 14 日《关于外币经常账户贬值的裁决》。

13. 《中国新宪法：中国政府组织法》（新欧洲以外），1928—1929 年。

14. 《中国刑法与 1928 年法典》，《监狱与刑法立法总会公报》，巴黎，1929 年。

15. 《中国现行实在法来源》，国际比较法学会出版社，柏林，1929 年。

16. 《中华民国刑法典》，1928 年"中国刑法典"及其补充案文和准备工作文件的译文，附导言和说明，巴黎 1930。

17. 《中国保险法》，1929 年 12 月 30 日，注解和译文，巴黎，1930 年。

18. 《中国私法的当代编纂》，《社会公报》（增刊），巴黎，1930 年。

19. 《中国国籍》，《国际法汇编》第六卷和第九卷，巴黎，1930—1931 年。

20. 《中国著作权法》（"版权"除外），伯尔尼，1931 年。

21. 《中国新海事法》，Extr. Rev. Marit. Comm，巴黎，1931 年。

22. 《中国的法律与习俗》，《社会学和民族学词典》，巴黎，1931 年。

23. 《家庭和财产所有权的编纂》，《国家法律委员会提交的报告》，上海，1931 年。

24. 《中国法律及其演变》，《杜兰评论》。

25. 《中国法律》，阿尔文·约翰斯顿《社会科学百科全书》文章。

26. 《中国民法典》，《美国律师协会期刊》，胡养蒙关于《中国法律中的名、分观念》的论文前言，1932 年。

27. 《中国法律》（修订版），1933 年。

28. 《中国家庭法》，Sinica，1933 年 6 月；文章再次发表在《纽约季刊评论》上。

29. 《中国法观》，《法哲学档案》，巴黎，1935 年。

30. 《中国法律教育与科学》，巴黎，1936 年。

31. 《中国法律》，北京和巴黎，1936 年。

32. 《中国判例机构》，Extr. Rec. Gen. Penant，巴黎，1937 年。

33. 《法律汉学评论》，河内，1937 年。

34. 《中国的政党政府》，摘自《皇家亚洲学会评论》，1941 年。

35. 《现代中国法律及其在法院的适用》，《中国学》，1947 年。

36. 范德瓦尔克评议《北京最高法院解释》，1915 年和 1916 年，《印度学》第三期，《巴塞尔协议》，1953 年，第 65—66 页。

37. 评 M. J. Meijer，《中国现代刑法的介绍》，《印度学》第三期，《巴塞尔协议》，1953 年，第 66-68 页。

B. 有关在华外国人的部分

38. 《治外法权问题》，《北京导报》，北京，1923 年。《中国的治外法权问题》，Ex-

tr. Rev.《国际私法》，巴黎，1923 年。

39.《关于在中国外国特许权设立注册办事处的公共有限公司的法律制度》，Extr. Ann. Dr. Comm，巴黎，1925 年。

40.《外国在中国的权利和利益》，Extr. Rev. Econ. Pol，巴黎，1927 年；再版，王宠惠博士作序，巴黎，1928 年。

41.《在中国的特许权——在中国的治外法权》，DE LAPRADELLE、NIBOYET：《国际法汇编》，巴黎，1929 年。

42.《中国的外国特许权制度》，《国际法学院课程汇编》（增刊）第一卷，巴黎，1929 年。

43.《上海会审公廨的新制度》《巴黎国际外交学院公报增刊》。

44.《中国的治外法权和混合管辖权》，摘自《监狱和刑事立法总会公报》，巴黎，1930 年。

45.《中国与域外法典》，巴黎，1931 年。

46.《中国与国际》，巴黎，1931 年。[1]

二、《中国法》的写作缘起、架构及际遇

（一）《中国法》的写作缘起

何以创作本书？爱司嘉拉在自序中介绍到，因为受到法国、联合国及中国政府的委托，他 1933 年 6 月 25 日至 10 月 25 日逗留中国，在担任国民政府顾问职务的同时，他还有其他的使命。其中一个是从法国文部省受领的任务，目的是进行中国立法和司法制度的职能研究（1933 年 5 月 18 日的命令）。另一个是 1933 年 4 月一个国际研究所委托给他的任务，研究中国的法律教育和法律科学的现状。和上述两方达成一致意见后，他将他的研究结果总结写成了一份报告。中国政府委托他对同样的对象进行研究，因此他同时向中国政府提出了此份报告。他为了确定某些事实以进行修正，产生了从 1934 年 9 月 4 日至 11 月 13 日滞留中国的新理由。

他公开发表这份研究，是对中国已有 25 年立法和司法机构重建任务的总结。此书是总括性的报告作品。他希望初步且非科学的研究，能给研究者一些暗示，启发他们形成真正"中国法律研究"的构想。他指出，尽管 25 年以来中国完成的立法司法相关的伟大事业被恶意的观察者夸大了缺陷和不完善

---

[1] 参见 *T'oung Pao*（《通报》），1956，Second Series，Vol. 44，1956。

之处，但在更多方面令人赞赏。

作者还交代，他在完成该课题的过程中，获得原外交部长和原司法部长罗文干，中国政府的全权公使和顾问宝道，巴黎大学法学博士、外政部局长即南京中央大学及政治学中央学校教授胡文柄，巴黎大学法学博士、司法行政部书记胡养蒙、景培元以及震旦大学图书馆员的帮助（1935 年 12 月于巴黎）。[1]

(二)《中国法》的基本架构

《中国法》的主要章节构造如下：

第一部分　中国法律思想　第一章基础要义，第二章法家流派，第三章中国法学之理论与实际，第四章中国法学之精髓。

第二部分　立法制度　第一章沿革，第二章现代立法与立法程式、习惯法之影响，第三章现行法制。第三章又分为五节，第一节宪法、政府、行政，包括民廿之训政时期约法与民廿三之宪法草案，第二节民事法规之民法、其他特殊法规，第三节农工商业及社会法规之农业法规、工业法规、商业法规、社会法规，第四节刑事法规，第五节国际法规之国际法、待遇外侨法规、法规纠纷、司法组织。

第三部分　司法组织　第一章沿革，第二章判例与解释，第三章现行司法组织。第三章分为五节，第一节司法行政与法院系统，第二节管辖，第三节诉讼法，第四节律师公会，第五节监狱制度。

第四部分　法学教育　第一章沿革，第二章现状，包括法学教育和法学研究。

结论，共四章 第一章中国法学思想，第二章中国立法制度，第三章中国司法组织，第四章中国之法学教育与法律学术。

参考文献：所涉文献达 800 余种，共分五类：一为文献目录类；二为杂志类；三为法典及汇编类；四为注释类、总论类；五为特殊研究的专著及论文。

增补和修正。

索引。

---

〔1〕 参见《中国法·序》。

（三）《中国法》的际遇

《中国法》继1936年法文版后，出现了1941年的日文版和1961年的英文版，独缺中文版。该书的出版，无疑能为中国法律史研究提供丰富的史料和独特的研究视角。

1. 《中国法》日文译本缘起（译者为谷口知平）

20世纪三四十年代，日本"东亚研究丛书刊行会"受满铁调查部委托，翻译出版有关东亚地区的基础文献，鉴于此，该刊一方面与满洲铁路研究部保持密切联系，另一方面与该领域的真正研究者合作翻译刊行与东亚调查研究相关且必需的外国文献。会长山崎元幹说，刊行会的根本目标是建设东亚新秩序，帮助日本东亚研究的向上发展；大阪商科大学的谷口知平教授长期研究比较法，在巴黎留学时认识了作者爱司嘉拉，现在正在推动新的日本法律研究的建设，翻译了爱司嘉拉教授的《中国法》。[1] 足见日文翻译本背后具有通过研究有关中国的法律及文献，协助"建设东亚新秩序"的潜在动机，可见，学术研究有时并非孤立的研究行为。

2. 《中国法》英文译本缘起（译者为格特鲁多·R. 布朗尼，Gertrudo R. Browne）

哈佛大学法学院与东亚研究中心合作进行翻译，"希望这本关于中国法律的重要著作英文版的出版能为相关专业的学生提供帮助"。英文译本的出发点纯粹是为相关专业的学生提供帮助。

3. 《中国法》在中国的沉寂

《中国法》自1936年出版至今近90年以来，在我国仍无中文译本，影响了国内学者对其学说的整体了解和深入研究，实属中国法律史乃至"汉学"界的一大缺憾。

三、爱司嘉拉对清末民初中国法律创制的批评与建议

（一）肯定

法典编纂和立法技术取得进步，关注习惯的作用：

爱司嘉拉将近代中国立法分为三个阶段，每个阶段各有特色。

---

[1] 参见日文译本序，1942年8月，满洲铁路研究部、东亚研究丛书刊行会长，山崎元幹。

第一阶段，清末至北京政府时期。特点是大有按字面意思翻译外国法典的趋势，这是中国在黑暗中摸索的时期。在这一时期，法典编纂委员由在日本、欧洲和美国学习法律并刚刚回国的年轻人组成。由于经验不足，他们并不了解本国立法发展的历史，因此起草了一部几乎完全不为公众意识所认知的法典。

第二阶段，开始于1928年。这一阶段出现了如今施行的大部分法典和主要法律，它们建立在孙中山总理决定的国民党相关宗旨的基础上。这种立法的一个重要部分是与中国社会和经济相对照，展现了理论且抽象的性质。但人们对这一立法没有给予足够的尊重。

第三阶段，必要的修订和再适应的工作已经完成。在判例的帮助下，立法者已经逐渐将在法典编纂初期被轻率否定的概念，特别是中国的概念重新引入法典，习惯再次承担了法律"鲜活来源"的作用。他们对正在进行的法律体系的发展有着高度兴趣，其目的是在中国建设一个独特的中国式法律体系。

重视判例

爱司嘉拉发现，最高法院的作用正如大家所认同的那样更大胆。帝国的大法官逐渐消失，保守的精神也濒临灭绝。1927年至1930年的判决，特别是与继承和妻子权利有关的判决，是直接为现行法律文本做准备的大胆判例。将判决限于当今的某些解决方案是被允许的；然而，可以肯定的是，最高法院在过去25年里对中国法律的发展起到了重要作用，就像在南京时一样。这些判例展示了法律在世界最广泛的文化社会中的深厚生命力。

科学研究步入新时代

爱司嘉拉认为，直到19世纪的最后几年，才看到中国的立法者有时对纯粹的法律理论感兴趣，在欧洲方法的影响下，产生了对其进行解释和讨论的著作。后来又有了第一批法律期刊的出现。目前，随着学校、现代法院和律师协会数量的增加，人们对法律研究的兴趣不断提高，中国正在走向一个拥有原创天赋的杰出法律研究的时代。这一运动是由最初的法典编纂委员会所作的文献调查工作发起的。此时有必要重新出版旧王朝法典、某些判例集和其他一些被忽视了几个世纪的作品。他们观察到，这一运动在现代是缓慢的，因为现代法典的编纂已经度过了翻译和模仿外国模式的时代。此间对中国古代法律的研究有了复苏的迹象。

（二）批评

公法优先

爱司嘉拉对此的批评尤为激烈。他指出，撇开保留在中国传统中的历史和哲学著作不谈，第一批理论教育著述总体概论以及专著，是在 20 世纪的第一个十年里写成的。法典的陆续起草，以及第一批现代法律学校的开设鼓励了这项运动。人们正在将外国法典、纯法律技术，特别是私法的术语以及与社会、政治、经济科学相关的丰富文献翻译成中文。各种原因导致中国的年轻人倾向于学习公法，这更适合他们的心态。关于政府的讨论贯穿于中国文学的始终。革命者首先关注的是宪法的制定，由此产生了一个以宪法为指导的重要研究运动。

公法研究文献不可靠

爱司嘉拉发现，随着中国的人格和独立性的觉醒，以及反对条约的声音越来越强烈，研究转向了国际公法问题。在外国和中国，这一时期关于中国宪法和不平等条约的论文、文章和书籍大量涌现。事实上，这些文献中很少有真正可靠的。一种是关于 1912 年宪法或 1924 年宪法的论文，部分论文就像注释它们的法规一样，是没有实际内容并且徒劳无功的。另一种是为了在外国宣传有关中国的错误观念而写的书。关于中国与外国的关系、不平等条约和关税制度，有价值的研究非常少。其中，最有意思的是论战性著述，这类书是率直地从中国的观点来理解的。然而，人们往往因其缺乏科学客观性而感到遗憾。其他也是重复同样的事情，再犯同样的错误，所谓著述不过是无耻地以缺乏原创性的方式进行相互抄袭。

私法研究的平庸

私法是爱司嘉拉的重点研究领域之一，故而他的识见也超越常人，对问题的解释能切中要害。他从五个方面指出中国私法研究的不足。

第一，研究者不中不西。

那时中国的私法作品忽隐忽现，而同时期国外亲属法相关的论文已经被公开。由于法典尚未生效，这些首批作品的作者仅说明了传统法律。研究工作仍然非常平庸，这是由各种原因造成的，如一般的知识匮乏、文献的稀缺和指导的阙如。对于被邀请来指导中国法律论文的外国大学教授来说，如果不知道中国学的一般作品，不懂中文，就无法从事这份工作。然而，情况通常是这样的：第一批研究者既不知道中国人在中国的作品，如沈家本，又不知道用外国语言所做的一般性质的研究，如 Alabaster、Hoang、Boulais 等人的作品。他们完全没有对文本的批判，对所有故事无节制的认可，完全缺乏方法论，完全不了解任何汉语拼音系统。这些都是不可避免的缺陷。

第二，研究只关注法典草案的注解。

中国最早的法律研究本身只限于对法典草案的注解，偶尔会有对生效内容和草案内容的区分，这是许多用欧洲语言所写的关于中国法律问题作品共有的一个重大缺陷。

第三，对判例研究不够。

爱司嘉拉指出其他一些奇怪的事实：自 1912 年大理院改组以来，就开始发展了一套很有价值的判例法，但人们没有在这个方向上进行任何研究；大理院附上了丰富的注释，出版了最高法院判例要旨汇编（1912—1926 年），同时说明这只是一次尝试，还有其他更深入的研究途径，可是这一呼吁似乎并没有得到后续响应。

第四，法律教育忽视本土文化。

爱司嘉拉不无痛惜地指出，中国目前的教育组织似乎是被最狂热的国民主义者的精神所鼓舞的改革者所控制，他们用外国的方法、外国的书籍和外国的例子来教育年轻人，并试图消除现代教育与中国伟大光辉过去之间的所有联系。对于法律，这种剥离是一个突然的、令人遗憾的事件。本来可以赋予法律理念和制度以活力与坚实的历史和发展，却被整体忽略和无视，学生们被劝说将中国法律组织全体从 1928 年和 1931 年算起。这一政策是不可接受的，并且与政府的意图直接对立，其结果是年轻的中国人注定要对自己的国家产生或多或少的欧美式的心态，与他们国家的精神生活相隔断，他们将成为失去个性的国民。

第五，法学作品受外国影响严重，本土惯例重视不够。

爱司嘉拉发现，中国出现的理论作品越来越受到外国的影响。一方面，有些概说给人的印象是对外国概说的简单翻译，这些作品缺乏原创精神。在这些作品中，历史很少被提及，或者至少是中国法律的历史。另一方面，比较法经常以一种要素的形式被提出。惯例经常被忽略。他毫不怀疑中国的法学家们有一天会出版这种著作，然而就现在而言，他们只是处在黎明时期。

（三）建议

第一，寻求传统与现代的平衡。

爱司嘉拉坚持认为，在中国，年轻人正试图摧毁孔子的精神，反复宣称他们必须与过去割裂。唯一的解释是他们缺乏经验。即使考虑到中国的过去在某些方面过于沉重，也不能从第二天就直接与之斩断联系。目前尚不能确定时间的长短，但必须经过一段合理的时间。

爱司嘉拉指出，如果只是为了满足享有领事裁判权的列强的愿望——原因只有一个，那就是这种极端的照搬替换无法欺骗任何人——那么这种转变就不是真实的。他经常表明他对古代中国最高法院，即大理院的判决方式的喜爱。换句话说，在他看来，这已经在法律规则和儒家观念之间实现了一种值得称赞的衡平和谐。适当地修改孔子的经义、法家的经义和国民党的经义价值，无疑可以确定法律概念的基础。它还将整合这些经义中各个富有生命力的元素，几乎完美地协调了传统和进步的双重概念，并确保中国政府的法律政策发挥最大可能的效果。

第二，法律工作者要接受对研究调查方法和对研究对象的指导。

爱司嘉拉希望中国以某种方式引导和指导中国法律领域的科学产出。重要的是，法律工作者要接受对研究调查方法和研究对象的指导。例如，政府可以按照既定方案起草概论全集，设计竞争论文课题，可以为出版和调查提供补贴，还可以向最佳作者颁发各种奖金和奖励。在其他方面，这些机构可以协助确立官方法律用语，事实上，人们可以设法更好地利用中文材料，并消除适应日本式语言的形式。

第三，提出法律教育的改进方向。

政府应承担起法学教学的总体规划、课程设置、教育者的管理、提升人才培养层次等诸多方面的责任，诸如：

（1）教学方面。严格对教授学术资格的考核，禁止教授多校兼课；普通教育，特别是法律教育，不应旨在填鸭式传授知识，而是应当培养一般原理、研究方法和精神。应首先努力使那些可能触及少数本质性事项的学生，如在民法方面，能够借助所传授的方法来研究和解决这些问题，甚至是一个新问题。

（2）加强中国法制史和中国古代文明教学，这不仅要包括与上述方针相适应的完整的法历史学，而且要提供各科历史的丰富内容，把取自中国旧哲学、旧判例和旧制度的例子按照现代形式进行重构，并向学生表明需要更有效地修改旧概念。培养学生对现实的体悟。

（3）限制派遣到外国学习法律的学生。学生必须要么是见多识广的精锐国民，要么是希望获得更高层次知识的法律教授；那些对中国古代和现代法律没有深层法律教养，以及无法证明他们具有留学目标国语言的充分水平的人不应该被允许进行相关研究。

（4）法律科学领域。科学运动要由地位高的机构来指导。这些制度将奖励和激励汇编文集、法律概要、组织历史研究、形成科学术语；资助某些杂志和出版物，用奖赏奖励其中最好的研究。

（5）尽快组织本国高层次法律人才的培养。不管情况是否允许，必须尽快组织真正的博士教育，恢复法律博士的称号。这对改善中国近代法学博士培养滞后的状况，具有非常明确的针对性。〔1〕

四、爱司嘉拉对沈家本及其著述的推崇

（一）沈家本主宰了他的时代

爱司嘉拉讨论沈家本在近代中国法学中的地位时说过，"如果说沈家本主宰了他的时代，那么，民国以降，则群英荟萃，盛产出一批著名法学家"。爱司嘉拉列举了其中一部分人名：王宠惠、罗文干、徐谦、郭卫、钱龙生、赵琛、石志泉、董康、唐宝忠、杨鸿烈、程树德、余启昌、黄右昌、谢冠生、戴修瓒、吴经熊、李时蕊、陈瑾昆、江庸、陈顾远、张耀曾等。在这些名字之外，还应该加上一些著名律师的名字。〔2〕除学术作品的作者之外，在行政、法律事务、外交等领域活动的许多法律家，也为中国法学的不断进步做出了贡献。爱司嘉拉把沈家本视为代表清末法学界的"独一档"人物，评价之高可见一斑。

笔者理解其所说的沈家本"主宰"了他的时代，是指沈家本在同期法政

---

〔1〕 以上主要参见《中国法》第四章"法律教育和法律学"；朱明哲：《法学知识的壮游：近代中法法学交流史》，法律出版社 2023 年版，第 312—313 页。

〔2〕 例如，石鸣盛、阮性存、李时蕊、刘崇佑、蔡宗黄、蔡倪培等律师。爱司嘉拉自信地认为，中国的学术产出在法律领域有着非常光明的未来。

人物中，鹤立鸡群，一览众山。虽有薛允升、赵舒翘、吉同钧、劳乃宣、伍廷芳、汪荣宝、曹汝霖、江庸、董康等法政人物，但尚未形成新型的"法学家"群体，多以"法科进士""刑部官员""律学名家""外交使臣"的身份出现，仍属于当朝臣吏、"天子门生"范畴，影响力均难与沈家本比肩。沈家本的出众之处体现在三个方面：

一是沈家本超前、开明的修律思想。如"我法之不善者当去之，当去而不去，是之为悖。彼法之善者当取之，当取而不取，是之为愚"的理念；举荐伍廷芳，联袂统领清末修律活动。正如刘成禺《世载堂杂忆》所记：北京议修订法律，沈家本刻意邀聘伍廷芳，称伍廷芳"为中国老于英国法律之唯一人物"，伍廷芳"乃出而仕矣"。[1]

二是创建主持京师法律学堂，从 1906 年（光绪三十二年）至 1911 年（宣统三年）5 年左右时间，京师法律学堂"毕业者近千人，一时称盛"，[2]沈家本是新式法律人才培养的领军者。

三是凝聚爱惜法律人才。沈家本为清末修律大臣，对新式法律人才尤其爱惜。曾亲历其事的江庸在《趋庭随笔》中特有一节介绍说，沈家本"实清季达官中最为爱士之人，凡当时东西洋学生之习政治法律、归国稍有声誉者，几无不入其壳中"。又通过修订法律馆人员的薪金待遇高下，进一步证明沈家本真心爱才：修订法律馆于两大臣下，虽设有提调、总纂、纂修、协修等名目，然薪俸之厚薄，则不以位置之高下为标准。总纂薪金倍于提调，纂修薪金又倍于总纂，考虑到"初筮仕之学生，其资格不足以充提调，总纂使之专致力于编纂事业，非厚俸不能维絷之也"。同代王大臣虽也多乐于延揽新进，爱士惜才，但在江庸眼中，除严范生（严修）等极个别人外，其余差不多类似于叶公好龙而已，均无法与沈家本相比。

（二）中国法律史研究各类著作中沈家本是一个不能略过的名字。

爱司嘉拉认为，在涉及中国法律史的各类著作中，"沈家本是一个不能略过的名字"。

---

〔1〕 刘禺生著，陆丹林注，谢其章编：《世载堂杂忆·续编》，海豚出版社 2013 年版，第 178-186 页。

〔2〕《清史稿》卷 449《沈家本传》；参见李贵连：《沈家本评传》，南京大学出版社 2005 年版，第 326-331 页。

爱司嘉拉所著的《中国法》系统地介绍了沈家本著作：以《沈寄簃先生遗书》为总标题，分两组出版。甲类包括他的法律著作《历代刑法考》78卷，以及涉及法律问题的文学作品《寄簃文存》8卷，即总共86卷，包括22个标题。乙类只包括纯粹的文学研究，包括140卷和13个标题。此外，还有132卷未出版的研究，但保留了卷目清单，且大部分是关于法律的，这些是研究中国法律不可缺少的基础性、纪念性作品，它们是从作者非凡的博学中凝练而成的。它所涵盖的主题非常之多。不幸的是，由于缺乏索引，这套书难以使用。此外，作者汇编了大量的参考资料和引文，而不是批判性地研究该系统；带着这样的保留，他收集考察了所有的材料，从这个角度看，他的作品可以说是一部真正的百科全书；除原创著作外，沈家本还单独或共同再版了大量的古代法律著作，其中包括大多数大型王朝汇编。今天的其他学者和法律家继承了他们著名前辈的传统，却并未产出如此庞大的作品。由此可见，爱司嘉拉对沈家本的著述及有关信息有全面的了解。

（三）《中国法》对沈家本的推崇及对其著述的引用

沈家本的名字在《中国法》中屡屡被引用：全书正文出现沈家本名字25次；注释征引沈家本名字39次；文献目录中提到沈家本的名字13次。从爱司嘉拉屡屡引用、介绍沈氏著作可以看出，他系统地阅读过沈家本的著述，以及沈家本介绍、搜集过的不少中国法史典籍。例如，他介绍1925年版的沈家本《沈寄簃先生遗书》四十卷，指出这套丛书"是沈家本全集"，其中特别需要注意的有《历代刑法考》《寄簃文存》（共86卷，由22帙构成）、《枕碧楼丛书》；又指出该丛书中翻刻了许多法律著作，其中包含了傅霖的《刑统赋》、车垓的《内外服制通释》、王与的《无冤录》、王奕的《玉斗山人女集》以及各种注释。他还特别声明："沈家本的著作对于研究古代中国法具有极高重要性，这点我反复强调过。"此外，爱司嘉拉征引其他典籍也多点明与沈氏的直接或间接的关系。例如，《大元圣政国朝典章》（元朝行政命令集，共六十章），标明是1908年由沈家本掌理下的修订法律馆印制；《明律集解附例》（1908年版）注明有沈家本的序言；《大清律例汇辑备览》（共42册）提示是1885年由沈家本主持刊刻的。《中国法》所征引的文献，以沈著最多，也反映爱司嘉拉对沈家本的研究成果最为重视。

小　结

（一）中国法律史研究应珍视"他者"的观察和评议

《中国法》是作者研究中国法律或法律史系列作品中体系最完备、理论最宏大、资料最丰富、视野最开阔的一部巨著，也是欧洲汉学界、中国法研究界最杰出的作品之一。作为民国法律改革的参与者，作者对中国立法、司法及法律教育实践活动的亲身经历，使他对中国法律发展的前世今生具有特殊的体认，值得吾辈珍视。

（二）《中国法》的翻译研究值得重视

《中国法》中文译著若能顺利出版，将为我国学者了解清末民初法律变革提供另类文献线索；将在研究这位"汉学"法学大师及其著述方面填补史料空白；有助于为比较法律史研究提供新的视角；有助于深化沈家本的研究。

2023 年 10 月 13 日初拟

2024 年 1 月 24 日改定

谫论日本学者笔下的沈家本

赵 晶[*]

摘 要：日本学者广池千九郎于 1908 年来华访问，与沈家本略有接触，进行过书面访谈并留下了些许记录；小河滋次郎于 1908—1910 年受聘来华，与沈家本多所过从，以外国专家的立场对其为人为官进行过专门评价；桑原骘藏与泷川政次郎分别评论过沈家本所撰《明律目笺》和《汉律摭遗》，从桑原氏的论述可知，《沈寄簃先生遗书》的初版时间或在 1924—1925 年，1929 年是再版时间，若然如此，则泷川氏对程树德《九朝律考》未表彰沈家本之功的指责或可成立；岛田正郎于 1980 年发表的关于沈家本其人其学的专论，可谓开"沈学"研究之先河；喜多三佳于 20 世纪 90 年代总结 10 多年来学界关于沈家本修律思想的三种观点（"引入西洋法"说、"中体西用"说、"摇摆"说），力证沈家本为"托古改制"派；但濑贺正博对此有所异见，认为沈家本的思维底色还是中国传统法。除此之外，奥村郁三收藏了一幅沈家本手迹"数亩薄田唯种秋，几间破屋只堆书"，受到中、日学界的珍视。

关键词：沈家本 修律思想 《沈寄簃先生遗书》

沈家本（1840—1913）作为清末修订法律大臣、著名的法学家，在立功、立言两个方面并未偏废，留下了相当宏富的遗产。所谓立功，是指通过译介、教育、立法等方式，全面推动中国法律的近代化；所谓立言，是指承接乾嘉余绪，在中国法制史研究领域辨章学术、考镜源流。

自近代以来，日本学者或深度参与当时清廷的立法活动，或精研中国古代法制史，无论哪个方面，都会"遭遇"沈家本，或识其人，或读其著，因

---

* 赵晶，中国政法大学法律古籍整理研究所教授。

此留下了一些关于沈家本的书面记录或评论。本文选录若干，[1]希望通过这些"域外之眼"，进一步加深我们对沈家本为政、为学的认识。

一

广池千九郎（1866 年 3 月 29 日—1938 年 6 月 4 日）是日本东洋法制史学者、道德科学专攻塾的创立者，曾任神宫皇学馆教授。[2]与同时代许多汉学家一样，[3]广池氏也希望实地调查中国，来印证史籍所得的印象，"今回所以游上国者，二个之目的。第一目的则在视察贵邦现行之法制并贵邦古俗之遗存者，以资古代法制研究之参照"，"第二目的则在视察贵邦小学之文字教授法"。[4]他于 1908 年 3 月 20 日从小仓出发，经朝鲜半岛至中国，开始了为期一个月的调查访问，至 4 月 23 日返回长崎。

以他在北京的调查为例，内容可分为三个方面：参观官衙或其他机构、访问当局官吏、拜访学者与来自各省的有识之士。其中，访问的官衙或其他机构有大理院、高等审判厅、内城地方审判厅、初级审判厅、修订法律馆、法部监狱、步军统领衙门、都察院、农工商部、理藩院、京师法政学堂、修订法律馆所设法律学堂以及各地的帮会、会馆、行会等。[5]沈家本自然也是他的交谈对象之一。

广池氏在 4 月 2 日抵京，9 日晚参加修订法律馆及京师法律学堂举办的欢迎会。[6]10 日，他在修订法律馆发表演讲，论及东洋古代法律的特性（为主权者的便利而制定，因此欠缺民法、商法等涉及人民相互关系的法律）、中国

---

〔1〕 本文所引日本学者的记录或评论，除特别出注说明外，皆为笔者所译；又，在具体学术问题上，多有与沈家本进行观点互动者，此类内容不在本文译述之列。

〔2〕 关于广池氏的生平及学术业绩，参见拙著《论广池千九郎的东洋法制史研究》，载《法制史研究》第 30 期，2016 年。

〔3〕 这些来华的日本学者留下了许多游记或笔记，参见［日］小岛晋治监修：《幕末明治中国见闻录集成》（第 1—20 卷），ゆまに书房 1997 年版；《大正中国见闻录集成》（第 1—10 卷），ゆまに书房 1999 年版。

〔4〕 ［日］広池千九郎：《挨拶状》（1908 年 3 月 10 日），载［日］広池千九郎：《清国调查旅行资料集》，［日］欠瑞实编，モラロジー研究所 1978 年版，第 45 页。

〔5〕 ［日］広池千九郎：《渡清调查报告书》，载［日］広池千九郎：《清国调查旅行资料集》，［日］欠瑞实编，モラロジー研究所 1978 年版，第 125—129 页。

〔6〕 ［日］広池千九郎：《清国调查旅行资料集》，［日］欠瑞实编，モラロジー研究所 1978 年版，第 55 页。

当时法习惯或社会性法律的重要性，建议立法者了解本国民族性与法制的关系，调查各地的习惯，加以折衷参酌、调和融合。当时在场者有沈家本、俞廉三、王世琪、董康。因此，广池氏特意提及沈家本奏请调查古来习惯之事，[1]又称自己的著作《东洋法制史序论》曾讨论中国的民族性与法制的关系，希望上述四位能够阅读该书。[2]当晚，董康又设宴款待。15日午后，他在修订法律馆与吉同钧会谈；17日午后又见沈家本。[3]

广池氏由于无法流利地使用中文进行访谈，因此准备了非常详细的书面问题，涵盖姓氏、宗族、亲族及亲族关系、家（家长、同居、继承）、裁判及其他（共六大类），既有引经据典，希望讨论疑难问题的事项，如"鲧禹父子之说，予久疑之，请听高说"，也有想要确认书籍所载与当下所行是否一致的事项，如"浙江省之边，用祖免之亲之名称颇泛，与古代五世祖免之制大异云，果而然乎"，"魏书（卷七一 裴叔植传——［误，应是"裴植传"］），江南之俗者，兄弟各别资财，同居异爨，一门数竈，现今然乎"。[4]

这些书面调查是否完全得到实施，目前不得而知，但调查所得确有用于其著的例证。如在《中国古代亲族法的研究》讨论聚族同居时，他写道：

即使是现在，依然有不少人维持着聚族同居的状况，经我调查，可举一、二例，如湖州（浙江省）的陆氏，自梁以来千余年间一直聚族而居；又浙江绍兴府上虞县小越村，一村尽是罗氏；又，同省镇海岭头，也是全村皆为方姓，并无他族杂居；又，山西省解州安邑县有刘氏一姓，二百年来聚族而居。此风俗在中国的南方特别盛行。（以上是对修订法律大臣沈家本、俞廉三、法律学堂教习吉同钧、天津日日新闻社长方若、北京罗振玉等的调查）。[5]

---

〔1〕 至于沈家本于1908年初开始着手派员调查民商事习惯，可参见李贵连：《沈家本传》，法律出版社2000年版，第270–276页。

〔2〕 ［日］広池千九郎：《清国調査旅行資料集》，［日］欠瑞実編，モラロジー研究所1978年版，第72–75页。

〔3〕 ［日］広池千九郎：《清国調査旅行資料集》，［日］欠瑞実編，モラロジー研究所1978年版，第55–56页。

〔4〕 ［日］広池千九郎：《清国調査旅行資料集》，［日］欠瑞実編，モラロジー研究所1978年版，第97–118页。

〔5〕 ［日］廣池千九郎：《廣池博士全集〈第3冊〉》，廣池學園出版部1968年版，第497页。

二

小河滋次郎（1864 年 1 月 11 日—1925 年 4 月 2 日）是日本近代法学家、监狱学家，于 1906 年接待清廷派出的日本监狱考察团，又于 1908—1910 年来华担任清朝的狱务顾问，授业于京师法律学堂，并参与监狱法的起草等，[1] 与时任修订法律大臣的沈家本多有过从。经沈家本上奏，小河氏曾于 1907 年、1910 年两次荣获清廷颁给的二等第二宝星勋章，[2] 可见二人的交谊。

小河氏曾撰成《清国的狱制》一文，上篇分为"法政教育的诸机关""监狱班""模范监狱的新筑""有力的法律学者""统一的监狱组织""大有希望的狱制前途""监狱学的将来"，下篇分为"较为良好""死刑囚与妻子的会面""囚人的家仆""可得充分的改良""既存的不定刑期制""在监者少数的好现象""狱制改良的前途"。

其中，"有力的法律学者"一节对沈家本进行了专门评介：

现在法律学堂的大臣即校长是沈家本，此人兼任法律馆总裁。他被称为著名法学家，通晓东西各国法律之梗概，是一位头脑清晰、思虑周密的人物。虽然与法律相关的作者也不少，但最近此人关于法律的论文集《寄簃文存》出版，是相当有价值的杰作。虽已年逾古稀，但精神矍铄、精力旺盛，为壮者所不及，在每周召开二三次的调查会中，他必然亲自出席、尽可能加以监督鼓励，其领会新说的能力也颇为惊人。此人现领法部右侍郎之衔（日本的司法次长），屡次被拟任法部尚书（日本的司法大臣），但他的优势还是最能体现在目前的职位上，法典调查会总裁是最适合他的。如果此人出任法部尚书，虽然也应为法律的发展而大肆庆贺，但为了使其特长得到充分发挥，还不如让他长期处于现在的职位上。所谓中国法制革新之事，几乎没有比他更清楚其中真实情况的人了，

---

〔1〕 ［日］島田正郎：《清末の獄制改革と小河滋次郎》，載 ［日］手塚豊教授退職記念論文集編集委員会編：《手塚豊教授退職記念論文集・明治法制史政治史の諸問題》，慶應通信社 1977 年版，后载氏著《東洋法史論集 3：清末における近代的法典の編纂》，創文社 1980 年版，第 158-165 页。

〔2〕 孔穎：《清国獄務顧問としての小河滋次郎》，載《東アジア文化交渉研究》第 13 卷，2020 年，第 659 页。

如监狱改良，他也倾注热忱、努力为之，出现了逐渐获得发展的机运。当前，中国的监狱组织表面上首先隶属法部主管之下。在我赴任之时，担任法部尚书的是戴鸿慈。此人也是较富新思想的有权势者，与沈家本在许多方面意见相合，法制尤其是监狱改良的前途，因这两人携手合作而可望获得大的发展。但可惜的是，戴鸿慈于去年秋天获得拔擢而入军机，其后任法部尚书不得其人，戴军机不久之后又不幸身故，所以狱制革新不得不就此暂停。所幸沈家本仍然健在，改良的方案已制定完成，所以将来若无非常之变，相信不会以挫折而告终，必然会再逢卷土重来的机会，特别是监狱改良，在中国是宪政预备的一环，明年即宣统三年，无论如何都得实施改正监狱制度了。[1]

戴鸿慈与沈家本之间虽然爆发过法部与大理院的权限之争，但如小河氏所言，在改造监狱方面，二者确有共识，如戴鸿慈赞同沈家本《与戴尚书论监狱书》所提上策"今日倘能请款五六万金，别购地一区，斟酌一极善图式，为天下监狱模范，此上策也"，据此营建京师监狱。[2]

三

桑原骘藏（1870 年 12 月 7 日[3]—1931 年 5 月 24 日）是日本东洋史学者，生前为京都帝国大学名誉教授。他于 1907—1909 年留学中国，[4]从目前留下的材料看，[5]他似未与沈家本有所接触。相较于服膺乾嘉之学的内藤湖

---

〔1〕［日］小河滋次郎：《清国の狱制》，载《刑事法評林》第 2 卷第 9 號，1910 年，第 57-58 页。

〔2〕李贵连编著：《沈家本年谱长编》，山东人民出版社 2010 年版，第 178-179 页。

〔3〕桑原武夫为乃父所撰"小传"记为"明治三年十二月七日"出生，《桑原骘藏略年谱》所录亦同；刘正因桑原弟子宫崎市定所说"（明治四年年初出生）户籍上写的却是上一年的十二月七日，是为了上学的方便而改写"，由此将 1870 年 12 月 7 日作为旧历，将桑原氏的出生时间换算为西历 1871 年 1 月 27 日。现暂从前说。参见［日］桑原骘藏：《桑原骘藏全集》第 5 卷，岩波书店 1968 年版，第 535 页、第 541 页；刘正：《京都学派》，中华书局 2009 年版，第 64 页。至于刘氏所引宫崎说，亦可在其全集中得到复验。参见［日］宫崎市定：《桑原骘藏博士について》，载氏著《宫崎市定全集》第 24 卷，岩波书店 1994 年版，第 233-234 页。

〔4〕［日］桑原骘藏：《桑原骘藏全集》第 5 卷《桑原骘藏略年谱》，岩波书店 1968 年版，第 543 页。

〔5〕如［日］桑原骘藏：《桑原骘藏全集》第 5 卷《考史遊记》，岩波书店 1968 年版，第 245-521 页。汉译本由张明杰执译《考史游记》，中华书局 2007 年版。

南等京都学人，桑原氏的态度有所不同，他曾严厉批判中国向来的不正学风，甚至称"中国学者的头脑很糟糕"。[1]他晚年投入中国法制史研究，自然会读到沈家本的著述。在 1928 年 11 月 23 日成稿的《唐明律的比较》中，他言道：

> 若将唐律的条文与明律的条文加以比较，大体能得出如下四种区别。
>
> （a）双方的条文字句、精神完全相同，即使多少有所差别，大体上也接近相同。
>
> （b）双方的条文字句、精神有所不同。
>
> （c）存在于唐律的条文，被明律删除。
>
> （d）未见于唐律的条文，由明律新增。
>
> 四种之中，第一种尤其多。清末以律学家闻名的沈家本，在《重刻唐律疏议序》中曾言，"我朝定律……而所载律条，与唐律大同者，四百一十有奇，其异者八十有奇"。最初的清律基本沿袭了明律，因此即使不加特别修正，这一说明也能照样适用于唐律与明律的关系。沈家本所谓大同，是指什么样的程度呢？四百一十有奇的计数，确实如此吗？就唐明两律的条文相似而言，我虽然对沈家本言之绝对的看法抱有怀疑，但两律条文相似之处颇多的事实，终归是无人能够否定的。两律的条文全同或是近似，在七百五十年的漫长岁月中并无特别修改的必要，由此不妨断言：其条文所定对中国的国家及社会具有相当深的影响，近乎所谓国本或国粹。双方条文之间的差异，如条文的删除或增补，则反映了这一漫长岁月中中国世态的变迁。因此，两律的比较研究，对知悉中国的国体、阐明中国的世态是必不可少的。
>
> 清末薛允升的著作，即民国十一年（大正十一年）印行的《唐明律合编》，与四五年后印行的沈家本《明律目笺》（收入《沈寄簃先生遗书》），在两律的比较研究上，可许为有价值之著，特别是薛允升之书乃是力作。薛允升曾任清末的刑部尚书，与沈家本并列，皆以通晓古代法律而著称。其著作《读例存疑》与《唐明律合编》皆为世所知，其中

---

[1] [日]宫崎市定：《桑原隲藏博士について》，岩波书店 1994 年版，第 236 页。相关评论，亦可参见刘正：《京都学派》，中华书局 2009 年版，第 78-80 页。

《唐明律合编》尤为出色。对《唐明律合编》的价值，我虽然十分尊敬、完全了解，但坦率来说，其书也并非完美无缺。其编纂方法、内容皆存在许多缺陷。我已指出其中二三点（参见《中国的孝道特别是从法律上来看中国的孝道》，本书第 85 页注 17 等）。他日若有机会，将对全书进行检讨。[1]

由此即可窥见桑原氏的评论风格。即使如此，他对沈家本的研究还是颇多肯定，在 1929 年 8 月的演讲中，再次提及：

> 在中国也有研究这一问题的著作。这就是薛允升的《唐明律合编》三十卷（1922 年出版），将唐明律各章加以比较。此后又有新作，就是二三年前出版的沈家本《明律目笺》（四卷）。沈家本所著之书全部收入《沈寄簃先生遗书》，这是极其出色的著作。此书何时出版，无法确知，但可确定在薛允升著作之后。在日本人等的努力之下，沈家本的遗属接受了日本人的请求，数年前开始出售此书的再版，因此近来也有不少流入日本。对研究中国古代的法律而言，沈家本的书是极好的参考书。[2]

有关《沈寄簃先生遗书》再版事，似未见于其他记载。关于此书的出版日期，后述的泷川政次郎在其论文中谈道："在他（沈家本）死后，经遗属之手，此书（《汉律摭遗》）收入《沈寄簃先生遗著（误，应作"书"——笔者注）》而出版。其出版年次不明，因民国七年（误，应为八年——笔者注）王式通为程树德《汉律考》所作序中已见此书，因此其出版无疑在此之前。"[3]如此，《沈寄簃先生遗书》应出版在 1919 年以前，与桑原氏推测不同。但据泷川氏所引王式通原文"归安沈寄簃师，尝取巴陵杜贵墀之汉律辑证、富平张鹏一之汉律类纂，重为编次"，其实也很难推知当时《沈寄簃先生

〔1〕 ［日］桑原隲藏：《唐明律の比較》，载［日］高瀬博士還暦記念會编：《支那學論叢：高瀬博士還暦記念》，弘文堂 1928 年，后收入《桑原隲藏全集》第 3 卷《支那法制史論叢》，岩波书店 1968 年，第 94—95 页。

〔2〕 ［日］桑原隲藏：《支那の古代法律》，京都帝国大学第 20 回夏季演讲会演讲笔记，1929 年 8 月，后收入《桑原隲藏全集》第 5 卷《支那法制史論叢》，岩波书店 1968 年版，第 143 页。

〔3〕 参见［日］瀧川政次郎：《近世の漢律研究について》，载《史學雜誌》第 52 編第 4 號，1941 年，第 394 页。

遗书》已经出版，因为他一直都知道这部未刊书稿的存在，如其撰《吴兴沈公子悖墓志铭》开列的沈家本未刊书目，就包括"汉律摭遗二十二卷"。[1]更为直接的反证，乃是王氏序末所言"程子此编致力久而取材博，为究心汉法者所不可废。他日薛书复出、沈书刊行，并此而三，其有功于律学者，为何如也"，[2]薛书指薛允升《汉律辑存》，沈书即沈家本《汉律摭遗》，可见作序时该书尚未刊行，故言有待于"他日"。

又，如上所述，桑原氏在1928年发表的文章中已然提及《沈寄簃先生遗书》，可见该书出版在此之前，李贵连关于"约在民国十八年（1929年）刊印《沈寄簃先生遗书》"的推测[3]恐待商榷。而满铁图书馆的松崎柔甫曾在《辽东诗坛》第45期（1929年6月15日）上介绍了当时"新刊"的《沈寄簃先生遗书》（四十册），称"沈家本是清朝末期至民国初年的法律学者，且在经史及文学方面也是超群人物"，并言"右书在上海、北京及其他地方皆易于购买（价格 三十元八角）"。这似可呼应桑原氏所谓重版说。

四

泷川政次郎（1897年5月26日—1992年1月29日）是日本法制史学者，生前为国学院大学名誉教授。泷川氏一生著述颇丰，仅著书就达50种之多，[4]研究领域兼跨日本与中国法制史学。斋藤博曾将"泷川史学"划分为八期，其中第三期是1934—1945年，彼时泷川氏居住于中国境内，从事中国法制史的考证。[5]在此期间，他撰写过一篇《近世的汉律研究》，评述中、日两国的汉律研究成果，如杜贵墀的《汉律辑证》、张鹏一的《汉律类纂》、沈家本的《汉律摭遗》、程树德的《汉律考》、浅井虎夫的《汉律令逸》、小川茂树的《汉律略考》。

---

〔1〕 徐世虹主编：《沈家本全集》第八卷《附录》，中国政法大学出版社2010年版，第979页。

〔2〕 王式通：《序》，载程树德：《汉律考》，1919年初版，后载杨一凡编：《中国律学文献》第4辑第1册，社会科学文献出版社2007年版，第103页。

〔3〕 李贵连：《沈家本传》，法律出版社2000年版，第386页。

〔4〕 ［日］荆木美行：《泷川政次郎博士和中国法制史》，载徐世虹主编：《中国古代法律文献研究》第8辑，社会科学文献出版社2014年版，第521-523页。

〔5〕 ［日］齋藤博：《滝川史学の研究序説》，载《独協大学経済学研究》第45號，1986年；后载氏著《歴史の精神》，学文社1986年版，第54页。

在评述沈家本的汉律研究时，泷川氏首先介绍了《汉律撧遗》成稿的时间（民国元年自春至夏）、沈家本著述时的年龄与身体状况，称此书为"有清一代大法律家沈家本的绝笔之作"；其次介绍沈家本其人其学，为该书编制总目并列出卷一、卷二的细目，胪列了未为杜贵墀、张鹏一所引的文献；最后概括该书的学术成就。以下是泷川氏对该书的评价：

> 如卷首自序所明言，本书以杜氏《汉律辑证》与张氏《汉律类纂》为底本，运用作者赅博的古典知识加以增补，以其深邃的律学知识进行透彻解释，且还根据作者独到的见解再行编次，因此即使与前二书之总和相比，本书的取材范围仍较广博，即使略去前二书的重复部分，本书搜集的逸文仍然更多。在本书引用的文献中，未见于前二书者有《广雅》《广韵》《集韵》《玉篇》《国语》《战国策》《新论》《北堂书钞》《三辅黄图》《三辅决录》《会稽典录》《楚辞》《搜神记》《唐六典》《唐类函》《贾山至言》《资治通鉴》《东观汉记》《容斋随笔》《汉官典职仪》《十三经注疏校勘记》《三史拾遗》《汉书疏证》《后汉书疏证》《越缦堂日记》等。因存在前二书中一条逸文被拆为两条的情况，所以很难算出其搜集所得的逸文数，但若根据与前二书相同的标准计算，则可说超过三百条。

> 本书为一代博识之士倾其蕴蓄而作，其旁征博引，不仅汉律，炎汉一代之制亦备于一书，此非过言。尤其是一一征引唐律比较汉律，唯著者为能。本书中有多处无从获得考证结果的解释，作者明言"今已无考""其法意如何不可详矣"，唯有充满自信而不炫耀的老大家方能为此。按语中所述的著者见解多为卓见，若逐一为之，恐可撰成数百篇论文。如果说杜、张二书代表了清末的汉律研究，则本书与程树德之书堪当为民国时期汉律研究的代表作，但在学术价值上，以本书为最。[1]

其后，泷川氏在评论程树德的《汉律考》时，又将二书进行比较：

---

〔1〕［日］瀧川政次郎：《近世の漢律研究について》，载《史學雜誌》第 52 编第 4 號，1941年，第 397-398 页。末段的翻译袭用徐世虹师的译文，参见徐世虹：《秦汉法律研究百年（一）——以辑佚考证为特征的清末民国时期的汉律研究》，载徐世虹主编：《中国古代法律文献研究》第 5 辑，社会科学文献出版社 2011 年版，第 16 页。

在广征博引这点上，（本书）不输《汉律摭遗》。若加上《春秋决狱考》《律家考》，则本书胜于《汉律摭遗》。但在考证的精巧这一点上，本书还是不敌《汉律摭遗》。……程氏显然受惠于沈氏之书，但在两书（指《汉律考》《九朝律考》）的序言中皆不提此事，吝于表彰前人之功，我深感遗憾。[1]

如前所述，1919 年《汉律考》出版时，沈家本《汉律摭遗》尚未刊行，程氏自难寓目。"甲子乙丑增订《汉律考》，厘为八卷"，[2]即《九朝律考》版的《汉律考》曾于 1924 年、1925 年改订，彼时《汉律摭遗》是否已经刊行、程氏是否参考，且待另文讨论。唯《汉律考·律名考》中"贼律"之按语虽全文照录沈家本文，但明言"按《寄簃文存》云"，[3]即可窥见程氏彼时的学术态度。

此外，泷川氏还指出沈、程二书的不足之处：

沈、程二氏之书，全然无视金石瓦砖所存汉代文字，此点乃大缺陷所在。如斯坦因、伯希和、橘瑞超等从西陲所得汉代木简、布帛的文字，以及乐浪发掘所得地上的封泥文字，沈、程二氏未曾寓目。以清代王昶的《金石萃编》为首，《金石索》《金石契》等金石学著作中，亦收有不少汉碑，其碑文中虽然没有汉代的律令逸文，但足证汉制者颇夥。如《金石萃编》卷八所见《孔庙置守庙百石卒史碑》可旁证汉代春秋决狱的事迹，尤为典例。又如端方《陶斋藏石记》所见建初六年武孟子买田玉券，也是足证汉代土地制度及买卖法的重要史料。封泥印谱所见许多

〔1〕 ［日］瀧川政次郎：《近世の漢律研究について》，载《史學雜誌》第 52 编第 4 號，1941 年，第 402 页。

〔2〕 程树德：《九朝律考·序》，中华书局 2003 年版，第 1 页。此书据商务印书馆 1955 年重版本排印，前承商务印书馆 1934 年"国难版"，与 1927 年初版有所差异。相关说明，参见秦涛：《程树德〈九朝律考〉的稿本与版本》，载微信公众号"知远读书会"2023 年 3 月 22 日，https://mp.weix-in.qq.com/s/b_ z9jD-9h5s_ HAtdFx57PQ，最后访问日期：2023 年 10 月 16 日。

〔3〕 徐世虹师标出此按语征引之文见于《历代刑法考·律目考》。实则，在收入《沈寄簃先生遗书》时，1907 年出版的《寄簃文存》被重加编订，其卷二《律目考》被厘入《历代刑法考》。参见徐世虹：《秦汉法律研究百年（一）——以辑佚考证为特征的清末民国时期的汉律研究》，载徐世虹主编：《中国古代法律文献研究》第 5 辑，社会科学文献出版社 2011 年版，第 19 页注②；李贵连：《沈家本传》，法律出版社 2000 年版，第 386-387 页。

汉代官职名，乃是汉代官制研究的一大明证，此毋需赘言。至于敦煌出土的木简，则不再满足于验证汉制，更是明确引用了汉律令之文。[1]

五

岛田正郎（1915 年 9 月 29 日—2009 年 11 月 23 日）是日本东洋法制史学者，曾任明治大学校长、名誉教授。他师从泷川氏，以研究北方少数民族法史而著称，撰有《東洋法史》《辽制の研究》《辽朝官制の研究》《北方ユーラシア法系の研究》《清朝蒙古例の研究》《明末清初モンゴル法の研究》《清朝蒙古例の実効性の研究》《北方ユーラシア法系通史》《西夏法典初探》等专著。[2]在这些专题性著作之外，他还撰写了一部中国近代法制史的专著《清末における近代的法典の編纂》，因非专攻此业，仅叙述近代法典编纂的经过，不涉其内容与评价，所以他谦称这部书是其"东洋法史论集"中唯一一种未在书名上冠以"研究"二字的著作（当时《西夏法典初探》尚未出版）。[3]而他之所以要撰写这部书，是因为其幼时曾受到修订法律馆顾问冈田朝太郎、志田钾太郎的关照；在北平留学时，经志田氏介绍，还曾拜会曾任修订法律馆提调的董康，听他追忆"修订法律大臣、一代硕学沈家本"等；[4]而且他还到访过渡善桥沈家本墓地，可惜当时所拍照片与从董氏处复印的沈家本遗照均不知所终。[5]

该书部分章节在结集成书前曾单独发表，其中第十章"修订法律大臣沈家本——人与业绩"则是出书前新撰的三章之一。[6]该章分为两大部分"其经历""其业绩"，后者又分为"著书""私藏之书的刊刻""古法典、法书的刊刻""秋审成案的整理编刊""法典草案的按语"。

---

　〔1〕　〔日〕瀧川政次郎：《近世の漢律研究について》，载《史學雜誌》第 52 編第 4 號，1941年，第 411-412 页。

　〔2〕　其履历及大部分学术业绩，可参见《島田正郎博士略歷・著作目錄》，载〔日〕島田正郎博士頌壽記念論集刊行委员会：《東洋法史の探究——島田正郎博士頌壽記念論集》，汲古書院 1987年版，第 1-30 页。

　〔3〕　〔日〕島田正郎：《清末における近代的法典の編纂・序》，創文社 1980 年版，第 1 页。

　〔4〕　〔日〕島田正郎：《清末における近代的法典の編纂・序》，創文社 1980 年版，第 1-2 页。

　〔5〕　〔日〕島田正郎：《清末における近代的法典の編纂》，創文社 1980 年版，第 280 页。

　〔6〕　〔日〕島田正郎：《清末における近代的法典の編纂・凡例》，創文社 1980 年版，第 6 页。

岛田氏先利用相关史料概述沈家本的生平，尤其是通过对其法典编纂方针的归纳，即局部性改革（如《大清现行刑律》的施行）与彻底性改革（如《新刑律》的起草）并行，认为沈家本洞察了当时清廷所处的立场，若不确立以彻底性改革为内容的新式法典，则难以挽回颓势、立足国际舞台；同时，他也看透了当时清朝中枢的动向，作为实现理想的过渡阶段，特别预备了必要的、最低限度的改革，由此接近终极目标。因此，岛田氏指出：

　　在这个意义上，与其单单称他（沈家本）为法律家、立法家，还可以称他为拥有高度政治敏感性的政治家，他在中国法律近代化中发挥的作用，可以说是不可估量的吧。[1]

对于沈家本的学术业绩，岛田氏也毫不吝啬赞美之辞，如"沈家本是清末第一流的法学家，留下了许多著作"，"其著作的量、质皆极为浩博"；[2]《历代刑法考》"搜集、整理了刑法史研究上的基本资料，其中《总考》四卷、《分考》十七卷以及《律令》九卷具有很高的利用价值"，《汉律摭遗》二十二卷"征引浩博、疏证鲜明"，"今日所通行者是施以标点的便利书籍，所以《九朝律考》广为利用，但它可以说大体上是据其原型《汉律摭遗》而操作的，因此在捃摭汉律的工作上，沈家本做出了划时代的贡献"。[3]至于刊刻《枕碧楼丛书》，重刻《故唐律疏议》《元典章》等，整理、编刊《秋审条款附案》，"虽然在今天看来存在一些缺憾，但对学界裨益甚大，刊本的出现当然促进了法制史研究"。[4]此外，沈家本还为自己主持、编修的法典草案撰写了详细、缜密的按语，"这些按语以其关于历代法制的赅博知识为支撑，超越了单纯立法理由的框架，而在对历代法制的解释中，也展现了他许多富有启示的想法"。[5]

因此，岛田氏总结道：

　　沈家本在中国法律近代化上发挥了极大的作用，此点毋需赘言。与

〔1〕　〔日〕島田正郎：《清末における近代的法典の編纂》，創文社 1980 年版，第 278-279 页。

〔2〕　〔日〕島田正郎：《清末における近代的法典の編纂》，創文社 1980 年版，第 281 页、第 283 页。

〔3〕　〔日〕島田正郎：《清末における近代的法典の編纂》，創文社 1980 年版，第 281-282 页。

〔4〕　〔日〕島田正郎：《清末における近代的法典の編纂》，創文社 1980 年版，第 290 页。

〔5〕　〔日〕島田正郎：《清末における近代的法典の編纂》，創文社 1980 年版，第 290 页。

此同时，对于中国法制史研究一直以来取得的相当大的进步，不得不说，他就是创造契机的大恩人。对于他刊刻的古法典中所存缺憾，我们必须在学术上加以补正，由此逼近其本来的面貌；同时，他为新法典所加的按语呈现了与历代法制解释相关的赅博知识，我们也应把它们作为学问上的遗产加以活用。[1]

岛田氏所撰此章首刊于该书出版的 1980 年，在当时应属系统研究沈家本生平及其业绩的第一篇专论，而后中国学界陆续涌现出了以李贵连、黄源盛等学者为代表的"沈学"，[2]此文可谓得风气之先。

六

奥村郁三是日本东洋法制史学者，现为关西大学名誉教授。他师从著名东洋法制史学者内藤乾吉，[3]精研唐代法制与日本古代律令制，著有《日本史上の中国——金印・那須国造碑・飛鳥・新律綱領・令集解》（阿吽社 2015 年版）、编有《令集解所引漢籍備考》（関西大学出版部 2000 年版）等。[4] 2005 年 1 月 29 日、3 月 19 日，在广西学院大学大阪梅田校区，奥村氏接受岩野英夫（同志社大学法学部教授）、川村康（关西学院大学法学部教授）、松田惠美子（名城大学法学部教授）的访问，畅谈其学术人生。访谈稿于 2007 年 5 月出版，其中谈及其恩师内藤氏时，有专门一小节谈恩师留下的纪念品——沈家本的手迹"数亩薄田唯种秫，几间破屋只堆书"。[5]

---

〔1〕［日］岛田正郎：《清末における近代的法典の編纂》，創文社 1980 年版，第 290 页。

〔2〕早期著作如张国华、李贵连编著：《沈家本年谱初编》，北京大学出版社 1989 年版；李贵连：《沈家本与中国法律现代化》，光明日报出版社 1989 年版；中国政法大学沈家本法学思想研讨会编：《沈家本法学思想研究》，法律出版社 1990 年版；黄源盛：《沈家本法律思想与晚清刑律变迁》，台湾大学 1991 年博士学位论文；李贵连：《沈家本年谱长编》，成文出版社 1992 年版；张国华主编：《博通古今学贯中西的法学家：1990 年沈家本法律思想国际学术研讨会论文集》，陕西人民出版社 1992 年版。

〔3〕关于内藤氏的生平及学术业绩，参见拙著《论内藤乾吉的东洋法制史研究》，载《古今论衡》第 32 期，2019 年，第 70–91 页。

〔4〕其履历与大部分学术业绩，可参见《奥村郁三教授略歴並び著作目録》，载《関西大学法学会誌》第 47 号，2002 年，第 90–105 页。

〔5〕［日］わが国における法史学の歩み研究会：《聞き書き・わが国における法史学の歩み（七）：奥村郁三先生のお聞きする》，载《同志社法学》第 59 卷第 1 号，2007 年，第 412–413 页。

据其回忆，此联原为内藤氏所有，他拿到后迅速装裱，那时距离内藤氏去世（1978 年 3 月 23 日）仅两三个月。因为是"十分珍贵之物"，所以他又谈到一些后续发生的事情。其一，韩延龙访问关西大学时，[1] 看到了这幅挂轴，视若珍宝。1990 年中国举办沈家本诞辰 150 周年纪念国际会议（沈家本法律思想国际学术研讨会），奥村氏虽然受邀，但最终未能出席，因此托人带去了这幅挂轴的照片，"以照片代替我出席诞辰 150 年纪念国际会议，可谓恰如其分"。这张照片后收入《博通古今学贯中西的法学家：1990 沈家本法律思想国际学术研讨会论文集》，作为卷首的插图之一。其二，刘海年、韩延龙编《沈家本未刻书集纂》（中国社会科学出版社 1996 年版）的"前言"提及，"一种由日本关西大学奥村郁三教授提供"，"谨向……日本关西大学奥村郁三教授表示由衷谢意"。此处的"一种"与挂轴无关，而是指《古今官名异同考》。[2] 其三，他曾将这一照片送给陈恒昭（Paul Heng-chao Chen），[3] 有一次陈氏见到他就问"没事儿吧"，事后想起来，他关心的不是奥村氏本人，而是沈家本的手迹，这是陈氏幽默。

前述《博通古今学贯中西的法学家》为该手迹所写的说明称"内藤南湖先生旧藏　奥村郁三教授提供"，[4] "内藤南湖"应是"内藤湖南"之误，且根据奥村氏的回忆，此联承自乃师内藤乾吉，装裱后还曾让乾吉过目。因此，是否为乾吉之父湖南旧藏，似无证据。湖南在 1899—1933 年间先后有十次访华之行，[5] 尤其与董康的关系极笃，如 1917 年 12 月在京期间，获时任院长董氏之邀，参观大理院，负责导览的民庭庭长姚震曾言及袁世凯试图以权曲法、干涉司法等事，并表彰沈家本、章宗祥、董康等对民初司法的贡献

---

〔1〕 此事或发生在 1981 年 6 月 8 日，韩延龙作为团员之一的中国社会科学院法学考察团于当天访问关西大学法学部，参观法学部资料室、参加法制史研究等学术座谈会，并由奥村氏等陪同参观大阪城。参见《中国社会科学院法学视察团が帰国》，载《日中文化交流》第 303 号，1981 年，第 9 页。

〔2〕 （清）沈家本撰，刘海年等整理：《沈家本未刻书集纂·前言》，中国社会科学出版社 1996 年版，第 3 页。又，该书再版（中国社会科学出版社 2018 年）却将"奥村郁三"误植为"奥村襄三"。

〔3〕 在访谈稿中作"ポール·チェン"。陈恒昭 1966 年毕业于台湾大学法律学系，曾执教于东京大学法学部，后为东京大学名誉教授，著有 Chinese Legal Tradition under Mongols: The Code of 1291 as Reconstructed, Princeton University Press, 1979 等。

〔4〕 张国华主编：《博通古今学贯中西的法学家：1990 年沈家本法律思想国际学术研讨会论文集》，陕西人民出版社 1992 年版。

〔5〕 参见钱婉约：《内藤湖南研究》，中华书局 2004 年版，第 69-71 页。

等。[1]因此，湖南确实有机会入手沈家本的手迹。不过，乾吉也曾于1930年访华，[2]虽然在华期间的经历不明，但有记录显示，他曾拜访过傅增湘，在傅家看到其藏《故唐律疏议》元刻残叶并拍下照片，[3]从中亦可略窥其交游，自然也可能在那次访华时入手此联。无论如何，奥村氏回忆的上述三事皆表现出中、日学界对沈家本及其手迹的珍视。

七

关于中、日学界20世纪80年代以来对沈家本法律思想的研究盛况，日本东洋法制史学者、现任四国大学经营情报学部教授的喜多三佳在担任鸣门教育大学学校教育学部助手期间曾有过总结。当时，喜多氏曾承担一项研究课题"清末の近代法典編纂とその思想・文化的背景に関する研究"（1995年）。据网上公布的课题报告书可知，其研究侧重于"法理派"代表沈家本、"礼教派"代表劳乃宣，采用的研究方法是解读二者的代表作《沈寄簃先生遗书》《桐乡劳先生遗书》，从而分析他们的思想背景。[4]这一课题的成果有二：

首先，《关于沈家本"融会中西"的一个疑问》围绕沈家本的修律思想，总结出三种学界观点。其一是"引入西洋法"说，认为沈家本主张全面移植西洋法，其对中国古典与传统的尊重是对保守派的牵制，即出于政治性的考虑；其二是"中体西用"说，主张沈家本的思想基础依然是中国传统之学，修律时"善"与"不善"取舍标准是中国的"政教民情"；其三是"摇摆"说，指出沈家本的思想存在进步与保守的矛盾，这也是清末时代矛盾的反映。在此基础上，喜多氏引据沈家本的诸多论说，检证三说的分界点，如其所谓"仁"究竟是儒家的"仁政"还是西洋的人道主义之类，由此力证沈家本是典型的"托古改制"派，即赞同第一种学说。与此同时，喜多氏还认为，沈

　　〔1〕［日］内藤虎次郎：《内藤湖南全集》第六卷《旅行記・支那視察記》，筑摩书房1972年版，第468-469页。

　　〔2〕［日］奥村郁三：《内藤乾吉先生を悼む》，载《法制史研究》第28卷，1978年，第347页。

　　〔3〕［日］布目潮渢：《"唐律疏議校勘表"のテキストについて》，载《唐律疏議校勘表》，唐律研究会1963年版，后载［日］律令研究会：《譯註日本律令》四《律本文篇　別冊》，東京堂1975年版，第415页。

　　〔4〕参见 https://kaken.nii.ac.jp/ja/grant/KAKENHI-PROJECT-07710250/，最后访问日期：2023年10月14日。

家本并不轻易表露自己这种内心想法，可能是因为目睹了戊戌变法的失败，担心被归为"变法派的同党"。[1]

其次，《清末的知识人——沈家本的法思想》较为系统地梳理了沈家本的法律观，如以刊刻法律典籍、主持京师法律学堂、襄助北京法学会等实际行动，对抗轻视法学的社会风气，撰写《法学盛衰论》，力倡法学盛衰与国家治乱息息相关；批判以礼屈法导致的刑罚轻重失序、条文前后矛盾，主张礼、法分离，不将法律作为道德非难的工具；反对重罪轻罚等罚不当其罪的不合理立法，有别于儒家仁政理念下的"慎刑"主义，并强调"法善而不循法"的弊端；深受西洋法的影响，明确区分法家的"法治"与西洋的"法治"、表彰"尊重人格之主义"等，同时反对西洋法万能论，坚持旧学、新知的融合。在此基础上，喜多氏总结了三点对沈家本的评价：

首先，他是"读律"的知识人。沈家本生于读书人阶层，接受传统式教育，虽中第较迟，但依然是考中科举的官僚。他一方面是实践"礼"的士大夫，另一方面则是法律专家、"刑"的运用者。在士大夫依然以"不读律"为傲的时代，他以"读律"的士大夫立身。……他将自己年轻时研究经史的方法运用于法律研究，在这个意义上可以说，正因为他是士大夫，才能做好这一研究。

其次，他是怀抱理想的现实主义者。他的成才之路并不顺利。长期以来，他只不过在刑部当差而已，对于那种只要应试备考，就能一举高中的人，他自然有望尘莫及的现实体会。他对"应然之法"怀有崇高理想，但没有一举实现的想法。……

最后，在研究他时，最令人感到惊讶的是，在普通人将要引退的年纪，他被委以全新的工作，而且出色地完成了这一任务。受命修订法律时，他已六十二岁。在此后十年间身负重担，引退之后又专心著述，并始终对法学的未来抱有期待。"老骥伏枥，志在千里，烈士暮年，壮心不已"（曹操《步出夏门行》），恰是对他的写照。[2]

---

〔1〕〔日〕喜多三佳：《沈家本の"融会中西"に関する一疑問》，载《鳴門教育大学研究紀要》（人文·社会科学編）第 10 卷，1995 年，第 91-96 页。

〔2〕〔日〕喜多三佳：《清末の知識人——沈家本の法思想》，载〔日〕渭陽会編集：《東洋の知識人：士大夫·文人·漢学者》，朋友書店 1995 年版，第 199-222 页。

对于喜多氏的"托古改制"说，国学院大学栃木高等学校教谕濑贺正博略有异见。他是研究日本古代律令学的专家，著有《日本古代律令学の研究》（汲古書院2021年版），因日本古代的"明法道"取范于中国古代的律学，所以特意撰文考察沈家本对近代之前传统中国法学的看法。

濑贺氏对沈家本的定位同样是"活跃于清末的政治家、法学家，对中国近代法的形成发挥了重大作用的立法者"，在其奏议中所谓"博取中外、会通中西""参酌中外、择善而从"之类的言辞，显示了沈家本"作为立法者（倒不如说是政治家）的见识"。

通过分析沈家本所撰《设律博士议》《法学盛衰论》二文，他提出以下看法：

> 他（沈家本）一生都在学习法律，而且在中国传统法上学识深厚，当世恐鲜有其匹。

> 他对中国传统法学的认识，与其如通说所谓融合了西欧法，还不如说是在正确认识传统法学自身功能、作用的基础上，加以源自西欧法学的理解。在这一点上可以说，沈家本的思想根底中始终贯穿着旧有的传统性思维。喜多三佳评价沈家本是"读律"的知识人，在这个意义上也是妥当的吧。[1]

无论如何，由于史料性质所限，目前很难经由沈家本公开发表的文字，窥知其真实的内心世界。学者们根据同样的材料，得出了不尽相同的结论，这大概是"个体心态史"研究的困境所在。

附记：在资料的搜集上，得到徐世虹师、李力教授以及学棣程实、潘弋珂的帮助，谨此申谢。

2024年2月25日定稿

---

〔1〕［日］濑贺正博：《沈家本と中国伝统法学》，载《國學院法研論叢》第26号，1999年，第159-181页。

沈家本谈焚、炮烙及烹

王宏治*

摘　要： 沈家本先生在其所撰《历代刑法考·刑法分考》中，曾对焚、炮烙、烹等刑罚分别做过精辟的考释。近有学生问到我有关问题，我在沈先生考释的基础上，对此三种刑罚分别做了进一步的解读。中国古代早期社会的某些刑罚手段，因其过于残酷，虽没有列入法定刑罚，却由最高统治者任情喜怒而行用。清末修律，沈家本倡"死刑惟一说"，力主废除一切酷烈的死刑执行方式，最终将那类野蛮的酷刑淘汰。

关键词： 火刑　焚　炮烙　烹　死刑

焚

近有学生向我发问："近期在上德意志公法史时提到火刑，但中国古代似乎并不多用这种使人在物理上彻底消灭的刑罚，这背后除了宗教影响，对死后祭祀的看重是否也是一个原因呢？"

我参考了沈家本先生在这方面的论述，并结合自己读书的体会，回答说，我对外国法制史不熟悉，据说古巴比伦王国的《汉谟拉比法典》就已将火刑、溺刑与绞刑并列为三大刑罚。古印度的《摩奴法典》也将火刑列为七大刑罚之一。例如，对于通奸者，"要判处她的从犯即奸夫在烧红的铁床上烧死之刑。行刑人应不停以木柴添火，直至此坏人被烧死"[1]。这种刑罚有些类似

---

* 王宏治，历史学硕士，中国政法大学法律史学研究院教授。
〔1〕《世界著名法典汉译丛书》编委会编：《摩奴法典》第八卷，第 372 条，法律出版社 2000 年版，第 290 页。

于中国殷商时期的"炮烙"。又如，"如果两者和一个被丈夫监护具有高贵身份的婆罗门妇女共犯奸淫时，应该受和首陀罗一样的处罚，或被草木或芦苇火烧死"[1]。这似乎才是真正意义上的火刑。中世纪的宗教法庭对"异端"分子也多以火刑处决。例如法兰西的圣女贞德就是在1431年被判以火刑处死于鲁昂的老菜市场。德意志的火刑我不了解，只能谈谈中国古代史料中有关火刑的记载及认识。

"火刑"是指将受刑者烧死的死刑处决方式，据说甲骨文中就有表示"火刑"的象形字，如焚烧颈部被系索之人于火上。（参见《甲骨文字释林·序》）早期刑罚或将被处决者烧死的酷刑称为"焚"。《说文解字》写作"燓"，许慎解作"烧田也"。烧死犯人，则是其引申的用法。焚又作"燔"（音 fán），也是焚烧的意思，《淮南子·俶真训》有夏桀、殷纣时"燔生人"的记载。

另据武树臣老师指教：甲骨文"交火"字，于省吾释为焚巫以祈雨。《易》之"焚如"若解为烧其人，那"弃如"就应释为扬其灰。又：殷人以渐（人之水已尽而至骨见）为死。焚之使水尽也，或为刑罚，不是死刑。供参考。

《周礼·秋官·掌戮》："凡杀其亲者，焚之。"郑玄注："亲，缌麻以内也；焚，烧也。《易》曰：'焚如，死如，弃如。'"贾公彦疏曰："亲谓五服，五服多，故云凡杀其亲。据人之亲与王之亲，皆谓五服已内知者。案僖二十五年，卫侯燬灭邢。《公羊传》曰，何以名绝？曷为绝之？灭同姓也。灭同姓尚绝之，况杀缌麻之亲得不重乎？"其引《易·离卦》："九四：突如，其来如，焚如，死如，弃如。"释"焚如，杀其亲之刑；死如，杀人之刑也；弃如，流宥之刑"。可知，焚如之刑，不仅仅是要烧死犯杀害亲属者本人，而且要灭绝其五服以内的家族。沈家本对此说法持怀疑态度，其按曰：

> 焚如之刑太惨，古三代胜时何以有此？殊属可疑。

公元前520年，周景王死，王子朝作乱，其党羽鄩肸（音 xún xī）起兵失败被擒，"焚诸王城之市"。杜预注："焚鄩肸。"[2]沈家本按曰：

---

〔1〕《世界著名法典汉译丛书》编委会编：《摩奴法典》第八卷，第377条，法律出版社2000年版，第291页。

〔2〕（西晋）杜预注：《春秋左传集解》卷二十四"昭公二十二年"，上海人民出版社1977年版，第1487页。

春秋时言焚者仅此事。

西汉末，王莽篡位，于天凤元年（公元 14 年）派王昭君兄子和亲侯王歙等出使匈奴，"贺单于初立，赐黄金、衣被、缯帛"；请求匈奴将原先叛逃的陈良、终带等交付其带回。"单于尽收四人及手杀校尉刀护贼芝音妻子以下二十七人，皆械槛付使者。"王莽遂"作焚如之刑，烧杀陈良等"。应劭注曰："《易》有焚如、死如、弃如之言，莽依此作刑名也。"如淳曰："焚如、死如、弃如者，谓不孝子也。不畜于父母，不容于朋友，故焚杀弃之。莽依此作刑名也"〔1〕。沈家本按曰：

> 此《传》言莽作焚如之刑，是前此所无，至莽始造也。《易》义固不必如郑说，即《周礼》之语，亦或疑刘歆所附益以谄莽者，非无故也。〔2〕

沈先生在论周代刑制"焚，凡杀其亲者焚之"时也有按曰：

> 焚、轘二刑，或议其酷，非盛世之事也。窃意此二刑不在五刑之内。轘当是军中之法，春秋时屡见，必非常刑。焚如之刑，古今罕睹，惟王莽行之，或疑《周礼》一书，刘歆等谄附王莽有所附益于其间，此类皆非原本，不为无见。〔3〕

东汉桓谭《新论》记载西汉末年，有"王翁刑杀人，又复加毒害焉。至生烧人，以醯（音 xī，醋）五毒灌死者肌肉。及埋之，复荐覆以荆棘"，又"有男子毕康杀其母，有诏：'燔烧其子尸，暴其罪于天下。'"，前一条是说"生烧人"，即将活人烧死；后一条则是"燔烧尸体"。桓谭对此评曰："王翁之残死人，观人五脏，无损于生人。生人恶之者，以残酷示之也"〔4〕。而据《后汉书》记载，王翁"与前太守翟义攻王莽，及义败，余党悉降，翁独守节

---

〔1〕《汉书》卷九四下《匈奴传下》。

〔2〕前引沈家本按三条，参见（清）沈家本撰，邓经元、骈宇骞点校：《历代刑法考·刑法分考二》，中华书局 1985 年版，第 96-98 页。

〔3〕（清）沈家本撰，邓经元、骈宇骞点校：《历代刑法考·刑制总考一》，中华书局 1985 年版，第 13 页。

〔4〕（东汉）桓谭：《新论》卷上《言体第四》。

力战，莽遂燔烧之"〔1〕。翟义起兵反王莽，"莽尽坏义第宅，汙池之。发父方进及先祖冢在汝南者，烧其棺椁，夷灭三族，诛及种嗣，至皆同坑，以荆五毒并葬之"。所谓"五毒"，如淳注曰："野葛、狼毒之属也。"〔2〕王翁"生烧人"后又被"燔烧之"，冥冥中似有报应？

东吴时有吕壹犯罪事发，"有司穷治，奏以大辟，或以为宜加焚裂，用彰元恶"。孙权以此征询阚泽，阚泽说："盛明之世，不宜复有此刑。"孙权采纳了他的意见。〔3〕沈家本按曰：

> 按：孙权犹能听阚泽之言，岂三代明王而设此惨毒之刑？所见转不如孙权也。〔4〕

中国古代，正式使用将犯人直接烧死的火刑因其过于惨酷，已不为人们所接受，因而很罕见，史籍所记载的"焚"大多为对尸体所附加的刑罚，多非法定刑。往往出自最高统治者的个人意志，是对谋反、造反者的法外之刑，带有泄愤之意。例如，西晋四川李特领导的流民起义失败，益州刺史罗尚"斩特及李辅、李远，皆焚尸，传首洛阳"〔5〕。北齐后主武平五年（574 年），南安王高思好举兵反，兵败"投水而死"，死后，又被"暴思好尸七日，然后屠剥焚之"，又"令内参射其妃于宫内，仍火焚杀之"〔6〕。隋炀帝大业九年（613 年），杨玄感谋反失败，炀帝命"车裂玄感弟朝请大夫积善及党与十余人，仍焚而扬之"〔7〕。这就是后世所说的"焚尸扬灰"。金海陵王贞元二年（1154 年），"太原尹徒单阿里出虎伏诛，复命其子术斯剌乘传焚其骨，掷水中"；正隆六年（1161 年），"以谏伐宋弑皇太后徒单氏与宁德宫，仍命宫中焚之，弃其骨水中"〔8〕。可知都是死后再焚之。

至于那位学生所问到的"这背后除了宗教影响，对死后祭祀的看重是否

---

〔1〕《后汉书》卷四五《张酺传附郡吏王青祖父翁传》。

〔2〕《汉书》卷八四《翟方进附子翟义传》。

〔3〕《三国志》卷五三《吴志·阚泽传》。

〔4〕（清）沈家本撰，邓经元、骈宇骞点校：《历代刑法考·刑法分考二》，中华书局 1985 年版，第 98 页。

〔5〕《晋书》卷一二○《载纪·李特传》。

〔6〕《北齐书》卷一四《上洛王高思宗附第思好传》。

〔7〕《隋书》卷四《炀帝纪下》。

〔8〕《金史》卷五《海陵王纪》。

也是一个原因呢?"我认为答案应该是肯定的。《晋书·刑法志》载有"汙潴"(音 wū zhū)之刑,《礼记·檀弓下》:"臣弒君,凡在官者杀无赦;子弒父,凡在宫者杀无赦。杀其人,坏其室,洿(音 wū)其宫而豬焉。"郑玄注曰:"明其大逆,不欲人复处之。豬,都也。南方谓都为豬。"都,在此为水聚于地下之处,形成的污水池。《水经注六·文水》:"水泽所聚为之都,亦曰潴。"潴,即水停处,指的是水塘、水池、水坑之类的地方。《汉书·王莽传》:"臣闻古者畔逆之国,既以诛讨,则豬其宫室以为汙池,纳垢浊焉,名曰凶虚,虽生蔡茹,而人不食;四墙其社,覆上栈下,示不得通。"颜师古注曰:"豬谓蓄水汙下也。汙音乌。"[1]是说应将罪犯居住的房屋拆毁,使之成为容污纳垢的烂泥塘。从风水的角度来说,就是将罪犯家族居所的风水破坏了,不让其后人再有机会兴风作浪。北魏刑法有:"为蛊毒者,男女皆斩,而焚其家。巫蛊者,负杀羊抱犬沉诸渊。"[2]有学者认为,这是专门针对巫术制定的特别刑罚,其焚者是其家,非其人;巫蛊者则沉渊,非火刑。沈家本对此按曰:

> 负羊拖犬,似是厌胜之事。[3]

而欧洲中世纪的宗教裁判所,对巫术及"异端"则多施以火刑。也许这就是那位学生所说的"宗教影响",或对"祭祀的看重"吧?

总之,中国古代从没有将"火刑"列入正式的刑罚体系,历代刑法典的五刑中也看不到"火刑"的影子。清末修律,沈家本提出"死刑惟一说"[4],更使火刑之类的酷刑丧失生存或"复燃"的根基。

炮烙

与火刑相类似的刑罚还有"炮烙"(音 páo luò)与"烹"。炮烙之刑,是将人隔火烧烙而死。其本出于拷讯,即刑讯逼供所为,因多将人烤死,或有

---

[1] 《汉书》卷九九上《王莽传上》。

[2] 《魏书》卷一一一《刑罚志》。

[3] (清)沈家本撰,邓经元、骈宇骞点校:《历代刑法考·刑法分考二》,中华书局1985年版,第108页。

[4] (清)沈家本撰,邓经元、骈宇骞点校:《历代刑法考》第四册,《寄簃文存》卷三《死刑惟一说》,中华书局1985年版,第2099页。

意将人烙杀，成为法外死刑的一种。而"烹"之刑，则是将处死者投于鼎镬（音 huò）之中，以沸水烹煮而杀之；或将人处死后再置于沸水中烹煮。二者与火刑的区别在于，火刑是直接以火烧灼，炮烙是隔铜铁之具烤烙，烹是以水为媒质而烹煮之。

炮烙之刑，原写作"炮格"，相传起于夏桀、商纣之时。"炮"，烧烤也，或写作"炰"（音 páo），是指一种加工食物的方式，《说文》解说为"毛烧也"。《礼记·礼运》："以炮以燔，以烹以炙。"郑玄注曰：炮，"裹烧之也"；燔，"加于火上"；烹，"煮之镬也"；炙，"贯之火上"。所谓"毛烧""裹烧"，就是连毛带肉一起包裹起来置于火上烧烤，现在的"叫花鸡"仍用此法炮制。据《史记·殷本纪》载："于是纣乃重刑辟，有炮烙之法。"沈家本按曰：

> 殷世刑制，大抵五刑皆备，《书》传亦不详也。而炮烙、醢脯，独详于《史》。淫刑以逞，而国亦随之亡矣。然则重刑何为哉？荀卿谓治则刑重，乱则刑轻，非笃论也。[1]

针对史籍文献中有关夏桀时已有炮烙之刑，沈氏按曰：

> 炮烙之法，纣所作也，此言桀有炮烙之刑。《韩非》《淮南》又兼桀、纣言之。

《韩非子·难势篇》："桀、纣为高台深池以尽民力，为炮烙以伤民性。"《淮南子·俶真训》："逮至夏桀、殷纣，燔生人，辜谏者，为炮烙，铸金柱，剖贤人之心，析才士之胫，醢鬼侯之女，菹梅伯之骸。"沈家本对此按曰：

> 此二书述炮烙事，并兼桀、纣二人言之，第纣作炮烙见《殷本纪》，而《夏本纪》不载桀事。《竹书纪年》亦言纣作炮烙之刑，而桀无之。邹诞生言："纣见蚁布铜斗而为炮格。"《淮南子·齐俗训》云"炮烙生乎热斗"，高诱注："庖人进羹于纣，热以为恶，以热斗杀之。赵国斗可以杀〔人〕，故起炮烙。"可见前无此刑，纣始作之也。罗泌《路史》发挥

---

〔1〕（清）沈家本撰，邓经元、骈宇骞点校：《历代刑法考·刑制总考一》，中华书局1985年版，第11页。

云："炮烙之事，考之书则纣之行，不闻为桀也。大抵书传所记桀、纣之事多出模仿。如《世纪》等倒曳九牛，抚梁易柱，引钩申索，握铁流汤，倾宫瑶室，与夫璇台三里，金柱三千，车行酒，骑行炙，酒池糟丘，脯林肉圃，宫中九市，牛饮三千。丘鸣鬼哭，山走石泣，两日并出，以人食兽。六月猎西山，以百二十日为夜等事。纣为如是，而谓桀亦如是，是岂其俱然哉？"观于罗氏此说，则炮烙之事，可以类推矣。[1]

《史记·夏本纪》未见夏有炮烙，《殷本纪》则载："百姓怨望而诸侯有畔者，于是纣乃重刑辟，有炮格之法。"裴骃《史记集解》引《列女传》曰："膏铜柱，下加之炭，令有罪者行焉，辄堕炭中，妲己笑，名曰炮格之刑。"有司马贞《史记索隐》："邹诞生云：'格，一音阁'。又云：'见蚁布铜斗，足废而死，于是为铜格，炊炭其下，使罪人步其上。'与《列女传》少异。"《周礼·地官·牛人》："凡祭祀，共其牛牲之互，与其盆簝以待事。"郑司农注："互为福衡之属，盆簝皆器名，盆所以盛血，簝受肉笼也。"郑玄曰："互，谓今屠家悬肉格。"《史记·周本纪》："西伯乃献洛西之地，以请纣去炮格之刑，纣许之。"沈家本按曰：

> 纣囚天下怨畔而重刑辟，肆其暴虐，而终于灭亡。文王献地，请去炮烙之刑，而周室以兴。一兴一亡，肇于仁暴，后之议刑者，当知此意。

炮烙之刑虽因文王之请为纣所去，但后世仍有其"复活"的时候，更多的情况是有时常有人将其演化为"刑讯"的手段，尽管有法禁止，但几乎历代都有酷吏使用。最早见于晋皇甫谧所著《帝王世纪》卷四："纣欲为重刑，乃先为大熨斗，以火熱之。使人举之，辄烂手不能胜。"铜斗、熨斗等，都可作刑讯的工具。东汉时，戴就仕会稽郡仓曹掾，"扬州刺史欧阳参奏太守称公浮赃罪，遣部从事薛安案仓库簿领，收（戴）就于钱塘县狱。幽囚考掠，五毒参至。就慷慨直辞，色不变容。又烧鋘斧，使就挟于肘腋"。鋘，音 huá，同铧，是一种耕地用的铁制农具。戴就受尽各种酷刑，对狱卒说："可熟烧

---

[1] 前引沈家本二条，参见（清）沈家本撰，邓经元、骈宇骞点校：《历代刑法考·刑法分考二》，中华书局 1985 年版，第 94-95 页。

斧，勿令冷。"后对主审官薛安说自己不肯"臣谤其君，子证其父"，拒绝证明太守有罪。[1]北齐"讯囚则用车辐、挶杖，夹指、压踝，又立之烧犁耳上，或使以臂贯烧车釭。既不胜其苦，皆致诬服"[2]。烧犁、烧斧、烧车釭，皆可用于刑讯。唐武则天时任用酷吏，创造出各种酷刑。有来俊臣奉诏办另一酷吏周兴谋反案。"初，（周）兴未知被告，方对俊臣食，俊臣曰：'囚多不服，奈何？'兴曰：'易耳，内之大瓮，炽炭周之，何事不承。'俊臣曰：'善。'命取瓮且炽火，徐谓兴曰：'有诏按君，请尝之。'兴骇汗，叩头服罪。"这就是成语"请君入瓮"的出处。至唐末懿宗咸通三年（862年），"岭南西道节度使蔡京为政苛惨，设炮烙之刑，阖境怨之，遂为邕州军士所逐，奔藤州"，"京无所自容，敕贬崖州司户，不肯之官；还，至零陵，敕赐自尽"[3]。辽曾正式将烙列入拷讯之法，规定："鞭、烙之数，凡烙三十者，鞭三百；烙五十者，鞭五百。"例如，穆宗"嗜酒及猎，不恤政事，五坊、掌兽、近侍、奉膳、掌酒人等，以獐鹿、野豕、鹅雉之属亡失伤毙，及私归逃亡，在告逾期，诏不时至，或以奏对少不如意，或以饮食细故，或因犯者迁怒无辜，辄加炮烙、铁梳之刑。甚者至于无算"[4]。又如，穆宗于应历十五年（965年），有"虞人沙剌迭侦鹅失期，加炮烙、铁梳之刑而死"[5]。这就不仅是刑讯，而是处死了。沈家本按曰：

> 穆宗凶暴，故用此等刑法，第辽代本有烙法，此所谓炮烙者，故至于无算而人不必遽死，与殷纣之炮烙迥不同也。[6]

沈氏认为，辽代的炮烙应归于"拷讯之法"，一般情况下或不致死人。但真烙三十、五十，受刑者即便是没死，恐怕也是生不如死了。后世炮烙不入正刑，为法所禁。但酷吏多不以此为意，常以炮烙逼取口供，甚至横征暴敛，也用此刑。例如，明初陈宁"在苏州征赋苛急，尝烧铁烙人肌肤，吏民苦之，

〔1〕 参见《后汉书》卷八一《独行列传·戴就传》。
〔2〕《隋书》卷二五《刑法志》。
〔3〕《资治通鉴》卷二五〇《唐懿宗咸通三年》。
〔4〕《辽史》卷六一《刑法志上》。
〔5〕《辽史》卷七《穆宗纪下》。
〔6〕 以上四条参见（清）沈家本撰，邓经元、骈宇骞点校：《历代刑法考·刑法分考二》，中华书局1985年版，第95-96页。

号为陈烙铁"[1]。正德年间，奸臣欲诬陷王守仁，抓其弟子冀元亨刑讯，"加以炮烙，终不承，械系京师诏狱"[2]。至今影视剧中，也多出现以火烧烙铁刑讯逼供的场面。

中世纪的英国，"照盎格鲁·萨克森人的'立誓免罪'办法，如犯罪者能招致多些的亲友设誓声明自己的誓言（誓未犯罪）的可信，则便为无罪。能忍受热铁煨烤之严刑而不叫苦者，则定有神明暗佑，故亦为无罪"。"自 1215 年拉忒兰会议，禁止僧侣执行烤铁之可笑仪式。"[3]

烹

除"焚"和"炮烙"外，另一种与火刑有关的处决罪人的方式是"烹"，古文献常写作"亨"，原读作 hēng，通达、顺利，兼有三意：加一横，成"享"，读 xiǎng，奉献祭品的意思，"奉上谓之享"；下加四点，成"烹"，读作 pēng，烹饪食物之意，烹，"煮之镬也"。《释名》："煮之于镬曰烹，若烹禽兽之为也。"《淮南子·说山训》："尝一脔肉，知一镬之味。"高诱注曰："有足曰鼎，无足曰镬。"鼎与镬本是古代社会为祭祀奉献而烹煮牛羊等大牲畜的大锅，后世亦演化为一种酷刑。传说出现得很早，例如，《左传》襄公四年（公元前 569 年）载："羿犹不悛，将归自田，家众杀而亨之，以食其子。其子不忍食诸，死于穷门。"是说后羿被家众杀死，杀者将其烹煮，让后羿的儿子食其肉。沈家本按曰：

> 此烹之见于夏时者，然是既杀而烹，与烹人之事少异。

又如，《史记·殷本纪》："纣囚西伯羑里。"注引《帝王世纪》云："囚文王，文王之长子曰伯邑质于殷，为纣御。纣烹为羹，赐文王，曰：'生圣人当不食其子羹。'文王食之。纣曰：'谁谓西伯圣者？食其子羹尚不知也。'"沈家本按曰：

---

〔1〕《明史》卷三〇八《奸臣·陈宁传》。

〔2〕《明史》卷一九五《王守仁附弟子冀元亨传》。

〔3〕参见黄进、高浣月主编：《钱端升全集　第二辑　英国史（上）》，中国政法大学出版社 2022 年版，第 174-175 页。

烹人子以食其父，纣之暴虐滋甚，非殷之常法也。

沈家本又列举了周夷王"烹齐哀公于鼎"，易牙"蒸其子以为膳于君"之典故，按曰：

此非刑，乃烹人事，故附见于此。此事不近人情，恐是传闻之过。桓公，五霸之首，乌至有食人之事？战国策士每多造设之词，以耸动时人之听，不尽可信。

春秋以后，史籍文献中记载的有关烹人之事渐渐多了起来。据《汉书·刑法志》载："陵夷至于战国，韩任申子，秦用商鞅，连相坐之法，造参夷之诛；增加肉刑、大辟，有凿颠、抽胁、镬亨之刑。"颜师古注曰："鼎大而无足曰镬，以鬻人也。"鬻为煮之古字。沈家本按曰：

烹事盛行于周及秦、汉之间，秦并设为常刑，秦法之惨，此其一端也。春秋之后，如齐威王烹阿大夫，及左右尝誉者皆并烹之。见《史记·齐敬仲完世家》。中山之君烹乐羊之子而遗之羹，见《韩非子·说林》。周苛见《汉书·高纪》。郦食其见本《传》。高祖欲亨蒯通见《通传》。侯景南奔，高澄命先剥景妻子面皮，以大铁镬盛油煎杀之，见《南史·景传》。石勒执刘寅，以镬汤煮之，见《晋中兴书》。《御览》六百四十五。董卓攻得李旻、张安，毕圭苑中，生烹之，二人临入鼎，相谓曰："不同日生乃同日烹"，见上。此外皆罕见矣。[1]

与火刑、炮烙不同的是，"镬烹"在秦朝是入律的正式法定刑。汉初，除秦之苛法，但仍有灭三族之诛，具五刑之法。其令曰："当三族者，皆先黥、劓、斩左右止，笞杀之，枭其首，菹其骨肉于市。其诽谤詈诅者，又先断舌。"[2]此中虽未见有焚、炮烙、镬烹之刑，然"菹其骨肉"，可以理解为将其骨肉剁碎，再加以炖煮成肉酱。汉高祖十一年（公元前196年），刘邦"诛彭越，盛其醢以遍赐诸侯"。颜师古注曰："反者族诛，皆以为醢，即《刑法

〔1〕 前引沈家本三条，参见（清）沈家本撰，邓经元、骈宇骞点校：《历代刑法考·刑法分考二》，中华书局1985年版，第99-101页。
〔2〕《汉书》卷二三《刑法志》。

志》所云'菹其骨肉'是也。"〔1〕汉代法定死刑只有弃市、腰斩、枭首三种。然历代都有统治者不按法理行事,任凭喜怒,赏罚不定,对其认为犯大罪者以镬烹泄愤。十六国时南燕主慕容超曾欲恢复肉刑,"枭斩不足以痛之,宜致烹轘之法,亦可附之律条,纳以大辟之科";其理由是"轘裂之刑,烹煮之戮,虽不在五品之例,然亦行之自古"。由于"群下议多不同,乃止"〔2〕。沈家本对此按曰:

> 《通鉴》云:"南燕主(慕容)超增置烹轘之法",然观《载记》所言,是当时议而未成也。〔3〕

对照《通鉴》相关文字是说:"南燕主(慕容)超好变更旧制,朝野多不悦;又欲复肉刑,增置烹轘之法,众议不合而止。"〔4〕《通鉴》所言与《载记》并无二致,都是"议而未成"。

与"烹"类似的还有"油烹",即油炸,民间传说地狱中常用此刑。然地狱酷刑之想象,正是人间实况的反射。如上引文高澄"以大铁镬盛油煎杀"侯景妻子,"女以入宫为婢,男三岁者并下蚕室。后齐文宣梦猕猴坐御床,乃并煮景子于镬"。侯景亦曾烹杀反对者,他"虐于用刑,酷忍无道,于石头立大春碓,有犯法者捣杀之"。及其败亡,被"焚骨扬灰",传首江陵,"枭于市三日,然后煮而漆之,以付武库",〔5〕可见报应不爽。

结　语

总之,焚、炮烙、烹,因其残酷,在魏晋之后,皆不入正刑,但暴君、酷吏常以此酷刑立威,禁而不止,荼毒不绝。

清末修律,沈家本在其《死刑惟一说》中论曰:

---

〔1〕《汉书》卷三四《黥布传》。

〔2〕《晋书》卷一二八《南燕慕容超载记》。

〔3〕（清）沈家本撰,邓经元、骈宇骞点校:《历代刑法考·刑法分考二》,中华书局1985年版,第101-102页。

〔4〕《资治通鉴》卷一一四《晋安帝义熙二年》。

〔5〕《南史》卷八〇《贼臣·侯景传》。

夫刑至于死，生命断绝，亦至惨矣。若犹以为轻，而更议其重，将必以一死为未足而淫刑以逞，车裂、菹醢、炮烙、铁梳，种种惨毒之为，有加无已，极其残忍之性，胡所底止，更不止于北齐之四等，北周之五等矣。不仁之政，孰阶之属，谓非由于死刑之再分轻重哉！故古者五等常刑，死惟一等，明示限制，即不再加。居今日而议行此法，乃复古，非徇今也。〔1〕

　　沈家本面对诸多保守派官僚反对修律的现实，将其主张的"死刑惟一说"冠以"复古"的名号，反映了他为减少改革的阻力，"托古改制"的良苦用心。

2023 年 12 月 12 日刊定稿

---

〔1〕（清）沈家本撰，邓经元、骈宇骞点校：《历代刑法考》第四册，《寄簃文存》卷三《死刑惟一说》，中华书局 1985 年版，第 2100 页。

《历代刑法考》"傍章"问题研究评述[*]

刘效江[**]

摘　要：沈家本先生认为"傍章"包含礼仪制度。他注意到《叔孙通传》未记载修"傍章"之事，未直接对傍章、汉仪的关系下结论，并辑录"傍章"17条汉律。上述研究至今仍有可取之处，学术界对旁律中含有礼仪之律的论述及对叔孙通制傍章的怀疑都进一步佐证了沈家本先生的严谨治学态度。根据益阳兔子山汉简、胡家草场汉简等新出土文献，可知叔孙通制定的《朝律》在文帝时经历了从狱律（□律）到旁律的转变，胡家草场汉简旁律甲18律以《朝律》为首篇，使人容易产生叔孙通制傍章的误解。

关键词：傍章　旁律　叔孙通　沈家本

秦汉法律体系是学界关注的重点问题，尤其是在大量出土文献的出现和公布后，学界取得了诸多成果；"傍章"作为秦汉法律体系研究的重要问题也引起学界关注。事实上，在出土文献大量出现前的清末民初，沈家本先生就对"傍章"进行了深入研究。结合近几十年成果，重新评价沈家本先生对"傍章"的研究也具有必要性。

一、沈家本对"傍章"的研究

沈家本先生对"傍章"的研究集中在《汉律摭遗》卷一、卷十六，《律令》卷二也有涉及。[1]其研究可以从对"傍章"的内容与制定者的探讨和对

---

　　[*] 本文系国家社会科学基金中国历史研究院重大历史问题专项重大项目"中国古代地方治理的理论与实践及借鉴"（项目批准号 LSYZD21006）阶段性成果。
　　[**] 刘效江，中国政法大学法学院 2022 级法律史专业博士研究生。
　　[1]《汉律摭遗》撰于 1912 年，共 22 卷，卷一为总述，其余 21 卷对汉律、令等进行逐条辑录考证。《律令》撰写时间无考，共 9 卷，内容为先秦至明代历代修订律令的过程和律令篇章结构。

"傍章"的辑录两个方面概括。

（一）"傍章"的内容与制定者

1. 沈家本《汉律摭遗》对"傍章"的考释

《汉律摭遗》卷一对"傍章"的内容进行了探讨。卷一"目录"中引《晋书·刑法志》"叔孙通益律所不及，《傍章》十八篇。"〔1〕及杜贵墀《汉律辑证》卷六之"无干车无自后射"条之分析。杜氏原文为："《周礼·夏官》大司马职'遂以蒐田，有司表貉，誓民'。注：贾疏云：此据汉《田律》而言。无干车，谓无干犯他车；无自后射，象战陈不逐奔走。《秋官·士师》五禁注引作'军礼'。按《前书·礼乐志》：'今叔孙通所撰礼仪与律令同录，藏于理官，法家又复不传。'《应劭传》：'删定律令为汉仪。'据此，知汉礼仪多在律令中。《晋书·刑法志》所谓"叔孙通益律所不及"当即以所撰礼仪益之。此条为《田律》，亦为军礼，是其证也。"〔2〕沈家本撰按语为：

> 杜氏据《礼乐志》及《应劭传》为说，颇有据。傍，广也，《广雅·训诂二》衍也。《文选·封禅文》注引张揖。律所不及者，广之衍之，于律之中拾其遗，于律之外补其阙。其书今亡，其目亦无可考矣。《曹褒传》有叔孙通《礼仪》十二卷，《周礼》《仪礼》疏所引有叔孙通《汉礼器制度》，未知与《傍章》同异何如？〔3〕

又在下一条"《越宫律》《朝律》"条撰按语为：

> 《越宫律》、《朝律》与《旁章》并在萧何九章之外，其目已无闻。通尚与何同时，汤、禹远在何后，其时之情形已不相同……《朝仪》为叔孙通所起。《通传》云："谒者言罢酒。御史执法，举不如仪者辄引去。竟朝置酒，无敢讙哗失礼者。"是朝会之制皆通所定。赵禹殆即通所定者纂之成律，其中或有所增益，亦未可知。〔4〕

---

〔1〕 （唐）房玄龄等：《晋书》卷三十《刑法志》，中华书局1974年版，第922页。

〔2〕 （清）杜贵墀：《汉律辑证》卷六，载杨一凡编：《中国律学文献》第4辑第1册，社会科学文献出版社2007年版，第89页。

〔3〕 （清）沈家本：《汉律摭遗》卷一，载徐世虹主编：《沈家本全集》第四卷，中国政法大学出版社2010年版（本书编者、出版信息以下省略），第166页。

〔4〕 （清）沈家本：《汉律摭遗》卷一，载《沈家本全集》第四卷，第166页。

关于"傍章"的内容，沈家本先生的观点可以总结为六点：

第一，"傍章"已无存目，故其内容已不可得其详。沈家本先生屡屡提道"其书今亡，其目亦无可考矣""《越宫律》、《朝律》与《旁章》并在萧何九章之外，其目已无闻"[1]。

第二，"傍章"是对《九章律》拾遗补阙。沈家本先生引用《广雅》及《文选》注，认为傍即所谓广、衍之意，即于萧何《九章律》之外增衍内容，即所谓拾遗补阙。同时，在沈家本著述中，又将"傍""旁"二字混用，如在"《越宫律》《朝律》"条中使用"《旁章》"[2]一词，似将两者视为同义。

第三，认可杜贵墀《汉律辑证》的结论，即"汉礼仪多在律令中"，"傍章"内可能包含一些礼仪制度。

第四，不清楚"傍章"与汉仪关系到底如何。虽然沈家本先生赞同"汉礼仪多在律令中"，"傍章"可能包含礼仪制度，同时注意到叔孙通《汉仪》[3]十二卷及《汉礼器制度》等书，但其中具体关系如何仍不明确。

第五，叔孙通制朝仪与赵禹《朝律》有关。由于《叔孙通传》记载了叔孙通曾制定朝仪，而武帝时赵禹所定之《朝律》可能是在叔孙通的基础上编纂成律，由于史料有限，并不知其内容是否有所调整。

第六，《九章律》《傍章》《越宫律》《朝律》编纂的不同时。沈家本先生在分析汉律时指出："通尚与何同时，汤、禹远在何后，其时之情形已不相同。"[4]注意到上述律编纂的不同时。

2. 沈家本对叔孙通制"傍章"的见解

沈家本在《律令》卷二"叔孙通傍章"条按语中指出：

> 《通传》不言修律事，《百官公卿表》孝惠七年"奉常免"，师古曰"名免也"，是通之卒在此时。[5]

---

〔1〕（清）沈家本：《汉律摭遗》卷一，载《沈家本全集》第四卷，第166页。

〔2〕（清）沈家本：《汉律摭遗》卷一，载《沈家本全集》第四卷，第166页。

〔3〕《后汉书》原文作"《汉仪》"。（南朝宋）范晔：《后汉书》卷三五《张曹郑列传》，中华书局1965年版，第1203页。

〔4〕（清）沈家本：《汉律摭遗》卷一，载《沈家本全集》第四卷，第166页。

〔5〕（清）沈家本：《律令》卷二，载徐世虹主编：《沈家本全集》第三卷，中国政法大学出版社2010年版，第586页。

沈家本已注意到《叔孙通传》未记载修"傍章"之事，但出于谨慎的态度，未深入讨论。且前文业已指出沈家本未直接下结论认为傍章与汉仪内容关系如何。

（二）《汉律摭遗》中的"傍章"条目

沈家本在《汉律摭遗》卷十六中指出："《辑证》以叔孙通益律所不及，即以所撰《礼仪》益之，其说详前目录中。今据此说，凡关于礼仪者，汇列于此。"〔1〕由于"傍章"中可能有涉及礼仪制度的规定，故而沈家本先生在《汉律摭遗》卷十六中辑录了包括"祠宗庙丹书告""祠祀司命""秘祝""祝厘""祭功臣于庙庭""见衅变不得侍祠""乏祠""侍祠""侍祠醉歌""山陵未成置酒歌舞""临丧后""予宁""告归""吏二千石有予告有赐告""吏二千石以上告归归宁道不过行在所者便道之官无辞""被害者与告""吏五日得一下沐"〔2〕等17条汉律，并对其逐一考证。

其内容可以大体分为三类，从第1条"祠宗庙丹书告"到第9条"侍祠醉歌"的内容与祭祀有关，第10条"山陵未成置酒歌舞"和第11条"临丧后"的内容与守丧相关，第12条"予宁"到第17条"吏五日得一下沐"与归宁告归休沐制度有关。

二、"傍章"研究评述

在探讨"傍章"等相关问题时，学术界往往引述沈家本先生对"傍章"问题的研究，徐世虹先生就曾指出："尽管今人指出沈氏有关'旁'字之义的理解有误，有关旁章与正律的关系在沈氏时代也未能正式展开论述，但以考古新发现的汉初律有《朝律》之篇而见，杜氏与沈氏仪礼入律的见解是值得倾听的。"〔3〕笔者将于本节结合学术界近几十年之成果，评述沈家本先生《历代刑法考》一书对"傍章"问题的研究；同时结合秦汉律令简对沈家本先生辑录的17条汉律加以比勘。

---

〔1〕（清）沈家本：《汉律摭遗》卷十六，载《沈家本全集》第四卷，第358页。

〔2〕（清）沈家本：《汉律摭遗》卷十六，载《沈家本全集》第四卷，第361页。

〔3〕徐世虹：《秦汉法律研究百年（一）——以辑佚考证为特征的清末民国时期的汉律研究》，载徐世虹主编：《中国古代法律文献研究》第5辑，社会科学文献出版社2011年版，第1-22页。

(一) 傍章、正律、朝律研究评述

1. 傍章与正律的关系问题

关于"傍章"内容的研究，主要有两种影响力比较大的学术观点，代表学者分别是张建国先生和徐世虹先生，在"傍章"的含义、内容、篇目等方面的研究上都存在较多差异。

张建国先生认为傍章即旁章，是相对于正律（《九章律》）而得名的，在此基础上，认为除《九章律》之盗、贼、囚、捕、杂、具、户、兴、厩九律者均为傍章（旁章）。如张建国推测汉简中的金布律、徭律、置吏律、效律、传食律、行书律、□市律、均输律、史律、告律、钱律、赐律、奴婢律、变（蛮）夷律、爵律、亡律 16 篇即汉代的旁章。[1]此前，堀敏一认为旁章（傍章）具有正律即《九章律》的副法的意思，作为追加法的田律、田租税律、钱律以下的诸律，都应该看作旁章。[2]冨谷至也曾对张建国的观点表示支持，认为汉代存在正律和旁章正副二律的区分，并认为旁章是单行法。[3]

徐世虹先生怀疑汉代不存在正律、旁章之分。徐世虹先生指出，《魏律序》率先提出正、旁这组概念，"正律"与"旁章"是作者对旧律认识的反映，或曰对汉律评论性的措辞。以"正律"与"旁章"这组概念划分汉律是作者的价值判断而非事实叙述，据此认定汉律有正、旁之分，至少在法律的实际运用上尚缺少证据支持。[4]此前，徐世虹先生在《汉代法律载体考述》一文中采纳过沈家本关于"傍"的解释，并怀疑所谓"益律所不及"或正指由于《九章律》未能涉及仪礼仪法，故由熟知仪法的叔孙通增其所缺。[5]并对张建国的观点提出怀疑，她指出张家山律令简除《九章律》外另有 20 种

---

〔1〕张建国：《叔孙通定〈傍章〉质疑——兼析张家山汉简所载律篇名》，载《北京大学学报（哲学社会科学版）》1997 年第 6 期。

〔2〕[日] 堀敏一：《晋泰始律令的制定》，程维荣译，载杨一凡、[日] 寺田浩明主编：《日本学者中国法制史论著选·魏晋隋唐卷》，中华书局 2016 年版，第 222-238 页。

〔3〕[日] 冨谷至：《通往晋泰始律令之路（Ⅰ）：秦汉的律与令》，朱腾译，徐世虹校译，载中国政法大学法律史学研究院编：《日本学者中国法论著选译》，中国政法大学出版社 2012 年版，第 124-163 页。

〔4〕徐世虹：《说"正律"与"旁章"》，载中国文物研究所编：《出土文献研究》第 8 辑，上海古籍出版社 2007 年版，第 74-85 页。

〔5〕徐世虹：《汉代法律载体考述》，载杨一凡总主编，高旭晨卷主编：《中国法制史考证》甲编第三卷《历代法制考·两汉魏晋南北朝法制考》，中国社会科学出版社 2003 年版（本书编者、出版信息以下省略），第 135 页。

律，在数量上已超出"十八篇"，更何况此 20 种律可能还不是汉律的全部。如果说这些都是傍章，首先在篇目的相合上就存在问题。徐世虹先生认为，《傍章》或即叔孙通所撰之《汉仪》，内容为朝觐、宗庙、婚丧等方面的礼仪制度及法律规定。[1]后来，徐世虹先生还曾撰文指出旁章也可指向事律，据《晋志》"叔孙通益律所不及，傍章十八篇"的记载，旁章也许还包含了仪礼之律。[2]与此同时，陶安也认为正律和旁章的概念与法律规范的客观内容无关，而是呈现了作者的价值判断。[3]王伟也撰文认为没有证据可以证明汉人曾将汉律分为"正律""旁章"两类，"正律""旁章"是魏律编纂者对魏初所承用的汉律的分类。[4]曹旅宁也曾撰文对傍章的存在存疑。[5]

除上述两种观点外，杨振红先生认为"傍章""旁章"概念不能混淆，她虽然肯定"旁章"相较于"正律"而得名，但对"旁章"就是"傍章"的观点持不同看法。她指出，在文献中傍、旁不通假，其各作为本字使用的情况更为普遍，认为"傍章即旁章说"存在诸多难以克服的困难。她认为旁章五十一篇，包括傍章十八篇、张汤所作《越宫律》二十七篇、赵禹所作《朝律》六篇。[6]即傍章在旁章范围之内。王沛全面分析了旁的含义，若取侧义说，旁章指正律之外的所有律；若取旁通方说，方章就是礼仪；若取旁为普遍之义，则"旁章科令"指所有的律令；"旁章十八篇"指遍采正律内外所另集之篇章。[7]

近年来，随着益阳兔子山汉简、胡家草场 12 号墓汉简等部分相关材料的公布，学术界逐渐意识到汉代存在狱律（□律）、旁律之分。张忠炜、张春龙依据益阳兔子山汉简指出汉律以是否具备刑罚性为标准区分为狱律与旁律，具备刑罚性的多被视为狱律，旁律则包含行政性、制度性（含军法类）、礼制

〔1〕 徐世虹：《汉代法律载体考述》，载《历代法制考·两汉魏晋南北朝法制考》，第 134-137 页。
〔2〕 徐世虹：《文献解读与秦汉律本体认识》，载《"中研院"历史语言研究所集刊》第八十六本第二分。
〔3〕 ［德］陶安：《汉魏律目考》，载《法制史研究》第 52 号。
〔4〕 王伟：《论汉律》，载《历史研究》2007 年第 3 期。
〔5〕 曹旅宁：《秦汉律篇二级分类说辨正》，载氏著《秦汉魏晋法制探微》，人民出版社 2013 年版，第 23-26 页。
〔6〕 杨振红：《秦汉律篇二级分类说——论〈二年律令〉二十七种律均属九章》，载《历史研究》2005 年第 6 期。杨振红：《从〈二年律令〉的性质看汉代法典的编纂修订与律令关系》，载《中国史研究》2005 年第 4 期。
〔7〕 王沛：《古文献与古代法律二题》，载《华东政法大学学报》2009 年第 6 期。

性律篇。并认为正是因为公权力的规范或影响，才衍生出正律与旁章之分。九章律为正律，九章外为旁章，恐脱胎于汉初以来的狱律、旁律之分。[1]陈伟也指出，睡虎地、胡家草场汉简表明汉文帝时律典分为□律和旁律。《晋志》傍章十八篇加上朝律六篇，比两种旁律32篇少8篇。并认为，旁律与旁章、傍章的"旁（傍）"辞义可能相通，但三者并不等同。并推测如果《晋志》所记傍章等内容有一定史实基础，叔孙通应该是制定《旁律》的主要人物之一，可能是最先制定旁律律篇的人。[2]宋洁认为，"旁律"即"旁章""傍章"，睡虎地律简中"旁律"24篇变为傍章十八篇，原因或是无用律篇被整体废止，或是两大类之间及同类之中有过融合省并，或是部分律篇被整体废止而部分律篇被省并融合。[3]任仲爀注意到叔孙通的傍律十八篇与胡家草场简的"旁律甲凡十八律"是一致的，并认为"旁律乙凡十三律"可能是在叔孙通之后编制的。[4]

虽然不少学者曾对沈家本先生的观点加以商榷，然而仔细比照学术界研究与沈家本先生的著述，仍有一定的相似性：

首先，关于"傍章"的含义，沈家本先生认为"傍章"是对《九章律》拾遗补阙。无论是张建国先生的正律、旁章之分，抑或狱律（□律）、旁律之分，都可以看到沈家本先生研究的影子。虽然有学者怀疑沈家本先生对"傍"字之理解，但限于材料，难以证明其非。而且近年来对狱律（□律）、旁律的研究中，不少学者注意到"傍章""旁律"存在相关性。

其次，关于"傍章"的内容，沈家本先生意识到"傍章"中存在一些礼仪制度，但未直接下结论认为傍章与汉仪内容关系如何。虽然张建国先生认为"傍章"是相对于正律而言的，并非礼仪制度。但汉初简牍中确实存在《朝律》等礼仪制度的律名，这部分律可能确实为叔孙通所撰，且属于旁律，所以"傍章"中包含礼仪制度应该不存在问题。不过需要注意的是，沈家本先生认为"傍章"可能包含部分礼仪制度，但"傍章"是否全部是礼仪制度

---

〔1〕 张忠炜、张春龙：《汉律体系新论——以益阳兔子山遗址所出汉律律名木牍为中心》，载《历史研究》2020年第6期。

〔2〕 陈伟：《秦汉简牍所见的律典体系》，载《中国社会科学》2021年第1期。

〔3〕 宋洁：《〈九章律〉形成考》，载《中国史研究》2021年第2期。

〔4〕 ［韩］任仲爀：《汉令的编制及其种类》，［韩］吴贞银译，载西北师范大学历史文化学院等编：《简牍学研究》第11辑，甘肃人民出版社2021年版，第124-165页。

仍需讨论。

最后，关于"朝仪""《朝律》"问题，沈家本已意识到叔孙通曾制定朝仪，但仍未直接认定《朝律》为叔孙通所定，而可能是赵禹在其基础上编纂而成的。目前出土的汉初简牍中，益阳兔子山汉简、张家山336号墓汉简、胡家草场12号墓汉简均有《朝律》，其时代在惠帝、文帝时期，证明叔孙通所定之《朝律》可能较早就已经入律。沈家本限于严谨的态度未敢轻言朝律早早入律。

2. 叔孙通与"傍章"和《朝律》问题

关于叔孙通制"傍章"问题，前文引述沈家本先生已注意到《叔孙通传》未记载修"傍章"之事，且未直接下结论认为傍章与汉仪内容关系如何。学术界对"傍章"制定者有两种主要观点：一是怀疑叔孙通未制"傍章"，二是遵从旧说，即叔孙通制"傍章"。

张建国先生广泛搜集各种史料后指出，汉代史料中叔孙通制定的只是礼仪而不是傍章，叔孙通制定傍章可能是《晋书·刑法志》的误说。[1]此外，冨谷至认为叔孙通是否为旁章的制定者尚不明确。[2]郑显文通过对《史记》《汉书》等文献资料进行梳理，认为在汉高祖统一全国之后，命"萧何次律令，韩信申军法"，萧何此次"次律令"的成果是制定了"傍章十八篇"，《晋书·刑法志》记述由叔孙通制定的"傍章十八篇"与史实不符。[3]

徐世虹先生对张建国的观点提出三点怀疑，一是所谓"益律所不及"或正指由于《九章律》未能涉及仪礼仪法，故由熟知仪法的叔孙通增其所缺，这似乎也顺理成章；二是"二尺四寸之律"与礼简相合，是否意味着律典中已吸取了礼制的内容了呢？三是张家山律令简除《九章律》外另有20种律，在数量上已超出"十八篇"，更何况此20种律可能还不是汉律的全部。如果说这些都是傍章，首先在篇目的相合上就存在问题。有鉴于此，有关"傍章"暂从旧说。[4]后徐世虹进一步指出叔孙通制定礼仪恐怕没有疑问，问题在于

〔1〕 张建国：《叔孙通定〈傍章〉质疑——兼析张家山汉简所载律篇名》，载《北京大学学报（哲学社会科学版）》1997年第6期。

〔2〕 ［日］冨谷至：《通往晋泰始律令之路（Ⅰ）：秦汉的律与令》，朱腾译，徐世虹校译，载中国政法大学法律史学研究院编：《日本学者中国法论著选译》，中国政法大学出版社2012年版，第124-163页。

〔3〕 郑显文：《中国古代的法典、制度和礼法社会》，中国法制出版社2020年版，第39-52页。

〔4〕 徐世虹：《汉代法律载体考述》，载《历代法制考·两汉魏晋南北朝法制考》，第135页。

其是否属于傍章？在结合汉简《朝律》的基础上，认为汉初叔孙通所制仪法因规范的对象为律令所不及，所以它作为律的补充而被有选择地纳入汉律体系，从朝仪到朝律也许恰好反映了礼律的部分融合。[1]杨振红认为，宗庙祭祀、朝觐仪式等礼仪规定虽然在广义上亦属法律范畴，但是在汉代法律体系中它们显然并未取得与九章律同等的地位。因此，汉代人将叔孙通所作礼仪称为"傍章"。[2]

　　上述两种观点均具有一定合理性。第一种观点对叔孙通制"傍章"进行了一定程度的质疑，就目前史料而言，汉代史料中仅见叔孙通制礼仪的记载，例如，《史记·礼书》记载："至秦有天下，悉内六国礼仪，采择其善，虽不合圣制，其尊君抑臣，朝廷济济，依古以来。至于高祖，光有四海，叔孙通颇有所增益减损，大抵皆袭秦故。"[3]《史记·叔孙通列传》记载："（叔孙通）徙为太常，定宗庙仪法。及稍定汉诸仪法，皆叔孙生为太常所论著也。""叔孙通希世度务，制礼进退，与时变化，卒为汉家儒宗。"[4]《史记·儒林列传》记载："叔孙通作汉礼仪，因为太常，诸生弟子共定者，咸为选首，于是喟然叹兴于学。"[5]《史记·太史公自序》："徙彊族，都关中，和约匈奴；明朝廷礼，次宗庙仪法。作《刘敬叔孙通列传》第三十九。""叔孙通定礼仪，则文学彬彬稍进，诗书往往间出矣。"[6]上述记载确实均为制礼仪制度，而无傍章。但未见叔孙通制傍章也不能遽然否定叔孙通未制傍章，除徐世虹、杨振红等学者反驳意见外，需要明确的是"傍章"与汉仪关系并非截然分离，确实存在一定程度上的引礼入律，出土简牍的中《朝律》与《叔孙通传》所载汉仪具有相似性，可证明叔孙通所定之部分礼仪确实入律。

　　沈家本先生注意到《叔孙通传》未记载修"傍章"之事，但出于谨慎的态度，未深入讨论，这种审慎的态度显然是明确的。有些学者在研究过程中逐渐淡化了所谓傍章的提法，如张忠炜、张春龙指出"朝律、祠律、腊律、

---

[1]　徐世虹：《说"正律"与"旁章"》，载中国文物研究所编：《出土文献研究》第8辑，上海古籍出版社2007年版，第74-85页。

[2]　杨振红：《秦汉律篇二级分类说——论〈二年律令〉二十七种律均属九章》，载《历史研究》2005年第6期。杨振红：《汉代法律体系及其研究方法》，载《史学月刊》2008年第10期。

[3]　（汉）司马迁：《史记》卷二十三《礼书》，中华书局1959年版，第1159页。

[4]　（汉）司马迁：《史记》卷九十九《刘敬叔孙通列传》，第2726页。

[5]　（汉）司马迁：《史记》卷一百二十一《儒林列传》，第3117页。

[6]　（汉）司马迁：《史记》卷一百三十《太史公自序》，第3116页、第3319页。

葬律，也许还有外乐律，与朝聘、礼乐、丧葬、祭祀相关，似出自叔孙通之手，此即所谓的'叔孙通定礼仪'"[1]。

（二）《汉律摭遗》"傍章"辑录与新出律令简比勘

《汉律摭遗》辑录"傍章"包括"祠宗庙丹书告""祠祀司命""秘祝""祝厘""祭功臣于庙庭""见衅变不得侍祠""乏祠""侍祠""侍祠醉歌""山陵未成置酒歌舞""临丧后""予宁""告归""吏二千石有予告有赐告""吏二千石以上告归归宁道不过行在所者便道之官无辞""被害者与告""吏五日得一下沐"共 17 条。上述 17 条中，秦汉律令简中部分与之相关。其中第一类中与祭祀有关的 9 条律文中，张忠炜、张春龙推测"祠宗庙丹书告""祠祀司命"等或许就是祠律遗文。[2] 由于《祠律》材料有限，未见与沈家本辑录相关者。不过，胡家草场 12 号墓汉简中《腊律》与"乏祠"略有相关。第二类 2 条与守丧相关条文未见。第三类 6 条与归宁告归休沐制度有关的律令简则非常丰富。部分内容与"予宁""告归""吏二千石有予告有赐告""吏二千石以上告归归宁道不过行在所者便道之官无辞"有关。

1. 乏祠

关于乏祠，《汉律摭遗》辑录及按语为：

> 《功臣表》："睢陵侯张昌坐为太常乏祠，免。"颜注："祠享有阙也。"
> 按：乏祠之事所包者广，兹但此条。余条《表》称不如令者，已入不如令门。[3]

胡家草场 12 号墓汉简中《腊律》2471-2470 简内容为：

> 若齋（斋）而与妻婢姘及奸，皆弃市。当给祠具而乏之，及鬼神置不具进，若当斋给2471 祠而詐（诈）避者，其宗庙、上帝祠也，耐为隶臣妾；它祠，罚金十二两；它不如令者，皆罚金。2470[4]

〔1〕 张忠炜、张春龙：《新见汉律律名疏证》，载《西域研究》2020 年第 3 期。
〔2〕 张忠炜、张春龙：《新见汉律律名疏证》，载《西域研究》2020 年第 3 期。
〔3〕 （清）沈家本：《汉律摭遗》卷十六，载《沈家本全集》第四卷，第 359 页。
〔4〕 荆州博物馆、武汉大学简帛研究中心编著，李志芳、李天虹主编：《荆州胡家草场西汉简牍选粹》，文物出版社 2021 年版，第 196 页。

"当给祠具而乏之，及鬼神置不具进，若当斋给祠而詐（诈）避者"可能是"乏祠"的部分表现，此条仅涉及三种乏祠行为，即：乏祠具、鬼神置不具进、诈避当斋给祠。"乏祠"的"祠"还区分了宗庙、上帝祠和它祠两种。睡虎地77号墓汉简也有涉及"乏祠"者，M2简正面内容为：

> 六年正月丁丑朔庚子，仓梁人敢言之：春祠社稷，当用牡豕二。谒令吴阳、阳武乡各输五年所遗一，会二月朔日厨给，卒毋失期乏祠。仓以副从事。敢言之。正月庚子，安陆丞毋择告吴阳、阳武乡啬夫：听书从事，输会会日，唯毋失期。它如[1]

此文书涉及"乏祠"为失期乏祠，即春祠社稷时要求二乡运输牡、豕不要失期，以避免失期"乏祠"。从目前史料看，"乏祠"至少包括上述四种类型：一是乏祠具，二是鬼神置不具进，三是诈避当斋给祠，四是失期乏祠。

2. 予宁

关于予宁，《汉律摭遗》辑录及按语为：

> 《哀纪》："绥和二年，即位，诏博士弟子父母死予宁三年。"颜注："宁谓处家持丧服。"补注："何焯云：'汉制之失，莫大于仕者不为父母行服三年，达礼于是焉废。其予宁者，不过自卒至葬后三十六日而已。哀帝既许博士弟子宁三年，何不推之既仕者乎？至安帝元初三年，邓太后临朝，初听大臣、二千石、刺史行三年丧。至建光元年，安帝亲政，宦竖不便，复议断之。桓帝永兴二年，初听刺史、二千石行三年丧。延熹二年复断之。若公卿，则终汉之祚不议行三年丧服也。'"
>
> 按：《安纪》元初三年书"初听大臣、二千石、刺史行三年丧"，而《刘恺传》所议，惟刺史、二千石，无大臣，《陈忠传》又专言大臣。汉之大臣，三公九卿也，未闻有行三年服者。殆此制行之仅数年，故大臣尚无行之者。[2]

虽然简牍中无"予宁"一词，但有"归宁"之词。张家山247号墓汉简

---

[1] 熊北生、陈伟、蔡丹：《湖北云梦睡虎地77号西汉墓出土简牍概述》，载《文物》2018年第3期。

[2] （清）沈家本：《汉律摭遗》卷十六，载《沈家本全集》第四卷，第360页。

《奏谳书》案例二十一中 180 简、181 简部分内容为："律曰：诸有县官事，而父母若妻死者，归宁卅日；大父母、同产十五日。"[1]《二年律令·置后律》377 简为"父母及妻不幸死者已葬卅日，子、同产、大父母、父母之同产十五日之官。"[2]两条律文颇为类似，不过 377 简是不是《置后律》仍有疑问，周海锋认为此简本应属《置吏律》，窜入了《置后律》。[3]从《置吏律》《置后律》的内容看，归属《置吏律》更为合适。

此外，岳麓秦简 278/0914 简、279/0349 简："·□律曰：冗募群戍卒及居赀赎责（债）戍者及冗佐史、均人史，皆二岁壹归，取衣用，居家卅日，其□□□278/0914 以归宁，居室卅日外往来，初行，日八十里，之署，日行七十里。当归取衣用，贫，毋（无）以归者，贷日，令庸以逋。279/0349"[4]此律归属尚不明确。整理小组指出："'律曰'前一字残存半边，其字无法确定，或以为是'齎'字。"[5]即认为属于《齎律》。岳麓秦简 295/1884 简又有令文为："令曰：吏父母死，已葬（葬）一月；子、同产，旬五日；泰父母及父母同产死，已葬（葬），五日之官。官去家五百里以上，父母妻死。"[6]上述秦律令均与归宁相关。

3. 告归等三条

关于"告归""吏二千石有予告有赐告""吏二千石以上告归归宁道不过行在所者便道之官无辞"三条，《汉律摭遗》辑录及按语为：

> 告归
>
> 《高纪》："高祖尝告归之田。"注："服虔曰：'告者，加嗥呼之嗥。'李斐曰：'休谒之名。吉曰告，凶曰宁。'孟康曰：'古者名吏休假曰告。告又音誉。汉律：吏二千石有予告，有赐告。予告者，在官有功最，法所当得也。赐告者，病满三月当免，天子优赐其告，使得带印绶，将官

[1] 张家山二四七号汉墓竹简整理小组编著：《张家山汉墓竹简〔二四七号墓〕》（释文修订本），文物出版社 2006 年版，第 108 页。

[2] 张家山二四七号汉墓竹简整理小组编著：《张家山汉墓竹简〔二四七号墓〕》（释文修订本），文物出版社 2006 年版，第 60 页。

[3] 周海锋：《秦官吏法研究》，西北大学出版社 2021 年版，第 194 页。

[4] 陈松长主编：《岳麓书院藏秦简（肆）》，上海辞书出版社 2015 年版，第 160 页、第 247 页。

[5] 陈松长主编：《岳麓书院藏秦简（肆）》，上海辞书出版社 2015 年版，第 175 页。

[6] 陈松长主编：《岳麓书院藏秦简（伍）》，上海辞书出版社 2017 年版，第 196 页、第 234 页。

属归家治病。至成帝时，郡国二千石赐告不得归家。至和帝时，予、赐并绝。'师古曰：'告者，请谒之言，谓请休耳。或谓之谢，谢亦告也。假为嗥、䀌二音，并无别义，固当依本字以读之。《左传》韩宣子告老，《礼记》曰若不得谢，《汉书》诸云谢病，皆同义。'"

吏二千石有予告有赐告

见上条。又《卫绾传》："上废太子，诛栗卿之属。上以绾为长者，不忍，乃赐绾告归，而使郅都治捕栗氏。"《辑证》："此不因病而赐告，以区别于罢归者。"《汲黯传》："黯多病，病满三月，上帝赐告者数，终不瘳。最后，严助为请告。"注："如淳曰：'杜钦所谓病满赐告，诏恩也。数者，非一也。'师古曰：'数音所角反。'"《谷永传》："数年，出为安定太守。平阿侯谭年次当继大将军凤辅政，与永善。凤薨，荐从弟御史大夫音以自代，由是谭、音相与不平。永远为郡吏，恐为音所危，病满三月免。"又云："曲阳侯根为骠骑将军，荐永，征入为大司农。岁余，永病三月，有司奏请免。故事公卿病辄赐告。至永独实时免。"

吏二千石以上告归归宁道不过行在所者便道之官无辞

《冯野王传》注："如淳曰：'律：二千石以上告归归宁，道不过行在所者，便道之官无辞。'"

按：告归之制秦时已有，汉承之，予告者三月当免。赐告则出自特恩。汲黯常赐告，最后严助为请告，是又有他人代请告之例。此优典也。二千石不皆赐告，谷永以太守病满三月免，其常也。其后以九卿而不赐告，则出于上意矣。《初学记》二十："《晋起居注》曰：'孝武太康元年，诏大臣疾病假满三月解职。'"白帖四十三引此文，"解职"上有"不差"二字。《皇甫湜集·韩文公神道碑》："病满三月免。"是自晋至唐并承此制。[1]

此三条内容可以总结为，沈家本结合史料认为秦代已有告归制，吏二千石有予告、赐告。予告包括累次功最作为表彰，赐告是皇帝恩赐的休假，以病假居多。张家山247号墓汉简和岳麓秦简中均有与之相关者。

张家山247号墓汉简《二年律令·置吏律》217简记载："吏及宦皇帝

---

〔1〕（清）沈家本：《汉律摭遗》卷十六，载《沈家本全集》第四卷，第360-361页。

者、中从骑，岁予告六十日；它内官，卌日。吏官去家二千里以上者，二岁壹归，予告八十日。"〔1〕此处的"予告"属于正常休假，其范围较沈家本辑录的吏二千石有所扩大，吏均有予告的资格。

至于因病休假之制，岳麓秦简 276/1865 简、277/1791 简"迁吏令甲"有"以上及唯（虽）不盈三，一岁病不视事盈三月以上者，皆免"〔2〕的规定，"不视事盈三月以上者，皆免"与沈家本研究的"予告者，三月当免"相合。岳麓秦简 278/1882 简、279/1881 简"迁吏令□"规定："病笃不能视事，材（裁）令治病，父母病笃，归旬"〔3〕也是对因病休假制的规定。

关于予宁告归的相关条文。见于《置吏律》《迁吏令》等律令，与官吏的休假等管理制度相关，其内容并不属于礼仪之制，不过，在狱律、旁律的划分中，《置吏律》见于益阳兔子山汉简旁律、胡家草场 12 号墓汉简旁律甲、睡虎地 77 号墓汉简 W 组（旁律）。此前，李学勤先生怀疑《二年律令》中可能包含"傍章"的一部分，曾怀疑"诸侯王得置姬、八子、孺子、良人""彻侯得置孺子、良人""诸侯王女毋得称公主"是不是叔孙通"傍章"的内容？他认为这值得深入探索。〔4〕李学勤先生所引之条文也均出自《置吏律》。从一定程度上讲，沈家本先生的辑录是具有预见性的。虽然此部分未必是叔孙通所撰，但在汉代属于旁律无疑。

三、叔孙通制傍章小考

前文已提到近年来不少学者关注到西汉初年的"旁律"，并怀疑"旁律"与"傍章"有关。在阅读相关研究基础上，笔者也产生一些思考，本节将就叔孙通制傍章问题阐述一些看法，以期进一步推进相关问题的研究。

《史记·叔孙通列传》记载："仪：先平明，谒者治礼，引以次入殿门，廷中陈车骑步卒卫宫，设兵张旗志。传言'趋'。殿下郎中侠陛，陛数百人。功臣列侯诸将军军吏以次陈西方，东乡；文官丞相以下陈东方，西乡。大行设九宾，胪传。于是皇帝辇出房，百官执职传警，引诸侯王以下至吏六百石

〔1〕 张家山二四七号汉墓竹简整理小组编著：《张家山汉墓竹简〔二四七号墓〕》（释文修订本），文物出版社 2006 年版，第 38 页。

〔2〕 陈松长主编：《岳麓书院藏秦简（伍）》，上海辞书出版社 2017 年版，第 190 页、第 233 页。

〔3〕 陈松长主编：《岳麓书院藏秦简（伍）》，上海辞书出版社 2017 年版，第 190 页、第 233 页。

〔4〕 李学勤：《简帛佚籍与学术史》，江西教育出版社 2001 年版，第 208 页、第 193 页。

以次奉贺。自诸侯王以下莫不振恐肃敬。至礼毕，复置法酒。诸侍坐殿上皆伏抑首，以尊卑次起上寿。觞九行，谒者言'罢酒'。御史执法举不如仪者辄引去。竟朝置酒，无敢讙哗失礼者。"〔1〕目前已经全文公布的张家山336号墓汉简《朝律》也有类似文字，以涉及车骑步卒、郎中、军吏、文臣站位为例，张家山336号墓汉简《朝律》335-343简文字为：

> 朝者皆袀玄，先平明入，定立（位）。后平明门者勿入。
>
> 中郎带剑、操戟财（侧）立殿上，负西序、东序北壁。中郎八人执盾，四335人操戟，武士、少卒八人操虎戟。
>
> 陛西陛【者】立陛西、东面，陛东陛者立陛东、西面，它如西陛。中郎立西陛者后，郎中336陪立中郎后，皆北上。
>
> 少卒操虎戟立殿门内，门东、门西各十人。正立殿门东，监立殿门西，皆北面。
>
> 典客设九宾，随337立殿下，北面。
>
> 丞相立东方，西面。吏二千石次，大（太）中大夫次，诸侯丞相次，诸侯吏二千石次，故二千石次，千石中大夫至六百石338御史、博士、奉常次，皆北上。都官长丞五百石至三百石，丞相史、大（太）尉史、廷史、卒史陪立千石以下后，北上。
>
> 大（太）尉立西方，339东面。将军次，北上。军吏二千石次，故军吏二千石次。
>
> 诸侯王立殿门外西方、东面、北上。彻侯次。诸侯王使者立其南。340诸侯王节（即）不来朝，使吏二千石以上贺。彻侯为吏有它事及老病、少未冠、有服、身不在长安者，使341侯相若丞、尉贺，使者奉璧立廷中诸侯使者南，东面、北上。
>
> 蛮夷来朝者立廷中，北面、门东、西342上，门西、东上。
>
> 朝事毕，大行出，拜受币，典客以闻。343〔2〕

相较而言，《朝律》文字比《史记·叔孙通列传》所载之仪有大幅扩展，

---

〔1〕（汉）司马迁：《史记》卷九十九《刘敬叔孙通列传》，第2723页。

〔2〕荆州博物馆编，彭浩主编：《张家山汉墓竹简〔三三六号墓〕》，文物出版社2022年版，第211-212页。

可能原因是《史记》抄录有关仪的内容时曾进行删减，也有可能是文帝时《朝律》进行部分扩充。

彭浩认为，张家山 336 号墓汉简汉律十六章的抄写年代上限应在汉文帝即位之初，年代下限是汉文帝七年或稍前。[1]此外，益阳兔子山汉简中的律目木牍已出现《朝律》，张忠炜、张春龙指出，益阳兔子山汉简中的律目木牍所在之 7 号井第 7 层纪年简均是惠帝纪年。[2]这表明《朝律》出现时间远早于传世文献中的武帝时赵禹所制《朝律》。加之《朝律》文字与叔孙通所制"朝仪"文字类似，故而《朝律》由叔孙通所制定，学术界并无疑问。

值得注意的是，《朝律》在胡家草场 12 号墓汉简中属于旁律甲，胡家草场汉简旁律甲篇目为：

    旁律甲

朝律	市贩律	爵律	尉卒律
田律	置后律	徭律	奔命律
户律	秩律	行书律	凡十八律
置吏律	均输律	金布律	
赐律	仓律	傅律[3]	

其实际顺序可以整理为：

1. 朝律　　　田律　　户律　　　置吏律　　赐律
2. 市贩律　　置后律　秩律　　　均输律　　仓律
3. 爵律　　　徭律　　行书律　　金布律　　傅律
4. 尉卒律　　奔命律　凡十八律

胡家草场 12 号墓汉简旁律甲实际包括 17 篇律，但简文称"凡十八律"，旁律甲 18 律与傍章 18 篇颇为类似。结合前文所述，《朝律》由叔孙通所制定。《朝律》属于旁律甲。如果傍章即旁律之讹传，是否可以得出结

---

〔1〕 彭浩：《湖北江陵张家山M336出土西汉竹简概述》，载《文物》2022年第9期。

〔2〕 张忠炜、张春龙：《汉律体系新论——以益阳兔子山遗址所出汉律律名木牍为中心》，载《历史研究》2020年第6期。

〔3〕 国家文物局主编：《2019中国重要考古发现》，文物出版社2020年版，第106页。

论，叔孙通制傍章十八篇。实际上，上述结论并不能成立，正确结论应该是旁律中部分篇章为叔孙通所制。叔孙通未制傍章的理由，可以从两方面分析：

一是汉代文献中只记载叔孙通制礼仪，至唐初成书的《晋书·刑法志》才记载叔孙通制傍章。从文献出现的先后时间和价值来看，《晋书·刑法志》与汉代文献相比，可信程度有限。

二是《朝律》属于旁律时间较晚。根据整理小组意见，胡家草场 12 号墓下葬年代不早于文帝后元元年（公元前 163 年），[1]陈伟认为胡家草场汉律"黥刑"不复存在是文帝十三年（公元前 167 年）刑制改革的结果，又根据夷三族刑在文帝后元元年（公元前 163 年）重新启用确定其时间范围在文帝后元元年（公元前 163 年）。[2]而且，此前的益阳兔子山汉简、张家山 336 号墓汉简中，《朝律》均属狱律。益阳兔子山汉简中狱律篇目为：

1. 告律　　盗律已　　贼律　　囚律　　亡律已　　捕律已
2. 杂律　　已具律　　收律已　兴律已　效律已　　关市
3. 厩律　　复律　　钱律　　迁律　　朝律　　狱律十七章[3]

张家山 336 号墓汉简"汉律十六章"最后一篇也是《朝律》，此十六章内容与益阳兔子山汉简"狱律"十七章相对，缺少《收律》。三批简牍先后时间为益阳兔子山汉简、张家山 336 号墓汉简、胡家草场 12 号墓汉简，根据时间先后和位置变动看，《朝律》从狱律变动到旁律甲发生在张家山 336 号墓汉简与胡家草场 12 号墓汉简之间，变动时间在文帝元年至文帝七年——文帝十三年至文帝后元元年，即在文帝时期。《朝律》与旁律的关联时间产生在文帝时期，此时叔孙通早已去世，所以叔孙通制傍章之说并不可信。

笔者推测，《晋书》记载叔孙通制傍章 18 篇可能是受《朝律》在旁律甲 18 律中首篇的影响。胡家草场 12 号墓汉简旁律甲 18 律，以《朝律》为首篇，

---

〔1〕 荆州博物馆、武汉大学简帛研究中心编著，李志芳、李天虹主编：《荆州胡家草场西汉简牍选粹》，文物出版社 2021 年版，第 1 页。

〔2〕 陈伟：《胡家草场汉简律典与汉文帝刑制改革》，载《武汉大学学报（哲学社会科学版）》2022 年第 2 期。

〔3〕 张忠炜、张春龙：《汉律体系新论——以益阳兔子山遗址所出汉律律名木牍为中心》，载《历史研究》2020 年第 6 期。

《朝律》是叔孙通所制定，这种分布使人容易产生叔孙通制傍章的误解。

但此假说似乎存在一个问题，即《晋书》将《九章律》《傍章》《越宫律》《朝律》并列。如何认识这一问题呢？首先，睡虎地 77 号墓汉简中无《朝律》，可能的情况是《朝律》一度废止，若结合《晋书·刑法志》记载"赵禹《朝律》六篇"[1]，则可能武帝时再度由赵禹制定《朝律》。其次，由于《晋书·刑法志》对《傍章》十八篇篇目并未列出，似表明此时对《傍章》的篇章内容已不熟悉，故而将叔孙通《傍章》与赵禹《朝律》并列可能是旁律版本不同造成的，也可能是产生认识时代不同造成的。可能是后人看到某一版本旁律甲 18 律以《朝律》为首，故怀疑叔孙通制傍章；但另一版本的旁律中无《朝律》，故将《越宫律》《朝律》与无《朝律》版的《傍章》并列，所以产生了这种矛盾。

结 语

沈家本先生认为《傍章》是在萧何《九章律》基础上拾遗补阙而成的，他以严谨的治学态度指出"傍章"限于史料无法考证其具体条目，但依据相关史料及前人研究，他认为"傍章"可能包含部分礼仪制度，并辑录《傍章》相关汉律 17 条。同时沈家本注意到《叔孙通传》未记载修"傍章"之事；也未直接下结论认为"傍章"与汉仪内容关系如何；虽已意识到叔孙通曾制定朝仪，但仍未直接认定《朝律》为叔孙通所定，而可能是赵禹在其基础上编纂而成。

虽然不少学者曾对沈家本先生的观点加以商榷，然而仔细比照学术界研究与沈氏著述可以发现，沈家本先生在史料相对匮乏的情况下做出的论断不可谓不严谨，其对傍章内容的讨论、对叔孙通制傍章等问题的研究，均有可取之处。无论是将汉律分为正律、旁章，还是认为傍章与礼仪相关，都可以看到沈家本先生研究的影子。学界对旁律中含有礼仪之律的论述及对叔孙通制傍章的怀疑，都进一步佐证了沈家本的严谨治学态度。沈氏辑录"傍章" 17 条中，"乏祠"与胡家草场 12 号墓汉简中的《腊律》有所关联，有学者也推测其可能为叔孙通所制定。而"予宁""告归"等条与秦汉《置吏律》《迁吏令》等条文相关，而《置吏律》属于旁律，从一定程度上讲，沈家本先生

---

〔1〕 （唐）房玄龄等：《晋书》卷三十《刑法志》，中华书局 1974 年版，第 922 页。

的辑录是具有预见性的。

结合近年来公布的汉代简牍新材料，可知叔孙通制定的《朝律》在文帝时期经历了从狱律（□律）到旁律的转变。《晋书》记载叔孙通制傍章18篇可能是受《朝律》在胡家草场12号墓汉简旁律甲18律中首篇的影响。汉简旁律甲18律以《朝律》为首篇，《朝律》由叔孙通所制定，这种分布使人容易产生叔孙通制傍章的误解。至于将叔孙通《傍章》与赵禹《朝律》并列，可能是后人所见旁律版本不同造成的。

《历代刑法考》所见沈家本的治律方法

——重新审视"注释律学"之名

翟家骏*

摘　要：律学大家沈家本在传统律学经典著作《历代刑法考》中运用"疏证""解辞"和"论理"即考证、注释和评论的方法以治律学。《历代刑法考》先"疏证"考字义，再"解辞"释句意，然后"论理"探法理，循序渐进，互相发明，集中国传统律学方法之大成。沈氏尤其注重法律语词的名实关系，在"辨名析实"的过程中统合运用考证、注释和评论的方法，考证以正名、注释以求实、评论以辨名实。故就律学方法论的角度而言，"中国传统律学是注释律学"之说略失偏颇，恐有盲人摸象之感，传统律学不能仅被冠以"注释律学"之名，还可称为"考证律学""评论律学"和"刑名律学"。

关键词：《历代刑法考》　沈家本　治律方法　注释律学

沈家本（1840—1913），字子惇，别号寄簃，是"传统中国的最后一个律家"。[1]《历代刑法考》是最为体现其学养功力的鸿篇巨著，亦为传统律学之传世经典作品，但就笔者目力所及，对于《历代刑法考》整体研究包括学术方法的专门讨论，至今仍付之阙如，现有研究呈现碎片化的倾向。[2]围绕《历代刑法考》所见沈家本之治律方法进行讨论，将有裨于清代律学方法的探索与研究，从而重新审视学术界对清代律学的固有成见。

---

*　翟家骏，法学博士，大连海事大学法学院讲师。

〔1〕　喻中：《梁启超与中国现代法学的兴起》，中国人民大学出版社 2019 年版，第 3 页。

〔2〕　在中国知网上以"历代刑法考"为篇名搜索仅见硕士论文和会议论文各一篇。学术界有关《历代刑法考》的研究散见于李贵连教授的《沈家本评传》、何勤华教授的《中国法学史》、张伯元教授的《法律文献学》等书和关于沈家本研究的诸多期刊论文之中。

无方法不成学术，整体而论，《历代刑法考》所见沈家本的治律方法有考证、注释、评论三端，其分别表征中国传统律学固有的疏证、解辞、论理的学术研究范式。所谓"疏证""解辞"和"论理"，是由字词文义向语句篇章文义，再到整体文义背后的主旨与原理，形成层层递进的学理阐释的系统过程，亦即从词句的考证切入，经过对具有相对完整意义的语义组合的字面解释，达至对文本整体含义的揭示。[1]正如朱子所言，"先释字义，次释文义，然后推本而索言之"[2]，"字求其训，句索其旨"[3]。《历代刑法考》展现一条由部分字义到整体文本的求索考证之治学路径。清儒戴震亦云："由字以通其词，由词以通其道，必有渐。"[4]《历代刑法考》先由"疏证"考字义，后用"解辞"释句意，再以"论理"探法理，诸方法各具层次，循序渐进，又相互发明，补正支撑，有学者称其为"纵横比较、点面结合"的综合性研究范式。[5]本文分别探讨了"疏证""解辞"和"论理"这三种方法的含义指称与具体表现，最后考察这三种方法在《历代刑法考》中的统合运用。总之，在中国法学学术史的视域下，研析该书所见沈家本的治律方法，可以管窥中国传统律学方法的特征，进而补正完善"中国传统律学是注释律学"的学术界旧有之说。[6]

一、疏证：考证的方法

清代中叶乾嘉考据学大兴，引领一时治学风气，梁任公称其为"科学的古典学派"，他们最大的贡献在经史之学，在经书的笺释、史料的搜补鉴别、

---

〔1〕 王志林：《中国传统法律解释的技术与意蕴——以清代典型的注释律学文本为视域》，载《法学家》2014 年第 3 期。

〔2〕 （宋）朱熹撰，朱杰人、严佐之、刘永翔主编：《朱子全书》第二十一册，上海古籍出版社、安徽教育出版社 2002 年版，第 1352 页。

〔3〕 （宋）朱熹撰，朱杰人、严佐之、刘永翔主编：《朱子全书》第二十四册，上海古籍出版社、安徽教育出版社 2002 年版，第 3583 页。

〔4〕 戴震研究会、徽州师范专科学校、戴震纪念馆编纂：《戴震全集》（第 5 册），清华大学出版社 1997 年版，第 2587 页。

〔5〕 张维新：《中国古代法制史学史研究——以历代古籍为中心》，上海人民出版社 2012 年版，第 464 页。

〔6〕 张晋藩先生将清代的律学称为"清代注释律学"，详见张晋藩：《清代律学及其转型》，载何勤华编：《律学考》，商务印书馆 2004 年版，第 413-451 页。徐忠明教授称狭义的律学就是指"中国古代注释国家律典之学"，参见徐忠明：《困境与出路：回望清代律学研究》，载《学术研究》2010年第 9 期。刘晓林教授也将传统律学等同于注释律学，参见刘晓林：《立法语言抑或学理解释？——注释律学中的"六杀"与"七杀"》，载《清华法学》2018 年第 6 期。

辨伪书、辑佚书、校勘古书、文字训诂、音韵、编纂方志等诸多方面成果丰硕。[1]受此影响，清代研习法律者使用治经的方法从事注律工作，成为一种自觉和普遍的研究路径，正如清人所说，"治律犹治经也""著书解释律例，以治经之法为之"[2]。沈家本自幼深受考据学的熏陶，熟读经史之书，精于训诂考证的学问。在《沈家本全集》中，收录沈氏大量的考证类著述，例如《说文引经异同》《诸史琐言》《三国志校勘记》等书均是沈氏涉猎经史，与律学纯然无关之作。沈家本所熟稔的考证方法具体有典籍互证法和训诂校勘考据法，以下将详述之。

（一）典籍互证法

典籍互证又称"文献互证"，即以甲处记载或更多处的记载来论证乙处记载的准确性与可靠性。根据文献性质的不同，有以经史证律、以史证史、以经证史、以经证经、以史证经等，《历代刑法考》主要采行前三种方法，后两种主要见于沈家本的《日南读书记》和《说文引经异同》等经学著作。[3]

第一，以经史证律。晚清时期能看到的最早的完整法律文本是《唐律》，秦律和汉律的内容失传已久，且当时未有秦简与汉简等文献的大规模出土，故沈氏只能援引传世的经史学文献以佐证秦汉律法，包括以经证律和以史证律两种情形。首先是以经证律，其中"经"主要是指经学注释，因有汉代学者所作《周礼》的注文和疏文，故沈氏以《周礼》注疏论证汉代法定的刑罚执行时间：按"汉时刑杀用望后利日，则望前不杀人矣"。[4]沈氏还以东汉经学家郑众的《周礼》注文提及击鼓鸣冤为由认为《汉律》可能有相应规定："余二者，先郑言之，王符言之，后来律文即原于汉，知《汉律》必非无文也。"[5]其次是以史证律，沈氏以正史记载及后人注释证明秦律与汉律均有"治狱不直"，即枉法裁判罪："《秦律》有治狱不直之文，《史记·秦始皇本纪》，三十四年，适治狱吏不直者筑长城及南方越地是也。汉乃采用秦法。据

〔1〕 梁启超：《中国近三百年学术史》，商务印书馆2011年版，第27页。

〔2〕 参见李明：《试论清代律学与经学的关系》，载《清史研究》2020年第5期。

〔3〕 沈家本在《日南读书记》中论道："以经证经，比事属辞确不可易。""以史记补左传，因可以释索隐之疑。"徐世虹主编：《沈家本全集》第五卷，中国政法大学出版社2010年版，第202页、第220页。

〔4〕 （清）沈家本撰，邓经元、骈宇骞点校：《历代刑法考》，中华书局1985年版，第1242页。

〔5〕 （清）沈家本撰，邓经元、骈宇骞点校：《历代刑法考》，中华书局1985年版，第1619页。

晋灼引律说，足证汉之律文为故不直。"〔1〕

第二，以史证史。沈氏善于利用以史证史的方法来考证古籍相关记载的谬误之处，例如关于律博士的设置，《三国志》记载的是律博士始设于魏明帝时期，而《宋书·百官志》的记载是律博士始设于魏武帝时期，两部正史有抵牾，原则上以距离记载时间较近者即《三国志》为准，故而《宋书·百官志》记载存在谬误："据《觊传》，律博士之置在明帝时，《宋志》谓魏武初建魏国置，似误。"〔2〕

第三，以经证史。古者经史不分家，清代学者章学诚提出"六经皆史"的观点："六经皆史也。古人不著书，古人未尝离事而言理，六经皆先王之政典也。"〔3〕沈氏在《汉律摭遗》中大量引用《尚书》《周礼》等儒家经典以论证汉代法制的袭古性："汉法之本于周者甚多。"〔4〕例如《汉书·惠帝纪》记载："举民孝弟力田者复其身。"意即选出并免除品德高尚和努力务农者的徭役，按语〔5〕认为："此《乡大夫》所谓贤者能者皆舍也。汉亦承于周。"〔6〕汉法多本周法，故按语对"汉礼皆秦制"之说进行反驳："此汉法之本于《周礼》者。说者谓汉礼全袭秦制，亦未考耳。"〔7〕

（二）训诂校勘考据法

训诂作为一种考据手段，其目的即全面地、正确地解释古代文学，包括注音、辨形、释义、校勘等。〔8〕训诂学的范围有广义和狭义之分，广义的训诂学包括音韵学和文字学，即传统文化中的"小学"；狭义的训诂学只是"小学"中与音韵、文字相对的学科，本文所指的训诂学方法是广义上的。训诂考据法是传统律学尤其是清代律学中较为常见的治律方法，训诂考据是分析文理、阐明义理然后提炼法理的必要路径，正如戴震所言，"由文字以通乎语言，由语言以通乎古圣贤之心志"，"治经先考字义，次通文理"〔9〕。清末学

---

〔1〕 （清）沈家本撰，邓经元、骈宇骞点校：《历代刑法考》，中华书局 1985 年版，第 1495 页。

〔2〕 （清）沈家本撰，邓经元、骈宇骞点校：《历代刑法考》，中华书局 1985 年版，第 1978 页。

〔3〕 （清）章学诚撰：《文史通义》，上海古籍出版社 2015 年版，第 1 页。

〔4〕 （清）沈家本撰，邓经元、骈宇骞点校：《历代刑法考》，中华书局 1985 年版，第 1591 页。

〔5〕 按语是传统律学作品中较为常见的一种体例，即在引用的材料之后附上的作者的注释和评论。

〔6〕 （清）沈家本撰，邓经元、骈宇骞点校：《历代刑法考》，中华书局 1985 年版，第 1633 页。

〔7〕 （清）沈家本撰，邓经元、骈宇骞点校：《历代刑法考》，中华书局 1985 年版，第 1661 页。

〔8〕 路广正：《训诂学通论》，天津古籍出版社 1996 年版，第 10 页。

〔9〕 （清）戴震撰，张岱年主编：《戴震全书》（第 6 册），黄山书社 1995 年版，第 378 页、第 495 页。

人孙宝瑄也讲到小学乃治学明理的基础方法："欲读书穷理，讲明东西古今幽明上下之故……不可不先治小学。盖理托于文字而后显，故谓之文理，有文然后有理也。未有不能分别文字，而能分别义理者也。"[1]沈家本出身传统士大夫家庭，自幼便深受儒家教育熏陶，同时受到清代乾嘉考据学派的学术传承影响。沈氏精通"小学"即汉语言文字学，擅长字形、字音、字义的考据，以声求义，以形索义。其曾说："夫通经者必通说文。通说文而不通经，则训诂之真恉必多扞格；通经而不通说文，则文字之本原必多茫昧。是说文之字义，实与经义相为表里者也。"[2]只有先明晰字义，然后才能领会经义和律义。《历代刑法考》的按语就是沈氏利用训诂学的方法进行翔实考证的结果，展现其深厚的训诂学功底。在训诂之外沈氏还运用校勘考据法，为沈氏之学增添浓烈的"朴学"色彩。

第一，字义、字音、字形的训诂。清儒段玉裁曰："学者之考字，因形以得其音，因音以得其义。治经莫重于得义，得义莫切于得音。"[3]字形和字音的训诂有助于字义的考究。沈氏熟练运用训诂解释即"形训""音训"和"义训"等方法以考证传统法律制度，匡本正源，厘清其固有含义。[4]简言之，"形训"是以形说义，即通过对字的形体结构的分析来寻求解释词义；"音训"是因声求义，即通过语音寻求语义，用来解释的词与被解释的词，或音同，或音近，或音转；"义训"即直陈词义的释词方法。[5]沈氏在提及汉律《囚律》的律目之一"告劾"时便认为该词中的"劾"字具有三种不同语义，从而其法律意涵大相径庭："告、劾是二事，告属下，劾属上……有罪则举案。然劾字不见于经，盖汉法也……凡此言劾者，并为上对下之词，而告者乃下对上之词，二字正相对待，此一义也……凡此言劾者，并为两人相对之词。此义从上义引伸而出。此又一义也……《传》之言劾，即《周礼》之要，郑注之所谓今劾也。此又一义也。三义相引伸而各自为用。"[6]从文字学

〔1〕 中华书局编辑部编，童杨校订：《孙宝瑄日记》，中华书局 2015 年版，第 422 页。
〔2〕 徐世虹主编：《沈家本全集》第五卷，中国政法大学出版社 2010 年版，第 413 页。
〔3〕 （清）王念孙：《广雅疏证》，江苏古籍出版社 2000 年版，段玉裁序文第 2 页。
〔4〕 关于"形训""音训"和"义训"等方法的介绍详见周光庆：《中国古典解释学导论》，中华书局 2002 年版，第 233–258 页。
〔5〕 参见周大璞主编，黄孝德、罗邦柱分撰：《训诂学初稿》，武汉大学出版社 2007 年版，第 224 页。
〔6〕 （清）沈家本撰，邓经元、骈宇骞点校：《历代刑法考》，中华书局 1985 年版，第 1372–1373 页。

的角度，以《玉篇》《说文》等书籍为据，考证汉代典籍中"劲"字的三种含义。通过字义的训诂，沈氏区分不同典籍中相似法律词语的意思表达，其认为《周礼·秋官·士师》注中所谓《田律》与《史记》中的《田租税律》之规范内容相差甚远，前者是规范田猎之事，后者是规范田租赋税之事："《田租税律》与《士师》注之《田律》不同。彼谓田猎之田，此则田亩之事也。文帝除租税，故此律可废。景帝复取半租，则其律亦当修复矣。"[1]

第二，讹字、脱字、漏字的校勘。讹字是指在传抄、书写过程中字形产生讹变和谬误的字，古代史料典籍浩如烟海，且明清之前往往手抄流传，讹字在所难免。沈家本在宫刑部分的按语中以《汉书·景帝纪》的记载为对照，认为《史记·文纪》记载的汉文帝诏书中，"除肉刑"应当为"除宫刑"，"除肉刑"既与上文"去肉刑"重复，又与下文语词不相连贯，"当是传写之讹"。[2]除讹字之外，古籍校勘还需寻查脱漏字。在考证"以罚代金"的问题时，沈家本以《晋书》与《通典》《通考》等历史典籍互证，考证出《晋书·刑法志》中脱漏一个"代"字。[3]

第三，版本的考辨。版本的考辨包括考证和辨伪，即指现代学科分类的版本学和辨伪学。沈氏在《历代刑法考·律令》中较多使用版本考证的方法，辨明两书有同名和一书有两名的情形。首先，关于唐代刘瑑所编《大中刑法总要格后敕》和张戣所编《大中刑律统类》，不同史籍中对其名称记载不同，表述不一，名称相混，按语云："知宋时二书具在，其书名本不相混，作史者不加别白，致有差互耳。"[4]其次，沈氏认为宋代的《律音义》和《律令释文》似乎是同一本书："《律音义》《律令释文》恐是一书而异名，《玉海》但云作《音义》，《中兴书目》有《律令释文》而无《音义》，且止一卷，必非今所传之《释文》也。《律音义》今尚有传本，与《释文》不同。"[5]

辨伪即考辨古书真伪，包括对书籍版本真伪的考辨和对具体内容真伪的考辨，即辨伪书和辨伪篇。沈氏认为《诸葛亮全集》中的《武侯十六条》便

〔1〕（清）沈家本撰，邓经元、骈宇骞点校：《历代刑法考》，中华书局 1985 年版，第 1380 页。
〔2〕（清）沈家本撰，邓经元、骈宇骞点校：《历代刑法考》，中华书局 1985 年版，第 188 页。
〔3〕（清）沈家本撰，邓经元、骈宇骞点校：《历代刑法考》，中华书局 1985 年版，第 23 页。
〔4〕（清）沈家本撰，邓经元、骈宇骞点校：《历代刑法考》，中华书局 1985 年版，第 942 页。
〔5〕（清）沈家本撰，邓经元、骈宇骞点校：《历代刑法考》，中华书局 1985 年版，第 983 页。

是伪篇，假托诸葛亮之名，实为后人创作："此伪书，今在集中。"〔1〕当然，
沈氏也不否认伪书的史料价值，他认为《古文尚书》和《尚书孔氏传》虽然
是晋朝人伪作，但必有其文化渊源和历史依据，并不是信口胡言、凭空捏造：
"自来说者以《古文尚书》及《孔传》为伪书，然亦谓出于魏晋之间，其语
必有所本。"〔2〕"今《书·泰誓》，说者咸以为东晋人伪作，几成定论，然其
语亦必有所本，非尽臆造。"〔3〕

第四，文献的辑佚。辑佚是从现存文献中辑录已经散佚的文献，以求恢
复散佚文献原貌。沈氏的辑佚方法主要体现在《历代刑法考》中的《汉律摭
遗》，汉律久已亡佚，沈氏对前人辑佚成果（杜贵墀《汉律辑证》和张鹏一
《汉律类纂》）不满，于是在已有成果基础上爬梳剔抉，钩沉索隐，分门别
类，以律为纲，梳理汉代法制史料，终成《汉律摭遗》二十二卷。沈氏在
《汉律摭遗·自序》中自陈："惜《汉律》久亡，其散见于史传者百不存一。
然使搜罗排比，分条比类，按律为篇，其大凡亦可得而考见焉。"〔4〕

二、解辞：注释的方法

学术界所谓注释律学在明清两代兴起，当时涌现一大批注释法律文本的
律学家及律学著作，具代表性的有雷梦麟《读律琐言》、王明德《读律佩
觽》、沈之奇《大清律辑注》等。何敏、〔5〕何勤华、〔6〕王志林〔7〕和陈锐〔8〕
等学者对注释律学方法论的研究已有丰硕成果。综合已有研究，管见以为，

---

〔1〕 （清）沈家本撰，邓经元、骈宇骞点校：《历代刑法考》，中华书局 1985 年版，第 882 页。

〔2〕 （清）沈家本撰，邓经元、骈宇骞点校：《历代刑法考》，中华书局 1985 年版，第 2063 页。

〔3〕 （清）沈家本撰，邓经元、骈宇骞点校：《历代刑法考》，中华书局 1985 年版，第 71 页。

〔4〕 （清）沈家本撰，邓经元、骈宇骞点校：《历代刑法考》，中华书局 1985 年版，第 1366 页。

〔5〕 何敏认为，清代私家注律的方法主要有法律术语的规范化解释、互校解释、限制解释、扩
大解释、类推解释和判例解释。何敏：《清代私家释律及其方法》，载《法学研究》1992 年第 2 期。

〔6〕 何勤华认为，在律学研究中，有归纳的、演绎的方法，有训诂的方法，有扩张解释、限制
解释、字义解释、文句解释等法律解释学方法，还有历史的方法。何勤华：《中华法系之法律学术考——
以古代中国的律学与日本的明法道为中心》，载《中外法学》2018 年第 1 期。

〔7〕 王志林认为，清代注释律学在法律解释的技术方法上从字词考据到文义疏解再到文理阐释；
以概念语词互证、律例比较互释、律学著作引证为代表的比较解释技术也臻于完善。王志林：《中国
传统法律解释的技术与意蕴——以清代典型的注释律学文本为视域》，载《法学家》2014 年第 3 期。

〔8〕 陈锐认为，沈之奇在《大清律辑注》中运用文义解释、类推解释、体系解释、例分八字等
方法，从而形成了金字塔式、内部有着层级结构的法律解释方法系统。陈锐：《论〈大清律辑注〉的
注律特色及创新》，载《政法论丛》2016 年第 6 期。

《历代刑法考》按语亦沿袭注释律学的治学之法，主要展现为四端：文义解释、法意解释、体系解释和历史解释。

（一）文义解释

文义解释又名文理解释，即对法律制度的名称和法律规范条文的文字含义进行解释的方法，以寻求法律文本中所建构的法律规范的真实意思。正如卡尔·拉伦茨所言："仅由语言用法本身不能获得清晰的字义。反之，它会有或多或少的意义可能性及意义变化可能性，因此，必须依据言说的脉络、其处理的事物本身或相关的情境，才能决定所指究竟为何。"[1]故而法学解释均始于字义，字义解释是运用其他解释方法的基点，若某项制度的内容文义含混不清，遑论制度的历史渊源与立法原意。《历代刑法考》中文义解释出现频率较高。以"宿宵人"的解释为例，根据唐代天宝年间颁发的关于"宿宵人"的诏书，沈氏从文义上做出推测："宿宵当是道士以左道惑众者，其字义则仍难以臆说也。"[2]即所谓"宿宵"与道士的旁门左道和妖言惑众的罪行有关。据《诫励僧尼敕》记载："近日僧尼，此风尤甚。因依讲说，眩惑州闾，谷壑无厌，唯财是敛。津梁自坏，其教安施？无益于人，有蠹于俗。或出入州县，假托威权；或巡历乡村，恣行教化。因其聚会，便有宿宵，左道不常，异端斯起。"[3]其中"宿宵"与"左道"连用，故沈氏之解释不无道理。同类的法律名词易混淆含义，沈氏关注并分析某些字面较相近的法律名词之间的差异，例如通过分析《文献通考》中的记载，沈氏揭橥宋代羁管、编管、编置、配隶等刑罚制度的固有意涵及其之间的轻重层次："观此文，羁管次于配隶，编管次于羁管，即轻重之差等也。羁管，当是羁系而管束之；编管，当时编入户籍而管束之；编置，当又轻于编管，谓编籍而安置之。随文诠解，义或如是。"[4]羁管、编管、编置均为限制犯人人身自由的措施，在限制程度上，羁管重于编管，编管重于编置。古今之间，同一法律名词的内涵和外延也不尽相同，就"正法"而言，清末多指死刑斩立决，当时的"就地正法"制度就是这一含义，而古法中"正法"是依法的意思："至正法，

---

〔1〕［德］卡尔·拉伦茨：《法学方法论》，陈爱娥译，商务印书馆2003年版，第201页。
〔2〕（清）沈家本撰，邓经元、骈宇骞点校：《历代刑法考》，中华书局1985年版，第705页。
〔3〕张海峰：《唐代法律与佛教》，上海人民出版社2014年版，第255页。
〔4〕（清）沈家本撰，邓经元、骈宇骞点校：《历代刑法考》，中华书局1985年版，第261页。

注解为依法，乃正法之本义，后世以正法为死罪立决者，非此义也。"〔1〕

（二）法意解释

法意解释，即探求立法者在法律制定时出于何种特定意图或目的的解释方法，又称目的解释。卡尔·拉伦茨认为："解释者虽然以历史上的立法者所确定之目的为出发点，对此等目的的推论结果却必须深思熟虑，使个别法律规定均趋向于确定的目的，因此，解释者事实上已经超越了历史事实上的'立法者的意志'，而以法律固有的合理性来解释法律。"〔2〕沈氏的按语解释也从立法原意出发，探求历史上法律规定的合理性及其代表的价值取向。以唐代刑事责任年龄的规定为例。沈氏考察《唐律》中关于刑事责任年龄的规定并解释其法意："《唐律》未成年者分十五岁、十岁、七岁三等。七岁以下不加刑，十岁以下，虽反逆杀人应死亦得上请，此上所长者，不忍以法遽加之也。十五以下，流罪收赎，此上所强者，不忍以法概绳之也。盖此相长相强者，皆上之所当教之者也，其罹乎法者，教之有未至，而仍当用其教者也。其与役事不同者，特十五以上至未满二十者耳。然则此相长相强之义，虽为役事言，而刑事之义亦相通矣。"〔3〕《唐律》中的刑事责任年龄标准有三个档次，即七岁以下不负刑事责任，七岁以上十岁以下所犯严重罪行可以上请，十岁以上十五岁以下犯流罪可以收赎，比当今刑法的无行为能力与限制行为能力的两层次划分还多出一层。对于青少年的犯罪预防应以教化为先，其犯罪责任不在其自己而在于负有教化义务的人没有尽到教育义务，这是沈氏对刑事责任年龄规定的法意解释。相似制度在不同朝代的立法用意略有差异。沈家本在考证元代"出军"制度时论道："明代充军之制，盖即原于元之出军。明初充军者，皆发边省卫所，与元之辽阳屯田情形相似，第明以补边卫之什伍，其用意则不同耳。"〔4〕明代的充军与元代的出军相似，但立法用意不同，元代意在屯点实边，明代意在拱卫边防。

（三）体系解释

法学意义的体系解释，即联系上下文以及该规范在全文中的地位进行解

〔1〕（清）沈家本撰，邓经元、骈宇骞点校：《历代刑法考》，中华书局1985年版，第1508页。

〔2〕［德］卡尔·拉伦茨：《法学方法论》，陈爱娥译，商务印书馆2003年版，第210页。

〔3〕（清）沈家本撰，邓经元、骈宇骞点校：《历代刑法考》，中华书局1985年版，第1340-1341页。

〔4〕（清）沈家本撰，邓经元、骈宇骞点校：《历代刑法考》，中华书局1985年版，第62页。

释。沈氏的法律解释学具有体系化和全局性的特点，其认为汉法、明律、唐律之间对于同一法律关系或对象规制的内容各有轻重之差。例如，对于祭祀活动中祭品缺少或不符定制的违礼行为，唐律规定可以处徒刑，而明律罪止杖刑。表面上看，唐律的刑罚程度似乎重于明律，但是唐代的徒刑可以"官当"，即以官位品级折抵刑罚，明代的杖刑不仅不可以"官当"而且受罚者即被免官，从刑罚的实际惩罚后果来看唐律反较明律为轻。沈氏认为法律制度的轻重之间的比较研究应放置于法律体系的宏观视野之下，进行综合性考察与体系性阐释，否则拘囿于条文本身就会落入一叶障目的窠臼："然唐有官当之法，徒可以官当之。明则满杖即须罢职，与汉法之除免相等，视唐反重。此轻重之不同。又不在本律而在全部之法制，参差矣。"[1]故而沈氏点明，历代法制的轻重不同之处正是传统律学的关键研究点所在："唐以汉为重而改从轻，明又以唐为轻而改从重，一重一轻，此正烦学者之讨论矣。"[2]从汉唐到明清，内容形式相似的法律规范在刑罚轻重程度上有实质性的不同，这些轻重不同之处正表征历代立法者在不同利益间的法律权衡和情理考量，更彰显历代法典各具特色的立法宗旨和价值取向。

（四）历史解释

历史解释，即以历史材料为解释依据，考察具体法律规范的源起与变迁历史，追问法制产生与嬗变的历史缘由。鉴往知来，总结历代法制经验以完善当前法制和构想未来法制，正如本杰明·卡多佐所说："历史在照亮昔日的同时也照亮了今天，而在照亮了今天之际又照亮了未来。"[3]以历代刑官制度的解释为例，沈氏从史料中抽绎刑官的线索，对刑官制度的历史变迁进行细致爬梳。历代刑官制度从魏晋到唐宋的演变主要分两条主线，即廷尉——大理寺，三公曹——二千石曹——刑部，而且前者之权越来越轻，到明清时期演变为复核监督机构，后者之地位越来越高，超越大理寺成为重要的司法机构："魏、晋以降，刑官各史志具载，而其制度则唐、宋为详。考汉代刑狱，统于廷尉一官，尚书令丞则属少府，但在禁中通章奏而已。成帝初置尚书，属中谒者令，三公曹主断狱，但为尚书之一部分，然六曹分职，实萌芽于此。

〔1〕（清）沈家本撰，邓经元、骈宇骞点校：《历代刑法考》，中华书局1985年版，第1845页。
〔2〕（清）沈家本撰，邓经元、骈宇骞点校：《历代刑法考》，中华书局1985年版，第1861页。
〔3〕［美］本杰明·卡多佐：《司法过程的性质》，苏力译，商务印书馆2000年版，第31页。

光武时增为六曹，以三公曹主岁尽考课诸州郡事，而以二千石曹主辞讼事。自魏、晋下迄唐、宋，尚书品秩渐尊，而仍属于尚书省，折狱详刑仍归大理，其制大抵皆祖于汉，损益无多。后齐大理始置少卿，隋用其制，唐、宋仍之，此与汉制以廷尉一人主刑狱者为少异。"[1]

三、论理：评论的方法

评论的方法即凭依考据的成果，在对原始材料解释之后提出具有个人价值判断性质的评论性观点，微言大义，释法说理。在传统律学语境下，评论的方法具体指沈氏以法理、情理和事理等法学概念评论和剖析法律制度或现实案件的法学义理，衡情酌理，释事论理。论理的展开路径分别有"以案释理"和"以史酌理"。

（一）以案释理

沈氏通过以案释理的路径阐明司法案件蕴含的法理、情理和事理。《晋书·刑法志》中记载了"刘朱案"，案情是刘朱虐待儿媳，前后三个儿媳都不堪忍受自杀身亡。此案之后朝廷颁布"怨毒杀人减死"的法令，但法令的具体内容史书没有指明，马端临在《文献通考》中提出"何以怨毒杀人"的疑问，却语词含糊，未解释清楚。沈氏认为："此段史文不详，马氏之说，仍是未明。窃疑刘朱施苦毒而子妇自杀，得以减死，故受苦毒而怨愤杀人者亦得减死论，事实相因，故著于此，非谓刘朱之事为怨毒杀人也。"[2]因此从事实的角度出发，认为该法令是比附该案情而不是针对此案颁布，唯此才能解释清楚"怨毒杀人"之说。

历代史书用语简洁，常有解释存在歧义或者语句不通的情形，沈氏从法学义理的角度和律学家的立场进行注评，以使解释合乎情理，近于事理。汉代的"经义决狱"就因为常与法理、情理、事理相悖而被沈氏批评。沈氏认为，经义断狱缺乏确定性规范的限制，其裁断后果没有成文法的依据，关键在于法官的自由裁量，往往与法律理性和法学原理相扞格："汉人断狱，好自作聪明，而准诸法理，实未必尽当。而美其名者，辄曰依经造狱，但不知此

〔1〕（清）沈家本撰，邓经元、骈宇骞点校：《历代刑法考》，中华书局1985年版，第1995—1996页。

〔2〕（清）沈家本撰，邓经元、骈宇骞点校：《历代刑法考》，中华书局1985年版，第22页。

等于经义，果属何条也。"[1]以"郭解案"为例，郭解的门客在郭解不知情的情况下擅自杀死与郭解有矛盾的人，官吏认为郭解无罪，但御史大夫公孙弘认为："解布衣，为任侠行权，以睚眦杀人，解不知，此甚于解知，当大逆无道也。"以大逆的罪名将郭解处以族刑。此案虽不是典型的以经义来裁断的案件，但揭示了经义决狱的不确定性裁判后果，即司法裁断的恣意性。按语甚至指摘公孙弘是治《公羊传》而毁《公羊传》，郭解之罪纯属莫须有之事："解不知，甚于解知，直是莫须有之事，遽当以大逆；凡言逆者，必关于君上，而解之逆何在？即以任侠为风俗之害，亦杀其身可矣，乃竟重至于族，弘治《公羊》，将以经义断狱欤？亦不知于《公羊》之义何属？真《公羊》之罪人也。"[2]郭解之死是当时朝廷严惩侠客的悲剧后果，若借用沈氏的话说，此案无任何"法理"可言。

（二）以史酌理

上述以案释理是分析现实案例的法理、情理和事理，"以史酌理"的路径则不拘囿于案例本身，围绕历史事件引发的历史争议与历史人物的言论展开法理辨析。在论及"杀人者死"的含义时，沈氏认为此处的杀人乃故意犯罪，如果是过失犯罪则不论死，譬如斗殴伤人，受害者因伤而死，犯人并无杀人之心，不应论死："两相斗而伤人，其伤有轻重，有伤而死者，有伤而不死者，伤而未死者无论已，其伤而死者既先无致死之心，起衅又有曲直之别，此与杀人不忌者上下比罪，衡情酌理，岂得同科？"按语因此还批评后世杀人一律偿命的说法："后之说者辄谓杀人不死，尧舜亦不能治天下。辞无别白，何哉？"[3]"杀人不死，尧舜亦不能治天下"的原话是司马光所言："窃惟王者所以治天下，惟在法令，凡杀人者死，自有刑法以来，百世莫之或改，若杀人者不死，伤人者不刑，虽尧舜不能以致治也。"[4]司马光的这篇奏议是针对三起斗殴杀人案件的犯人没有被论死而言的，刑部引例文从轻将人犯处以杖刑后刺配，司马光认为杀人偿命，斗杀应按律处死。沈家本却认为杀人者不一定死，在按语中对司马光所代表的报应刑主义的法律观点进行批驳。其

〔1〕（清）沈家本撰，邓经元、骈宇骞点校：《历代刑法考》，中华书局 1985 年版，第 1523 页。
〔2〕（清）沈家本撰，邓经元、骈宇骞点校：《历代刑法考》，中华书局 1985 年版，第 1549 页。
〔3〕（清）沈家本撰，邓经元、骈宇骞点校：《历代刑法考》，中华书局 1985 年版，第 850 页。
〔4〕（宋）司马光：《乞不贷故斗杀札子》，载《司马温公集编年笺注（四）》，巴蜀书社 2009 年版，第 200-202 页。

认为斗杀案情明显轻于故杀或谋杀等主观恶意犯罪，应衡量案情，思酌法理，不能遽然论处死罪。沈氏关于谋杀、故杀、斗杀情形应区别定案的论断详见于《寄簃文存·论故杀》："酌拟嗣后凡有意杀人者，二人以上谋杀者无论矣，其一人独谋诸心及临时有意欲杀者，皆以谋杀论。故殴伤者为故殴伤，人因而致死者，以故杀论。必有互殴之状者，乃以斗殴杀论。如此分作三级，界限较为分明。而因故殴而死与因斗而死者，庶有区别。"[1]沈氏不愧是在刑部秋审处长期历练的法律专家，对于有关人命案件的衡情酌理得心应手，其中心论点在于杀人犯罪要依照主观犯意和客观案情，有明显分层级的定罪量刑，换言之，杀人者不皆处死刑，批驳司马光"凡是杀人者一律处死"的谬论。

四、辨名析实：考证、注释、评论的统合运用

名实关系是中国古代学术史上经常出现的概念范畴，"名"指事物的名称概念，"实"指名称概念所论事物的存在实际，"关系"是上述二义概念相互对待与相应适当的联系。[2]先秦时期出现专论名实的名家，代表有惠施与公孙龙等。[3]诸子之间也有激烈的名实之辩，邓析提出"循名责实"，《管子》曰"循名而督实，按实而定名"，《荀子》云"王者之制名，名定而实辨行而志通，则慎率民而一焉"，《韩非子》说"循名实而定是非，因参验而审言辞"。无论是通过名称寻求事物，还是通过事物决定名称，以上各论的共同目标在于名实相符。中国古代法律是规定名分的法，中国传统律学亦讲求"形名"之学，形为刑罚，名为法，形为名所指，名实要相符，法与形相结合，法律的效力才能实现。[4]日本近代的法学家玉川次也认为："法律者，为关于理论之学问。故学者先当研究名学，养成论理之思想……名学者，解释适用之法律，且可定法律之疑问。"[5]沈家本亦重视名实相符，以名学的方法阐释法律制度的名与实，其认为法律应名义相符，即法律之名与其实际含义应一致，当"义"发生变化时，"名"也应随之改变，旧名对旧义，新名对新义，

---

〔1〕（清）沈家本撰，邓经元、骈宇骞点校：《历代刑法考》，中华书局 1985 年版，第 2081 页。

〔2〕陆建猷：《中国哲学·卷上》，上海三联书店 2014 年版，第 283 页。

〔3〕有关名家的具体主张参见冯友兰：《中国哲学简史》，涂又光译，北京大学出版社 2013 年版，第 79—90 页。

〔4〕参见白龙编：《中西法律哲学之比较研究》，清华大学出版社 2020 年版，第 11 页。

〔5〕程波：《中国近代法理学（1895—1949）》，商务印书馆 2012 年版，第 152 页。

尽量避免产生一名多义的情形；同时循名责实，纸面上的法应尽量与实际中的法一一对应，以沟通法律的意义世界与现实世界。展言之，沈家本"辨名析实"的治律方法体现为考证以"正名"、注释以"求实"、评论以"辨名实"三个方面。

（一）考证以"正名"

中国古代的"正名"观念由来已久，孔子曰："名不正则言不顺，言不顺则事不成。"董仲舒曰："名生于真，非其真，弗以为名。名者，圣人之所以真物也。"[1]"名"来源于真实事物，并不是凭空臆造的产物。无论法律制度抑或法律思想，其名称均有所指，因此循名责实才能有章可循。"正名"这一范畴就被用来推动概念分析与价值评价相统一，[2]沈氏考证以"正名"，诠释之所以定此名的缘由以及分辨此名与彼名的异同，以使现实概念与传统律学的价值理念相契合。关于历史上的"圜土"与"囹圄"之称，有观点认为囹圄是秦代监狱之名；另有观点认为周代有圜土，故囹圄不是周代监狱之名，沈家本批驳以上诸说："圜土之制，周仿于夏。《周礼》云，以圜土收教罢民，是专为罢民而设。囹圄则为通常之狱，当分别言之。"[3]即圜土与囹圄均为周代监狱之名称，不过囹圄是一般意义上的监狱，而圜土类似于近代习艺所或劳教所，乃是强制性的教育改造机构。

（二）注释以"求实"

有名必有义，义之所指就是实之所在，但名之义不是固定不变的，其随着社会与语言变迁而演变，名的原义与后义之间就未能允协。故沈氏注释以"求实"，拨云见日，求得名之真实本义。以沈家本阐释"比部"之义为例，"比部"是一种历史上与法制有关的常设官署名，魏晋时设，为尚书下辖的列曹之一，职掌稽核簿籍。至唐代，为刑部所属四司之一。明清时成为刑部司官的通称。但沈氏通过字义辨析法认为"比"字有"三年大比"即"比校"和"大小之比"即"比例"的含义，前者意指校对，后者意指比附，"比部如以刑法得名，当为比例之比；如以勾会得名，当如比校之比"[4]。沈氏认

---

〔1〕（汉）董仲舒：《春秋繁露》，上海古籍出版社1989年版，第59页。
〔2〕屠凯：《发现儒家法理：方法与范畴》，载《法制与社会发展》2020年第3期。
〔3〕（清）沈家本撰，邓经元、骈宇骞点校：《历代刑法考》，中华书局1985年版，第1163页。
〔4〕（清）沈家本撰，邓经元、骈宇骞点校：《历代刑法考》，中华书局1985年版，第1989页。

为"比部"之"比"原意是"比校"，"比部"在唐宋时主掌会计核对，与刑狱无关。唐宋之后，"比部"之"比"字逐渐演变为"比例"之义，"比部"遂与"刑部"成为同义词："是旧说比部本是三年大比之比，而非大小比之比，与唐宋职掌其义正合。后人称刑部为比部者，殆因尝主法制及勾检律令，遂袭其名。而稽诸旧说，盖不如是。"[1] 故而明清时期大众将刑部冠以比部之名的习惯性称谓在沈氏看来并不可取，考察历史上比部的演变，比部原来实为审计之部而非刑狱之部，此为名实不符。

（三）评论以"辨名实"

沈氏以名实观念审视传统法制，强调法律制度需名实相符，揭示其名实不符之处。名实相符具体指一名对一义，即名与义之间意涵应保持一致，且当义已经产生变化时，名也应予以规整，使得旧名对旧义，新名对新义，否则新义套旧名如同"旧瓶装新酒"，名不正则言不顺，言不顺则法难行。以沈家本评论充军为例，充军之刑初创于明代，清代沿用之，但清代充军有明代充军之名，却无明代充军之实。沈氏倡导立法应名实相符，循名责实，其认为充军的条文急需修订甚至删除。修律前需要先明确充军刑的历史源流和立法原意："法必名实符而后可为一代经常之法，未有循其名则是，责其实则非，而可以法名者。国朝充军之法，沿自前明。夷考今日情形，名存而实亡矣，名同而实异矣。二百数十年来，因仍未改，其中窒碍难通之处，不止一端，固当综厥源流，而亟思变通者也。"[2] 随着晚清"笞杖徒流死"传统五刑体系向以自由刑为主的近代刑法体系的转型，沈氏在变法修律中顺势将早已有名无实的充军刑废除，在修律开始后不久的光绪二十九年（1903年），充军即已改为"安置"。[3] 此后制定的《大清现行刑律》和《大清新刑律》中均未见充军一词，有名无实之名终不复存在。

五、结语

综上可见，《历代刑法考》所见沈家本的治律方法主要有考证、注释和评论的方法以及综合性的"辨名析实"法。沈氏未运用近代法学的规范分析等

〔1〕（清）沈家本撰，邓经元、骈宇骞点校：《历代刑法考》，中华书局1985年版，第1989页。
〔2〕（清）沈家本撰，邓经元、骈宇骞点校：《历代刑法考》，中华书局1985年版，第1295页。
〔3〕黄源盛：《晚清民国刑法春秋》，犁斋社有限公司2018年版，第67页。

方法，总体上看，该书未逸出传统律学的旧学范畴，不过沈氏博采律学前辈之长，熔各家治学之法于一炉。其一，考证的方法即"疏证"。具体有典籍互证法、训诂校勘考据法，表征沈氏深厚的"小学"功底。其二，注释的方法即"解辞"。具体有文义解释、法意解释、体系解释和历史解释等，展现沈氏高超的律学技艺。其三，评论的方法即"论理"。该方法是指利用法理、情理和事理等法学概念对法律制度或具体案件的法学义理加以评论。论理的展开路径是"以案释理"和"以史酌理"，即通过对司法案例和历史材料的研析，抽绎法之理的具体含义，评论法律适用的公义性与合理性。其四，传统律学是刑名之学，"辨名析实"的方法即审察法制史上某项制度的名之源流与实之所指，考证以"正名"、注释以"求实"、评论以"辨名实"，检视历代法制之名与实，从而循名责实以使名实相符。

从沈家本的治律方法亦可窥见传统律学研究范式的跨域性与复合性，律学家可娴熟运用根源于经学与史学的考据法、律学固有的注释法和评论法，以及渊源于名家的"辨名析实"法等。不可否认的是，传统律学以注释成文法典为主流的学术路径，故学术界为突出中国传统律学的注释特色而提出"注释律学"的说法未尝不可，但若将中国传统律学整体仅概括为"注释律学"失之偏颇，恐陷入盲人摸象之窠臼。本文认为，中国传统律学也是考证律学、评论律学、刑名律学，这些侧面的方法特征共同揭橥传统律学的学术特质。当然，笔者深知仅以《历代刑法考》为范本探讨传统律学方法是远远不足的，还需要更多的范本研究予以佐证，仍需另文讨论。沈家本的治律方法亦为现代法学的完善提供了历史启示和学术省思，即学者应不拘囿于学科壁垒，在法学之外寻求他山之石，秉持海纳百川、融会贯通的"大法学"研究理念，探索多学科交叉的研究领域。

《历代刑法考》按语初步研究[*]

王世扬[**]

摘　要：《历代刑法考》按语由于承载着沈家本的学术观点，往往被学者引作论据，但对《历代刑法考》按语的专题研究仍然阙如，尤其需要进行统计与类析。沈家本按语计 2912 条，可按篇目、内容、目的以及是否体现沈家本个人意志四种标准进行分类。在目的标准下，《历代刑法考》中的沈家本按语可分为七类。阅读按语可见，沈家本对古代法制理解精深，对所辑史料解释精当，常有超脱时代的先进观点，但对部分史料的解读仍存在问题，可谓贡献与缺憾并存。作为个人学术成果，按语的内容、数量与分布在一定程度上反映了沈家本的学术兴趣，其学术兴趣重事实阐释远甚价值判断，相比之下，其对可量化的古代法律事实有着更高的评价兴趣。

关键词：沈家本　《历代刑法考》　按语　分类　《律令一》

　　《历代刑法考》书如其名，是一部考证之作，其中涉及历代刑制、刑罚、刑官、刑具、律目、律令等问题，兼及前代律文的辑佚，包罗广泛。沈氏钩稽史料，汇于一书，并附有按语：有时为史料作解；有时行褒贬评价；又有时勾连时政，加以议论。在以往的研究论文之中，《历代刑法考》的按语绝大多数被用作一条综述的论据；少部分文章运用《历代刑法考》中的按语研究沈家本的法律思想及学术观点，譬如沈家本的慎刑思想[1]、人格平等思想[2]、

---

　　[*]　本文系国家社会科学基金中国历史研究院重大历史问题研究专项重大项目"中国古代地方治理的理论与实践及借鉴"（项目批准号 LSYZD21006）阶段性成果。
　　[**]　王世扬，中国政法大学法学院法律史专业 2023 级博士研究生。
　　[1]　参见崔敏：《论沈家本的慎刑思想》，载《中国法学》1991 年第 1 期。
　　[2]　参见李贵连、俞江：《论沈家本的人格平等观》，载《环球法律评论》2003 年第 3 期。

"律例关系"观念[1]，以及其对墨刑[2]、汉律[3]的研究与对古书的取舍用法[4]。而在研究沈家本思想的著作及绝大多数法律思想史教材中，研究者往往重视其在变法修律过程中的法律思想形成与转变远甚于其法律史学研究所体现的法史思想，在引用《历代刑法考》按语时也往往仅及于其按语具有"现代性"的部分，尤其是褒贬旧章、对比中西的条目。[5]总而言之，相比《历代刑法考》正文中法律史料的钩稽考证，按语给我们提供了一条窥见沈家本个人思想观念的路径。然目下所见的研究，多以一个"问题"剪裁沈氏按语加以利用，却鲜见对沈氏按语本身的研究。本文试图对这一现象稍作弥补，并求教于方家。

一、《历代刑法考》中按语的数量、分布及分类尝试

经翻检中国政法大学出版社2009年版中国政法大学法律古籍整理研究所点校的《沈家本全集》中所收《历代刑法考》（不含《寄簃文存》），笔者共发现沈家本按语2912条。其中《刑制总考》四卷60条；《刑法分考》十七卷663条；《历代刑官考》二卷61条；《行刑之制考》一卷28条；《死刑之数》一卷9条；《充军考》一卷4条；《盐法考》《私矾考》《私茶考》《酒禁考》《同居考》《丁年考》合一卷59条；《赦考》十二卷561条；《狱考》一卷69条；《刑具考》一卷41条；《律目考》一卷16条；《律令》九卷329条；《汉律摭遗》二十二卷788条；《明律目笺》三卷90条；《明大诰峻令考》一卷134条。另有《唐死罪总类》一卷，未见按语。

以上数据，既是按章节篇目统计的按语分布，实际上也是一种按照章节

[1] 参见翟家骏：《沈家本的"律例关系"观念及其实践》，载《河南财经政法大学学报》2021年第2期。

[2] 参见南玉泉：《清朝的墨刑制度与沈家本对于墨刑的研究》，载"沈家本与中国法律文化国际学术研讨会"组委会编：《沈家本与中国法律文化国际学术研讨会论文集》（下册），中国法制出版社2005年版，第567-578页。

[3] 参见张全民：《试论沈家本汉律研究的特点》，载《现代法学》2004年第3期。

[4] 参见杨帅：《从〈汉律摭遗〉看沈家本的古书观》，载《国学学刊》2020年第2期。

[5] 参见李贵连：《沈家本与中国法律现代化》，光明日报出版社1989年版；《沈家本传》，法律出版社2000年版、广西师范大学出版社2017年修订本；《沈家本评传》，南京大学出版社2005年版、2011年版。又见马小红、姜晓敏：《中国法律思想史》，中国人民大学出版社2015年版，第179-185页。李贵连、李启成：《中华法史三千年——法律思想简史》，中国民主法制出版社2016年版，第269-314页。杨鹤皋：《新编中国法律思想史》，中国政法大学出版社2020年版，第328-337页。

进行的分类方式：沈家本在《历代刑法考》的不同章节中考证了不同的古代法制主题，其按语针对的问题自然不同。而除了按照按语所属主题进行分类，按语目的的不同或许是一种更为科学的分类方式。在这一分类标准下，沈氏的按语可分为七类：（1）对古代法史的概观性阐述；（2）对法律史上"名"的考订；（3）对所辑史料的解读；（4）对古代法制形成与流变的讨论；（5）对古代法律实践的评价；（6）古今、中西之对比；（7）对本书其他条目的引致。由此我们可以发现，沈家本在各章节之中意欲解决的问题实际上具有共性；而这几大类内容的划分也使我们能够更加明晰沈氏的学术特色。以下笔者将对七类按语的划分标准作一说明：

（1）所谓"对古代法史的概观性阐述"，一般出现于章节首尾，其问题意识不由所辑史料生发。如《刑制总考》"唐虞"一节的第一处按语：

> 按：唐虞以前，刑制无闻，《舜典》所纪刑制，乃舜摄位时事，其时尧犹在位。《尚书大传》象刑属之唐虞，而其文则在唐传，以其时尚在唐也。《慎子》及汉人称引专言有虞者，以其事出诸舜也。今总标曰"唐虞"，庶时与事胥统之矣。[1]

该按语位于"唐虞"节标题下，前无引证史料，直陈沈家本对唐虞与前代刑制及史料中所记刑制的时间归属之认识，并以之统领下文各条之分述。是为"对古代法史的概观性阐述"。

（2）所谓"对法律史上'名'的考订"，是指沈家本本人对刑制、刑具、律令等名称内涵的阐释，而非指沈氏对辑出史料的分析或申言，下举两例以明晰其间区别。《刑法分考二》下有"支解"条，其正文所引史料曰：

> 《辽史·刑法志》：又为枭磔、生瘗、射鬼箭、（箭）炮掷、支解之刑，归于重法。[2]

其文但见"支解"之名，不知其实为何。沈家本按语曰：

---

〔1〕（清）沈家本：《刑制总考一》，载徐世虹主编：《沈家本全集》第三卷，中国政法大学出版社2010年版（以下编者、出版信息省略），第5页。

〔2〕（清）沈家本：《刑法分考二》，载徐世虹主编：《沈家本全集》第三卷，中国政法大学出版社2010年版（以下编者、出版信息省略），第77页。

> 按：支解似与凌迟无别，观《志》云"帝怒，斩寿哥等，支解之"。然则支解在死后，凌迟在生前也。[1]

是引经据典，对"支解"这一刑名内涵加以解释。此笔者所谓对"名"的考订。而如《刑制总考二·汉》一节下的"输作"条则与此不同。其正文所引史料曰：

> 《后汉书·和纪》：永元元年冬十月，令郡国弛刑输作军营。《韦彪传》：坐论输左校。注："左校，署名，属将作也。"《庞参传》：坐法输作若卢。注："若卢，狱名。"[2]

其文与"支解"条颇类，亦未明言"输作"之内涵。沈家本按语曰：

> 按：输作，盖罚作之别，其但曰输者，省文也。[3]

这句按语看上去是在解释"输作"的内涵，即"输作"即是"罚作"，但后又云"其但曰输者，省文也"，则实际上是在对所引的《后汉书·韦彪传》中的"输"字加以解释。故而不能将此条按语理解为笔者所谓"对法律史上'名'的考订"。

（3）所谓"对所辑史料的解读"，是沈家本按语中数量最多的一类内容，其意在解读史料，使读者能够正确理解古代法制。具体而言又包括了四种类型：其一，对所辑史料字词的训诂学解读；其二，对所引史料意旨的阐释；其三，对古代法制的比附解释；其四，对既往研究的学术史考察。其要在客观严谨的学术判断，而非主观的评判，兹例举如下：

其一，《刑法分考三》下的"要斩"条，其正文引诸字书曰：

> 《说文》："斩，截也。从车斤。斩，法车裂也。"段《注》："此说从车之意，盖古用车裂，后人乃法车裂之意而用鈇钺，故字亦从车。斤者，鈇钺之类也。"桂氏《义证》："斩，法车裂者。"《广雅》："斩，裂

---

[1] （清）沈家本：《刑法分考二》，第77页。

[2] （清）沈家本：《刑制总考二》，第15页。

[3] （清）沈家本：《刑制总考二》，第15页。

也。"〔1〕

沈氏按语曰：

> 按：斩之义，曰截、曰裂，是本指要斩而言，引伸之亦为断首之义。古书多言杀而不言斩。〔2〕

此按语是沈家本因所引史料而阐发，并非直接服务于"要斩"一词内涵的阐释，其所谓的"引申义"是对所引字书解释的续造，属于对史料的训诂学解读。

其二，《刑法分考二》下的"支解"条，引用了《韩诗外传》中晏子刺景公的记载：

> 《韩诗外传》曰：齐景公之时，民有得罪于景公者，景公大怒，缚置之殿下，召左右支解之。晏子左手持头，右手磨刀，仰面而问曰："古者明王，每支解人，不审从何支解也？"景公离席曰："纵之！罪在寡人。"〔3〕

沈氏按语曰：

> 按：据此则古无支解之刑也。凌迟之刑与支解无异，固明王所不用也。〔4〕

此按语中，沈家本点明了晏子的核心意旨，即"古无支解之刑"。而其"凌迟之刑与支解无异，固明王所不用也"一句，看似在对古代明王时的法制加以评价，实际上仍然是对《韩诗外传》所记晏子之语的阐释，解释古明王不用支解的原因。

其三，《汉律摭遗》卷四"矫制"一节下有"擅假印绶"条，其正文引《后汉书·桓帝纪》之文：

---

〔1〕（清）沈家本：《刑法分考三》，第81页。
〔2〕（清）沈家本：《刑法分考三》，第81页。
〔3〕（清）沈家本：《刑法分考二》，第77页。
〔4〕（清）沈家本：《刑法分考二》，第77页。

《后书·桓纪》:"建和元年诏:'若有擅相假印绶者,与杀人同,弃市论。'"〔1〕

沈氏按语曰:

按:擅假印绶即《唐律》之诈假官、假与人官,在诈伪门。今列于矫制之后,矫制亦诈事也。梁懂之事〔2〕,正与诏文同,惟系安帝初年之事,在此诏之先,岂汉时律文先无此条欤?〔3〕

在此按语中,沈家本为更方便地解释汉代擅假印绶的含义,将其与《唐律》中的诈假官、假与人官相比附,又因史料间的时间差异而产生了此条汉律产生时间上的疑问。其问题意识的根本在于汉律内涵的阐释和对史料的解读,而非寓褒贬于古今对比或对制度形成时间的考索。

其四,《汉律摭遗》卷六"系囚"一节下有"颂系"条,其正文引《惠帝纪》及历代各家观点:

《惠纪》:"爵五大夫、吏六百石以上及宦皇帝而知名者,有罪当盗械者,皆颂系。"注:如淳曰:"盗者逃也,恐其逃亡,故著械也。颂者容也,言见宽容,但处曹吏舍,不入狴牢也。"师古曰:"盗械者,凡以罪著械皆得称焉,不必逃亡也。据《山海经》,贰负之臣、相柳之尸皆云盗械,其义是也。古者颂与容同。"《补注》:"沈钦韩曰:此颂系即《唐律》之散禁,非谓不入狴牢也。先谦曰:荀纪'盗械'作'刑械','颂系'作'容系'。容、颂古通,颜、沈说是。"〔4〕

沈氏按语曰:

---

〔1〕 (清)沈家本:《汉律摭遗》卷四《历代刑法考》,载徐世虹主编:《沈家本全集》第四卷,中国政法大学出版社2010年版,第218页。

〔2〕 此处所谓"梁懂之事",在上文"专擅"条正文,见(清)沈家本:《汉律摭遗》卷四,载徐世虹主编:《沈家本全集》第四卷,中国政法大学出版社2010年版,第218页。

〔3〕 (清)沈家本:《汉律摭遗》卷四,载徐世虹主编:《沈家本全集》第四卷,中国政法大学出版社2010年版,第218页。

〔4〕 (清)沈家本:《汉律摭遗》卷六,载徐世虹主编:《沈家本全集》第四卷,中国政法大学出版社2010年版,第238-239页。

按：唐《狱官令》，杖罪散禁，见囚应禁而不禁，《疏议》中与汉法之用意不同。《百官表》少府属官若卢，注：如淳曰："若卢，官名也。"《汉仪注》有若卢狱令，主治库兵将相大臣。《后汉书·和纪》注引《汉旧仪》作"主鞫将相大臣"。《王商传》："臣请诏谒者召商诣若卢诏狱。"注：孟康曰："若卢，狱名，属少府，黄门北寺是也。"此狱既专为将相大臣而设，其收系之法当与寻常之狱不同。而此《纪》所言则为爵五大夫、吏六百石以上及宦皇帝而知名者，非专指将相大臣。且当时将相大臣之收系者，亦不专在若卢。如萧何之械系廷尉，窦婴之系都司空，王嘉之系都船，并将相大臣也。或疑颂系即若卢之制，未必然也。如淳谓但处曹吏舍，颇与近世情形相似，凡府厅州县监中所收者，皆是已经画供之囚，其未定罪者，皆在外监或看守所，不在正监中。古法固不可以今法拟之，而如淳所言必非无据也。囚之著械，原是虑其逃亡；盗，逃也，故曰盗械。非必逃亡之人，始令著械，收系亦不必皆在狴牢。颜、沈之说，尚未全是。[1]

沈氏正文中是对诸家观点的引用，按语中是对诸家观点的反对而非解读，最终则在驳论之后提出了自己的观点，其意在学术综述，用以服务自身观点的提出。在解释如淳之注时，沈家本将之比附于近世情形，是以古今对比为手段而非目的。

（4）所谓"对古代法制形成与流变的讨论"，是指沈家本对制度形成与流变时间节点的考索以及对内容承继关系的梳理，其生发不以解读史料为前提。下举二例，以示区别：《赦考二·赦述一》有"改元"条，其正文引《汉书·景帝纪》云：

《景纪》：中元年夏四月，赦天下。后元年三月，赦天下。[2]

沈家本按语云：

〔1〕（清）沈家本：《汉律摭遗》卷六，载徐世虹主编：《沈家本全集》第四卷，中国政法大学出版社 2010 年版，第 239 页。

〔2〕（清）沈家本：《赦二》，载徐世虹主编：《沈家本全集》第三卷，中国政法大学出版社 2010 年版，第 367 页。

按：文帝改后元年不赦，改元之赦当自景帝始。[1]

正文仅及《景帝纪》，未及文帝时之事。沈氏以文帝以前改元不赦而景帝后普遍改元大赦，认为"改元之赦当自景帝始"，是超脱于所辑史料之外对改元大赦之制形成时间的考索。又《律令九》"热审"条正文引《续通考》言：

《续通考》：永乐二年四月，定热审之例。谕曰："天气向热，狱囚淹久必病，病无所仰给必死，轻罪而死与枉杀何异？今令五府六部六科协助尔等，尽数日疏决，凡死罪狱成者俟秋处决，轻罪即决遣，有连引待辨未能决者，令出狱听候。"[2]

沈氏按语云：

按：明制热审始此，至宣德中，尤戒法司缓玩，至令刻期竟事。尝有终夏之间而疏决系囚，诏三四下，盖深有念于古者孟夏断薄刑，仲夏挺重囚之义，然是时既命驰谕中外，悉如京师例矣。而正统元年乃以兵部侍郎于谦言始命外省隆冬盛暑如京师录囚，盖已不免抵牾。至孝宗弘治七年，礼科给事中吕献言："每岁初夏，纵释系囚，此例独行两京，未及天下。"而武宗正德元年，掌大理寺工部尚书杨守随又言："每岁热审事例行于北京而不行于南京，五年大审事例行于在京而略于在外。"于是始通行南京，凡审囚三法司皆会审，在外审录亦依此例。则献所云两京者果何例也？两人相距仅十余岁，而先后互异若此，或孝宗末造刑政多所废弛故欤？[3]

正文中仅及热审制度在永乐年间的确立，而沈氏按语则梳理了热审制度在有明一代的兴衰流变，是为对制度流变的考索。与此不同，《汉律摭遗》卷十八"田租税律　田令"节下有"田租税"条，其正文引《汉书》《后汉书》

[1]（清）沈家本：《赦二》，载徐世虹主编：《沈家本全集》第三卷，中国政法大学出版社2010年版，第367页。

[2]（清）沈家本：《律令九》，载徐世虹主编：《沈家本全集》第三卷，中国政法大学出版社2010年版，第794页。

[3]（清）沈家本：《律令九》，载徐世虹主编：《沈家本全集》第三卷，中国政法大学出版社2010年版，第794页。

史料数条，按时序体现了汉代历朝田租税数额的变化：

> 《食货志》："汉兴，天下既定，轻田租，什五而税一。"《惠纪》："减田租，十五税一。"注：邓展曰："汉家初十五税一，俭于周十税一也。中间废，今复之也。"《文纪》："十三年，诏曰：'农，天下之本，务莫大焉。今廑身从事，而有租税之赋，是谓本末者无以异也，其于劝农之道未备。其除田之租税。'"《景纪》："元年，令田半租。"《补注》："齐召南曰：《史记》除田半租，此文令田半租，以文帝十三年尽除田租，至此年始复收其半租也。"《西汉会要》："三十而税一也。"《食货志》："王莽下令曰，汉氏减轻田租，三十而税一。"《后汉书·光武帝纪》："建武六年，诏曰：'顷者师旅未解，用度不足，故行什一之税。今军士屯田，粮食差积，其令郡国收见田租，三十税一，如旧法。'"注："景帝二年令人田租三十而税一，今依景帝，故云旧制。"《后书·桓纪》："延熹八年，初令郡国有田者亩敛税钱。"注："亩十钱也。"《灵纪》："中平二年，税天下田，亩十钱。"注："以修宫室。"〔1〕

沈家本按语云：

> 按：汉之田税，其初承秦什五之制。天下既定，即轻田税，十五而税一。文帝除田租税，故律亦除之。景帝复田半租，则此律亦必修复矣。除田租税，终文之世，行之十一年。景帝令田半租，其一半则永远除之，故《史记》云除田半租也。汉世待农民最优，虽以武帝之侈，而农不加赋，有司欲加算赋而不许，其家法固未替也。桓、灵亩税十钱，而汉亡矣。〔2〕

其文看似为追述汉代历朝田租税的流变，实则相关内容俱已在正文所引史料中出现过，沈氏此处不过将其精简，并加以简要解读而已。

（5）所谓"对古代法律实践的评价"，其要在主观性。最为典型的是沈家

---

〔1〕（清）沈家本：《汉律摭遗》卷十八，载徐世虹主编：《沈家本全集》第四卷，中国政法大学出版社2010年版，第389页。

〔2〕（清）沈家本：《汉律摭遗》卷十八，载徐世虹主编：《沈家本全集》第四卷，中国政法大学出版社2010年版，第389页。

本的"一句式"感叹，譬如《明大诰峻令考》下之"斩"一节，正文引条文云：

> 僧尼、道士、女冠，不务祖风，混同世俗，交结官吏，为人受寄生放，犯者弃市。[1]

沈家本按语云：

> 按：此亦太重。[2]

而如《律令一》之"汤刑"条，沈家本引《韩非子》述弃灰法云：

> 《韩非子·内储说》：殷之法，刑弃灰于街者，子贡以为重，问之仲尼。仲尼曰："知治之道也。夫弃灰于街必掩人，灰尘播扬，善播醫人也。掩人，人必怒，怒则斗，斗必三族相残也，此残三族之道，虽刑之可也。且夫重罚者，人之所恶也，而无弃灰，人之所易也，使人行之所易而无离所恶，此治之道。一曰，殷之法，弃灰于公道者，断其手。"子贡曰："弃灰之罪轻，断手之罚重，古人何太毅也？"毅，酷也。曰："无弃灰所易也，断手所恶也，行所易不关所恶，古人以为易故行之。"[3]

沈家本按语云：

> 按：此法太重，恐失其实，即前后两说已不甚同矣。[4]

则亦可见，有部分按语中确实涉及了对前代法制的评价，但其目的在于解释史料。

（6）所谓"古今、中西之对比"，是指沈家本由中国古代法制生发的对

---

〔1〕（清）沈家本：《明大诰峻令考》，载徐世虹主编：《沈家本全集》第四卷，中国政法大学出版社 2010 年版，第 537 页。
〔2〕（清）沈家本：《明大诰峻令考》，载徐世虹主编：《沈家本全集》第四卷，中国政法大学出版社 2010 年版，第 537 页。
〔3〕（清）沈家本：《律令一》，载徐世虹主编：《沈家本全集》第三卷，中国政法大学出版社 2010 年版，第 564 页。
〔4〕（清）沈家本：《律令一》，载徐世虹主编：《沈家本全集》第三卷，中国政法大学出版社 2010 年版，第 564 页。

比意识，其中暗含了对中西法制的评价。譬如沈家本在《死刑之数》卷正文中统计了明代的死罪数量：

明律死罪二百四十九。又《杂犯》十三。又《问刑条例》死罪二十。[1]

按语曰：

又按：近数十年来，欧洲学者创废止死刑之说，诸小国中有实已施行者，而诸大国则皆不能行，亦虚悬此学说而已。推原其故，欲废死刑，先谋教养，教养普而人民之道德日进，则犯法者自日见其少，而死刑可以不用。故国小者尚易行之，若疆域稍广之国，教养之事安能尽美尽善，犯死罪而概宽贷之，适长厥奸心，而日习于为恶，其所患滋大。《盘庚》云，殄灭之无遗育，无俾易种于兹新邑。《泰誓》云，除恶务本。古人之言，非无故也。[2]

是条当中，沈家本直接以西方废死观及其实践效果的不佳与中国古人"除恶务尽"的观念相对比，认为"古人之言，非无故也"，实际上暗含了对近世西方废死说的反对。这些对比并非全以史料内容为依据，而是本自沈家本自身的知识结构和问题意识，是笔者所谓"古今、中西之对比"。

（7）所谓"对本书其他条目的引致"，是指沈家本并未详加说明，而是以"详某"或"见上某某"等方式引致《历代刑法考》的其他条目，以示二者同一的一类按语。譬如《刑法分考十七》"禁锢"条，沈家本正文云：

明《大诰》有禁锢书写之名。[3]

按语云：

按：详《大诰峻令考》。[4]

〔1〕（清）沈家本：《死刑之数》，载徐世虹主编：《沈家本全集》第四卷，中国政法大学出版社2010年版，第72页。

〔2〕（清）沈家本：《死刑之数》，载徐世虹主编：《沈家本全集》第四卷，中国政法大学出版社2010年版，第72页。

〔3〕（清）沈家本：《刑法分考十七》，第343页。

〔4〕（清）沈家本：《刑法分考十七》，第343页。

如上文所见，沈家本按语以单一目的为绝大多数，也有少部分兼有二种甚至多种的按语出现，譬如《汉律摭遗》卷五《贼律三》"无故入室宅庐舍上人车船牵引人欲犯法者其时格杀之无罪"条引《秋官·朝士》注疏，言：

> 《秋官·朝士》："凡盗贼军，乡邑及家人杀之无罪。"注："郑司农云，谓盗贼群辈若军，共攻盗，乡邑及家人者杀之无罪。若今时无故入人室宅庐舍、上人车船、牵引人欲犯法者，其时格杀之无罪。"疏："盗贼并言者，盗谓盗取人物，贼谓杀人曰贼。乡据乡党之中，邑据郭邑之内。家人者，先郑举汉《贼律》云牵引人欲犯法，则言家人者，欲为奸淫之事，故攻之。"[1]

沈家本按语云：

> 按：此《唐律》之夜无故入人家也。汉多上人车船一层，较唐为密。惟古者车制大，可以参乘、驷乘，故人得上之。若后世之车，则一二人即已满，人欲上而无从也。汉无"夜"字，则昼与夜不分，同用此律。唐增一"夜"字，则界限较隘。或有议其失者，谓此律为防卫身命财产至要之文，昼与夜不当分别。然防卫之道，夜与昼究有不同。昼则人之来也，易识其为何人，其情状何如，举动何如，其故易测，防卫不难。若黮夜猝然而来，不知为何人，不知为何事，其意莫测，安知非刺客奸人，主家惧为所伤，仓猝防卫而杀，故得勿论也。若白昼亦许其杀人，则凶人逞凶杀人亦得托之，无故开残杀之风，不可不防其渐。《唐律》自有深意，岂可遽议之哉！[2]

沈氏按语中先将郑众所述的汉律比附为《唐律》的"夜无故入人家"条，继而将汉律与唐律两相对比，分辨其差异的原因，追述立法意旨的变化，并对唐律的立法意旨做出了肯定性评价。除第一次比附外，对唐律的追述原因并不在于辅助对汉律条文的理解，而是在描述二者的差异及其间立法流变

〔1〕（清）沈家本：《汉律摭遗》卷五，载徐世虹主编：《沈家本全集》第四卷，中国政法大学出版社 2010 年版，第 233 页。

〔2〕（清）沈家本：《汉律摭遗》卷五，载徐世虹主编：《沈家本全集》第四卷，中国政法大学出版社 2010 年版，第 233 页。

的客观原因，应当认为是对制度流变的考索。而最后的"《唐律》自有深意，岂可遽议之哉"一句，则表达出沈氏对唐律立法意旨及技术的肯定，属于对古代法制的评价。

按上文所述，不难发现，这七种类别除写作目的外，也对应着按语的内容。然而，若将按语以简单的内容文义解释加以分类，则会大大偏离沈家本按语的核心用意。譬如前文所列出的，沈家本本意为对正文所辑同条下历代文献作一简要概述，而若不考虑正文，仅对按语作文义解释，则会将其理解为是对制度流变的考索（这是正文的目的，而非按语本身的目的）；又如沈家本在按语中以《唐律》比附前代法律，本意在于对前代法律的内涵进行解释，而若不考虑正文，则也很容易将其认为是在追溯法制的流变。故而，笔者认为，应当结合正文所引史料进行严格的目的解释。而由于存在符合双重及多重分类的按语，可将各类按语的分布表示如表1所示。

表1　《历代刑法考》按语数量及分布统计

篇目	卷数	类别	数量	总数
刑制总考	四卷	对古代法史的概观性阐述	1	60
		对法律史上"名"的考订	1	
		对所辑史料的解读	30	
		对古代法制形成与流变的讨论	6	
		对古代法律实践的评价	20	
		古今、中西之对比	1	
		对本书其他条目的引致	1	
刑法分考	十七卷	对古代法史的概观性阐述	3	663
		对法律史上"名"的考订	38	
		对所辑史料的解读	431	
		对古代法制形成与流变的讨论	130	
		对古代法律实践的评价	49	
		古今、中西之对比	13	
		对本书其他条目的引致	1	

续表

篇目	卷数	类别	数量	总数
历代刑官考	二卷	对古代法史的概观性阐述	0	61
		对法律史上"名"的考订	0	
		对所辑史料的解读	61	
		对古代法制形成与流变的讨论	1	
		对古代法律实践的评价	1	
		古今、中西之对比	2	
		对本书其他条目的引致	0	
行刑之制考	一卷	对古代法史的概观性阐述	0	28
		对法律史上"名"的考订	0	
		对所辑史料的解读	26	
		对古代法制形成与流变的讨论	0	
		对古代法律实践的评价	1	
		古今、中西之对比	1	
		对本书其他条目的引致	0	
死刑之数	一卷	对古代法史的概观性阐述	0	9
		对法律史上"名"的考订	0	
		对所辑史料的解读	2	
		对古代法制形成与流变的讨论	7	
		对古代法律实践的评价	0	
		古今、中西之对比	1	
		对本书其他条目的引致	0	
唐死罪总类	一卷	/	/	/
充军考	一卷	对古代法史的概观性阐述	0	4
		对法律史上"名"的考订	0	
		对所辑史料的解读	4	
		对古代法制形成与流变的讨论	1	

续表

篇目	卷数	类别	数量	总数
充军考	一卷	对古代法律实践的评价	0	
		古今、中西之对比	0	
		对本书其他条目的引致	0	
盐法考、私矾考、私茶考、酒禁考、同居考、丁年考	合一卷	对古代法史的概观性阐述	1	59
		对法律史上"名"的考订	2	
		对所辑史料的解读	42	
		对古代法制形成与流变的讨论	12	
		对古代法律实践的评价	4	
		古今、中西之对比	0	
		对本书其他条目的引致	0	
赦考	十二卷	对古代法史的概观性阐述	1	561
		对法律史上"名"的考订	1	
		对所辑史料的解读	511	
		对古代法制形成与流变的讨论	16	
		对古代法律实践的评价	16	
		古今、中西之对比	0	
		对本书其他条目的引致	20	
狱考	一卷	对古代法史的概观性阐述	0	69
		对法律史上"名"的考订	2	
		对所辑史料的解读	60	
		对古代法制形成与流变的讨论	4	
		对古代法律实践的评价	2	
		古今、中西之对比	1	
		对本书其他条目的引致	0	
刑具考	一卷	对古代法史的概观性阐述	0	41
		对法律史上"名"的考订	16	

续表

篇目	卷数	类别	数量	总数
刑具考	一卷	对所辑史料的解读	13	
		对古代法制形成与流变的讨论	13	
		对古代法律实践的评价	0	
		古今、中西之对比	0	
		对本书其他条目的引致	0	
律目考	一卷	对古代法史的概观性阐述	0	16
		对法律史上"名"的考订	1	
		对所辑史料的解读	5	
		对古代法制形成与流变的讨论	10	
		对古代法律实践的评价	0	
		古今、中西之对比	0	
		对本书其他条目的引致	0	
律令	九卷	对古代法史的概观性阐述	0	329
		对法律史上"名"的考订	3	
		对所辑史料的解读	254	
		对古代法制形成与流变的讨论	25	
		对古代法律实践的评价	33	
		古今、中西之对比	14	
		对本书其他条目的引致	6	
汉律摭遗	二十二卷	对古代法史的概观性阐述	6	788
		对法律史上"名"的考订	5	
		对所辑史料的解读	736	
		对古代法制形成与流变的讨论	25	
		对古代法律实践的评价	17	
		古今、中西之对比	6	
		对本书其他条目的引致	3	

续表

篇目	卷数	类别	数量	总数
明律目笺	三卷	对古代法史的概观性阐述	2	90
		对法律史上"名"的考订	0	
		对所辑史料的解读	85	
		对古代法制形成与流变的讨论	2	
		对古代法律实践的评价	1	
		古今、中西之对比	1	
		对本书其他条目的引致	1	
明大诰峻令考	一卷	对古代法史的概观性阐述	0	134
		对法律史上"名"的考订	0	
		对所辑史料的解读	122	
		对古代法制形成与流变的讨论	0	
		对古代法律实践的评价	14	
		古今、中西之对比	0	
		对本书其他条目的引致	4	

而观察上述七类按语，其中"对古代法史的概观性阐述""对法律史上'名'的考订""对所辑史料的解读""对古代法制形成与流变的讨论""对本书其他条目的引致"均本于历史事实或史料，并非沈家本自由意志之体现，可认为是一种"解说性按语"；而"对古代法律实践的评价"和"古今、中西之对比"，则包含沈家本更多的主观性和智识创造，可认为是"评价性按语"，其目不若表1七者之详，故不单独列出。

二、沈家本按语的文本分析：学术贡献与缺憾——以《律令一》为例

《律令一》中，沈家本针对上起三皇、下迄战国的法律文件（律令），运用《诗经》《尚书》《周礼》《左传》《公羊传》《史记》等经典传世文献及《毛诗传笺》《尚书正义》《周礼注疏》《春秋左传正义》《春秋公羊传注疏》《史记索隐》等诸家注释，兼用训诂、音韵等方法，征引《尔雅》《说文》《方言》《释名》《广雅》《广韵》等字书、韵书，对早期法律文件（规范性

文件）的名称、内容及效力进行了考证。按语在其中起到了解释说明的作用，极大解决了早期文献晦涩难懂的问题，也辅助了读者对作者辑佚逻辑的理解。

虽然《律令一》仍为"典章制度"之考据〔1〕，但有清一代，学者绝大多数专于早期礼制、官制、政制之考据：譬如惠栋《明堂大道录》、徐乾学《读礼通考》、秦蕙田《五礼通考》、胡匡衷《仪礼释官》、戴震《考工记图》、沈彤《周官禄田考》、王鸣盛《周礼军赋说》、洪颐煊《礼经宫室答问》、任大椿《弁服释例》、黄以周《礼书通故》，等等——这些研究虽然与法制有所交叉，但终究不以"法制""法律"为专门视角；而在"法制"一门下，亦存有一些辑佚成果，譬如黄奭曾辑李悝《法经》，但总体数量相对较少。沈家本所作的《刑制总考》《律令考》中的先秦部分，以数万字的长篇对早期"法制"进行了细致的考据，捃摭史料，并在按语中详加分析，终于通过传世典籍勾勒出了先秦法制的大致样貌；辑录并解读先秦法律史料百余条，其中所录文献，较今人而言，略无逊色，〔2〕实为清季体量最为庞大、考据最为细致的先秦法律文献整理研究成果。

同时，沈家本按语极富史家"通古今之变"的特色，在按语中时常与时事勾连，加以议论。诚如侯旭东教授所言："（《历代刑法考》）听起来是一部考据性著作，但也可算作中国第一部古代刑法通史。沈家本写此书是为了改革当时清朝的法律——搞清楚哪些条文已经无法再行用，该如何改革？梳理法律条文的来龙去脉，为除旧立新做准备。"〔3〕

除了附属于正文辑佚的史料，沈家本的按语本身也具有极强的学术性与思辨性，有时具有超脱时代的先进认识。

---

〔1〕 此系按梁启超先生《清代学术概论》中的分类方法进行的划分。参见梁启超：《清代学术概论》，上海古籍出版社 1998 年版，第 51 页。

〔2〕 沈家本先生在《刑制总考》与《律令考》中辑录的法律文献条目与王文清、扬升南所撰《夏代史料摘编》和蒲坚编著的《中国古代法制丛钞》（第一卷）中所整理的先秦法律文献互有出入，大体相合。参见（清）沈家本：《刑制总考一》《律令一》，载徐世虹主编：《沈家本全集》第三卷，中国政法大学出版社 2010 年版，第 5—11 页、第 557—580 页。王文清、扬升南：《夏代史料选编》，载田昌五主编：《华夏文明》（第一集），北京大学出版社 1987 年版，第 438—440 页。蒲坚编著：《中国古代法制丛钞》（第一卷），光明日报出版社 2001 年版，第 1—190 页。

〔3〕 侯旭东：《"制度"如何成为"制度史"》，载阎步克等：《多面的制度：跨学科视野下的制度研究》，生活·读书·新知三联书店 2021 年版，第 188 页。

譬如"周文王法"条的按语中，沈家本说：

> 按：文王以西伯而自立法，封建之世，其制如此。定四年《左传》：祝佗言，鲁、卫之封，皆启以商政，疆以周索。晋之封，启以夏政，疆以戎索。盖各因其风俗开用其政，不强以全用周法也。《康诰》用殷罚、殷彝，即启以商政之明证。何休谓文王始受命制法度者，未可信也。今时美洲为合众国，而各邦之法各不相侔，颇与古代情形相似。[1]

沈家本已经注意到西周王朝各诸侯国法律的区际差异，各国根据统摄民族、所处地域而因地制宜，并不强求行用周制，并将这一情况与美国相比附，具有相当的进步性，且比附十分精确：法律史学界的传统观点是将各诸侯国之间的关系理解为国际关系，将诸侯国视为国际法主体。[2]确实，从外观来看，诸侯国大致具有了各项国家要素，唯主权一点，诸侯并不能自主决定"国内"事务，从金文记载来看，周王可以夺取和更改诸侯的封国领土，如《宜侯夨簋》铭文载，康王命夨由虞改封至宜，封号由"虞侯"改为"宜侯"。可以任命诸侯所属官员[3]，譬如《四十二年逨鼎》铭文载，宣王命逨任新建国的长父的属官；《舲簋》铭文载，周王命舲掌管在郑地的"讯讼"之权。对诸侯国贵族的各项事务享有决定权，如《渊卣》铭文体现了周王命王朝有司对近畿倗国贵族的人口分析的家事进行介入，并最终解决的史事。由此可见，西周诸侯国的主权瑕疵已经不能用"不完全主权的国家"来进行解释，对其更恰当的理解方式应当是"周王朝整体中的一个组成部分"，而诸侯国之间的所谓"外交关系"，更恰当的比附应为"区际关系"而非"国际关系"。

---

〔1〕（清）沈家本：《律令一》，载徐世虹主编：《沈家本全集》第三卷，中国政法大学出版社2010年版，第565页。

〔2〕参见［美］丁韪良：《中国古世公法论略》，载王健编：《西法东渐——外国人与中国法的近代变革》，中国政法大学出版社2001年版，第31-39页。陈顾远：《中国国际法溯源》，第32-49页，载《民国丛书》第三编27，上海书店出版社1991年版。徐傅保：《先秦国际法之遗迹》，第71-102页，载《民国丛书》第三编27，上海书店出版社1991年版。怀效锋、孙玉荣：《古代中国国际法史料》，中国政法大学出版社2000年版，第6-31页。孙玉荣：《古代中国国际法研究》，中国政法大学出版社1999年版，第62页。

〔3〕譬如《四十二年逨鼎》，宣王命逨任新建国的长父的属官；《舲簋》，周王命舲掌管在地的"讯讼"之权。

此外，出土文献也为沈家本根据传世文献所做出的"不强以全用周法"的结论提供了证据：《𣂤尊》铭文记载，该尊的主人𣂤"自𠂤𣂤来海鲁人"，可见其"应与鲁人有别，应当属于世居于此的东方土著"。[1]而"鲁国初建时，除了少数随其武装殖民而来的周人，国民主要是异族之'殷民六族''商奄之民'"，[2]𣂤很可能就是殷商遗族。而《𣂤提梁卣》铭文"汝姓继自今，弗有辛汝井"，表达鲁侯以君主名义命令𣂤的族人要遵守𣂤所制定的法度，不得违逆，"体现出鲁侯对贵族𣂤之族内立法权的维护"。[3]武王弟滕叔绣封国滕国故城出土的《𣂤簋》铭文载滕侯要求群公子"井朕臣兴海"，即要求公子听从𣂤的教令。[4]由此可见，周初各国虽然立法"指导思想"不同，但尊重殷遗民及戎狄习俗似是相通的。

除了精到的比附及超越时代的认识，在研究各国法律制度时，沈家本的论证又难免缺憾。

法制史上的"郑刑书"和"晋刑鼎"是极其重要的事件，历来争讼不休，沈家本也在按语中给出了自己的理解。[5]

在"郑刑书"一条中，沈家本激烈地批评了叔向对于子产铸刑书的看法。他认为，以子产之大才，若能行用先王之法则必不用铸刑鼎这一补救之法。因为铸刑书于器物之上必然会导致欲变法则必先毁器的情况，这与先王确立的"悬法象魏""议事以制"的原则有所抵牾，也确实会导致"弃礼征书，争及锥刀"[6]的情况。但是由于当时郑国族大宠多，子产为了法制的顺利推

---

〔1〕 王沛：《西周邦国的法秩序构建——以新出金文资料为基础的研究》，载王沛：《刑书与道术——大变局下的早期中国法》，法律出版社 2018 年版，第 9 页。

〔2〕 王沛：《西周邦国的法秩序构建——以新出金文资料为基础的研究》，载王沛：《刑书与道术——大变局下的早期中国法》，法律出版社 2018 年版，第 9 页。

〔3〕 王沛：《西周邦国的法秩序构建——以新出金文资料为基础的研究》，载王沛：《刑书与道术——大变局下的早期中国法》，法律出版社 2018 年版，第 10 页。

〔4〕 𣂤的职位是"史"，身份为殷商遗民，与𣂤簋同出的史𣂤觯（铭图 10655）铭文有"唯伯初令于宗周，史𣂤赐马匹"句。与其身份相似的还有微氏家族的《史墙盘》的作器者史墙及《三式瘐锺》的作器者瘐。

〔5〕 以下论及郑刑书与晋刑鼎时，以二事发生的时间先后为阐述顺序，不以《律令一》中排布顺序为据。

〔6〕 （清）沈家本：《律令一》，载徐世虹主编：《沈家本全集》第三卷，中国政法大学出版社 2010 年版，第 578 页。

行，才为此变通之制。[1]尽管并不认可叔向对子产的批评，但沈家本仍然认为，叔向的说法"实与夫子道德齐礼之旨相同"[2]，肯定了叔向说法的理论正当性。

然而在"晋被庐之法 刑鼎"一条中，沈家本没有如回应叔向一般回应孔子对晋国铸刑鼎的批评，而是径自陈述道：

> 按，春秋之时各国多自为法，如晋之被庐、刑鼎，郑之刑书、竹刑，楚之仆区，皆非周法。晋国启以夏政，疆以戎索，是本不全用周法矣。[3]

将晋刑鼎视为周初分封时"启以夏政，疆以戎索"政策的延续。然而，沈家本的逻辑并不能构成对孔子的反对。孔子评价晋赵鞅铸刑鼎云：

> 晋其亡乎！失其度矣。夫晋国将守唐叔之所受法度……文公是以作执秩之官，为被庐之法，以为盟主。今弃是度也，而为刑鼎，民在鼎矣，何以尊贵？贵何业之守？贵贱无序，何以为国？且夫宣子之刑，夷之蒐也，晋国之乱制也，若之何以为法？[4]

孔子也承认了"启以夏政，疆以戎索"的正当性，西周时期"唐叔之所受法度"即是不同于周法的法律，孔子以其为正当；春秋时期晋文公的"被庐之法"也被认为正当。这些法律全不同于周法，孔子并未加以批判，却独独批判了赵鞅废弃先王明刑而将"夷之蒐"颁布的"宣子之刑"铸于铁鼎的行为，可见其根本并不在于晋之"不用周法"，而在于以"恶金"[5]铸"乱制"于作为国权象征的鼎。沈家本之说当谓有误。而照此逻辑，似乎也可更好理解孔子对郑刑书未加否定的态度，即子产为郑国执政之官，其本就有颁

---

〔1〕 参见（清）沈家本：《律令一》，载徐世虹主编：《沈家本全集》第三卷，中国政法大学出版社2010年版，第578页。

〔2〕 （清）沈家本：《律令一》，载徐世虹主编：《沈家本全集》第三卷，中国政法大学出版社2010年版，第577页。

〔3〕 （清）沈家本：《律令一》，载徐世虹主编：《沈家本全集》第三卷，中国政法大学出版社2010年版，第575页。

〔4〕 《春秋左传正义》卷五三《昭公二九年》。

〔5〕 参见［美］巫鸿：《中国古代艺术与建筑中的"纪念碑性"》，李清泉、郑岩等译，上海人民出版社2017年版，第138页。

布法律之权，其铸刑书的行为于礼并无相违，而非如沈家本所谓单纯的"世易备变"之举。

三、从《历代刑法考》按语看沈家本的学术兴趣

《历代刑法考》中的按语，是今人与沈家本交流的窗口。从各篇章沈氏按语的数量与内容，我们能够在一定程度上发现沈家本的学术兴趣。当某一篇目评价性按语数量更多，则代表着沈家本主观上更加重视和感兴趣于该篇目。兹将相关数据统计如表 2 所示。

表 2 《历代刑法考》中解说性和评价性按语占比统计

篇目	解说性按语在按语总数中的占比	评价性按语在按语总数中的占比
刑制总考	65%	35%
刑法分考	91%	9%
历代刑官考	100%	5%
行刑之制考	93%	7%
死刑之数	100%	11%
唐死罪总类	/	/
充军考	100%	0
盐法考、私矾考、私茶考、酒禁考、同居考、丁年考	97%	7%
赦考	98%	3%
狱考	96%	4%
刑具考	100%	0
律目考	100%	0
律令	88%	14%
汉律撫遗	98%	3%
明律目笺	100%	2%
明大诰峻令考	94%	10%

由表 2 数据不难看出，沈家本在法律史学研究上的兴趣主要仍集中于辑佚与考据，多述而少作。而对于可量化的历史事实，譬如刑罚的数量与烈度（见《刑制总考》《刑法分考》）、死刑的数量（见《死刑之数》）、法律条文的繁密程度（见《律令》《明大诰峻令考》），其评价的兴趣更为浓厚。而按语的数量和分布更多取决于所辑史料的数量，与作者的主观意愿相关性不大。

结　语

本文是对《历代刑法考》中沈家本按语分类、统计和分析的初步尝试，仍有许多的缺憾与不足。譬如本文第二部分所谓"沈家本按语的文本分析"，由于未能在沈家本按语中发现规律性的形式与内容，实际仅结合笔者的研究兴趣完成了对一个篇目按语的分析、评价和续造，仅可称管中窥豹而已。

以下就本文所达成的初步结论作一陈述。

沈家本按语大致有按篇目、按内容、按目的、按是否体现沈家本个人意志四种分类方式。由于按语本身的学术性质，通过写作目的进行分类能更好地进行归类、减少重复，故本文以沈家本的写作目的为据将按语分为七类：（1）对古代法史的概观性阐述；（2）对法律史上"名"的考订；（3）对所辑史料的解读；（4）对古代法制形成与流变的讨论；（5）对古代法律实践的评价；（6）古今、中西之对比；（7）对本书其他条目的引致。并分别就其在各篇目中的数量进行统计。

本文还以《律令一》为例对沈家本按语的学术贡献及其缺憾进行了探讨，《律令一》所包含的对先秦法制的辑佚和解说是沈家本《历代刑法考》一书中学术贡献较为突出的一部分，其辑佚成果较今人略无逊色，甚至在古代法制的理解上也有超越近人、今人的比附，将西周各诸侯国的法律状况比附为美国联邦制下的区际法律关系。然而在对春秋诸国立法活动及其社会评价的理解上，沈家本的说法似乎较为牵强，其将子产铸刑书之举理解为匡时救世之举，而以晋赵鞅铸刑鼎为遵循"疆以戎索"之政的正常行为，不仅没有完成对既有观点的回应，甚至颇有误解。郑刑书和晋刑鼎的区别在于立法者身份、颁布者身份以及颁布的程序。从本质上讲，郑刑书是"合礼"的，而晋刑鼎是"违礼"的。

本文的最后一部分是一次窥见沈家本个人学术兴趣的尝试。沈家本的法史治学仍然受到考据学派较强的影响，更偏向于事实解说而非价值评价。而沈家本的"价值评价"往往也是有所本的，其往往在史料记载可以实现量化的篇目内生发更多的个人评价。

总而言之，沈家本并不仅是一位法律改革的实践家，也是一位法律历史的研究家，《历代刑法考》更是当之无愧的中国第一部法制通史。《历代刑法考》按语中承载的沈家本学术思想，虽不及《寄簃文存》及未刻书中的《读律赘言》等书目集中，但也是其学术思想的重要组成部分，仍可进一步发掘与总结。

"疑罪从赎": 沈家本 "赎法" 思想小议

史家瑞[*]

摘　要："赎"字古已有之,流传已久,在中国古代法律中有着重要意义,在一定历史时期的法律规范与司法实践中,"赎"既可能作为一种法定正刑,亦可能作为一种替代刑,但其主要性质为一种剥夺人身财产权利的刑罚方法,便被称为"赎刑"。清末修律大臣沈家本"贯通古今"认可古代法律的"赎"中仍具有合理性部分,尤为重视其在疑罪案件程序中的担保性价值,并且"会通中西"对其进行改良,使之类似于西方法律中的"保释金"制度。

关键词：赎　沈家本　疑罪　赎刑　赎法

一、引言

"赎"是中国古代法中的一个独特概念,最早见于《尚书·舜典》载"金作赎刑"[1]。《说文解字》记载："赎,质也,以财拔罪也。"[2]刘广安教授在《古代"赎刑"考略》一文中认为,赎刑与罚金是完全不同含义的,赎刑制度并非独立的主刑或者从刑,而是一种代用刑,是一种用财物折抵刑罚的制度。[3]张建国教授在《论西汉初期的赎》一文中认为,赎刑具有两种赎刑,其既是正刑又是替代刑。[4]日本学者富谷至教授在《秦汉刑罚制度研究》一书中认为,一般来讲,赎刑是指通过赎罪使本应受处的刑罚向缓和方向

　＊　史家瑞,暨南大学法学院法学理论专业博士研究生。
　〔1〕《尚书》虞书舜典。
　〔2〕《说文解字》卷十二贝部。
　〔3〕刘广安：《古代"赎刑"考略》,载《政法论坛》1985 年第 6 期。
　〔4〕张建国：《论西汉初期的赎》,载《政法论坛》2002 年第 5 期。

转变的代替刑或换刑。[1]日本学者水间大辅教授认为，秦汉时期的赎刑有代替刑（换刑）与法定刑两种，即一种是让缴纳黄金等财物，以免除本来应当适用的刑罚；一种是在各个条文中作为各种犯罪的法定刑规定的。[2]综上可知，"赎"既可能是一种替代刑，也可能是一种法定正刑。也正是基于"赎"在古代刑法中的性质与功用，我们常将其称为"赎刑"。而沈家本先生在《历代刑法考》一书中认为："疑，谓虚实之证等，是非之理均，或事涉疑似，旁无证见，或虽有证见，事涉疑似，如此之类，言皆为疑罪，疑而罚赎，《吕刑》已用。"[3]学者孙倩在《论中国古代的罪疑惟轻》一文中认为，沈家本指出"西周刑疑赦而赎，目的在于哀矜，并没有谋利的意思"，又"因为施加刑罚有疑，既不能直接释放，也不能直接施刑处罚，所以才使其收赎"。[4]李贵连教授在《沈家本评传》一书中认为，（沈家本）"赎法"的性质与西方法中的"保释金"制度极为类似。[5]可知，沈家本先生对"赎"的理解，并非简单地继续沿用历代在实体法中作为替代性刑罚的"赎刑"，而是在"贯通古今"过程中追根溯源回归"哀矜"原意，将"赎"之适用更多定位在"疑罪"案件上，并在"会通中西"过程中肯定"赎"在程序法中"哀矜侧怛"保护人身权益之担保价值，将"赎"改良为一种类似于西方"保释金"制度的"赎法"。

二、"赎刑"：古代法律之"赎"

（一）先秦时期

《尚书·舜典》记载："象以典刑，流宥五刑，鞭作官刑，朴作教刑，金作赎刑。"[6]《尚书·大禹谟》亦记载："罪疑惟轻，功疑惟重。与其杀不辜，宁失不经。"[7]《尚书·吕刑》记载："吕命穆王，训夏赎刑。"[8]《吕刑》还记

---

〔1〕[日]冨谷至：《秦汉刑罚制度研究》，柴生芳、朱恒晔译，广西师范大学出版社2006年版，第42页。

〔2〕[日]水间大辅：《胡家草场汉简〈律令〉与文帝刑制改革》，载王沛主编，邬勖执行主编：《出土文献与法律史研究（第十三辑）》，上海古籍出版社2023年版，第161-184页。

〔3〕（清）沈家本撰，邓经元、骈宇骞点校：《历代刑法考》，中华书局1985年版，第330页。

〔4〕孙倩：《论中国古代的罪疑惟轻》，载《法制与社会发展》2017年第2期。

〔5〕李贵连：《沈家本评传》，中国民主法制出版社2016年版，第226页。

〔6〕《尚书》虞书舜典。

〔7〕《尚书》虞书大禹谟。

〔8〕《尚书》周书吕刑。

载了周代"赎"的适用："墨辟疑赦，其罚百缓，阅实其罪；则辟疑赦，其罚惟倍，阅实其罪；利辟疑赦，其罚倍差，阅实其罪；宫辟疑赦，其罚六百锾，阅实其罪；大辟疑赦，其罚千锾，阅实其罪。"[1]可知，这里的"赎（刑）"是对"罪疑惟轻"原则的贯彻。议刑有疑时，方可"赎"。如果"阅实"，则只能当其刑，不能适用"赎"。

（二）秦汉时期

《云梦睡虎地秦墓竹简》有关秦代赎刑的记载颇多。《法律答问》记载："甲谋遣乙盗，一日，乙且往盗，未到，得，皆赎黥。""真臣邦君公有罪，致耐罪以上，令赎。"[2]《仓律》记载："隶臣欲以人丁鄰者二人赎，许之。其老当免，老、小高五尺以下及隶妾欲以丁鄰者一人赎，许之。赎者皆以男子，以其赎为隶臣。"[3]《司空律》记载："公士以下居赎刑罪、死罪者，居於城旦舂，毋赤其衣，勿枸椟欙杕。鬼薪白粲，下吏毋耐者，人奴妾居赎赀责（债）於城旦，皆赤其衣，枸椟欙杕，将司之；其或亡之，有罪。葆子以上居赎刑以上到赎死，居於官府，皆勿将司。"[4]《汉书·惠帝纪》记载："民有罪，得买爵三十级以免死罪。"应劭注："一级直钱二千凡为六万，是为汉用赎刑之始。"[5]《张家山汉简·二年律令》中《贼律》记载："父母殴笞子及奴婢，子及奴婢以殴笞辜死，令赎死。"[6]《具律》记载："赎死，金二斤八两。赎城旦舂、鬼薪白粲，金一斤八两。赎斩、府（腐），金一斤四两。赎劓、黥，金一斤。赎耐，金十二两。赎遷（迁），金八两。"[7]《户律》记载："田宅当入县官诈代其户者，令赎城旦，没入田宅。"[8]张家山汉简《奏谳书》中亦是专门记载了各种对疑罪的处理，或当罪，或不当罪，或从轻处罚或收

〔1〕《尚书》周书吕刑。

〔2〕睡虎地秦墓竹简整理小组编：《睡虎地秦墓竹简》，文物出版社1978年版，第152页。

〔3〕睡虎地秦墓竹简整理小组编：《睡虎地秦墓竹简》，文物出版社1978年版，第53-54页。

〔4〕睡虎地秦墓竹简整理小组编：《睡虎地秦墓竹简》，文物出版社1978年版，第84页。

〔5〕《汉书》卷二《惠帝纪》。

〔6〕张家山二四七号汉墓竹简整理小组编著：《张家山汉墓竹简［二四七号墓］》（释文修订本），文物出版社2006年版，第11页。

〔7〕张家山二四七号汉墓竹简整理小组编著：《张家山汉墓竹简［二四七号墓］》（释文修订本），文物出版社2006年版，第25页。

〔8〕张家山二四七号汉墓竹简整理小组编著：《张家山汉墓竹简［二四七号墓］》（释文修订本），文物出版社2006年版，第53页。

赎处理。

（三）隋唐宋时期

《开皇律》对赎刑的规定更为全面具体："九品官以上犯者，听赎。应赎者，皆以铜代绢。赎铜一斤为一负，负十为殿。笞十者铜一斤，加至杖百则十斤。徒一年，赎铜二十斤，每等则加铜十斤，三年则六十斤矣。流一千里，赎铜八十斤，每等则加铜十斤，二千里则百矣。二死皆赎铜百二十斤。"[1]隋朝承秦制，五刑皆可赎。《唐律》规定了除"十恶"以外，八议之人、过失杀伤人者、符合条件的老、幼、病残以及疑罪之人，基本皆可适用赎刑。《名例律》规定："笞刑五；笞一十，赎铜一斤；笞二十，赎铜二斤。"直至"死刑二：绞、斩。赎铜一百二十斤。"[2]《名例律》还规定："诸断罪应决配之而听收赎，应收赎而决配之，若应官当而不以官当及不应官当而以官当者，各依本罪减故、失一等。死罪不减。"[3]此外，《断狱律》中规定，审判中遇到"虚实之证等，是非之理均。或事涉疑似，旁无证见，或旁有闻证，是非疑似"[4]之类的疑罪案件，规定了"各依所犯，以赎论"[5]的处理方法。宋代关于赎刑的规定深受《唐律》影响，基本予以沿袭，但在妇女身份方面有极大发展，即宋真宗于景德四年（1007）规定："妇女犯罪，杖以下非故为者，可以铜赎罪。"[6]宋刑统《断狱律》规定："诸疑罪，各依所犯，以赎论。"[7]但在实践中多以降等处罚之法处理此种疑罪。

（四）元明清时期

元代法律以"附会汉法""参照唐宋之制"为其显著特点，所以在赎刑规定上亦是如此，例如《元史·刑法志》记载："诸兄逼未成丁弟同上盗，减为从一等论，仍罚赎。"[8]又如《元典章·刑部卷》："老疾赎罪钞数……送刑部议得：'诸犯罪人，若年七十以上、十五以下，及笃废残疾不任杖责，理宜哀

---

[1]《隋书》卷二十五。
[2]《唐律疏议》卷第一《名例律》。
[3]《唐律疏议》卷第一《名例律》。
[4]《唐律疏议》卷第三十《断狱律》。
[5]《唐律疏议》卷第三十《断狱律》。
[6]《续资治通鉴长编》卷六十六。
[7]（宋）窦仪等详定：《宋刑统校证》，岳纯之校证，北京大学出版社2015年版，第416页。
[8]《元史》卷一百零四。

矜。每杖笞一下，拟罚赎罪中统钞一贯相应。’”[1]在明代，明太祖在颁布
《大明律》时谕群臣曰："凡榜文禁例悉除之，除谋逆及《律诰》记载外，其杂
犯大小之罪，悉依赎罪例论断，编次成书，刊布中外，令天下知所遵守。"[2]
《大明律》将罪犯分为在京和在外分别适用赎刑，京外多以钱或钞赎罪，京内
除能以钞纳赎外还可以米、灰、砖、碎砖、水和炭等财物赎罪。明代法律还
将赎刑分为收赎、纳赎和赎罪三种。明代为矫正用刑宽纵之弊，废除了唐律
疑罪从赎条，但赎刑作为备用之法，还可以"贷轻刑"[3]。清代承袭大明赎
刑制度，但在具体的制度上也有变化，清代仅限于过失杀伤、徒限内老疾和
诬告罪适用赎刑。在收赎图中分列"过失杀伤收赎图""徒限内老疾收赎图"
"诬轻为重收赎图"。《大清现行刑律》只留收赎之名，规定"凡妇女犯罚金
罪名，依律处罚，其犯徒流以上，除犯奸及例内载明应收所习艺者，不准论
赎"[4]，但"凡老幼废疾及过失杀伤，情可矜者，均照数目收赎"[5]。

　　综上所述，可知古代法律中的"赎"，是适用于惩处"有罪"或"疑罪"
案件中"被告人"的一种刑罚。在一定历史时期的法律规范与司法实践中，
"赎"既可能作为一种独立刑种的法定正刑，亦可能作为一种以财物替代刑罚
执行的替代刑，其性质仍主要为一种剥夺人身财产权利的刑罚方法，所以称
为"赎刑"。故而沈家本言："凡言赎刑者，皆有本刑，而以财易其刑故曰
赎。"[6]然而值得注意的是，这种"赎"作为一种刑罚适用于"疑罪"案件
的定罪量刑之中，不仅体现古代司法在处理疑案时实行"有罪推定"的原则，
亦是揭橥古代司法"重实体、轻程序"的法律传统。

三、"赎法"：沈家本之"赎"

　　沈家本对于古代法律中"赎"的概念有着较为批判性、发展性之认识，
在其《历代刑法考》一书中多有记载。

---

　　〔1〕《元典章》刑部卷三十九。

　　〔2〕《明史》卷九十三。

　　〔3〕（明）邱浚，林冠群、周济夫校点：《大学衍义补（中册）》，京华出版社1999年版，第
901页。

　　〔4〕（清）吉同钧撰，栗铭徽点校：《大清现行刑律讲义》，清华大学出版社2017年版，第3页。

　　〔5〕（清）吉同钧撰，栗铭徽点校：《大清现行刑律讲义》，清华大学出版社2017年版，第31页。

　　〔6〕（清）沈家本撰，邓经元、骈宇骞点校：《历代刑法考》，中华书局1985年版，第330页。

"三复此篇，但见哀矜恻怛之意，形于言表，何尝为聚敛计哉？"〔1〕"疑罪而赎，矜之，非利之也。管子以甲兵未足而使以甲兵赎，则真利之矣。此霸者之政，与王者异也。富者得生而贫者如何处分？所未详也。"〔2〕（《历代刑法考·刑法分考十六》）

据此而言，沈家本曾多次阅读《吕刑》等文章，深刻体会到统治者适用"赎"是出于"哀矜恻怛之意"，"赎"是为"疑罪"而"赎"，对疑罪案件中的"罪犯"适用"赎"，应是统治者出于"矜之"即怜悯、同情的考虑，而并不应是由于聚敛"利"之缘故。然而，在《管子·中匡》中记载，由于齐国"甲兵未足"，管子提议"请薄刑罚，以厚甲兵"，"于是，死罪不杀，刑罪不罚，使以甲兵赎"。可知，管子为追求"甲兵足"而"死罪不杀，刑罪不罚"使犯人用盔甲兵器来赎罪之法，虽然可以在一定程度上增加武器装备而强兵，但这种"交易"行为实际上损害了刑法的威严与公正，毕竟能够以"甲兵"赎罪的犯人主要为富人群体。或许沈家本正是深刻地明白这一点，所以他认为管子"为甲兵而赎"的做法，是一种"真利"的"霸者"之政，而非一种"哀矜恻怛"的"王者"之政。而沈家本自幼熟读经史，深受儒家思想之熏陶，融经史于律，因此对"赎"的认识更可能倾向于理解为儒家"恤刑"的仁政思想，所以言语之中似乎在某种程度上暗含了他对管子此举之批判。

"富者得生，贫者坐死，自汉以来，议赎法者皆以此为言。第国家立法，但问其当于理否耳。苟当于理，则法一而，只论罪之当赎不当赎，不能论其人之富与贫。富者之得生，法如是，非幸也；贫者之不能自赎，贫者之不幸，非法使之也。且果为疑赦者，法亦必有以济其穷，何至忍视其受刑哉？"〔3〕（《历代刑法考·刑法分考十六》）

深究其言，沈家本并未否认历史上"赎"适用于刑罚中所出现的"富者得生，贫者坐死"之现象，毕竟"自汉以来，议赎法者皆以此为言"。沈家本对"赎"的看法，立足于"赎"在法律中的本身。他认为"赎"既然合理地存在于国家法律之中，就应考究依法适用其"罪之当赎不当赎"，而并非关注

〔1〕（清）沈家本撰，邓经元、骈宇骞点校：《历代刑法考》，中华书局1985年版，第435页。
〔2〕（清）沈家本撰，邓经元、骈宇骞点校：《历代刑法考》，中华书局1985年版，第436页。
〔3〕（清）沈家本撰，邓经元、骈宇骞点校：《历代刑法考》，中华书局1985年版，第435页。

适用"赎"者是富人还是穷人。在他看来，"赎"在法律中的设计是给予社会整体的一种救济制度，所以富人凭己之财富得以自赎，并非法律对其给予特殊照顾，穷人不能自赎也并非法律所促使，贫富身份不应成为左右法律公平与司法公正的一项因素，在"哀矜恻怛"的法律理念下，自会有相关法律对穷人予以救济，所以不能因为"富者得生，贫者坐死"而否认"赎"本身的法律价值。沈家本此言颇有实证主义法学之韵味。可能正是由于沈家本更多地关注"赎"本身，所以才得以对古代法律中的"赎刑"进行改良。

"罪而可放，赦之而已。有疑于教，故使从罚。《书》中于疑放反复言之，可谓详尽。当刑者决无赎理，何患失之轻？疑于赦，不可遽赦，而使得赎，何患失之重？若不可遽赦而遽教之，则反失其平矣。"[1]（《历代刑法考·刑法分考十六》）

据此而言，沈家本认为犯罪经过查实，可直接依法赦与不赦，而"赎"之适用在犯罪事实存在疑问的情况之下，若当刑者置"有疑"于不顾，对其人径行定罪，或将"有疑"者直接赦放，这实际上与"阅实"没有区别，难有公平之意可言。沈家本"疑罪从赎"的"赎法"理念之根柢基本源于《尚书》"罪疑惟轻"这一原则，他积极肯定了《尚书·吕刑》中"赎"之适用，这种肯定表明了其对于"赎"在犯罪事实存疑且尚未"阅实"之前对"犯罪嫌疑人"应采取何种措施时所发挥出的一种积极作用的肯定，这种积极作用体现在具有着类似于强制措施一般的临时性。毕竟"疑罪"之"疑"恰恰在于"或事涉疑似，旁无证见，或虽有证见，事涉疑似"，若是将嫌疑犯直接释放则担忧其确有其罪，对其直接施加刑罚又非合乎"阅实有罪"而名正言顺，两难之下嫌疑人缴纳财物以赎出人身自由，既可以保障嫌疑人的人身权利，也给予了司法部门更多的查证时间。如此看来，沈家本之"赎"不同于古代法律中的"赎"，古代法律中的"赎"既有实体法中刑罚方法的性质，又有程序法中担保方法的特征，但更注重"赎"在实体刑罚中的功用，而沈家本之"赎"对此进行了合乎时代发展的一番改良，消解"赎"在实体法中作为替代性刑罚对罪犯进行定罪量刑之处断行为，重视"赎"在程序法中"哀矜恻怛"保护人身权益之担保价值，保留了传统宝贵的以人为本的恤民价值理念，所以沈家本之"赎"若取一有别于古代"赎刑"之名，可称为"赎法"。

---

〔1〕（清）沈家本撰，邓经元、骈宇骞点校：《历代刑法考》，中华书局1985年版，第435页。

综上，我们不难发现，诚如李贵连教授所言，沈家本的"赎法"，其性质与西方法中的"保释金"制度极为类似。[1]但囿于"具体的操作程序上赎法已经不详"，故而李教授在《沈家本评传》一书中未对沈家本"赎法"域外法律渊源借鉴之可能予以详述，笔者借此梳理稍述一二。

四、域外借鉴之可能

英国现代意义上的"保释金"制度大约始于9世纪，在12—13世纪时初具体系。英文中的"保释金"（bail），英国学者将其基本含义解释为："在被逮捕的人提供担保或者接收特定的条件的情况下将其释放的制度。"[2]1275年英国颁行的《威斯敏斯特法》将罪名划分为可保释金罪和不可保释金罪，并做出列举式的规定。1679年英国《人身保护法》明确将"保释金"规定为一项基本法律制度，并另行设置了相应的听证程序。1689年英国议会通过的《权利法案》指出："在刑事案件中，要求被告人交纳过高保释金的做法侵犯了法律赋予公民的自由权利。"[3]1826年英国出台的《刑事司法法》明确规定不可保释并应当收监羁押的条件，即必须有确实可信的证据，且证据相互间不得自相矛盾，从中能推导出有罪的有力推证，但仍否认涉嫌犯重罪的人可以被保释。1835年英国议会修改并扩张了《刑事司法法》的条文，使得被控重罪的人有权获得保释。[4]

美国的"保释金"制度是在英国法的基础上发展成熟起来的，1776年《独立宣言》提出"天赋人权"理论后，美国许多州在制定州宪法时把公民享有保释权写进宪法之中，如1776年弗吉尼亚州宪法规定："不得科以过高的保释金。"[5]1789年美国宪法第8修正案规定："在一切案件中禁止科以过多的保释金、过重的罚金，或施加异常的残酷刑罚。"[6]1789年《司法法》进一步明确了可保释金的范围，并在是否可保释金问题上对法官的自由裁量权作了明确指引。德国关于"保释金"制度的规定最早见于1532年颁布的

〔1〕 李贵连：《沈家本评传》，中国民主法制出版社2016年版，第226页。

〔2〕 ［英］L. B. 科尔森：《朗文法律词典（英文版）》，法律出版社2003年版，第36页。

〔3〕 张学仁主编：《外国法制史资料选编》，北京大学出版社1988年版，第89页。

〔4〕 张学仁主编：《外国法制史资料选编》，北京大学出版社1988年版，第89-90页。

〔5〕 李昌道编著：《美国宪法史稿》，法律出版社1986年版，第34页。

〔6〕 郭天武：《保释制度研究》，法律出版社2009年版，第26页。

《加洛林纳刑事法典》。德国资产阶级革命发生以后，在自由与人权理念的指引下，《德国刑事诉讼法典》于 1877 年正式颁行，德国的"保释金"制度仅作为羁押的替代性措施而存在。法国的"保释金"制度具有悠久的历史，其肇始于古代法兰西诺曼部落时期。法国 1791 年《宪法》第十二条规定："任何被逮捕的人如能在法律准许保释金的情况下提供充分的担保，不得拘留之。"[1]由于本身司法体制的不同以及民族文化心理、社会状况的差异，法国学习英国对抗制诉讼模式最终失败，并产生了"保释金制度的存在是对穷人歧视"这一观念，而这与中国传统"赎"理念中的"富者得生，贫者坐死"观念有着异曲同工之处。

综上，可以发现西方的"保释金"制度在历史发展中已经逐渐成熟起来。沈家本很有可能在"会通中西"的修律过程中，借鉴了以上西方法律中较为成熟的"保释金"制度理念。毕竟沈家本的"赎法"思想与该制度理念在担保功能方面颇为相似，虽然西方"保释金"常用于侦查程序中，沈氏"赎法"可用于疑罪案件的审判程序中，但是由上文之分析以及 1906 年《大清刑事民事诉讼法草案》第八十六条之规定似乎亦可以佐证。[2]沈家本曾于《进呈刑律分则草案折》一文中提出："折衷各国大同之良规，兼采近世最新之学说，而仍不戾乎我国历世相沿之礼教民情。"此言正是彰显出其"会通中西、贯通古今"的修律旨趣。诚如杨鸿烈先生所言："沈氏是深了解中国法系且明白欧美日本法律的一个近代大法学家，中国法系全在他手里承先启后，并且又是媒介东西方几大法系成为眷属的一个冰人。"[3]沈家本借鉴西方国家中已经发展较为成熟的"保释金"制度思想，在保留中国古代传统法律中"赎刑"的合理部分之下进行改良，使"赎"更具合理性与合法性、更为符合当时国情与时代发展。

五、结语

宣统二年（1910 年）颁布的《大清新刑律》在体例、篇目及内容上皆是按照西方近现代刑法典体系制定的，至此在法典中完全废除了渊源久远的

---

〔1〕 汪海燕：《刑事诉讼模式的演进》，中国人民公安大学出版社 2004 年版，第 140 页。

〔2〕 第八十六条："凡证据难凭或律无正条或原告所控各节问有疑窦者即将被告取保释金放，令其日后自行检束。"《大清法律汇编》，麟章书局 1910 年版，第 316 页。

〔3〕 李贵连：《沈家本评传》，中国民主法制出版社 2016 年版，第 119 页。

"赎刑"制度。[1]虽然以"赎"为名的法律制度被废除了，但"赎"中具有合理性与价值性的部分法律理念以"保释金"制度的形式延续了下来。例如，《大清刑事民事诉讼法草案》第四十六条规定："凡人被拏为因人证不齐或因他故不能于二十四小时内审讯，准由承审官展限至多不过七日期满即将该犯提堂审讯，若人证尚未集齐或因有合理事故不能审讯者，准将该案再行展限惟每次展期均不得逾七日统计展期亦不得逾十次，倘逾十次尚不能审判者公堂应将被告人<u>取保释放</u>。"第八十六条规定："凡证据难凭或律无正条或原告所控各节问有疑窦者即将被告<u>取保释金放</u>，令其日后自行检束。"[2]该诉讼法于光绪三十二年（1906 年）便已起草完毕，但后因部院督抚大臣的反对而未能公布施行。虽未颁行，但并不能掩盖法条之中沈家本先生熠熠生辉的"会通中西、贯通古今"的法律思想。历史的发展有其规律性，亦有其局限性。我们不应拿如今已经发展完善的"疑罪从无"刑事司法原则来非议沈家本先生"疑罪从赎"思想上的封建残余性与制度上的政治局限性，我们真正需要做的是，学习沈家本先生在修律工作中能够会通中西改良深植于本土文化之中的法律传统这一宝贵能力，以及关注古今中外立法与司法工作中如何有效保护"疑罪"之人的法律权利这一重要议题。

---

[1] 张兆凯：《赎刑的废除与理性回归》，载《北方法学》2008 年第 6 期。

[2] 《大清法律汇编》，麟章书局 1910 年版，第 316 页。

简论沈家本"会通"法律思想

任生林* 孙 茜**

摘 要：沈家本对"会通"法律思想没有专门论述，散见于其撰写的文章中。本文在参考借鉴学者研究成果的基础上，明确提出了沈家本"会通"法律思想的萌芽、形成、成熟三个时期，剖析了其思想法律救国、经世致用、中体西用的三个来源，详细论述了经验与学理的会通、中学与西学的会通、仁政与西方法治的会通、托古改制与参用西法的会通四个方面内容，阐述了其思想的三个表现，最后评析了其思想对后世的三个影响。

关键词：沈家本 法律思想 阶段 来源 内涵 表现

在清末法律近代化运动中，沈家本作为法律改革的主持者，将我国传统律学的精髓和西方先进的法学理论融合在一起，旧不俱废，新亦当参，沟通新旧，化合中西，提出"会通"的比较法学研究方法，聘请国外学者讲课，翻译西方著作，组织人员出国考察，学习借鉴西方先进的法律制度，成为"会通"法律思想的代表人物。在短短的十年时间内，他主持修订《大清刑律》，组织制定了《大清新刑律》《大清刑事民事诉讼法草案》《大清民律草案》《大清商律草案》等数十部法律草案，其立法质量之高、范围之广、质量之高，令今人惊叹不已。[1] 虽然随着清王朝退出历史舞台，这些法律没来得及实施，却为随后的北洋政府和民国政府法律制定奠定了扎实的基础。其"会通"法律思想对后世影响深远。杨鸿烈先生评价道："沈氏是深了解中国法系且明白欧美、日本法律的一个近代大法家，中国法系全在他手里承先启

---

* 任生林，北京理工大学珠海学院民商法律学院教授、民商法研究所所长。

** 孙茜，山西人民出版社副编审。

〔1〕 沈小兰、蔡小雪：《沈家本新传》，商务印书馆 2022 年版，第 5 页。

后，并且又是媒介东方、西方几大法系成为眷属的一个冰人。"[1]

一、沈家本"会通"法律思想形成的三个时期

沈家本与中国近代史同龄，亲身经历了清王朝走向没落。62 岁前，大多数时间供职于刑部，对传统律学有深入研究，先后出版《刺字集》《压线编》《刑案汇览三编》等著作。62 岁时，他受命主持修律，起草制定了一批质量很高的法律。他一生并未留过洋，没有受过欧风美雨的系统熏陶，却对西方法律相当熟稔，与传统律学很好结合，形成"会通"法律思想。沈家本先生没有撰写文章专门予以论述，内容散见于其文章中，特别是几篇序里。他不仅对传统律学主张会合变通，而且对中学与西学主张会合变通。其在《法学名著序》中指出：

> "新学往往从旧学推演而出，事变愈多，法理愈密，然大要总不外情理二字。无论旧学、新学，不能舍情理而别为法也。所贵融会而贯通之。"[2]

不管新学、旧学，都离不开人情世故和政教风俗这个"情理"。用"情理"概括法理大要，从理论高度概括古今中外法律制度的精髓，贯通中西法学，破除各执一是的成见和偏见。

笔者认为，沈家本先生的"会通"法律思想可以分为三个时期。

（一）"会通"法律思想的萌芽期

同治三年（1864 年）至光绪二十八年（1902 年），为沈家本"会通"法律思想的萌芽时期。同治三年，沈家本时年 25 岁，入职刑部，至光绪十九年外放天津知府，开始长达 28 年的传统律学研究，先后任直隶司主稿、陕西司主稿、秋审处坐办等职，审理研究大量刑事案件，钻研传统律学，出版《刺字集》《压线编》等著作，和同僚重刻《唐律疏议》，逐步成长为律学专家。

光绪十九年（1893 年）至光绪二十八年（1902 年），先后任天津知府、保定知府等职，独立审理案件，理论与实践相结合。光绪十九年（1893 年），

---

〔1〕 杨鸿烈：《中国法律发达史》，中国政法大学出版社 2009 年版，第 872 页。
〔2〕 （清）沈家本：《寄簃文存》，商务印书馆 2015 年版，第 210 页。

被任命为天津知府，陪直隶总督李鸿章到新医院出席招待洋人的宴会，大开眼界，从饮食开始学习各种礼仪，学习如何与洋人打交道。这是他第一次接触西方文化，自此结下了不解之缘。尤其是处理保定北关教堂案和被洋人关押四个月的特殊经历，促使他开始认真思考中西法律问题。

保定北关教案是沈家本任知府时亲自处理的一起案件。光绪二十四年（1898年），清廷调西北董福祥甘军入卫京师，途经保定，几个甘军士兵对法国教堂颇感新鲜，欲入内参观，遭拒绝，遂发生纷争。士兵们怒砸门窗什物，毁坏教堂，扣押教士。沈家本知悉后，迅速处理，令将毁坏物品登记存案，释放教士。但教堂不答应，沈家本与之谈判协商，主教樊国梁先是要求赔偿损失每人百金，用丰备仓地址与教堂置换，后狮子大开口，要求赔偿五万金，用清河道旧署置换。经荣禄同意后，才息事宁人。这是沈家本第一次与洋人打交道，对洋人的行为倍感惊讶，同时对朝廷的忍辱负重颇为不满，他在日记中记载：

> "省中业已办有眉目，何至以道署遽予之耶？政令如此，可发一叹。"在办理交割地址时，沈家本据理力争，以康熙时名臣韩菼为道署所撰碑文为依据，不在道署范围内，尽量减少损失。[1]

通过这起事件，他意识到旧律不适应教案的公平处理，旧律如果不进行改革，无法适应激变的形势。

光绪二十六年（1900年），义和团掀起反抗洋人的浪潮，清廷对义和团的态度先是"抚"后改为"剿"，幻想利用义和团打击洋人的嚣张气焰，八国联军入侵北京城后，又下令弹压，前后矛盾的政策导致地方官员的思想混乱，无所适从。沈家本作为保定知府，负有保境安民的职责，头脑里对"民"和"匪"的观念非常清晰，因此对义和团运动不支持，"侦得私习者重惩之"，但他对洋人也没有好感。[2]当义和团杀洋人时，他一方面转移教士，保护教民生命安全；另一方面拆毁教堂，变为巡防营务处。当八国联军占领保定城时，他被教士指责拆毁教堂以附拳匪，和同僚迁雍、廷杰等人被拘押，同僚被杀害，他由于官职卑微，罪轻于廷杰、迁雍，得以保留性命，但仍被

---

〔1〕 李贵连：《沈家本传》，广西师范大学出版社2017年版，第112页。
〔2〕 李贵连：《沈家本传》，广西师范大学出版社2017年版，第132-140页。

拘留在教堂，后转至官署，长达四个月，中间一度押往天津与教士对质，直到和谈协议签订后才被放回。这期间的沈家本日记遗失，我们无法窥视他的内心世界，但从留下的诗歌中，仍可了解其心态变化。身处逆境，看破尘世，以平静心态研习法律，"留得余生供读律"，便是此时的真实写照。同时，沈家本写下了数量可观的囚诗，真切地反映出他忧郁、焦虑和愤怒的心情。

(二)"会通"法律思想的形成期

光绪二十八年（1902年）至光绪三十三年（1907年），沈家本主持修律，主要是奏请设立修订法律馆，削删《大清律例》，上《删除律例内重法折》《虚拟死罪改为流徒折》《变通妇女犯罪收赎银数折》《轻罪禁刑讯笞杖改罚金请申明新章折》等奏折，改革秋审制度，组织人员翻译外国法律，聘请日本专家讲课，对西方法律制度进行系统地学习研究。同时，上《奏请专设法律学堂折》《奏定法律学堂章程》和《奏请于各省课吏馆内专设仕学速成科》，请求设立京师法律学堂，培养法律人才，为预备"立宪"做准备工作。

光绪二十八年（1902年），张之洞、刘坤一、袁世凯连衔会保沈家本担任修律总纂的上奏指出：

> "近来日本法律学分门别类，考究亦精，而民法一门，最为西人所叹服。该国系同文之邦，其法律博士，多有能读我之会典律例者。且风土人情，与我相近，取资较易。"故"亦可由出使日本大臣，访求该国法律博士，取其专精民法、刑法各一人，一并延订来华，协同编译"[1]。

东邻日本与我国国情相同，政教风土人情相近，法律容易接受。奏疏被批准后，朝廷任命沈家本、伍廷芳为修律大臣，主持修律。沈家本经考察，高薪聘请日本法学博士志田钾太郎、冈田朝太郎、小河滋次郎和法学士松冈义正四人讲授法律，翻译法律书籍，分别起草法律。短短五六年时间内，刑法、民法、商法、诉讼法、法院编制法、监狱法等一批被冠以"大清"题头的法律草案首次用中文写出来，使我国法律近代化迈出了关键一步。日本专家的汉文法学著作，对于国人了解西方法律的概念、术语和理论，建立中国近代化法学理论体系，起到不可或缺的作用。日本专家及其著作对沈家本法

---

〔1〕 李贵连：《沈家本传》，广西师范大学出版社2017年版，第253页。

律思想的形成产生重要影响。冈田朝太郎在华期间，主要协助沈家本起草《大清新刑律草案》和《法院编制法草案》。冈田还参与礼法之争，为沈家本摇旗呐喊，对"无夫奸"和"子孙违反教令"等问题发表见解，为沈家本助威。

在翻译和起草法律过程中，沈家本非常重视本土业已存在的风俗礼仪、民间习俗和交易习惯，光绪三十三年（1907年）九月，他领衔发起中国历史上第一次全国范围内民商事习惯调查，为后来民法、商法的制定打下坚实基础。沈家本在《奏请派员分赴各地调查考察民商事习惯折》中指出：

> "民商各律，意在区别凡人之权利义务而纳于轨物之中，条理至繁，关系至重。中国幅员广远，各省地大物博，习尚不同，使非人情风俗洞彻无遗，恐创定法规必多窒碍。"[1]

为保证调查效果，他专门制定了《法律馆调查各省商习惯条例》，分总则、组合及公司、票据、各种营业和船舶等五章，对调查事项、具体涉问内容做出详细规定。

（三）"会通"法律思想的成熟期

光绪三十三年（1907年）到民国初年上《实行改良监狱宜注意四事折》《奏遵议满汉通行刑律折》《旗人诉讼统归各级审判厅审理折》《请求变通秋审复核旧制折》等大量法律变革的折，组织起草《大清新刑律》《大清刑事诉讼律草案》《大清民事诉讼律草案》《大清民律草案》《大清商律草案》《法院编制法草案》《大清国籍条例草案》等一系列法律草案，比较研究中西法律制度，和以张之洞、劳乃宣为代表的守旧派进行礼法辩论，刊刻《历代刑法考》，成立全国第一个法学会——北京法学会等，"会通"法律思想逐步成熟，主要体现在他写的几篇序和奏议里。在《王穆伯佑新注无冤录序》中提出经验与学理的会通，在《法学名著序》中论述旧学（中学）与新学（西学）的会通，标志着沈家本的"会通"法律思想正式形成，运用"扬弃"观点精辟阐述了新学与旧学的辩证关系，旧不俱废，新亦当参，融会贯通，才能推动法律进步。在《删除律例内重法折》和《虚拟死罪改为流徒折》、《重刻明律

---

[1] 李贵连：《沈家本传》，广西师范大学出版社2017年版，第335-336页。

序》中阐述了仁政与西方法治精神的会通，借鉴康有为的变法思想，阐述了托古改制与参用西法的会通。同时，他修订出版《历代刑法考》，对历代刑法制度、刑官建制、监狱设置、刑罚方式等做出巨细无遗的考证，成为传统刑法学的集大成者，奠定其近世法学巨擘的地位。

二、沈家本"会通"法律思想的来源

沈家本创立"会通"法律思想具有深厚的社会基础和理论基础，也与自身经历分不开，主要有三个方面。

（一）法律救国的家国情怀

沈家本出生于传统的官僚家庭，其父长期在刑部任职，受其父耳濡目染，忠君爱国思想根深蒂固，加之自身勤奋努力，忧国忧民，具有强烈的民族自尊心和爱国情怀。弱冠之年，英法联军入侵北京城，他带领全家先后两次逃离避难，在京城目睹英法联军火烧圆明园的暴行，亲笔记录侵略军的罪恶："一声哀雁起秋凉，午夜衔芦为底忙。我有愁心何处寄，梦中随尔过潇湘。"[1] 战火离乱中，他发出这如歌如泣的低吟。四十年后，京都又遭到八国联军的洗劫，他在保定知府任上被侵略军拘押数月，险遭不测，府署被抄，府库被劫。国破家亡的惨痛，囚徒的耻辱，对他的家国情怀形成有着巨大影响。沈家本青年时期入职刑部，钻研刑律，起草文稿，撰写文章，出版书籍，以律鸣于时，产生了以法律救国的想法。在刑部任职期间，他留心对外交涉，《刑案汇览三编》最后一部分就是中外交涉刑案，对涉外刑案的总结整理，为后来在保定府任上处理北关教堂案打下基础。奉命修律后，他效法春秋时期子产铸刑鼎，担负起修律救国的重任，以改造旧法、采用西法为归依，强调取人之长，补己之短，阐述法律随世运递迁而损益变化的道理，才能使国家强盛起来。

（二）经世致用的思想

沈家本的"会通"法律思想在形成过程中受到经世致用思想的深刻影响。经世致用思想是传统儒学的核心，既关注精神境界和价值追求的层面，又关注制度建设的层面，强调重实用、重实践，具有家国情怀和入世担当的精神。

---

[1] 李贵连：《沈家本传》，广西师范大学出版社2017年版，第20页。

晚明时期心学盛行，"无事袖手谈心性"的空疏学风导致政治、社会、文化弊端丛生，王夫之、黄宗羲、顾炎武等思想家认为空疏玄学之风给国家社会稳定和民生福祉带来巨大危害，最终导致明王朝的灭亡，提倡经世致用，主张做学问必须有益于国事，学术研究必须与现实政治、社会实践相结合，从而开启了影响深远的实学之风。鸦片战争后，面对国力衰弱，外敌入侵，社会问题丛生，林则徐、魏源等人倡导经世致用学说。在沈家本任职刑部期间，薛允升、赵舒翘等人注重刑律研究，注重发挥法律在治国理政中的作用，对沈家本产生重要影响。薛允升历任刑部侍郎、尚书，是沈家本的老长官，对沈家本有知遇之恩。1893 年，经京察考核，沈家本被列为上等，薛允升举荐沈家本外放天津知府。沈家本有诗云："云亭抱牍点朝班，荏苒韶华已卅年。交淡偏多同志乐，援疏幸遇长官贤。"[1] 薛允升的思想和做法对沈家本的影响，可以说是耳濡目染。沈家本第一本书《刺字集》出版，请薛允升作序。薛允升去世后，沈家本整理出版《薛大司寇遗稿》并作序，充分肯定了薛允升的法律贡献，指出：

> "大司寇长安薛公，自释褐即为理官，讲求法家之学，生平精力，毕瘁此事。所著有《汉律辑存》《唐明律合刻》《服制备考》《读例存疑》诸书。"[2]

薛允升的很多著述，沈家本都参与商讨。沈家本在《读例存疑序》中高度评价薛允升会通律例，对可疑的地方逐条逐项考证，所发议论详细精当，他指出：

> "长安薛云阶大司寇，自官本曹，即精研律学，于历代之沿革，穷源竟委，观其会通，凡今律、今例之可疑者，逐条为之考论。其彼此抵牾及先后歧异者，言之尤详，积成巨册百余。"[3]

（三）中体西用的思想

笔者认为，对沈家本影响大的还有张之洞、冯桂芬、郑观应和沈桂芬等

---

〔1〕 李贵连：《沈家本传》，广西师范大学出版社 2017 年版，第 82 页。

〔2〕 （清）沈家本：《寄簃文存》，商务印书馆 2015 年版，第 193 页。

〔3〕 （清）沈家本：《寄簃文存》，商务印书馆 2015 年版，第 192 页。

人。张之洞（1837—1909），字孝达，号香涛，直隶南皮（今属河北）人，是晚清洋务派的代表人物，主张中体西用，对经世致用学说发扬光大。张之洞是沈家本仕途上的又一个贵人。光绪二十八年（1902年），正是张之洞联袂袁世凯、刘坤一保举沈家本出任修律大臣，才开启了沈家本十年修律变法之路。张之洞主张"博采东西诸国律法，但力求合于国家政教大纲"。在《遵旨筹议变法谨拟整顿中法十二条折》和《遵旨筹议变法谨拟采用西法十一条折》中详细列举了变法内容，革除旧弊，如取消科举取士制度、停止捐纳、取消书吏差役、改善刑狱、裁撤屯卫绿营等。其中第七条阐述了对清律的具体变革措施，禁讼累、省文法、省刑责、重众证、修监羁、教工艺、恤相验、改罚锾、派专官。张之洞认为，去差役可免除讼累，宽文法则命案少讳饰，省刑责可培养廉耻，重众证则无辜少拖毙，修监羁多保全民命，教工艺可减少盗贼，恤相验则乡民免科派，改罚锾则民俗可渐敦，设专官司可使狱囚受实惠。张之洞还建议制定矿律、路律、商律、中外交涉刑律，征收印花税，推行邮政，翻译各国法律书籍等。张之洞对清末的法律改革起到很大推动作用，但当法律改革触及纲常名教时，就不再前行了。沈家本在整顿中法、革除旧弊中，显然深受张之洞思想的影响。例如，沈家本上的《删除律例内重法折》《虚拟死罪改为流徒折》中，许多建议与张之洞的内容是相呼应的。但在采用西法，制定的新刑律触犯三纲五常时，便遭到张之洞等人的反对，形成著名的礼法之争。

冯桂芬（1809—1874），号景亭，江苏吴县人，晚清思想家、散文家。先师从林则徐，后入李鸿章府做幕僚，在洋务运动中，最早提出中体西用思想，主张比较全面的变法，包括进行政治改革、削减江南赋税、力主借师助剿、倡导西式教育、致力地方慈善事业等。冯桂芬的学说与传统经世致用主张的最大不同，是以学习的眼光看待西方文化，主张与西方沟通交往，具有立足传统、结合西学的鲜明特点。冯桂芬著有《校邠庐抗议》《显志堂稿》，集中反映了冯桂芬的学术主张。

郑观应（1842—1922），字正翔，广东香山人，与沈家本是同时期人，是"中国近代最早具有完整维新思想体系的资产阶级改良主义者，是揭开民主与科学序幕的启蒙思想家"（史学家夏东元语）。年轻时在上海、香港、澳门等地长期从事买办业务，经常与洋人打交道，对西方有着客观清醒的认知，善于思考，能够理性地认识西方国家的政治、经济、法律制度的优越性，提出了许多切合实际的变革主张，反映在 1884 年出版的《盛世危言》一书中。该书出版后，在朝野引起很大反响，光绪皇帝下令印两千册，分发给各级官员阅读。《盛世危言》对沈家本"会通"法律思想的形成产生一定影响。

沈桂芬（1818—1880）是沈家本的姨父，字经笙，顺天宛平人，历任山西巡抚、都察院左都御史、兵部尚书、总理各国事务衙门大臣、军机大臣等职。《清史稿 沈桂芬传》记载："桂芬遇事持重，自文祥逝世后，以谙究外情称。""躬行谨饬，为军机大臣十余年，自奉若寒素，所处极湫隘，而未尝以清节自矜。"〔1〕沈桂芬见识深远，为人处世持重老练，与沈家本来往密切，对沈家本思想形成有重要影响。

三、沈家本"会通"法律思想的内涵

"会通"，《古代汉语词典》解释为"会和变通，随事处理"。出自《周易 系辞上》，"圣人有以见天下之动，而观其会通，以行其典礼"。沈家本在主持修律过程中，将"会通"一词引入修律变法中，赋予其新的含义，对古今中外的法律制度深入研究，找出彼此相通之处，上升到理论层面，得出规律性认识。

笔者认为，沈家本"会通"法律思想至少包括四个方面：经验与学理的会通，中学与西学的会通，仁政与西方法治的会通，托古改制与参用西法的会通。

（一）经验与学理的会通

在《王穆伯佑新注无冤录序》里明确指出：

"大抵中说多出于经验，西学多本于学理，不明学理，则经验者无以会其通；不习经验，则学理亦无从证其是，经验与学理，正两相需也。"〔2〕

沈家本认为中学大部分来源于办案经验，西学来源于原理法则，不理解原理法则，就无法将办案经验系统化、理论化，不能融会贯通；反之，不重

〔1〕 陈柳裕：《法制冰人——沈家本传》，浙江人民出版社 2006 年版，第 10 页。
〔2〕 （清）沈家本：《寄簃文存》，商务印书馆 2015 年版，第 187 页。

视对办案经验的总结提炼，原理法则就没有足够的证据支撑。经验和学理是相互依存、相互促进的。在主持修律前，沈家本重视对传统律例的会合变通，在刑部任职二十多年里，钻研传统律学，对唐律、宋刑统、大明律和大清律有深入研究，发现许多问题，提出自己的会合变通见解，体现在《刺字集》《压线编》《刑案汇览三编》中，体现在处理"郑国锦杀人案""拐卖儿童案"过程中。其中《刺字集》是他研究刑律的专著，书中的自序是他第一篇法学理论文章，对大清律例规定的酷刑进行了详细剖析，予以批判，主张废除，适应时代发展。时任刑部侍郎的薛允升作序道：

> "其考据之详明固不待言，予尤叹其用意之深厚。使读是书者知若者应刺，若者不应刺，若者旧俱应刺而今可不必刺，不致一误再误，则仁人君子之用心，其裨益岂浅鲜哉?"[1]

其评价可谓深刻矣。沈家本任天津知府期间，处理了大量的刑事案件。这一时期的司法活动，为"会通"法律思想的形成奠定实践基础。例如在审理郑国锦杀人案过程中，沈家本对《洗冤录》遵循而不死守，善于调查研究，对书本知识进行补充。《补洗冤录四则》记载：光绪十八年二月间，天津人郑国锦到朋友刘明家，谎称有病，不能行走，刘明妻子王氏就留郑国锦在家里歇息。郑国锦乘刘明外出赶集，与王氏勾搭成奸，被刘明的儿子刘黑儿看见。刘明知道后，要带王氏刘黑儿回老家。郑国锦眼见通奸不成，勾结王氏谋害刘明。两人乘刘明生病无力时，用针谋害，郑国锦在刘明身上连扎三针，致刘明毙命。郑国锦和王氏谎称病故，草草埋葬。两年后案发，尸体已腐烂，难以取证，当地仵作认为死亡特征不符合《洗冤录》记载的情形，一时不能定案。沈家本记载："用针死者，《洗冤录》但有重竭逆阙之名，而无验尸检骨之法。此案余奉札后，即念事隔数年，势须检骨。而如何检法，无例案可凭，颇觉为难。"[2]为查清死因，特意从京师调来有经验的仵作一起查验，根据死者牙根及头顶骨呈红色，囟门骨突出的症状，得出刘明是受伤致死而非病死的结论，终于使案情真相大白。在确凿证据面前，郑国锦和王氏只能认罪伏法。结案后，沈家本记载："迨经检验，则牙根及头顶骨之红赤色，门骨

[1] 李贵连：《沈家本传》，广西师范大学出版社2017年版，第68页。
[2] （清）沈家本：《寄簃文存》，商务印书馆2015年版，第165页。

之浮出，与所推测者一一相符，得以定案。可见事理贵能会通，未可以古书所未及，而遂忽略之。"〔1〕

又如在审理拐卖儿童案中，抓获的人犯是本国人，而民间谣传是外国传教士所为，一时民怨沸腾。因为"天津教案"就是传教士拐卖儿童引起的，当地百姓烧毁法国教堂望海楼。《吴兴沈公子惇墓志铭》记载："望海楼者，法兰西教堂也。以庚申毁于火。至是重建，津人讹言繁兴。又适有侦获诱卖孩童人犯事。旧律：非迷药不处死刑。公曰：是岂可以常例论乎，竟置之法，而民大安。"〔2〕沈家本迅速组织人员查清来龙去脉，说明案件原委。当时一些官员提醒他，按照《大清律例》的规定，拐卖儿童没有使用迷药，不能处死刑，他有感于天津教案是传教士拐卖儿童引起的，最终酿成巨祸，认为这起案件属于特殊情形，不能以常例论，坚持将人犯判处死刑，并说明缘由，很快平息民愤。《吴兴沈公子惇墓志铭》评价道："用律能与时变通也。"就是指处理这个案件时的变通，根据不同情况灵活运用法律，显示其高超的司法实践能力。

（二）中学与西学的会通

对中学与西学的论述比较，几篇序中多次阐述了中学与西学的会通。在《裁判访问录序》中鲜明指出：

> "我法之不善者当去之，当去而不去，是之为悖。彼法之善者，当取之，当取而不取，是之为愚。夫必熟审乎政教风俗之故，而又能通乎法理之原，虚其心，达其聪，损益而会通焉，庶不为悖且愚乎。"〔3〕

这篇文章是为清廷官员赴日考察监狱和裁判所撰写的书作的序，沈家本先生通过对比中日法律制度，明确提出：国朝法律过时的条文应当删除，否则为悖；日本法律先进的应当吸收采纳，否则为愚。尊重本国的政教风俗，又符合法律学说，虚心学习，取长补短，融会贯通，就不至于悖愚。

在《法学通论讲义序》中指出：

---

〔1〕（清）沈家本：《寄簃文存》，商务印书馆 2015 年版，第 166 页。
〔2〕陈柳裕：《法制冰人——沈家本传》，浙江人民出版社 2006 年版，第 34 页。
〔3〕（清）沈家本：《寄簃文存》，商务印书馆 2015 年版，第 206 页。

"方今环球学说，月异日新，苟非会而通之，又乌能折衷而归一。是世之读是编者，其亦深思夫会通之故，而勿视为一家之言焉，庶法律之学日益昌明乎。"〔1〕

这篇序写于光绪三十四年（1908 年）六月，目前所见是最早提出会通中西法律学说的记载，为日本学者松冈义正著的《法学通论讲义》所写的序。他认为如果不深思熟虑，会通研究，法律学说就不能日益昌明。

在《大清律例讲义序》里强调：

"余奉命修律，采用西法互证参稽，同异相半。然不深究夫中律之本原而考其得失，而遽以西法杂糅之，正如枘凿之不相入，安望其会通哉？是中律讲读之功，仍不可废除也。"〔2〕

修律要深入考证中西法律的利弊得失，互证参稽，才能会通使用。如果简单地引进西方法律制度，不与国情相结合，就像格格不入的榫头和卯眼一样，非常难受。

在《政法类典序》中强调：

"方今中国，屡经变故，百事艰难，有志之士，当讨究治道之原，旁考各国制度，观其会通，庶几采撷精华，稍有补于当世。"〔3〕

这篇序是为本朝官员编撰的历史、政治、法律和经济方面的书所写的，有感于西方先进的政法制度，强调深入考察，比较研究，汲取精华，弥补国朝制度的不足。

沈家本不仅主张学习西方的法律制度，而且强调不能丢掉传统法律精髓。在《薛大司寇遗稿序》中指出：

"当此法治时代，若但征之今而不考之古，但推崇西法而不探讨古法，则法学不全，又安能会而通之以推行于世。"〔4〕

---

〔1〕 （清）沈家本：《寄簃文存》，商务印书馆 2015 年版，第 204 页。
〔2〕 （清）沈家本：《寄簃文存》，商务印书馆 2015 年版，第 203 页。
〔3〕 （清）沈家本：《寄簃文存》，商务印书馆 2015 年版，第 211 页。
〔4〕 （清）沈家本：《寄簃文存》，商务印书馆 2015 年版，第 193 页。

如果片面强调学习西方法律制度，不探讨继承传统法律精髓，则法学不全面不客观，怎么能做到融会贯通，推行于世？

（三）仁政与西方法治的会通

作为深谙传统律学的大家，沈家本非常清楚清朝法律尤其是刑律的症结，如法律规定野蛮残酷，酷刑过多，等级特权严重，满汉异法，男女异法，推崇唐律、汉律宽简，主张治国以"仁政"为先，"行仁政而王，沛然莫之能御也"。因此，主持修律中上奏《删除律例内重法折》《虚拟死罪改为流徒折》，请求删除凌迟、枭首、戮尸等酷刑，废除缘坐、刺字，改重为轻，废除奴婢制度。在《实行改良监狱注意四事折》中，对监狱的改良提出一套完整方案，将感化教育作为监狱管理的宗旨，禁止对犯人进行体罚，改善待遇，将少年犯与成年犯分开关押，以利于改造。这些奏折体现出沈家本"仁政"思想。他指出：

> "臣等窃维治国之道，以仁政为先，自来议刑法者，亦莫不谓裁之以义而推之以仁，然则刑法之当改重为轻，固今日仁政之要务，而即修订之宗旨也。"[1]

在与日本学者交往中，在翻译西方和日本法律著作中，他逐渐认识到西方法律制度的先进性，以开放的心态学习借鉴，如自由、平等、人道主义理念。他将"法律面前人人平等"的原则引入法律修订中，主张旗人与汉人适用相同法律，取消旗人享有的换刑、减等特权。在《旗人遣军流徒各罪照民人实行发配折》中指出：

> "法不一则民志疑，斯一切索隐行怪之徒，皆得乘瑕而蹈隙。故欲安民和众，必立法之先统于一法。"[2]

法律不统一，民众就有疑惑，行为怪异之徒就有缝隙可钻，乘机捣乱犯罪。因此，要想安抚民众，就必须先立法，统一法律标准。

他主张将奴婢视为法律上具有独立人格的个体，禁止买卖人口。在《删

---

〔1〕（清）沈家本：《寄簃文存》，商务印书馆 2015 年版，第 2 页。
〔2〕（清）沈家本：《寄簃文存》，商务印书馆 2015 年版，第 10 页。

除奴婢律例议》中强调：

> "买卖人口一事久为西国所非笑。律例内奴婢各条，与买卖人口，事实相因。此而不早图禁革，与颁行宪法之宗旨，显相违背，自应由宪政编查馆速议施行。"〔1〕

在《奏遵议满汉通行刑律折》和《旗人诉讼统归各级审判厅审理折》中，建议满汉通行刑律，取消旗人特权的诉讼制度，获朝廷允准，至此，通行两百多年的满汉异法制度被废除。

英、美、法等国与中国文化存在巨大差异，很难学习借鉴，而日本与中国国情相似，容易学习，这也是他聘请日本学者起草法律草案的缘由。他指出：

> "近日日本明治维新，亦以改律为基础，新律未颁，即将磔罪、枭首、籍没、墨刑先后废止，卒至民风不变，国势骎骎日盛，今且为亚东之强国矣。中日两国，政教同，文字同，风俗习尚同，借鉴而观，正可无庸疑虑也。"〔2〕

沈家本主张通过对旧律的改造，学习借鉴日本法律制度，使清朝法律与世界先进的法律制度接轨，融入世界，使大清帝国强盛起来。

（四）托古改制与参用西法的会通

托古改制是康有为在维新变法运动中倡导的一种方法，为减少阻力，试图从传统儒家思想中找到变革的依据，引进西方政治法律制度，以达到改革的目的。虽然维新变法失败了，但托古改制成为传统制度与西方制度的一个连接点，实践中更容易推行。沈家本在主持修律变法过程中，同样面临顽固守旧势力的阻碍，学习借鉴托古改制的方法便成为最好的手段。在《大清新刑律》颁布过程中，学理派与顽固派论战中表现非常明显。沈家本借用托古改制，有天然优势，对汉律、唐律驾轻就熟。这些法律中体现出仁义、爱民的思想，被加以利用，改造大清律里面过时的不人道内容，引入西方法律制度。光绪三十二年（1906年），清廷宣布预备立宪，沈家本提出政刑分离，

---

〔1〕（清）沈家本：《寄簃文存》，商务印书馆 2015 年版，第 24 页。
〔2〕（清）沈家本：《寄簃文存》，商务印书馆 2015 年版，第 5 页。

把司法权从行政权中分离出来，为获保守派支持，其将司法与行政分离说成是周朝已有，只是以后历朝历代发展中逐渐集中于行政权，试图论证这一制度合乎古人的思想。宣统二年（1910 年），他在主持制定的《法院编制法》里明确规定，行政主官和检察官不得干涉推事之审判。

参用西法，就是在修律过程中，以传统旧律为立足点，借鉴吸收西方法律制度的一些内容，改造旧律，使清朝法律具备近代化的某些特征。如引入罪刑法定原则、陪审制度、辩护制度、现代监狱制度、实体法与程序法相分离，以及人道主义一些做法。在礼法论战中，其"会通"法律思想体现得非常充分。他组织起草的《大清新刑律》以西方的法律理论原则为指导思想，在送交资政院审议时，遭到以张之洞、劳乃宣为代表的礼教派猛烈抨击，"新律几有根本推翻之势"。他一方面组织人员撰文反击，宣传新刑律的优点好处；另一方面懂得妥协，减少阻力，在新刑律通过时另制定附则五条，最终使《大清新刑律》在资政院通过。同时，沈家本也付出代价，迫于压力，辞去修订法律大臣和资政院副总裁的职务，从此退出政坛。[1]

四、沈家本"会通"法律思想的表现

（一）初步建立起我国近代法律体系

我国封建社会是"诸法合一、刑民不分"的法律体系，一部法律治天下。沈家本在十年的修律变法活动中，彻底打破了这种法律体例，仿照西方国家法律制度，实行刑法与民法分开，实体法与程序法分离。1907—1911 年，沈家本主持制定《大清新刑律》，适应预备立宪的需要。这部法律采用现代刑法体例，分为总则和分则，规定基本原则、基本制度和具体罪名等实体内容，刑事诉讼律规定程序方面的内容，从而将实体法与程序法相分离，确立现代刑法体系。光绪三十二年（1906 年），沈家本主持起草我国第一部诉讼法《大清刑事民事诉讼律草案》，引入陪审制度、律师制度，由于理念和体制的超前，遭到保守派反对而被搁置。该法第四章专门设"律师"一节，用 9 个条文规范律师的权利、义务、责任等。由于我国素有禁止帮助他人打官司的传统，视"讼师"为"讼棍"，因此，对于律师的辩护活动，国人难以理解，遭到激烈反对，但并没停止。从《大理院审判编制法》开始，到《各级审判

---

〔1〕 陈柳裕：《法制冰人——沈家本传》，浙江人民出版社 2006 年版，第 225 页。

厅试办章程》的颁布施行，律师制度伴随审判机构的建立和新式审判方式的推广而有所发展。陪审制度是国家司法机关吸收非职业司法人员作为陪审员参加案件审判过程的一种诉讼制度，是西方司法民主的体现。我国长期实行专制统治，没有产生陪审制度的历史环境，对于国人而言，这完全是一个陌生的概念。沈家本对英国的陪审制度非常崇尚，在诉讼法中热诚地照搬照抄英国的陪审制度。《大清刑事民事诉讼律草案》从第二百零八条至第二百三十四条用 27 个条文详细规定陪审制度。该草案规定陪审职责"有助公堂秉公行法于刑事，使无屈抑于民事，使审判公直"。规定担任陪审员的人员为 21 岁以上 65 岁以下的男性退休官员、商人、公司商行经理、士人、教习以及学堂卒业人等。陪审员参与审理的案件为案情简单、争议标的不大、专业性不强的案件。

光绪三十三年（1907 年），沈家本将刑事诉讼和民事诉讼分开，分别起草《大清刑事诉讼律》《大清民事诉讼律》，于宣统三年（1911 年）清朝灭亡前完成草案。《大清刑事诉讼律草案》共 6 编 14 章 515 条，借鉴日本刑事诉讼法，分为总则、一审、上诉、再审、特别诉讼程序、裁判执行等，规定诉讼采用告劾程式、检察提起诉讼、原被告待遇相同、审判公开、当事人无处分权、干涉主义和三审制度等，都迥异于传统诉讼程序，是我国刑事诉讼走向近代化的开端。《大清民事诉讼律草案》共 4 编 22 章 800 条，吸收西方国家的四级三审、回避、审判公开、一事不再理、不告不理和检察提起公诉等诉讼制度，确立自由心证、直接受理、原被告待遇平等、反对刑讯逼供等司法原则。同时，制定了与程序法相配套的相关章程，如《大清监狱律》《状纸通行格式章程》《大理院稽察票人证出入章程》等。光绪三十三年（1907年），沈家本还主持制定《法院编制法》，并于宣统三年（1911 年）颁布施行，确立法院独立审判原则，规定"行政官员不得干涉推事之审判"。

（二）在立法中引入西方的一些法律原则和精神

沈家本在主持制定的《大清新刑律》和《大清刑事诉讼律草案》中体现了法律面前人人平等原则、罪刑法定原则、罪刑相适应原则和司法与行政分离原则以及人道主义精神。《大清新刑律》第二条规定："本律于凡在帝国内犯罪者，不问何人适用之。其在帝国外之帝国船舰内犯罪者，亦同。"[1] 从而否定因满汉身份不同导致适用法律上的不平等，取消长期存在的议、请、

---

〔1〕 陈柳裕：《法制冰人——沈家本传》，浙江人民出版社 2006 年版，第 200 页。

减、赎、当、免等特权。《大清新刑律》确立罪刑法定原则，否定比附类推。该法第十条规定："法律无正条者，不问何种行为，不为罪。"〔1〕这是我国刑法史上第一次明确规定罪刑法定主义。还规定了法不溯及既往原则，该法第一条规定："本律于凡犯罪在本律颁行以后者适用之。其颁行以前未经确定审判者亦同，但颁行以前之律不以为罪者不在此限。"〔2〕在分则中规定具体犯罪及其法定刑。关于罪刑相适应原则，《大清新刑律》体现得明确具体，确立较为科学的近代刑罚体系、轻重有别处罚原则和近代刑罚制度。该法第三十七条规定：刑罚分为主刑和从刑，主刑包括死刑、无期徒刑、有期徒刑、拘役和罚金。从刑包括褫夺公权、没收。还规定防卫过当、紧急避险减轻处罚，未遂犯、中止犯减免处罚，以及累犯、自首、缓刑等制度。关于人道主义精神，《大清新刑律》同样体现，取消凌迟、枭首、戮尸、缘坐、刺字等酷刑，酌减死罪，规定年满 16 岁的成年人才承担刑事责任，对年满 80 岁的老人犯罪宥减，实行感化教育等。当然，迫于礼教派的激烈反对，沈家本为了新刑律的出台，做出让步，保留一些礼教的规定，如亲属相隐、亲属相奸、亲属相殴、子孙违犯教令等内容。

在历朝历代的封建社会，虽然中央设立刑部和大理寺，管理全国刑事犯罪审判事宜，但不独立，最终听从皇帝指令，在省以下各地，更是地方行政官员兼理司法权，行政权与司法权不分，导致刑讯逼供、冤假错案层出不穷。沈家本在修律变法活动中提出政刑分离、司法与行政分离，在起草的《大清刑事诉讼律草案》中确立诉讼告劾程式、原告被告待遇同等、检察提起公诉、审判公开、三审制度等现代诉讼制度。在主持编订的《法院编制法》中明确规定，行政主官及检察官"不得干涉推事之审判"，并推动朝廷将刑部改为法部，将大理寺改为大理院，并筹设大理院，各地设立法院，专门负责案件审理事宜，使审判权与行政权相分离，法院独立行使审判权。

沈家本"会通"法律思想在《大清民律草案》里同样得到体现。他在主持起草民律时，确立了四个指导原则，第一个原则"注重世界最普通之法则"和第二个原则"原本后出最精之法理"两项原则是沈家本的"折衷各国大同之良规，兼采近世最新之学说"的翻版，而第三个原则"求最适于中国民情

〔1〕 陈柳裕：《法制冰人——沈家本传》，浙江人民出版社 2006 年版，第 197 页。

〔2〕 陈柳裕：《法制冰人——沈家本传》，浙江人民出版社 2006 年版，第 197 页。

之法则"和"仍不戾乎我国历代相沿之礼教民情"基本相同,第四个原则"期于改进上最有利益之法则"是前三项原则在适用上的总结,表明立法目的和中西法律结合的开创性。《大清民律草案》共 5 编 36 章 1569 条,完全采用欧陆法系民法的基本理念和基本制度,规定了契约自由、私权自治、权利能力、行为能力、法人制度、时效制度、无因管理、不当得利以及物权、债权等现代民法制度。沈家本还主持制定《破产律》,于光绪三十二年(1906 年)四月颁布施行。《破产律》主要参考借鉴日本破产法的体系和内容,结合中国的实际情况,如规定企业破产向地方官及商会呈报,由地方官及商会查明属实,然后做出破产宣告,再由商会选出一名公正者作为董事处理清理破产等一切事务,注重发挥地方官员在企业破产中的作用。

(三)通过礼法之争,宣传了西方法律思想

宣统二年(1910 年)二月,修订法律大臣沈家本和刑部尚书廷杰联名将《修正刑律草案》上奏朝廷,清廷决定交宪政编查馆核订,遭到以张之洞、劳乃宣为代表的礼教派激烈反对。劳乃宣认为刑律草案"有数条于父子之伦、长幼之序、男女之别有所妨",违背礼教精神,同时《附则》将旧律礼教条文另辑单行法规是本末倒置,向宪政编查馆上《修正刑律草案说帖》,要求修改新刑律草案有关礼教的条文。在劳乃宣的倡导下,礼教派对新刑律草案群起而攻之。针对劳乃宣的说帖,沈家本积极回应,撰写了《劳提学新刑律草案说帖后》一文,针对干名犯义、犯罪存留养亲、亲属相奸、亲属相殴、无夫和奸以及子孙违犯教令等问题,逐条加以批驳。他的主张得到宪政编查馆和修订法律馆许多同人的支持,杨度、吴廷曼和日本法学家冈田朝太郎、松冈义正等人竭力赞成,提出划清道德与法律的界限、个人道德与社会道德的界限。杨度更是从国家主义出发,主张制定法律要贯彻国家主义理念,摒弃家族主义传统,才符合宪政精神。经过辩论,劳乃宣撰写《声明管见说帖》一文,放弃对前述几个问题的看法,勉强同意沈家本的观点,但对无夫和奸、子孙违反教令两条仍坚持己见。在资政院审议《修正刑律草案》时,围绕这两条,礼法之争非常激烈,沈家本由于担任副总裁,主持辩论,因此没有参与讨论,但他的观点不言自明。资政院闭会后,为了将新刑律草案尽快通过,采取折中妥协的方法,将争论的条文归纳为《附则五条》,附于新刑律后面,一并通过颁布。《大清新刑律》保留了一些纲常礼教的条文,论战以沈家本为代表的法理派退让妥协而告终。通过这场论战，有利于宣传普及近代法治理念，对我国近代法律思想产生了深远影响，有效地推动中华法系的衰亡进程。

五、沈家本"会通"法律思想对后世的影响及评价

对后世法律制度的影响主要有三个方面。

（一）开创了中西法律制度系统比较研究的先例

在沈家本之前，林则徐、魏源、薛福成等人介绍西方政治法律制度，但都没有系统比较研究。其他学者均是对历朝历代律学考证，如薛允升、赵舒翘等人。从东西方比较角度对传统律学系统研究的，沈家本是第一人。时势造英雄，只有沈家本具备中西比较法学研究的条件。他前半生专注于传统律学的考证研究，对传统律例的利弊有深刻认知。耳顺之年沈家本被任命为修律大臣，以开放的心态，学习了解西方法律文化，积极聘请国外学者，翻译西方著作，讲授法律课程，派员出国考察，充满了变革的精神。在学习借鉴过程中，没有故步自封，没有一味强调传统律例的优越性，也没有全盘吸收西方法律文化，而是通过深挖儒家法律思想里的仁政内容，找出与西方法律文化相通的地方，用东西方法律中的共同价值取向评判中国传统法律，充满辩证法的观点，充满理性的力量。他的辩证法律观为后世学者所继承和发扬。我国台湾地区学者黄静嘉评论："他有关修律的论议，可以看出他对欧西法制的令人叹服的吸收能力，在论述时就中外古今的旁征博引，使他的奏折及建议具有说服力，并对当时士大夫阶层发生影响。"[1]

（二）在一定程度上实现传统法与现代法的有效衔接

"会通"法律思想实际上是主张渐进式的变革，保留传统法律中的合理内容，删除过时的不合理条文，增加西方法律先进的内容，在传统法律中注入新鲜血液，获得新生。在《大清新刑律》修订中表现得非常明显，如删除凌迟、枭首、戮尸等酷刑，改重为轻，减少死刑，废除比附，实行近代西方的刑法体例，贯彻罪刑法定、罪刑相适应原则以及人道主义理念，统一法律适用，禁止人口买卖，改良监狱，实行惩治教育。在起草刑事诉讼法、民法、商法以及民事诉讼法等法律中同样显著。改造后的清朝法律与现代法律制度

---

〔1〕 李贵连编著：《沈家本年谱长编》，山东人民出版社 2010 年版，第 11 页。

初步接轨。虽然这些法律没有来得及实施，清朝便灭亡，但在近代史上产生了积极效果。在他任职期间，初步建立了审判制度、陪审制度、律师制度、现代监狱制度以及现代法律学堂，培养了一些法律人才，为北洋政府以至民国政府立法活动奠定扎实基础。

（三）“会通”法律思想决定了中华法系的今后走向

沈家本先生在主持修律的前期主要研究英美法，由于英美法系基于经验主义和实证主义的分析哲学思维而来，是一种自下而上的自发性法律秩序，不适合快速而有效的立法继受。而大陆法系是一种自上而下的理性设计法律秩序，蕴含着法典的权威，比较符合中国人的法律生活情感。[1] 尤其是日本，与中国相邻，政教风俗相近，明治维新获得成功，对朝臣们有巨大的示范效应。而日本法是以德国法为蓝本的，因此，沈家本在主持修律活动过程中，自觉不自觉地走上学习借鉴以德国、日本为代表的大陆法系之路，彻底改变了“刑民不分、诸法合一”的传统法律体系。他组织人员翻译大量德国、日本法律及著作，尤其是移入日本的法律新思想、新观念，使一大批日本语汇和表达方式融合到汉语当中，促进汉语法律语汇的丰富和发展，为我国法制现代化奠定了语汇基础。

清末修律变法是清王朝在内忧外患的形势下，被迫做出的一次法律变革，对内安抚资产阶级革命派，对外收回领事裁判权，最终目的是维护摇摇欲坠的封建专制统治。沈家本作为主持修律的大臣，不可能超越专制统治的范围，其思想及立法活动都是为挽救清王朝统治服务的。他主持制定的法律大多数是在日本法学家们帮助下进行的，将西方法律制度中的框架及条文移置到中国，但由于缺乏社会基础，以致实践中无法施行，成为一纸空文。他在修律变法过程中，以开放的心态、变革的精神，学习借鉴西方先进法律制度，为减少阻力，审时度势，巧妙地提出会通中西的理念，将经验与学理会通、中学与西学会通、仁政与西方法治会通、托古改制与参用西法会通，成功地引入西方先进的法律制度，并在一定范围内推行，取得一些成效。沈家本的这种精神和做法，大大加速了我国法律制度现代化进程，使中国法律与世界先进法律制度有效接轨。

---

〔1〕 黄源盛：《中国法史导论》，广西师范大学出版社 2014 年版，第 386 页。

读《法脉不绝：沈家本先生后裔小考
——以沈承熙为中心》

沈厚铎

　　韩涛博士大作《法脉不绝：沈家本先生后裔小考——以沈承熙为中心 》出版，有幸看到原文样稿。

　　家族谱系研究，在我国传统文化中，曾发挥了传承历史、启迪社会、总结经验的作用，是史籍中的重要组成。五四以来曾出现一些专门研究的学者与专著。如潘光旦的《中国家谱学史略》《明清两代嘉兴之望族》、杨殿珣的《中国家谱通论》、刘士元的《郑和家谱考释》等都对中国历史研究与考证、保存历史文献发挥作用，一度引起了文学小说界、史学界的重视。但到20世纪50年代，就只剩下对一些历史名著的作者如李白、杜甫、曹雪芹等人物的研究，且常常带有所谓"阶级"的色彩。对一些历史名人，尤其是官员则更是讳莫如深，例如笔者曾祖父沈家本这样的晚清官员，对我们后代而言，就成了历史包袱，只要提起，只能说"划清界限"。直到1976年粉碎四人帮，"文化大革命"结束，当我和那些所谓"出身不好"的人们一样，放下了出身的包袱时，可以叙述前辈们旧事的父辈、祖父辈已经相继去世。作为沈家本先生后裔，对本人的诸祖辈、父辈本应了如指掌，然而因为时代与时间的原因而知之甚少，乃至似是而非，甚至张冠李戴。于旁观者，必觉不可思议，甚或斥之至于不肖。作为从20世纪80年代初才开始从事沈家本研究的沈家本四世孙，更觉十分惭愧，又很无奈；当然疏于考证更是笔者本人缺憾。

　　近年来我国大环境出现注重历史文化的传承，家族谱系研究得到不少学者的关注，也出版了一些优秀作品，如尘封12年首次出版汤一介遗稿《我们三代人》、王鹤鸣著《中国家谱通论》等。韩涛博士《法脉不绝：沈家本先生后裔小考——以沈承熙为中心 》正是在这样的大环境中诞生，在研究沈家本文化的著作中独树一帜，发挥了积极作用。

客观地说，如果不似韩涛博士下大力气，大量查阅文献、深入考据求证，历经百年的家族，要想弄清每一个人的情形，是不可能的。即使我们"厚"字辈堂兄弟姐妹多数也不过知道而已，有些甚至毫无所知。且不说百年家族，就我个人而言，如 1942 年至 46 年初，本人随祖母、母亲暂居杭州，那时二伯父曾若干次到我家做客，但我始终没有把他和"沈仁堪"和"远重"两个名字联系起来；46 年至 47 年初离开上海前，全家曾在六姑家暂住了几个月。虽然本人对这段生活，有不少清晰的记忆，但至今我也没弄清这位"六姑"是哪位叔伯祖父的女儿。

作为沈家本四世孙辈唯一从事沈家本研究的非法学学者，20 世纪 80 年代初调入北京政法学院后，才正式步入沈家本研究这一领域。而这时能给我讲一点沈家本故事的人，在世的长辈，仅有的大姑妈（沈仁垌），已经年近百岁。就本人最亲近的太公沈家本四子的本房长辈而言：祖父沈承煌去世时，本人两岁、父亲沈仁坚去世时，本人十三岁，即便是对父亲的记忆，也就是支离破碎的点点滴滴了。与我一起生活时间最长的祖母赵六如，1904 年嫁入沈门，有在沈家本身边生活九年的历史，1969 年去世时八十四岁。虽然祖母不时给我讲一些太公的逸闻轶事，但在当时的社会环境下，也没有胆量做任何文字记录，在外人面前，更只能讳莫如深，久而久之，淡忘得也所剩无几了。

鉴于这些缘故，本人或其他亲属撰写的有关沈家本先生的文章，涉及祖父辈、父辈的内容，就必然地出现了许多误会和差错。如沈承焕、沈承熊、沈承熙的混淆抵牾，等等。尤其本人，作为沈家本四世孙的沈家本研究人员，在一些文字中，也因为没有做认真的考究，出现了重大舛误，给亲属、读者，特别是给沈家本历史文化研究的专家学者造成困惑。多年来，虽有纠误之愿而又力不从心，这也是本人长期以来愧对亲属与读者的纠结与遗憾。幸有韩博士难能可贵的工作，有了《法脉不绝：沈家本先生后裔小考——以沈承熙为中心》拨乱反正，了却了一个耄耋老朽的心愿。如，在笔者本人的心目中，父亲沈仁坚，就是章太炎、黄侃门下，是研究学习古文字、音韵之学的文人，经韩涛博士的考证，证明其实是个误解。韩博士书中证明：沈仁坚"初中就读于国立北京师范大学附属中学校，大学就读于国立京师大学校法科、国立北平大学法学院。" 1926 年 7 月初中毕业。1928 年，沈仁坚考入国立京师大学校法科，为法科"政治系预科一年级学生" 1930 年，由法学院

"预科政治系"转入"法律学系"，为法学院"法律学系""第二年级"学生。韩涛说："虽然毕业于法学院，但沈仁坚似乎并未从事法律职业，而是对文字音韵训诂之学情有独钟。毕业当年，曾随陆宗达一起前往黄侃府上求教，成为黄侃的及门弟子。"这就纠正了本人的错误记忆，也是我对父亲的历史有了全新的理解。

韩博士冠儒先生之作难能可贵之处有三：一曰有我等沈氏后人谬误在先，而冠儒博士欲究之错，必有很大的决心，且必有详实之确证，方得以服人；二曰必须有严肃的学术研究之精神，痛下十分努力之功夫，做到如韩博士自己所说："（1）文献考据法。运用沈家本日记、家乘、墓志铭、哀挽录，沈家本、沈彦模、沈家霖、沈承熙等人科举考试硃卷，沈家本姻亲族谱等一手文献，钩沉史实，深入考证沈家本后裔的生平与事迹。（2）破立结合法。逐条驳斥对于沈家本后裔的各种不实之说，廓清笼罩在沈家本后裔身上的迷雾，辨析还原历史真相，厘清沈家本的血脉传承与法脉延续。（3）明暗互见法。采用太史公司马迁所创之'互见法'，铺设明暗两条线索，以核心人物沈承熙为明线，在考证沈承熙人生履历时，将其父沈家本的身世信息、家庭生活、变法修律活动、晚清民国法界影响等问题分布其中作为暗线，以期丰富沈家本研究的维度，为沈家本在晚清法律转型中的贡献提供一种来自生活史的解释。"才能成一家信说，做成信史；三曰，必得有坐得住冷板凳之恒心。在如今"钱途"社会，干这种无利可得，且耗时数年的学术研究，如果不是如冠儒博士怀着"于法律人而言，有义务，也有责任，对'中国法制现代化之父'沈家本先生的子孙传承正本清源，以正视听。"之心，胸记"纪念沈家本先生对于中国传统法律现代化的卓越贡献，希望先生后继有人，血脉绵长——这种血脉，某种意义上，代表着一条法脉，一派文脉，乃至一缕国脉——而且或许同时，可以在厘清历史真相之余，展现和扫描晚清、民国政法领域的多重面向。"之情、深怀对中华传统法治文化的一片衷爱；没有对学术研究的坚定信念，焉能完成如此费力而不得财之艰巨的工作的。

韩涛博士在书中结语说："以沈承熙为线索，梳理沈家本先生的后裔，厘清史实，纠正不实之说，不是为了批评，而是为了纪念。希望对于先生的血脉传承，有更加清晰的言说。"其实是替我沈氏后代，作了本应由沈家本先生后裔应为之事，为我沈家本先生的后代梳理了自己的亲缘关系。对我们沈家本先生后裔而言，如果不是冠儒博士的力作，恐怕不会有人有此作为。故而，我以为我们沈家本先生之后人，应该铭记韩涛博士为我家族做出的如此贡献，要怀有一片感激之情。

韩涛博士又说："这些亲属关系的界定，可以将人物置于更加宏阔的社会关系网络中，对于解释人物的行为及其背后的动因，或许会有更多的启发意义。透过沈氏家族与政法领域的密切关系，或许也可以管窥其血脉传承与法脉延续，展现和扫描晚清民国政法领域的多重面向。"由是而言，《法脉不绝：沈家本先生后裔小考——以沈承熙为中心》一书，也是冠儒博士对我国法律文化史做出的巨大贡献。

沈家本先生以法学名于世，但在他的著述中，非法学著作占了相当大的分量。中国政法大学出版社出版的八卷本《沈家本全集》中，1-4卷收入了他的法学著作，除了第8卷是他整理编辑的书籍，5-7卷收入的全部是他的非法学著作。尤其是他充分运用朴学的治学方法对中国历代刑法的考证、对经史经典的考据，更是具有很高的学术价值。因此沈家本也是一位不折不扣的国学大师，还是有六百多首诗作的诗人。把这些著作纳入沈家本研究的范畴，也应该是学界有价值的课题。

通过对沈家本的全面研究，我们会发现，沈家本先生就是一位通过科举进身的读书人、一位深受中国传统儒家思想影响的读书人、一位勤奋又有责任心的学者、一位生于动荡时代知识分子。经史考据之学是他的毕生钟爱；法律之学，是长期刑部工作的需要、修律是"国家兴亡匹夫有责"结果。

他的学术成就，已经构成了一个综合性的学术范畴。以沈家本先生法学成就的研究为龙头，包括沈家本先生的经学、史学、版本目录学（文献学）以及沈家本先生的诗歌创作、随笔等著作的研究；对沈家本先生佚稿的研究、沈著的版本研究、沈家本先生身世、生平、生活、社交的研究、沈氏学术方法学的研究等丰富内容为底蕴的研究，就构成了"沈学"。只有沈学的弘扬，才能还原一个完整的沈家本。

韩涛博士《法脉不绝：沈家本先生后裔小考——以沈承熙为中心》对沈家本后裔人物的考证，厘清了沈家本先生儿孙两代的亲属关系，进行更加系统化的考察。"寻找钩沉沈家本先生的后裔，梳理先生的血脉传承，接续他延续至今的生命轨迹与痕迹。或许，也是在检视晚清沈家本先生主持的法律近代化以来，国家那一缕法脉的运行与流转，在起承转合、若隐若现、朦朦胧胧、若有若存中窥测近代法治的兴衰浮沉。"我以为这正是"沈学"研究的奠基之作。

直接地说，韩著对沈氏族裔的考证，对沈家本日记、沈家本诗歌的研究都会有很大的帮助。如韩博士于书中，经过详细的考证，证明"云抱即沈云抱，是沈家本五弟沈家霖之子沈承烜，为沈家本胞侄。"从而使读者在读到日记中提及"云抱"的相关章节，或读到与"云抱"相关的诗作时，就会有更清晰、准确的理解。

如《病中乡思颇切率成七言十绝句寄示云抱》诗中描述了病中思乡的迫切心情，为什么要"示云抱"呢？如果不知道"云抱"与沈家本的关系，就无法更深刻地理解诗句所表达的深情。云抱，具韩书考证，"云抱即沈云抱，是沈家本五弟沈家霖之子沈承烜，为沈家本胞侄"是沈家本先生亲属中坚守湖州的唯一亲人。

这首诗作于1899年这一年，作为小有成绩的保定知府，进京述职获光绪帝召见，且得到了"以道员尽先即补"的允诺，心情一定是愉快的，而这时却大病一场。年近花甲，客居京城，不见亲人，不见熟悉的屋檐。从京城到天津，再到保定，在沈家本名下未置片瓦，而今病中，又是住在京师客馆，必然思绪万千。思亲，夫人、子女之外，唯一的亲人，只有身在家乡坚守老屋的胞侄云抱了。可见"示云抱"就是一种思念，思云抱必思老屋，思老屋，必思家乡的山山水水。所以十绝句第一绝的下联，就直接道出了"官斋拥被难成梦，却忆青山有敝庐。""敝庐"自然就是吴兴偏吉巷的老宅看山楼。那是沈家本儿时的记忆，是他父母兄弟曾经生活的地方。他的应举、为父母丁忧，这里都是他生活的基地。"楼上看山寒扑面，双苕溪上是吾家。"在他的心中，只有这看山楼才是"家"，只有这双苕溪畔才是自己的故乡。因为云抱是沈氏留在故乡的根，是自己留在老宅的唯一至亲，这就是"乡思颇切""示云抱"的原因。这就可以使读者，更加深刻地理解诗中那深深的情意。"夕阳影上驿西桥，如许风光拍手招。""芒鞋重踏溪山路，第一先尝紫笋茶。""关心妙喜山中竹，莫笑清贫太守馋"思念家乡的桥、思念家乡的路、思念家乡的美食。"老桂先公亲手植，欣欣生意早秋天。木犀香至曾闻否，好与同参五味禅。"思念父亲，思念父亲亲手栽植的那棵老桂花树。以致"欲知乡思今多少，梦绕龙山闸水旁。"情深意切。我想，了解了云抱与沈家本先生的关系，读者会有更深刻的理解。

题外话，20世纪40年代，笔者在杭州暂居时，时常到家来的"抱爷爷"，他常常送来我爱吃的湖州的烘青豆、笋干。读韩博士的书，我才知道他就是我五太爷沈家霖之子沈云抱。

由此笔者深感家族谱系研究，在弘扬我国独特的历史文化事业中，的确是一个很有意义的学科。

在国家提倡发掘、弘扬中华历史文化的当今，韩涛博士的《法脉不绝：沈家本先生后裔小考——以沈承熙为中心 》，在盛开的历史文化研究百花园中是一朵小花，但他散发着耕耘者精神的芬芳。盼韩博士的新作绵绵。

沈厚铎

2023 年仲夏于明光村

仲秋日修订

清《律例精言歌括》解析[*]

李雪梅[**]　　马际乔[***]

摘　要：《律例精言歌括》是晚清律例歌诀的代表作之一，内容源自嘉庆年间梁他山著《读律琯朗》。因《读律琯朗》书名不够直白，流传抄本多更名为通俗的《律例精言》《律例歌诀》《律例精言歌括》，刻本则以《大清律例精言辑览》《法诀启明》等合辑、加注形式传世。通过对《律例精言歌括》版本梳理，以及比勘抄本和刻本的内容、格式，可以明晰晚清律例歌诀诸版本之间的内在关联，以及律例歌诀在律学文献中的"刑纲法领"功用。据此亦可对《律例精言歌括》抄本和刻本的特色与价值做出客观评判。

关键词：沈家本　律例歌诀　读律琯朗　版本

一、《律例精言歌括》版本及源流

（一）《律例精言歌括》抄本与刻本

沈家本藏《律例精言歌括》抄本（以下简称"沈藏抄本"）现存中国法院博物馆。[1]抄本右侧有装订痕迹（图1）。24页篇幅，每叶14行（第24页为9行），行14字至22字不等。全文总计302行。行文字体大小不定，格式时有错乱，条目与内容混排，字迹变化较大，显非出自一人之手。首行首句右上方多标"·"，计有121行，且主要见于前9页；另第11页有4行、第12页有1行标"·"，第10页及第13-24页均不见标记。文中还出现有形似

---

　* 本文系国家社会科学基金中国历史研究院重大历史问题研究专项重大项目"中国古代地方治理的理论与实践及借鉴"（项目批准号 LSYZD21006）阶段性成果。

　** 李雪梅，中国政法大学法律古籍整理研究所教授。

　*** 马际乔，中国政法大学历史文献学专业硕士研究生。

　〔1〕 抄本为沈厚铎教授 2016 年捐献给中国法院博物馆。

"○""△"等符号，规律难循。

抄本第 25 至 30 页每页 12–14 行不等，每行 38 字左右，内容为行于按察司的命盗等案办案规则，与《律例精言歌括》无关。最后一页残破。

据《律例精言歌括》抄本所做的整理，见于《沈家本未刻书集纂补编》和《沈家本全集》，[1]但对相关版本情况未见述及。

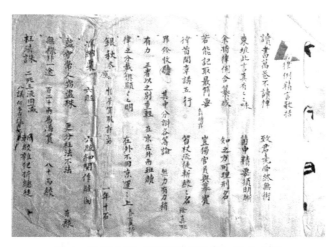

图 1　沈家本藏《律例精言歌括》抄本书影

目前所见《律例精言歌括》除抄本外，尚有清光绪年间荣録堂[2]刻本和桂垣书局刻本。荣録堂刻本书名为《大清律例精言辑览》（实即《律例精言歌括》）[3]。书名两侧分别题"光绪戊子年孟冬刊刻"和"京都荣録堂藏

---

〔1〕马小红整理：《律例精言歌括》，收入韩延龙等整理：《沈家本未刻书集纂补编》上册，中国社会科学出版社 2006 年版，第 261–282 页；并收入徐世虹主编：《沈家本全集》第二卷，中国政法大学出版社 2010 年版，第 941–953 页。

〔2〕《荣録堂起首播绅老铺记》载："本堂原名'荣禄'，历有年矣。继思列枣槐而载籍固足为荣，售梨枣以谋生，何敢言禄。且饰三间之门，额辄悬一品之封衔，虽壮观瞻，终虞僭妄。爰更为'録'，存钞胥之实也。乃有店属张新，名惟窃旧。掌故之搜罗未遍，牙慧则拾取为工。细参渡豕之讹，自识饮羊之伪。音同义异，岂如鸟篆之难详；别户分门，未必鱼珠之可混。特镌告白，尚幸垂青。是为记。"载《大清播绅全书》，光绪十五年荣録堂刻本卷首。对荣録堂更名之事，也见于徐珂编：《清稗类钞》卷二七《爵秩类》，商务印书馆 1917 年版，第 1679 页。

〔3〕哈佛大学汉和图书馆藏荣録堂光绪戊子年即光绪十四年（1888）刻本，封面题"律例精言辑览一卷"，扉页题"大清律例精言辑览"，正文首行题"律例精言歌括"，版心刻"大清律例精言"和"荣録堂"及篇名、页码。见图 2。

版"（图2）。《大清律例精言辑览》除光绪十四年（即戊子年，1888）刻本（以下简称为"荣録堂刻本"）外，还有光绪十七年（1891）和光绪二十九年（1903）重刻本，并多见与他书合辑者。有一帙三册者，包括荣録堂刻本及闫锡龄辑《大清律例简明目录》和方汝谦辑《新增洗冤宝鉴》；一函四册者，系在三册基础上增加《刺字集》，刘以桐将四帙汇刻一编，取名为《律例验案新编》[1]。

哈佛大学汉和图书馆藏荣録堂刻本版式为半叶9行，每行两句，格式整齐。正文前题"心岸居士鉴"。书前有光绪十三年（1887）十月沈国梁《律例精言序》和光绪十七年（1891）查美朗续序。较之沈藏抄本，在结尾处多出12行"审限"内容。书中使用"｜""○""△"等标记符号频繁，并在书尾注明符号用意。

杨一凡编《古代折狱要览》收录的《大清律例精言辑览》与哈佛大学汉和图书馆藏本扉页版本信息一致，但未见光绪十三年十月沈国梁序，代之以江都李钟豫序。序称："荣録堂主人前有《通行章程》之刻，执法者咸以为便。今复辑《简明目录》并《律例精言》合为一书，仍问序于予。"[2]李钟豫写序时间与该书刊刻时间一致，均署"光绪十四年孟冬"。另结尾处无"审限"内容，书尾解释书中符号寓意时更为详细："凡用直者，皆律之纲领；用圆圈者，皆律之眼目；用尖圈者，皆律之罪名。读者宜细审之。"紧接其后的一句"戊子中和节山右大陵子贞刘养中读抄"[3]，揭示了荣録堂刻本的抄本来源。

《律例精言歌括》桂垣书局刻本，半叶8行，每行两句。正文前题"心岸居士鉴定。授业吴县曹沄敬录"数字。根据东京大学东洋文化研究所藏录信息可知，此书与张薰《劝世例言》一卷合为一帙，光绪二十五年（1899）刊刻。

---

〔1〕（清）刘以桐辑：《大清律例精言辑览》"自序"，光绪二十九年刻本，中国政法大学图书馆藏。

〔2〕杨一凡编：《古代折狱要览》第15册，社会科学文献出版社2015年版（本书出版信息以下省略），第293页。

〔3〕杨一凡编：《古代折狱要览》第15册，第441–442页。

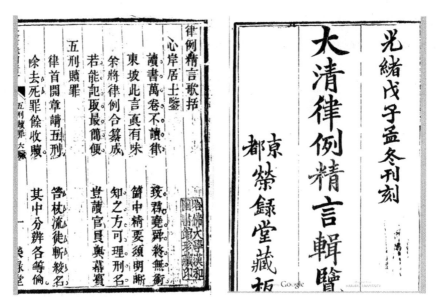

图 2　《大清律例精言辑览》荣録堂光绪十四年刻本书影，哈佛大学汉和图书馆藏

（二）《律例精言歌括》与《读律琯朗》

《律例精言歌括》源自《读律琯朗》，亦为不少学者述及。[1]《清史稿·艺文志》载："《读律琯朗》一卷。梁他山撰。"[2]陈锐对梁他山的生卒年进行考释后认为："梁他山应是与翁方纲同时代的人，甚至略早，《读律琯朗》的成书年代亦大致如此。"[3]翁方纲的生卒年为雍正十一年（1733）和嘉庆二十三年（1818）。在嘉庆年间成书后，《读律琯朗》抄本在道咸之时北传至江浙京畿。荣録堂刻本有"心岸居士鉴"五字。心岸居士正是沈家本的姐夫潘霨。[4]沈

〔1〕　陈锐对《读律琯朗》《大清律例歌诀》《大清律七言集成》《大清律例歌括》等清代代表性律例歌诀的成书时间、作者等进行过探讨。详见陈锐：《清代的法律歌诀探究》，载《现代法学》2017年第1期。

〔2〕　《清史稿》卷一四七《艺文志三》，第4334页。

〔3〕　陈锐：《清代的法律歌诀探究》，载《现代法学》2017年第1期。

〔4〕　潘霨（1826—1894），初字燕山，后改伟如，号铧园，晚号心岸居士，江苏吴县人。同治元年（1862）任天津府知府。同治二年（1863）任登莱青道道员兼东海关监督。同治七年（1868）二月补授浙江盐运使，同年闰四月调补山东盐运使。同治八年（1869）升任山东按察使，同年调任福建按察使，次年（1870）升任福建布政使。光绪三年（1877）四月任湖北布政使。光绪四年（1878）十月接任湖北巡抚。光绪八年（1882）任江西巡抚。光绪十年（1884）出任贵州巡抚。光绪十七年（1891）离职归里。光绪二十年（1894）在苏州去世。

藏抄本的来源，当与潘霨有关[1]。

现所知《读律琯朗》刻本为光绪五年（1879）啸园丛书本（以下简称"《读律琯朗》刻本"）。刑名幕友卓厚斋在光绪己卯年（1879）六月的跋语中写道："予于十年前获见是书，颇疑太略。"[2]即其获得抄本的时间应在同治八年（1869）前。跋中还言："世无刊本，因邮寄啸园[3]校刊以公同好。"

自《读律琯朗》刻本面世后，抄本依然流传，但书名有所改变。除沈藏抄本源自《读律琯朗》并更名为《律例精言歌括》外，其他类似版本尚有前文述及的《大清律例精言辑览》，以及《法诀启明》。《法诀启明》刊刻于光绪五年（1879）[4]，所依据的抄本名为《律例歌诀》。升泰[5]在书尾自叙中交代成书经过道：

> 昔余出守汾州，友人赠《律例歌诀》抄本一书，不知始自何时，亦不详作者姓字。朝夕默识，藉资治理者良多。然犹虑其简而弗详也。丁丑夏陈臬之江，延湖州金彦翘先生襄刑政。先生申韩中三折肱也。间出此书，请诠释。先生曰：是诚读律之津梁也。其旨显，其辞文，其言约而赅，使学古入官者获理是编，以导夫先路焉，于从政乎何有！乃旁搜远引，比类属词，不月余而蒇事，名曰《法诀启明》。夫引经断狱，汉唐以来循吏往往能之。吾辈束发受书，圣经贤传而外，惟功令之诗文是急，一旦坐堂皇、视民事，欲使黠者输其心，惑者却其疑，倘胸无所主，其不至瞠目直视，而贻诮于观瞻者几希。此《启明》一编之所由作也。[6]

[1] 沈厚铎教授推测：沈藏抄本可能是其姑母沈仁峒（别名余谷似）抄写。沈家本的姐夫潘霨将书带到北京，沈家本让其孙女誊抄后，将原书奉还。

[2] （清）梁他山：《读律琯朗》"卓厚斋跋"，光绪五年啸园丛书本，第27页。

[3] 啸园即葛元煦，生卒年不详，晚清仁和（今浙江杭州）人，号理斋、啸园，别署西泠啸翁，以学古斋为室名。

[4] 杨一凡编《古代折狱要览》（社会科学文献出版社2015年版，本书出版信息以下省略）第13册收录《法诀启明》光绪五年刻本。另上海中医药大学图书馆藏有光绪十年最静书屋藏板《宝鉴编补注法诀启明》合刻本。

[5] "升泰，字竹珊，卓特氏，蒙古正黄旗人。入赀为员外郎，铨户部。出知山西汾州府，有政声……历浙江按察使、云南布政使。"详见《清史稿》卷四五三《升泰传》，第12589页。

[6] （清）金师文等：《法诀启明》"升泰自叙"，载杨一凡编：《古代折狱要览》第13册，第235页。

据幕僚金师文（字彦翘）序，光绪四年（1878）夏，升泰将所获《律例歌诀》抄本交其详注，欲意"初入仕途者一目了然，便于按狱审断"。因"抱恙未痊"，同时想赶在升泰赴云南任职前完成，金师文遂邀张蕴青、王安侯、盛藻如一起，"于每日襄理案牍之余，分句稽考，择律例中之要者，而启明之"，月余告竣。[1] 而书名中的"法诀"即指《律例歌诀》，"启明"的方法是"分句稽考"，阐明律例应用之精要。

二、《律例精言歌括》内容及特色

（一）《律例精言歌括》内容整理

《大清律例精言辑览》与《读律珰朗》并无太大差异，与沈藏抄本内容相似度高。为了分析《律例精言歌括》的内容特色，现据沈藏抄本、荣録堂刻本及《读律珰朗》刻本，汇校整理如下。

> **（序）**[2]
> 01 读书万卷不读律，致君尧舜终无术。[3]
> 02 东坡此言真有味，个中精要须明晰。
> 03 余将律例合纂成，知之方可理刑名。
> 04 若能记取最简要[4]，岂独[5]官员与幕宾。
> **五刑赎罪**[6]
> 01 律首开章讲五刑[7]，笞杖流徒斩绞名。

---

〔1〕（清）金师文等：《法诀启明》"序"，载杨一凡编：《古代折狱要览》第 13 册，第 3-4 页。

〔2〕 此标题为整理者所加，抄本、刻本均无。

〔3〕"读书万卷不读律，致君尧舜终无术"出自北宋苏轼《戏子由》，意为律学对于为官为政者是必备技能。详见（清）王文诰辑注：《苏轼诗集》第 2 册卷七《戏子由》，孔凡礼点校，中华书局 1982 年版，第 325 页。"致君"意为辅佐国君使其成为圣明之主，且常见于唐宋明的诗文词赋中。如唐杜甫有"致君尧舜上，再使风俗淳"之语，详见（唐）杜甫：《奉赠韦左丞丈二十二韵》，傅东华选注，董婧宸校订：《杜甫诗》，商务印书馆 2019 年版，第 41 页。

〔4〕 沈藏抄本作"简要"，荣録堂刻本作"简便"。

〔5〕 沈藏抄本作"岂独"，荣録堂刻本作"岂读"。

〔6〕 此数字沈藏抄本为行间小字，荣録堂刻本为大标题。

〔7〕 沈藏抄本将"五刑"误为"五行"。

02 除真〔1〕死罪余收赎，其中分辨〔2〕各等论〔3〕。

03 无力有力〔4〕稍有力，三者以之别重轻。

04 在京在外两班〔5〕赎，律之分载俱显明。

05 在外不同京运工〔6〕，春夏折银秋冬谷〔7〕。

06 惟有军职许立功〔8〕，一年十石准纳粟。

六赃

07 六赃细阅坐赃〔9〕图，监守常人窃盗殊。

08 更分枉法不枉法〔10〕，有禄无禄非一途。

09 百二十两为满贯，八十两绞枉法诛。

10 二死三流同一减，斩绞杂犯折总徒。

七杀〔11〕

11 人命条中有七杀，劫杀谋杀斗殴杀，

12 故杀戏杀误伤杀，还有过失一条杀。

八议

13 何为应议者犯罪，亲故功贤能勤贵。

14 再加议宾成八议，要知总系有爵位。

十恶

15 谋反大逆谋叛行，恶逆不道大不敬，

16 不孝不睦与不义，加之内乱十恶名。

17 此中罪亦有轻重，决不待时谓死刑。

---

〔1〕 沈藏抄本作"除真"，荣録堂刻本作"除去"。

〔2〕 荣録堂刻本作"分辨"，沈藏抄本作"分辩"。

〔3〕 沈藏抄本作"论"，荣録堂刻本作"伦"。

〔4〕 沈藏抄本作"无力有力"，荣録堂刻本作"有力无力"。

〔5〕 沈藏抄本作"两班"，荣録堂刻本作"两般"。

〔6〕 沈藏抄本将"运工"误作"运上"。

〔7〕 荣録堂刻本作"秋冬谷"，沈藏抄本作"秋冬应"。

〔8〕 沈藏抄本作"立功"，荣録堂刻本作"立工"。

〔9〕 沈藏抄本将"坐赃"误为"作赃"。

〔10〕 此句沈藏抄本6字，作"更分枉法不（枉）法"，漏"枉"字。

〔11〕 沈藏抄本此目及内容在"八议"后。

名例〔1〕

18 职官有犯须奏闻，请旨不许擅勾问〔2〕。

19 下官〔3〕若被上凌虐，实封奏陈〔4〕亦须听。

20 文武官俸后免追，公罪私罪赎各论。

21 犯罪存留养亲例，家无次丁应须议。

22 妇人犯罪除奸盗，余俱收赎皆当记〔5〕。

23 徒流又犯罪相连，总徒不得过四年。

24 七十为老十五小，流徒俱应收赎钱。

25 罪人自首应免罪，免罪不免赃之累。

26 强盗伤人若未死，并未得财抢夺罪。

27 二罪俱发以重论，后先之际须推并。

28 犯罪共逃能捕首，一半以上罪不问。

29 何者亲族兼容隐，大功以上皆不论。

30 不限籍之异与同〔6〕，同居共财皆一等。

吏律

31 府州县中有信牌，量地远近限往回。

32 有事止发信牌催，不许亲身自去来。

33 赴任过限〔7〕半年革，中途患病始保职。

34 官员在任忽他往，擅离职役笞四十。

公式

35 毁弃制书印信牌，监候之斩所应得。

36 误毁〔8〕之罪减三等，不坐水火与盗贼。

37 文书稽迟计时日，吏典一日笞一十。

---

〔1〕 此标题沈藏抄本无。

〔2〕 荣録堂刻本作"勾问"，沈藏抄本作"勾闻"。

〔3〕 沈藏抄本作"下官"，荣録堂刻本作"下司"。

〔4〕 荣録堂刻本作"奏陈"，沈藏抄本作"奏闻"。

〔5〕 沈藏抄本作"余俱收赎皆当记"，荣録堂刻本作"余皆收赎俱当记"。

〔6〕 沈藏抄本将"异与同"误作"与异同"。

〔7〕 荣録堂刻本作"过限"；沈藏抄本作"过半限"，衍"半"字。

〔8〕 荣録堂刻本作"误毁"，沈藏抄本作"误杀"。

38 更勿增减官文书，决杖六十〔1〕加流徒。

户律　户役〔2〕

39 脱漏户口杖一百，隐蔽差役亦相如。

40 收留迷失子女者，卖为奴仆杖百徒。

41 赋役不均为民累，放富差贫名作弊。

42 官吏俱该杖一百，满赃军例真堪畏。

田宅

43 欺隐田粮并漏籍〔3〕，一亩五亩笞四十。

44 若是移丘与换段，以高作下查等则。

45 诡寄粮田一百板，荒芜田地〔4〕杖八十。

46 丁力少而田粮多，听从耕种报入籍。

47 检踏〔5〕灾伤新例切，夏灾六月秋九月。

48 如逢水旱不申达，有司官吏杖八十。

49 有灾还须官自去，亲诣田所方为据。

50 若还以熟报作荒，一百罢职永不叙。

51 盗卖田宅杖徒止，强占杖流三千里。

52 重复典卖窃盗论，追价偿还后业主。

53 弃毁树木与田禾，罪同窃盗免刺字。

54 擅食田树瓜果者，一两以下笞一十。

婚姻

55 男女婚姻各有配，有约毁者笞五十。

56 若还再许与他人，主婚之人杖七十。

57 已成婚者亦断离，女归前夫有定格。

58 前夫不愿追财礼，仍从〔6〕后夫亦合律。

---

〔1〕 荣録堂刻本作"六十"，沈藏抄本作"一百"。

〔2〕 沈藏抄本无"户役"二字。

〔3〕 荣録堂刻本作"并漏籍"；沈藏抄本作"并报漏藉"，衍"报"字。

〔4〕 荣録堂刻本作"田地"，沈藏抄本作"地亩"。

〔5〕 沈藏抄本将"检踏"误为"捡蹈"。

〔6〕 荣録堂刻本作"仍从"，沈藏抄本作"俶归"。

59 强娶〔1〕故违俱有罪，各笞五十所应得。

60 长成匹配各有时，指腹割襟俱禁革。

61 招婿养老无子孙，仍择同宗继一人。

62 奉承祭祀接宗祧，家产与之两均分。

63 典雇妻妾杖八十，雇女之父六十应。

64 或将妻妾作姊妹，另拐妇女作己亲。

65 设词局骗而嫁卖〔2〕，此等律例俱充军。

66 逐婿嫁女或招赘，后夫知情亦同罪。

67 其女断付〔3〕归前夫，仍相完娶〔4〕为匹配。

68 妻妾失序杖一百，停妻再娶九十应。

69 同姓为婚杖六十，尊卑为婚以奸论。

70 姑舅两姨表姊妹，听从民便为婚姻。

71 亲属妻妾系同宗，律杖一百罪难减。

72 缌麻六十徒一年，父妾伯叔母皆斩。

73 兄收弟妇弟收嫂，男女和同皆各绞。

74 若还是妾亦杖徒，伦理纲常须共晓。

75 府州县官娶妻妾，部民勿娶〔5〕应须记。

76 律杖八十甚分明，为事杖百仍离异。

77 逃走妇女不可亲，娶为妻妾究知情。

78 若果成婚与同罪，妇人加逃罪二等。

79 良贱为婚究家长，律杖八十从重论。

80 势豪强占人妻女，为妻妾者绞一定。

81 若将奴婢冒良人，亦杖九十各改正。

82 出妻之条七出〔6〕分，其中尚有三不去〔7〕。

---

〔1〕 沈藏抄本将"强娶"误为"强聚"。另75、77行"娶"，沈藏抄本均误为"聚"。

〔2〕 沈藏抄本将"嫁卖"误为"家卖"。

〔3〕 《读律琯朗》刻本作"其女断付"，沈藏抄本作"其女断时"，荣録堂刻本作"妻女断时"。

〔4〕 荣録堂刻本作"完娶"，沈藏抄本作"完聚"。

〔5〕 沈藏抄本作"勿娶"，荣録堂刻本作"勿取"。

〔6〕 荣録堂刻本作"七出"，沈藏抄本作"出七"

〔7〕 荣録堂刻本作"三不去"，沈藏抄本作"三不出"。

83 若非义绝欲轻离〔1〕，八十重杖仍完聚。

仓库

84 收粮之限要端详，十月初一〔2〕例开仓。

85 势豪大户抗不纳，三百石上发边疆。

86 多收税银斛面者，踢斛淋尖杖计赃。

87 打搅仓场枷一月，杖枷〔3〕六十为包粮〔4〕。

88 附余钱粮须报官，计赃定罪为欺瞒。

89 监守盗赃无首从，亏折追赔勒令完。

90 私借钱粮罪监守，留难无故究支收。

91 擅开官封杖六十，挪移〔5〕出纳杖还流。

92 起解金银须足色，不足官吏笞四十。

93 损坏仓库加徒杖，追赔损坏之财物。

94 拟断赃罚财物者，入官给主〔6〕要分明。

95 若还不当坐赃论，问罪还加杖百刑。

96 守掌在官财物者，侵欺借贷各查赃。

97 隐瞒入官家产者，罪同户口隐田粮。

课程

98 凡犯无引之私盐，决杖一百徒三年。

99 诬指〔7〕平人问流罪，盐徒拒捕斩律严。

100 窝盗应杖九十断，杖外加徒二年半。

101 肩挑驮载运工人，杖八徒二减等算。

102 盐徒聚众十人上，撑架大船用兵仗。

103 共相拒捕杀伤人，比照强人斩非枉。

104 官盐掺土杖八十，买卖不许转别境。

---

〔1〕 荣録堂刻本作"欲轻离"，沈藏抄本作"与轻离"。

〔2〕《读律琯朗》刻本、荣録堂刻本均作"十月初一"，沈藏抄本作"八月初一日"。

〔3〕 沈藏抄本作"枷"，荣録堂刻本作"加"。

〔4〕 沈藏抄本作"包粮"，荣録堂刻本作"色粮"。

〔5〕 沈藏抄本作"挪移"，荣録堂刻本作"那移"。

〔6〕 荣録堂刻本作"主"，沈藏抄本作"土"。

〔7〕 沈藏抄本将"诬指"误为"误指"。

105 肩挑背负之穷民，易米度日例不禁。
106 私茶私矾同罪名，比例皆如私盐论。
107 舶商匿税隐货物，杖止一百〔1〕纳课程。

钱债

108 违禁取私笞四十，一本一私所应得。
109 若还加折人妻女，强者问绞和杖百。
110 费田受寄财物人，坐赃徒杖律有刑。
111 若系亲属费用者，俱与凡人一体论。

市廛

112 私充牙行律杖革，官行例应置店历。
113 把持行市独行强，乱唱市价杖八十。
114 私造斗斛秤尺者，增减大小杖六十。
115 器用布绢不如法，短狭而卖笞应得。

礼律　祭祀〔2〕

116 禁止师巫邪术神，左道惑众绞流分。
117 扶鸾祷圣俱犯禁，鸣锣赛会问不应〔3〕。

仪制

118 收藏禁书习天文〔4〕，杖罪赏首并追银。
119 生员不许建一言，犯者黜革违制论。
120 服舍违式不可强，有官无官笞各论〔5〕。
121 龙文凤文加杖徒，首告给银〔6〕五十两。
122 弃亲之任八十上，妄称亲老亦同杖。
123 乡党序齿不序爵，佃户见主非奴样。

---

〔1〕《读律琯朗》刻本作"杖止一百"。沈藏抄本作"杖之二百"，荣錄堂刻本作"杖之一百"。
〔2〕沈藏抄本无"祭祀"二字。
〔3〕沈藏抄本作"鸣锣赛会问不应"，荣錄堂刻本作"鸣罗赛会杖一百"。
〔4〕荣錄堂刻本误"天文"为"天天"。
〔5〕此句沈藏抄本作"有官无（官）笞各论"，漏"官"字。
〔6〕沈藏抄本误"银"为"艮"。

兵律　官卫

124 擅入太庙杖一百，擅入大社[1]九十足[2]。

125 擅入宫殿六十徒，但持寸刀绞难赎。

126 冲突仪仗[3]杂犯绞，越皇城者亦俱同。

127 各处城门不下锁，律杖八十不须容。

军政

128 擅调官军发边远，纵军[4]掳掠亦充军。

129 不操练兵[5]杖八十，激变良民加斩刑。

130 私卖战马杖一百，私卖军器亦如之。

131 私藏私造皆杖百，夜行犯禁三十笞。

关津

132 私渡关津无首从，各杖八十越加徒。

133 中流罚钱应重杖，贩卖硝磺为首诛。

厩牧

134 宰杀马牛杖八十，畜生伤人四十笞[6]。

135 因而杀人过失论，收赎给主罪应知[7]。

邮驿

136 递送公文三百里，稽程三刻即加笞。

137 擦损沉匿[8]笞四十，若无印信即为私。

138 铺舍损坏应修理，私役铺兵罪私己。

139 勒乘驿马杖七十[9]，多支廪给罪强取。

刑律　盗贼

140 谋反大逆变为奇，不分首从皆凌迟。

---

〔1〕 荣録堂刻本作"大社"，沈藏抄本作"太社"。
〔2〕 荣録堂刻本、《读律琯朗》刻本均作"九十足"，沈藏抄本作"五十足"。
〔3〕 荣録堂刻本将"仪仗"误作"仪杖"。
〔4〕 荣録堂刻本作"纵军"，沈藏抄本误作"激变"。
〔5〕 沈藏抄本作"练兵"，荣録堂刻本作"练军"。
〔6〕 此句沈藏抄本误为"寄杀牛马杖八十，蓄生伤人笞四十"。
〔7〕 此句沈藏抄本误为"因而伤人过失论，收赎给土罪应知"。
〔8〕 沈藏抄本误"沉匿"为"沉区"。
〔9〕 《读律琯朗》刻本、荣録堂刻本均作"七十"，沈藏抄本作"八十"。

141 同居异姓皆斩立[1]，十六以上不待时。

142 母女妻妾姊妹辈，给付功臣为奴婢。

143 许嫁之女归其夫，过房子孙免罪戾。

144 罪及子侄无[2]侄孙，此事不可轻连累。

145 谋叛[3]之罪不同反，不分首从但皆斩[4]。

146 妻妾子女亦为奴，祖父兄弟流罪减。

147 妖书妖言不可造，传用惑众乱正道。

148 不分首从斩皆严，杖百徒三因不报。

149 偷盗印信与铜牌，斩罪首从俱言皆。

150 若盗关防非钦给，一百刺字罪应该。

151 监守常人盗钱粮，不分首从俱计赃。

152 偷盗官物应刺字，斩绞折徒杂犯殊。

153 强盗已行不得财，杖百流三罪网开。

154 但得事主财物者，不分首从斩应该。

155 劫狱劫库奸烧事，杀人聚众皆枭示。

156 伤人未死不得财，罪如抢夺伤人治。

157 强盗窝主问造意，分赃不行斩无异。

158 不行若又不分赃，杖一百流三千里。

159 窃盗拒捕杀伤人，临时用强[5]加斩刑。

160 因盗而奸罪无二，不曾奸捕有攸分。

161 窃盗已行不得财，笞以五十免刺字。

162 得财杖刺[6]律分明，罪至绞者因[7]三次。

163 更有掏摸一般同，军人[8]为盗俱免刺。

164 窃盗窝主造意人，分赃不行以首论。

---

〔1〕 沈藏抄本作"斩立"，荣録堂刻本作"立斩"。

〔2〕 《读律琯朗》刻本、荣録堂刻本均作"无"，沈藏抄本作"与"。

〔3〕 沈藏抄本误"谋叛"为"谋判"

〔4〕 荣録堂刻本作"但"，沈藏抄本作"俱"。

〔5〕 沈藏抄本误作"临样同强"。

〔6〕 沈藏抄本误"杖刺"为"杀刺"。

〔7〕 荣録堂刻本作"因"，沈藏抄本作"应"。

〔8〕 荣録堂刻本作"军人"，沈藏抄本作"罪人"。

165 不行若又〔1〕不分赃，比之窃盗减一等。

166 身不为盗勒分赃，准以窃盗为从〔2〕论。

167 收买强盗之盗赃，知情计价坐赃〔3〕论。

168 公取窃取皆为盗，已离盗所方呈告。

169 惟有珠玉宝货类，据人手中即比照。

170 劫囚不分首从斩，途中打夺杖流三。

171 白昼抢夺无凶器，徒三杖百戒凶顽。

172 若因抢夺而伤人，律斩秋后处决监。

173 失火行船遇风浅，乘机抢夺罪同参。

174 盗牛马畜计赃钱〔4〕，加之窃盗亦可言。

175 若是盗而私杀者，杖以一百徒三年。

176 如盗御马有攸分，枷号三月发边军。

177 操马盗至三匹上，免枷附近军终身。

178 田野谷麦菜与果，计赃窃盗亦无词。

179 山野柴草木石类，已经积聚罪如之。

180 亲属相盗减五等，大功小功缌麻分。

181 尊长行强盗卑幼，亦从服制辨等论。

182 卑幼若然盗尊长，行强一样以凡论〔5〕。

183 恐吓取财计赃是，窃盗加等为免刺。

184 以盗诬良吓诈财，不分首从充军去。

185 诬良为盗系官吏，革职之议有新例。

186 诈欺官私取财者，计赃准窃免刺字。

187 略人略卖人两等〔6〕，但为奴婢满杖流〔7〕。

188 若为子孙妻妾者，杖百徒三罪有由。

---

〔1〕 荣录堂刻本作"又"，沈藏抄本作"有"。

〔2〕 沈藏抄本误"从"为"纵"。

〔3〕 荣录堂刻本作"计价坐赃"，沈藏抄本作"给价作赃"。

〔4〕 沈藏抄本该句6字，缺"赃"字。

〔5〕 荣录堂刻本误"论"为"伦"。

〔6〕 沈藏抄本该句6字，作"略人略卖两字"，有明显缺误。

〔7〕 沈藏抄本该句8字，作"但为奴婢满梳杖流"，衍"梳"字。

189 略卖子孙为奴婢，侄孙外孙并弟妹。

190 杖百徒二罪应得，内兼子孙之妇辈。

191 发冢见棺罪满流，开棺见尸绞监候。

192 未至棺椁亦杖徒，盗取砖石窃盗俦。

193 卑幼若发尊长墓，其罪亦同凡人论。

194 开棺见尸独斩加〔1〕，弃尸卖地律同文。

195 牙保知情杖八十，价追〔2〕入官地归亲。

196 尊长发冢须论服，开棺满徒杖一百。

197 残毁他人死尸者，杖一百流三千里。

198 若毁缌麻以上亲，监候之斩干法纪。

199 熏狐冢内忽烧棺，徒二杖八应须议。

200 平人坟墓作田园，虽未见棺杖百奇。

201 有主坟内若盗葬，按律应加八十杖。

202 路旁之尸剥衣服，准窃免刺计赃两。

203 深夜无故入人家，登时杀死应无论。

204 已就拘执擅杀者，杖百徒三照律问〔3〕。

205 起除刺字有攸分，只就此条末款认。

人命

206 谋杀人命造意斩，从而加功绞不减。

207 若果同谋即问流，虽不加功悔亦晚。

208 伤而不死造意绞，从而加功问满流。

209 不加功者满徒杖，若不伤人徒杖求〔4〕。

210 谋杀长官皆斩明，谋杀祖父皆极刑。

211 缌麻以下斩皆决，谋杀家长同二亲。

212 杀死一家三人者，凌迟处死又何款。

213 财产断付死者家，妻子仍流二千里。

214 采生折割人最恶，凌迟处死亦相当。

---

〔1〕 沈藏抄本作"独斩加"，荣録堂刻本作"独加斩"。

〔2〕 沈藏抄本作"价追"，荣録堂刻本作"价返"。

〔3〕 荣録堂刻本"问"误作"同"。

〔4〕 此句沈藏抄本作"若不伤（人）徒杖求"，缺"人"字。

215 财产查明须断付，妻子还将流远方。

216 造畜蛊毒杀人者，问斩还须流令使〔1〕。

217 同居虽是不知情，妻子亦流二千里。

斗殴

218 斗殴及故杀人者，一绞一斩〔2〕皆监候。

219 同谋共殴致伤人，首绞从流法不宥。

220 戏杀误杀过失杀，各以斗殴杀伤论。

221 惟有谋故误伤人，自应律斩不同问。

222 擅杀妻者绞罪名，有罪杀死杖一百。

223 杀死子孙图赖人，杖七十徒年半足。

224 父母自亡赖人死，杖百徒三罪应赎。

225 放弹射箭投砖石，虽未伤人笞四十。

226 伤人减等作凡论〔3〕，致死杖流所应得。

227 车马伤人分镇乡，镇流乡杖异王章。

228 若因公务急驰骤，因而伤人给埋葬。

229 庸医杀人误本方，过失收赎毁青囊。

230 有意取财准窃盗，因而杀人斩应当。

231 因事威逼人致死，重杖一百更追银。

232 若是〔4〕行奸与为盗，威逼人死斩罪名。

233 妇人夫亡苦守节，因强求娶逼贞烈。

234 因而致死给埋葬，边卫充军所定决。

235 私和人命非息讼，杖以六十常人共。

236 若系父母与尊长，断以杖徒俱从重。

237 两人斗殴相争打，每人各笞二十荆。

238 他物打人笞三十，青肿成伤四十刑。

239 若是拔发至方寸，笞罪该以五十惩。

240 殴血若从耳目出，吐血俱皆杖八十。

---

〔1〕 荣録堂刻本作“流令使”，沈藏抄本作“究令使”。

〔2〕 荣録堂刻本作“一绞一斩”，沈藏抄本作“一斩一绞”。

〔3〕 沈藏抄本作“作凡论”，荣録堂刻本作“作凡殴”。

〔4〕 沈藏抄本作“若是”，荣録堂刻本作“若系”。

241 秽物污人罪亦同，灌人口鼻〔1〕杖二百。

242 殴伤人耳并口鼻，损人一齿与一目。

243 更及折人一手指，其罪俱系杖一百。

244 损人两齿及两指，六十杖外徒一年。

245 若眇双目堕胎者，杖八徒二律更严。

246 折人两肢瞎两目，毁败阴阳为笃疾〔2〕。

247 问发流罪三千里，杖决一百始合律。

248 犯人家产分一半，此亦被害所应得。

249 同谋共殴而伤人，各以下手伤为凭。

250 若系乱打无分别，喝令〔3〕原谋别重轻。

251 保辜之限有定制，手足他物二十日。

252 刃刀汤火若成伤，三十日限有定则。

253 折跌肢体及堕胎，五十日限须严勒。

254 保辜限外身死者，新例免死金妻流。

255 四十五年有成案，来君美殴孙仲候〔4〕。

256 拒捕殴差八十杖，不必重伤吐血上。

257 伤重还须二等加，杖百流三法难让。

258 殴师比凡加二等，笃疾杖流法有准。

259 若还殴死罪泛常，立即处斩新例引。

260 良贱相殴笃疾〔5〕绞，不同凡殴律须知。

261 若还奴婢殴家长，但伤即斩死凌迟。

262 妻妾殴夫死者斩，审知故杀亦凌迟。

263 夫殴妻死亦问绞〔6〕，若殴妾死杖徒宜〔7〕。

264 女婿如殴岳父母，但殴即坐杖一百。

---

〔1〕 荣録堂刻本作"口鼻"，沈藏抄本作"鼻口"。

〔2〕 此句沈藏抄本作"毁败阴阳为（笃）疾"，缺"笃"字。

〔3〕 荣録堂刻本将"令"误为"个"。

〔4〕 荣録堂刻本作"候"，沈藏抄本作"侯"。

〔5〕 沈藏抄本作"笃疾"，荣録堂刻本作"笃病"。第268行也同。

〔6〕 沈藏抄本作"问绞"，荣録堂刻本作"同绞"。

〔7〕 此句据《读律琯朗》刻本补。沈藏抄本仅有"若殴妾死"四字，荣録堂刻本缺末一字。

265 同姓亲属相殴故，但凭服制为定则。

266 大功小功及缌麻，杖徒轻重须按律。

267 弟殴兄姊从何判，杖九十徒二年半。

268 折伤笃疾绞相当，殴死斩伦难变乱。

269 兄姊殴死弟与妹，杖一百外徒三年。

270 故杀加流二千里，笃疾折伤恕不言。

271 殴祖父母父母者，但殴斩罪律难容。

272 若殴死者凌迟处，妻妾如殴姑舅同。

273 故杀子孙情不原，杖六十加徒一年。

274 嫡继[1]慈养母杀者，律加一等更增严。

275 殴妻[2]前夫之子者，止较凡人减一等[3]。

276 妻妾若殴旧舅姑[4]，仍与姑舅同一本。

骂詈

277 骂詈官长及斥辱，知府州县俱杖百。

278 六品以下减三等，佐贰首领又减狱。

279 奴婢若骂家长绞，卑幼骂尊杖不饶。

280 祖父父母不可骂，如若有犯罪应绞。

281 再有妻妾骂夫亲[5]，律内[6]分明须共晓。

诉讼

282 告状[7]须由县及府，州县[8]如同亲父母。

283 若还越诉案先后，五十之笞照律[9]处。

284 在外刁徒情可恶，身背黄袱称奏诉。

---

〔1〕 沈藏抄本作"嫡继"，荣録堂刻本作"嫡子"。

〔2〕 荣録堂刻本作"殴妻"，沈藏抄本作"殴死"。

〔3〕 沈藏抄本作"止较凡人减（一）等"，缺"一"字。

〔4〕 沈藏抄本作"妻妾若殴旧（舅）姑"，缺"舅"字。

〔5〕 沈藏抄本将"夫亲"误作"父亲"。

〔6〕 荣録堂刻本作"律内"，沈藏抄本作"律有"。

〔7〕 沈藏抄本将"告状"误作"告收"。

〔8〕 《读律琯朗》刻本、荣録堂刻本均作"州县"，沈藏抄本"知州"。

〔9〕 《读律琯朗》刻本、荣録堂刻本均作"照律"，沈藏抄本"律照"。

285 挟制〔1〕官吏问充军，主使之人须究故。

286 告状不受理多殊，失察反判〔2〕问杖徒。

287 斗殴婚姻田土事，律减罪人二等除。

288 诬告罪应加二等，加不至绞止杖流。

289 已决实抵所剩罪，未决收赎亦自由。

290 干名犯义告父母，得实杖百徒三年。

291 若审全无即问绞，惟有谋反听告焉。

292 控告外祖父母者，得实罪应杖一百。

293 大功小功及缌麻，俱系杖罪各论服。

294 禁囚不许告〔3〕他人，教唆词讼计赃论。

295 官吏词讼家人诉，不得自将公文行。

受赃

296 官吏受财〔4〕计赃论，八十两绞为满贯。

297 事有以财行求〔5〕者，新例与受同一断。

298 在官求索借贷财〔6〕，和不枉法强为枉〔7〕。

299 若借〔8〕衣服玩器物，一月不还亦坐赃。〔9〕

300 因公科敛计赃钱，不入〔10〕己照坐赃看。

301 因而入己满贯绞，无禄人须减等言。

302 衙役威逼人致死〔11〕，比照串给〔12〕陷害律。

303 犯赃如至一两上，本官失察降二级〔13〕。

---

〔1〕《读律琯朗》刻本、荣録堂刻本均作"挟制"，沈藏抄本"府制"。

〔2〕《读律琯朗》刻本作"判"，荣録堂刻本、沈藏抄本均作"叛"。

〔3〕沈藏抄本缺"告"字。

〔4〕《读律琯朗》刻本、荣録堂刻本均作"受财"，沈藏抄本作"受赃"。

〔5〕荣録堂刻本、沈藏抄本均作"行求"，《读律琯朗》作"营求"。

〔6〕《读律琯朗》刻本、荣録堂刻本作"借贷财"，沈藏抄本作"借贷钱"。

〔7〕沈藏抄本作此句8字，作"和不（强）枉法强为枉"，衍第一个"强"字。

〔8〕荣録堂刻本将"借"误作"不"。

〔9〕沈藏抄本缺295行两句。

〔10〕《读律琯朗》刻本、荣録堂刻本均作"不入"，沈藏抄本作"一入"。

〔11〕沈藏抄本将"致死"误作"之死"。

〔12〕《读律琯朗》刻本、沈藏抄本均作"串给"，荣録堂刻本作"串结"。

〔13〕《读律琯朗》刻本、荣録堂刻本均作"降二级"，沈藏抄本作"降一级"。

诈伪

304 将军六部都察院，盗用印绶干法纪。

305 布政按察府州县，杖一百流三千里。

306 伪造印信历日等，为首之人监候斩。

307 若系关防非钦给，杖百〔1〕徒三律应减。

308 伪造金银杖徒受，私铸铜钱绞监候。

309 诈称内使〔2〕等京官，煽惑人民斩不宥。

310 诈病死伤避官事，轻笞四十重杖八。

311 平人设计弄愚人，罪为教诱〔3〕人犯法。

犯奸

312 和奸八十有夫九，刁奸一百强绞候。

313 强未成奸问满流，强和俱绞因奸幼。

314 买休卖休杖百离，财物入官法不宥。

315 纵容妻妾犯奸者，各杖九十所当受。

316 亲属相奸若无服，强者问斩和杖百。

317 缌麻以上和斩徒，婶嫂和绞强斩戮。

318 奴雇人〔4〕奸家长妻，及奸主女〔5〕斩皆宜。

319 官奸部民永不叙，若奸囚妇杖徒之〔6〕。

320 二等应加居丧犯，僧道犯奸亦如斯。〔7〕

321 良贱相奸加一等，官吏宿娼六十准。

322 买良〔8〕为娼杖百刑，财礼入官女父领。

323 强逼〔9〕鸡奸被杀死，比照应死擅杀律。

---

〔1〕《读律琯朗》刻本、沈藏抄本均作“杖百”，荣录堂刻本作“杖一”。

〔2〕《读律琯朗》刻本、荣录堂刻本均作“内使”，沈藏抄本作“内史”。

〔3〕《读律琯朗》刻本、沈藏抄本均作“教诱”，荣录堂刻本作“杀诱”。

〔4〕《读律琯朗》刻本、荣录堂刻本均作“奴雇人”，沈藏抄本作“奴仆人”。

〔5〕沈藏抄本将“主女”误作“生女”。

〔6〕沈藏抄本作“杖求徒之”，衍“求”字。

〔7〕沈藏抄本缺失320行两句，及321行前两字。

〔8〕《读律琯朗》刻本、荣录堂刻本均作“买良”，沈藏抄本作“买民”。

〔9〕《读律琯朗》刻本、荣录堂刻本均作“强逼”，沈藏抄本作“强照”。

杂犯[1]

324 寄杂犯于刑律中，新颁[2]条例斟酌从。

325 赌博财物杖八十，枷号两月窝主[3]同。

326 年幼无知被引诱，免枷同杖法难容。

327 嘱托公事律必究，但嘱即答五十毂。

328 官吏听从与同罪，曲法行事[4]杖百受。

329 所枉之罪重于杖，故出故入论难宥[5]。

330 放火故烧[6]人房屋，因而取财斩不赎。

331 失火延烧五十笞，伤人还加杖一百。

捕亡[7]

332 罪人拒捕加二等，殴杀捕人斩正法。

333 拘捕杀囚俱勿论，已就拘执依擅杀。[8]

334 狱囚脱监及越狱，各于本罪加二等。

335 府州县官不申报[9]，照例革职须记省。

336 狱卒不觉失囚者，减囚[10]二等罪何言。

337 若囚自内反狱逃，又减二等[11]情可原。

338 越狱重犯限一年，一年不获律最严。

339 再限一年随部议，降级调用难[12]迁延。

340 知情藏匿罪人者，止照罪人减一等。

341 首从皆坐却缘[13]何，为给衣粮相送隐。

---

〔1〕 荣録堂刻本条目作"杂记"，版心为"杂犯"。

〔2〕 沈藏抄本作"新颁"，《读律琯朗》、荣録堂刻本均作"新颂"。

〔3〕 沈藏抄本作"窝主"，《读律琯朗》、荣録堂刻本均作"窝家"。

〔4〕 《读律琯朗》刻本、荣録堂刻本均作"行事"，沈藏抄本作"事行"。

〔5〕 《读律琯朗》刻本、荣録堂刻本均作"论难宥"，沈藏抄本作"难论宥"。

〔6〕 《读律琯朗》刻本、荣録堂刻本均作"放火故烧"，沈藏抄本作"故烧放火"。

〔7〕 沈藏抄本无"捕亡"条目，该条目内容接排在"杂犯"内容后。

〔8〕 沈藏抄本缺333行两句。

〔9〕 沈藏抄本此句作"府州县官不报"，缺"申"字。

〔10〕 荣録堂刻本将"囚"误作"因"。

〔11〕 《读律琯朗》刻本、荣録堂刻本均作"二等"，沈藏抄本作"一等"。

〔12〕 《读律琯朗》刻本、荣録堂刻本均作"难"，沈藏抄本作"免"。

〔13〕 《读律琯朗》刻本、荣録堂刻本均作"缘"，沈藏抄本作"原"。

342 一犯二解有定则，少差革职因逃去。

343 更有金差不慎忱，一年勒限须明记。

断狱

344 军流徒犯俱收禁，取保脱逃降一级。

345 若还笞杖人犯逃，罚俸半年还〔1〕再缉。

346 重犯患病在监医，违例取保情难惜。

347 若还逃脱缉无踪〔2〕，照例调用降一级。

348 应禁不禁杖六十，不应禁者禁如之〔3〕。

349 故禁故勘加二等，此中须要辨公私。

350 夹棍椊指重刑外，若还擅用即非刑。

351 小事不许动夹棍，孕妇椊指必须停。

352 监犯切勿讨病呈，例同谋杀造意人。

353 狱卒加功监候绞，不加功亦问流刑。

354 监犯若无亲共友，每月例给米三斗。

355 年终详报准开除，活人一命〔4〕功不朽。

356 多有狱卒扣半升，官不严查同木偶。

357 狱卒与囚金刃物，解脱扭销杖一百。

358 因而伤人及在逃，加徒一年杖六十。

359 主守教徒反异情，外人逃者减一等。

360 死囚令人〔5〕自杀死，亲戚故旧皆有刑。

361 定例老幼不讯拷，七十为老十五小。

362 鞫狱不得杖外推，审问必对〔6〕原状考。

363 狱囚不许诬指人，在禁投告即为诬。

364 官司出入人罪例，其中有故分杖徒。

365 有司决囚等第明，州县而府解提刑。

---

〔1〕 《读律琯朗》刻本、荣録堂刻本均作"还"，沈藏抄本作"人"。

〔2〕 沈藏抄本将"踪"误作"纵"。

〔3〕 《读律琯朗》刻本、荣録堂刻本均作"禁如之"，沈藏抄本作"亦如之"。

〔4〕 沈藏抄本作"一命"，《读律琯朗》刻本、荣録堂刻本均作"之命"。

〔5〕 《读律琯朗》刻本、荣録堂刻本均作"令人"，沈藏抄本作"命人"。

〔6〕 沈藏抄本作"必对"，《读律琯朗》刻本、荣録堂刻本均作"必筹"。

366 徒罪可听本省决，军流地方候部行。

367 斩绞重犯非易决，生死之权出大廷。

368 检验死伤不以实，钦定则例降一级。

369 迟延上委〔1〕不复检，二者新例俱革职。

370 命案完结六个月，逾限罚俸有定额。

371 罚俸展限止四月，再不完结即议革。

372 命案如若不申报，照例革职为隐匿。

373 投河自缢不检验，恐启弊窦有条例。

374 妇人犯罪奸死外，其余收管凭夫带。

375 无夫之妇付亲属，怀孕死罪从缓戮。

工律　营造

376 公廨仓库勤收拾，违者损坏笞四十。

377 侵占街道起房屋，复旧之外杖应得。

河防〔2〕

378 盗决官河杖一百，盗决民田杖八十〔3〕。

379 若系故决害人者，杖百徒三罪应得。

380 桥梁道路不修理〔4〕，提调官吏笞三十〔5〕。

381 应置渡船不置者，官吏亦应笞四十。

　　将沈藏抄本、荣録堂刻本及《读律琯朗》刻本进行比勘，共有异文近200处。其中，荣録堂刻本与《读律琯朗》刻本异文约有60处，沈藏抄本与《读律琯朗》刻本异文约有153处。相较而言，沈藏抄本错讹缺漏较多，且抄写字迹较潦草，符号使用不如刻本规范。显然，沈藏抄本并非精抄本。沈家本刊刻法律典籍数种，但未将《律例精言歌括》刊刻。除已有数种刻本流传外，抄本的自身局限，也使其难入刑名老吏的法眼。

　　相较而言，《律例精言歌括》的刻本质量高于抄本。而荣録堂刻本与《读

〔1〕《读律琯朗》刻本、沈藏抄本均作"上委"，荣録堂刻本作"延委"。
〔2〕沈藏抄本无"河防"条目，相关内容直接排在"营造"后。
〔3〕《读律琯朗》刻本、荣録堂刻本均作"八十"，沈藏抄本作"一百"。
〔4〕沈藏抄本作"修理"，《读律琯朗》刻本、荣録堂刻本均作"须理"。
〔5〕《读律琯朗》刻本、荣録堂刻本均作"三十"，沈藏抄本作"四十"。

律瑝朗》刻本的相似度较高，刻本内容规整，并保留了梁他山自创的符号标记。

更为重要的是，荣録堂刻本在后来重刻时也不断增补，在结尾处增加了"审限"一节〔1〕，对《读律瑝朗》内容进行补充，实用性增强。其内容为：

审限
01 一月审限例应皆，上用批审事件来。
02 督抚批审诸讼事，臬司自理亦同裁。

二月限
03 两月审限立决严，属下人杀本管官。
04 盗案官查限只此，期功服制命案兼。
05 杀死一家三四命，提省速审限难宽。
06 奴婢殴故杀家长，妻妾谋故杀失参。

四月限
07 四月限八秋审中，钦部事件与亏空。
08 斩决命案兼盗抢，窃劫发冢拐卖同。
09 私铸私盐和赌博，私雕假印烧锅通。
10 私硝私磺续获盗，斗殴伤人未死从。

六月限
11 六月寻常命案完，如不完照迟延参。
12 因公出境及封印，查灾放赈准展宽。

---

〔1〕 杨一凡编《古代折狱要览》收录的《大清律例精言辑览》与哈佛大学汉和图书馆藏本扉页均标有"光绪戊子年孟冬刊刻"和"京都荣録堂藏版"，但根据前序和尾题，可初步判定《古代折狱要览》收录版的刊刻时间为光绪十四年，哈佛大学汉和图书馆版系重刻于光绪十七年（1891）。"审限"内容未见于光绪十四年版，应是在重刻时增补。

（二）《律例精言歌括》的结构特色

表 1　《律例精言歌括》内容结构与比重

篇目	内容	行数和句数
（名例） 30行，60句	五刑赎罪	6行，12句
	六赃	4行，8句
	七杀	2行，4句
	八议	2行，4句
	十恶	3行，6句
	名例	13行，26句
吏律 8行，16句	（序）〔1〕	4行，8句
	公式	4行，8句
户律 77行，154句	户役	4行，8句
	田宅	12行，24句
	婚姻	29行，58句
	仓库	14行，28句
	课程	10行，20句
	钱债	4行，8句
	市廛	4行，8句
礼律 8行，16句	祭祀	2行，4句
	仪制	6行，12句
兵律 16行，32句	官卫	4行，8句
	军政	4行，8句
	关津	2行，4句
	厩牧	2行，4句
	邮驿	4行，8句

---

〔1〕　抄本、刻本均无"序"字，此处为整理者因统计方便而加。

续表

篇目	内容	行数和句数
刑律 236 行，472 句	盗贼	66 行，132 句
	人命	12 行，24 句
	斗殴	59 行，118 句
	骂詈	5 行，10 句
	诉讼	14 行，28 句
	受赃	8 行，16 句
	诈伪	8 行，16 句
	犯奸	12 行，24 句
	杂犯	8 行，16 句
	捕亡	12 行，24 句
	断狱	32 行，64 句
工律 6 行，12 句	营造	2 行，4 句
	河防	4 行，8 句
		381 行，762 句

据表 1，《律例精言歌括》的结构依凭《大清律例》，按名例及吏、户、礼、兵、刑、工六律顺序排列。正文总计 381 行（不含标题），762 句。六律中，刑律涉及的内容多，篇幅占全文的 62%，其中又以盗贼、斗殴、断狱为大宗，在刑律中的占比依次为 28%、25%、14%；并列其后的为人命、犯奸、捕亡，均占 5%。《律例精言歌括》"理刑名"的特色昭然若揭。其次为户律，占全文的 20%，婚姻、仓库、田宅、课程的份量相对较重，在户律中的占比依次为 38%、18%、16%、13%。户律中的婚姻、仓库，事关民生之要；刑律中的盗贼、斗殴，为地方的高发案件。其结构和内容占比，恰好反映了地方政务的重点与难点。

律例歌诀类书籍是地方官吏处理政务和司法审判实务的入门类读物，以实用易记为主要特色。正如金师文对《律例歌诀》的评判："束繁就简，融会成章，亦可谓刑纲法领，使阅者易于记悟矣。"〔1〕以今人的眼光看，清代的律例歌诀专业性较强，一些术语需要专门学习。如第7、8行六赃歌诀："六赃细阅坐赃图，监守常人窃盗殊。更分枉法不枉法，有禄无禄非一途。"四句歌诀涉及清律规定的监守盗、常人盗、坐赃、受财枉法、受财不枉法和窃盗六种赃名，但其中的法理并不明晰。《法诀启明》对此四句的解释是：

> 监临主守于执掌在官财物如有侵盗，论罪独重。常人盗官财物者，轻于监守自盗。若窃盗系窃取平人财物，又较盗官物者轻矣。三者皆计赃科罪，而轻重各殊。
> 执法之人受有事人财而曲法枉断，为枉法赃；若虽受其财而判断不枉法者，为不枉法赃。二者皆计赃科罪。其月支俸食不及一石者为无禄人，有犯各减一等。〔2〕

如果说《律例歌诀》偏向于顺口诵记，《法诀启明》则偏向理解性记忆。基于以地方官吏和幕僚为主要读者对象，金师文对《律例歌诀》的"启明"之处在于使"初入仕途者一目了然"。

明清律学著述成果丰硕，类型多样，律例歌诀是其中不可忽视的一脉。律例歌诀在晚清以各种抄本、刻本的形式流传，亦说明其具有较强的实用性。《读律琯朗》在光绪五年（1879）初刊时，卓厚斋写了一段跋语："予于十年前获见是书，颇疑太略。迨阅之既久，窃喜条理秩如，简而不漏，洵可宝也。倘家置一编，将见士君子怀刑，愚百姓守法，实有裨于吏治人心者。"〔3〕所谓"条理秩如，简而不漏"，也道出律例歌诀在浩瀚律学文献中以及理刑名的实践中，具有"刑纲法领"之用。

《读律琯朗》面世后，由于书名隐晦，传抄本遂更名为更加通俗的《律例精言》《律例歌诀》《律例精言歌括》等，刻本则以《大清律例精言辑览》《法诀启明》等合辑、加注形式流传。而在传抄、传刻的过程中，原作者梁他山则沉隐失传。由此看，契合内容的定名不仅易成为经典，也有助于作者声名传世。

---

〔1〕 （清）金师文等：《法诀启明》"序"，载杨一凡编：《古代折狱要览》第13册，第4页。
〔2〕 （清）金师文等：《法诀启明》，载杨一凡编：《古代折狱要览》第13册，第9—10页。
〔3〕 （清）梁他山：《读律琯朗》"卓厚斋跋"，光绪五年啸园丛书本，第27页。

下 编

传统法律文化研究

"铁""钟"之间：究竟是"一鼓铁"
还是"一鼓钟"？

——《左传》"铸刑鼎"史料的文献批判（之一）

李　力*

摘　要：《左传》昭公二十九年与《孔子家语·正论解》，均可见载有晋国"铸刑鼎"之事，但后者鲜为法制史学者提及。其主要区别在于："一鼓铁"与"一鼓钟"。自 20 世纪 50 年代以来，学者就对此异文的理解和认识有较大分歧，或以《左传》所载为据，或以《孔子家语》所见为据。两者之中恐有一个为讹误。目前无论是在传世文献中还是在出土文献中，都没有找到直接证据，仍无法坐实到底哪一个异文是准确的。这两条史料之间不存在互相抄袭的关系，当是各有其材料来源。在此倾向于以《孔子家语·正论解》的记载为据，《左传》"一鼓铁"之"铁"字应是"钟"字之讹误，或许是史官在抄录流传出来的官方档案时，就因字形相近而将"钟"字写作"铁"字。"铸刑鼎"一句可断读为三个并列的事项。晋国所"铸刑鼎"当为铜鼎。

关键词：铸刑鼎　一鼓铁　一鼓钟　《左传》　《孔子家语》

一、问题的提出

《左传》昭公二十九年（公元前 513 年）所载晋国"铸刑鼎"这条史料，向为研习中国法制史者所熟知。今本《孔子家语》卷九《正论解》亦载有晋

---

* 李力，法学博士，中南财经政法大学法学院教授。

国"铸刑鼎"一事，[1]但鲜见有法制史学者提及此条史料。

本文拟讨论这两条有关晋国"铸刑鼎"的史料。为方便起见，先抄录这两条史料如下（其后各有"孔子曰"／"仲尼曰"一段，拟另文讨论，在此略去。下划线、着重号部分为笔者所加）：

> 冬，晋赵鞅、荀寅率师城汝滨，遂赋晋国一鼓铁，以铸刑鼎，著范宣子所为刑书焉。（《左传》昭公二十九年）[2]
> 赵简子赋晋国一鼓钟[3]，以铸刑鼎，著范宣子所为刑书。（《孔子家语》卷九《正论解》）[4]

两者所涉及的都是晋国"铸刑鼎"这一事件，比较可知其中存有以下异文。

首先，《左传》的起始部分有交代事件背景的一句"冬，晋赵鞅、荀寅率师城汝滨"，其中包含比较完整丰富的事件信息。而《孔子家语》没有这个背景部分，仅以"赵简子"作为主语，因此不必有"遂"字。

其次，两者的下划线部分，在文字表述上有两处不同。即第一处，《左传》作"一鼓铁"，《孔子家语》则为"一鼓钟"。第二处，《左传》句末有"焉"字，《孔子家语》则无。但是，这个"焉"字对于理解该句的文意并没有实质性的影响。因此，本文仅讨论第一处"钟"与"铁"字的异文。

以往主张春秋末期为中国冶铁用铁时间的学者，即以《左传》"一鼓铁"作为其根据之一。不过，也有学者举出《孔子家语》"一鼓钟"作为证据来否定其说。[5]关于春秋末期是否为中国冶铁用铁的时间这个问题，历史学者、

[1] 这里所谓"今本《孔子家语》，即指由王肃作注的十卷本"。详见萧敬伟：《今本〈孔子家语〉成书年代新考——从语言及文献角度考察》，香港大学 2004 年博士学位论文，第 1 页。

[2] （清）阮元校刻：《十三经注疏》下册，中华书局 1980 年影印版，第 2124—2125 页。

[3] 原文作"鐘"为量器之名。又，宋立林校语 [2]："'钟'，宽永本作'鍾'。"（三国魏）王肃注，[日]太宰纯增注，宋立林校点：《孔子家语》，上海古籍出版社 2019 年版，第 351 页。案：今因简体字排版，故在本文中统一写作简体字"钟"。又，关于太宰纯及其《增注孔子家语》一书，参见宋立林校点《孔子家语》之"前言"第 16—18 页。

[4] （三国魏）王肃撰，廖名春、邹新明校点：《孔子家语》，辽宁教育出版社 1997 年版，第 111 页。（三国魏）王肃注，[日]太宰纯增注，宋立林校点：《孔子家语》，上海古籍出版社 2019 年版，第 351 页。

[5] 详见白云翔：《先秦两汉铁器的考古学研究》，科学出版社 2005 年版，第 4—12 页。

考古学者自有其论，不是本文在此所要研究的对象。

本文的关注点仅在于，以往学者在有关春秋末期是否为中国冶铁用铁时间的研究之中，如何解读《左传》与《孔子家语》所见这两条晋国"铸刑鼎"的史料。具体而言，至少涉及三个问题：第一，怎样断读这两条史料？第二，如何处理《左传》昭公二十九年"一鼓铁"与《孔子家语·正论解》"一鼓钟"之异文？第三，晋国所"铸刑鼎"究竟是铁鼎还是铜鼎？

为了有助于理解和把握《左传》与《孔子家语》这两条史料，有必要重新回溯一下与此相关的前期研究，[1]从学术史的角度考察其研究进程的基本趋势与特点。因此，本文将根据这些先期学术史成果提供的学术线索，以《左传》与《孔子家语》所见的两条"铸刑鼎"史料为中心，考察学者们的相关解读意见及其分歧所在。

按照这两条史料出现在相关论著中的时间及其讨论的进展情况，大致可以将与此相关的前期研究划分为三个阶段：第一阶段（1955—1957年），第二阶段（1958—1995年），第三阶段（2004—2018年）。以下就考察这三个阶段的讨论情况。

二、1955-1957年：以"一鼓铁"为根据展开的讨论

这个阶段仅可见到杨宽、黄展岳的研究成果。其相关讨论出现在杨宽与章鸿钊之间，以及黄展岳与章鸿钊、杨宽之间。

杨宽最早在其1956年出版的著作中提及地质学家章鸿钊（1877—1951）发表于20世纪20年代的《中国铁器时代沿革考》一文，并较为详细地介绍其主要观点与理由。[2]

以此为线索，查知章鸿钊论及"春秋战国之际，似已有以铁为兵者"，在引用《吴越春秋》等文例之后，指出"此明春秋之际，兵犹用铜，而箭亦皆

---

〔1〕 梳理其相关的学术史，最具有代表性的成果是，杨宽：《中国古代冶铁技术发展史》，上海人民出版社1982年版，第17-23页。邬可晶：《〈孔子家语〉成书考》，中西书局2015年版，第352页。熊贤品：《〈左传〉"铸刑鼎"问题补论》，载姚远主编：《出土文献与法律史研究》第7辑，法律出版社2018年版，第126-129页。按：邬可晶2015年著作是以《〈孔子家语〉成书时代和性质问题的再研究》（复旦大学2011年博士学位论文）为基础修改而成的，本文以2015年此书为据。

〔2〕 杨宽：《中国古代冶铁技术的发明和发展》，上海人民出版社1956年版，第12页、第23页。

铜簇也"，并在其下的注释中对《左传》此条史料进行解读：[1]

> 《左传》昭公二十九年冬，晋赵鞅、荀寅率师城汝滨，遂赋晋国一鼓铁以铸刑鼎，铸范宣子所为刑书焉。则是时晋已用铁，但为鼎不为兵。

章氏在此连读《左传》昭公二十九年"遂赋晋国一鼓铁以铸刑鼎"一句，故得出晋国当时已经"用铁"铸鼎的结论。章氏这篇论文是目前所见尝试以《左传》昭公二十九年这条史料为根据推断晋国所"铸刑鼎"为铁鼎的最早研究成果。

1955 年，作为力主晋国"铸刑鼎"为铁鼎之说的典型代表，杨宽认为，"根据冶铁技术的发明和发展情况来看，就是只根据这些史料，中国冶铁术的发明年代应该是可以追溯得更远些"，进而提出其解读《左传》这条史料的详细意见（下划线为笔者所加）：[2]

> 《左传》上说：在公元前五一三年，晋国的赵鞅、荀寅带了军队在汝水旁边筑城，借此向"国"（国都）中征收军赋，曾经"赋晋国一鼓铁以铸刑鼎，铸范宣子所为刑书焉"（左传昭公二十九年）。从这时把铁作为军赋在"国"中征收这个情况来看，可知铁在晋的国都中已是普遍存在之物。从这时用铁来铸刑鼎这件事看来，可知这时已经把铁看得同青铜一样，当作了铸造鼎的原料，而且把"刑书"铸在上面作为颁布成文法的一种工具了。我们知道，要把"刑书"铸在铁鼎上，不是件简单的事。即使这部"刑书"的文字不多，总该有一些条文，要把这些条文铸上，这个"铸型"不会太小，所需的"铸铁"也不会太少，所铸成的铁鼎的体积也不会不大。从这件事，不仅说明这时的冶铁术已经能够铸出较多量的"铸铁"，而且已经能够用较大的"铸型"来铸造有铭文的较大的铁器了。

---

〔1〕 章鸿钊：《石雅》，上海古籍出版社 1993 年版，"附录"，第 429 页、第 431 页。案：章氏《石雅》（三卷附录一卷），农商部地质调查所 1921 年初刊，地质专报乙种第二号，铅印本 1 册。中国国家图书馆古籍馆有藏。中央地质调查所 1927 年再刊本，则为其定稿。今《民国丛书》第二编 88 册（上海书店 1990 年版）所收，即 1927 年影印版。又，梁启超曾对章氏此书有较高的评价。参见梁启超撰，汤志钧导读：《中国历史研究法》，上海古籍出版社 1998 年版，第 47 页、第 62 页。

〔2〕 杨宽：《试论中国古代冶铁技术的发明和发展》，载《文史哲》1955 年第 2 期。

其中，有两点认识值得注意（下划线部分）：一是"刑书"被铸在铁"鼎"的上面（若按照其字面来理解，则似乎是指铸在鼎的外侧。尚不能完全确定这是否杨宽的真实想法）。这或许是一般人常有的理解。二是这个铁"鼎"的体积比较大。据此可以推测，晋国这次应该只铸造了一个鼎（虽未明说），而不是铸造了两个以上的鼎。在此，之所以强调这一点，是因为今见还有学者以为"这'一鼓铁'就是用来铸造若干大鼎"。[1]但是未见到此说立论的根据，因此恐怕这也只是一种臆测而已。

接着，杨宽在1956年出版的《中国古代冶铁技术的发明和发展》一书中，基本上将前揭这段文字保留下来，[2]并且在其前边增加了如下一段叙述：[3]

> 我们从春秋时代冶铁技术的水平来看，就可以知道冶铁术早在春秋以前就发明了。《左传》记述公元前513年（鲁昭公29年）晋国的赵鞅、荀寅带了军队在汝水旁边筑城，借此向"国"（国都）中征收军赋"一鼓铁"，用来铸造"刑鼎"，著录范宣子所做的"刑书"。这里所谓"一鼓铁"，后人有两种不同的解释，有人认为"鼓"是"鼓铸"意思，也有人认为"鼓"是一种量器的单位。我们认为解释为"鼓铸"是比较妥当的。即使我们不肯定这里的所谓"鼓"就是指"鼓铸"，但是要用"铸型"来铸造这样一件铸有"刑书"的大铁鼎，如果冶铁炉上没有鼓风设备是不可能进行的。因为熔化铁矿石需要很高的温度，一般要在摄氏1300度以上，如果没有鼓风设备，怎能把冶铁炉温度提到这样高呢？一定要有较大的冶铁炉，要鼓风设备不断的把充分空气压送到冶铁炉里才能促进木炭的燃烧，从而提高熔解铁矿石的温度，使冶炼出的铁熔化成为铁水，用来铸造铁器。
>
> …………
>
> ……显然，公元前513年晋国铸刑鼎的技术已经大大超过了"块炼法"的阶段。如果这时冶铁术刚发明不久，还在"块炼法"的阶段，试问怎样能得到大量液体的"铸铁"，铸造出这样一件著有"刑书"的大铁鼎呢？仅从这一点，已可知中国冶铁术的发明绝不在春秋时代，应该

〔1〕 李茂盛主编：《山西通史》"先秦"卷，方志出版社2015年版，第407页。
〔2〕 杨宽：《中国古代冶铁技术的发明和发展》，上海人民出版社1956年版，第15页。
〔3〕 杨宽：《中国古代冶铁技术的发明和发展》，上海人民出版社1956年版，第14页。

是可以追溯得远一些的。

杨宽在此也将"赋晋国一鼓铁以铸刑鼎"一句连读，赞同"一鼓铁"之"鼓"为"鼓铸"的解释。[1]

1957年，黄展岳发表论文明确表示不赞同章鸿钊、杨宽等人的观点：[2]

> 章鸿钊先生把中国始用铁器定在春秋战国之间，未免保守了一点；而童书业、范义田、杨宽诸先生分别把它定在殷代和西周初期，则不免过早了一点。我以为把中国始用铁器时代定在春秋时代是比较合适的，虽然也没有足够的证据，但由一、公元前513年晋国铸"刑鼎"事，虽未有确切证据，但推知在春秋中叶中国冶铁术已达到较高水平的冶铸阶段，当是事实；二、早在殷代，中国人民就掌握了青铜器的铸造技术，积累了不少知识和经验，由铸青铜进展到铸铁是很自然的，因此估计从锻制进到铸造的时间不会很长，可能两种冶铁术是同时出现的。杨宽先生把欧洲炼铁技术的发展史企图硬套中国特有情况是说不通的。

黄展岳在此也将《左传》所载晋国"铸刑鼎"之事作为判断中国铁器时代在春秋时代的证据之一。

值得注意的是，1957年，《孔子家语》卷九这条史料开始登场。即侯外庐等《中国思想通史》第一卷在述及"'铁的发现'在中国古代究竟起于何时"这个问题时，列举出14条春秋战国传世文献所见"铁"字的相关史料。其中，第4条就是：

> 4.《左传》昭二十九年，晋赵鞅"赋一鼓铁以铸刑鼎，著范宣子所为刑书焉"。（《孔子家语》卷九引作"赋一鼓钟"）

并指出："上引资料，时代上有先后，价值上有高低；其解释的可靠性，也有商量的余地。"[3]

在此，这两种引文均在"赋"字之后略去"晋国"二字。而且未论及

---

〔1〕 参见杨宽：《我国古代冶金炉的鼓风设备》，载《科学大众》1955年第2期。

〔2〕 黄展岳：《近年出土的战国两汉铁器》，载《考古学报》1957年第3期。

〔3〕 侯外庐、赵纪彬、杜国庠：《中国思想通史》第一卷，人民出版社1957年版，第29页。

《孔子家语》的成书时代，也没有讨论其卷九"赋一鼓钟"记载是否可靠。

顺便还要提到，早在18世纪日本学者太宰纯就在其《增注孔子家语》中，增注"一鼓钟"："事见《左氏传·昭公二十九年》，'钟'作'铁'，是。"〔1〕这是不赞同《孔子家语》"一鼓钟"的记载。

在这个阶段，尽管学者们关于中国古代铁器出现的时间有不同的看法，但对《左传》昭公二十九年这条史料的解读已形成共识，即主张连读"赋晋国一鼓铁以铸刑鼎"一句，并以此为根据主张晋国所"铸刑鼎"为铁鼎之说。

三、1958—1995年：围绕"一鼓钟"与"一鼓铁"的争论

这个阶段的相关讨论主要是在杨宽、李学勤、黄展岳之间展开的，大致有两个回合的讨论，结尾则在1995年陈建樑的论文。

第一个回合的讨论，发生在20世纪50年代末期，主要是在李学勤与杨宽之间进行的。

李学勤此间连续两次发表论文研究这个问题，其基本态度是：不赞同铁鼎之说，而主张采纳《孔子家语》"一鼓钟"的记载。

1958年，在谈到"应用铁器"问题时质疑《左传》所载这条史料（下划线部分为笔者所加）：〔2〕

> 主张春秋时代以前已知应用铁器的学者，所引用的材料主要只有一条，即《左传》昭29年所记："冬，晋赵鞅、荀寅帅师城汝滨，遂赋晋国一鼓铁，以铸刑鼎，著范宣子所为刑书焉。"如果这一条是事实，则春秋时代晋国的冶铁术已发展到能精炼铁来铸造附有法典文字的鼎，那么由此就可推论西周或更早时代必然也有了冶铁的技术。但这一点和考古学与其他文献所反映的情况不符。从已发现的战国铁器看，当时的冶铁术还处在初步的阶段。秦代所铸铁权，要附以秦始皇帝诏书，还是嵌以铜版的。同时所谓"一鼓铁"也不易解。

〔1〕（三国魏）王肃注，[日]太宰纯增注，宋立林校点：《孔子家语》，上海古籍出版社2019年版，第351页。

〔2〕李学勤：《近年考古发现与中国早期奴隶制社会》，载《新建设》1958年第8期。李学勤：《李学勤早期文集》，河北教育出版社2008年版，第101-102页。案：该书104页文末所注明的该文原出处误作"《文史哲》1958年8月号"。

仔细考察，便可知道《左传》此条是有问题的。现存《左传》出于杜预本，但早于杜预的王肃所抄辑的《孔子家语·正论解》引此段，"一鼓铁"作"一鼓钟"。王肃自注："三十斤谓之钟，钟四谓之石，石四谓之鼓。"因此，赵简子所征赋的并不是金属的铁，"铁"乃是一个错字。

李学勤在此的论证是有力的：第一，与考古学反映的情况不符，尤其是秦铁权"是嵌以铜版"来"附以秦始皇诏书"的。第二，最早讨论《孔子家语》所见这条史料，并强调若据《孔子家语》所见"一鼓钟"与王肃注，则赵简子所征赋的并非金属铁，该"铁"字乃是一个错字。这实际上是主张遵从《孔子家语·正论解》所见的"一鼓钟"，而放弃《左传》所载的"一鼓铁"。这是因为，王肃抄辑的《孔子家语·正论解》早于今见杜预本《左传》。

1959 年，再就东周铁器问题提出（着重号为笔者所加）：据《左传》这一记载，"似乎无疑是有铁了，但可惜这段文字不通，杜预也没有讲通"，"后来查到清人周永年就曾怀疑这节传文，据卢文弨给他的信件，他在《孔子世家补》书中有下列见解"：

> "铁"当作"钟"，鼓、钟皆量名。"一"乃齐一之意。毁其不齐者，更铸以给焉。又取其余，以为铸刑鼎之用也。古人铸鼎皆以铜，未闻以铁。杜氏不考古制，乃云"鼓"为鼓橐，凡铸钟鼎，谁非鼓橐者？何必以是为文耶？（《与周林汲太史书》，《抱经堂文集》卷十九）

而"这一推测是相当敏锐的，按早于杜预的王肃所辑《孔子家语·正论解》，所引《左传》此节，'铁'字正作'钟'，并注明为量名。据此，这节传文应这样标点"：

> ……遂赋晋国，一鼓铁，以铸刑鼎……

如此断读，就可以将这一句理解为三件并列的事项，其中，"'赋晋国'即令晋国中行赋制，'一鼓钟'即统一量制，都是变法的措施"[1]。

李学勤明确表示赞同《孔子世家补》之见解，坚持《孔子家语·正论

---

〔1〕 李学勤：《关于东周铁器的问题》，载《文物》1959 年第 12 期。李学勤：《李学勤早期文集》，河北教育出版社 2008 年版，第 331–332 页。案：两者文字相同，此处引文的标点系据后者。

解》所见"一鼓钟"的记载是正确的。

杨宽不赞同李学勤的解读（虽未指名道姓，但实际上确实是），在1960年出版的著作中指明其所论之问题所在：[1]

> 有人认为《左传》昭公二十九年"遂赋晋国一鼓铁，以铸刑鼎"，"一鼓铁"应从《孔子家语·正论篇》作"一鼓钟"，"铁"是"钟"字之误，以此否认春秋时代有冶铸生铁技术的发明。这个说法，在宋代已有人主张过，宋欧阳士秀作《孔子世家补》，就曾认为"古人铸鼎皆用铜，未闻以铁"，因而主张"当从《家语》作鼓钟"，并以鼓钟为量的单位名称。清代学者卢文弨在《钟山札记》中，也曾赞同这个说法。我们认为，这个说法也可商讨。从《左传疏》所引服虔注和杜预注看来，他们所见到的《左传》都作"一鼓铁"。《孔子家语》一书，清代学者都认为是王肃伪作，他抄袭古书每多增损改易，是不足据的。

杨宽表示不从宋人欧阳士秀之说，进而提出如下的质疑与反驳：[2]

> 宋欧阳士秀《孔子世家补》说："盖简子兴城而用不足，故其赋敛于晋国之内，自一鼓十鼓以至百鼓以上，自一钟十钟至于千钟有畸，以是为率数也。又以公私鼓钟之量有不齐者，索而齐壹之，一即壹也，毁其不齐者，更铸给焉，又取器销毁之余，以为铸刑鼎之用。"卢文弨《抱经堂文集》卷19《与周林汲太史书》，也有同样的说法。其实这个说法是不通的。这年"赵鞅、荀寅帅师城汝滨"，因有军事行动，借此征收军赋，用收军赋得来的铁，铸成刑鼎。怎么会有可能在征收军赋时，来个统一量制的措施呢？既然是统一量制，又怎么会"取共销毁之余"来铸刑鼎呢？这样把"赋晋国""一鼓钟""以铸刑鼎"，作为三件事，勉强连起来讲，是讲不通的。

这是站在"铸刑鼎"通说的立场上来解读《左传》这条史料的，其意见在当时颇具代表性。

---

[1] 杨宽：《中国土法冶铁炼钢技术发展简史》，上海人民出版社1960年版，第30页。
[2] 杨宽：《中国土法冶铁炼钢技术发展简史》，上海人民出版社1960年版，第35页。

亦如杨宽所指出的，李学勤1959年论文关于卢文弨《与周林汲太史书》的理解，确实有两个误读之处：其一，将周永年误作为《孔子世家补》一书的作者。其二，因此而误以为周永年（从前揭引文中所加着重点的“周永年”“他”来推断，“他”是指“周永年”）“曾怀疑这节传文”，并做出“相当敏锐”的“这一推测”。实际上，仔细阅读《抱经堂文集》卷十九所收《与周林汲（永年）太史书（壬寅）》即可知，这是卢文弨写给周永年的一通信。若斟酌体会卢、周二人之间这通信的上下文文意，则李学勤所谓“相当敏锐”的“这一推测”，恐怕并非周永年所做出的。

为何会出现这样的误解？为便于说明，在此特抄录该通信的首尾部分（下划线、着重号为笔者所加）：〔1〕

　　文弨再拜林汲馆文阁下：起居甚适。书言处境之艰，此文弨夙所饱谙者，怠于不堪回想。前见示《孔子世家补》一书，因校《左氏传》未毕功，久置篋中，今始得一读。其考订岁年行事，以正史公之误，诚有足多者。又所引《左传》昭廿五年“万者二人”，谓当作“二八”。鲁自隐公考仲子之宫，始用六羽，其后群公之庙必皆用六佾可知。季氏，卿也，无用四佾，今又取襄庙之四佾为八佾，故唯有二八在耳。又引郑赂晋悼公女乐二八，而悼公分一八而赐魏绛；秦之遗戎王，亦以女乐二八。是知乐无问雅俗，皆以八人为佾也。此段“二人”之误，学者亦多疑之，而未有若此之剖析明而证据确也。又昭公二十九年传：“赵鞅赋晋国一鼓铁，以铸刑鼎。”谓“铁”当作“钟”，鼓、钟皆量名。一乃齐一之义。毁其不齐者，更铸以给焉，又取其余以为铸刑鼎之用也。古人铸鼎皆以铜，未闻以铁。杜氏不考古制，乃云鼓为鼓橐。凡铸钟鼎，谁非鼓橐者，何必以是为文耶？斯言当矣。至若“太宰问多能”，则据《列子》《家语》断其为宋太宰。“郑人谓夫子其颡似尧”数语，谓假相人而隐其辞以晓子贡。其语颇辨。此书诚当版行，以垂示久远，不可任其湮没也。文弨见识浅陋，其中亦尚有疑焉者。……今当付雕，亦不必为之改订，唯俟读者之自为取舍焉耳。此书见示只五册，尚未见“夫子曳杖之辰”，应有一册在阁下所，此间未移至他处，不宜有遗失。今粗校一过，仍送上，刻

---

〔1〕 （清）卢文弨著，王文锦点校：《抱经堂文集》卷十九，中华书局1990年版，第274-275页。

成时见赐可也。

由前揭这通信首尾部分可知，卢文弨从周林汲（永年）处获见《孔子世家补》一书（五册，另一册则未见），校读后即奉还，并随信谈了其校读意见。但是，这里并未明示《孔子世家补》的作者是谁（或许由于卢、周二人均知，因此这里略去不提）。此外，前揭李学勤1959年论文中的那段引文，应该是这通信引文中的下划线部分——"谓'铁'当作'钟'"之后，即针对《左传》昭公二十九年这节传文所作。这是卢文弨摘引《孔子世家补》之文。"斯言当矣"一句，则是卢文弨在该信中对《孔子世家补》之说的评价。

之所以出现这种误解，推测很可能是这样的情况：李学勤在写这篇短文时未看到卢文弨《钟山札记》一书（杨宽1960年著作首先提及此书[1]）。今查核该书第二卷之"鼓钟"条，可见（原文只有断句，标点符号以及下划线均为笔者所加）有如下文字：[2]

> 《家语·正论解》：赵简子赋晋国，一鼓钟以著刑鼎。鼓、钟，权量名也。王肃注云：三十斤谓之钧，钧四谓之石，石四谓之鼓。左氏载晏子称：四升为豆，各自其四以登于釜，釜十则钟。今《左传》作：赋晋国一鼓铁以铸刑鼎。杜注训鼓为鼓橐。宋欧阳士秀作《孔子世家补》辨之云：古人铸鼎皆用铜，未闻以铁。又凡铸钟鼎，谁非鼓橐者？何必赘此一字。当从《家语》作鼓钟。盖简子兴城而用不足，故其赋敛于晋国之内，自一鼓十鼓以至百鼓已上，自一钟十钟至于千钟有畸，以是为率数也。又以公私鼓钟之量有不齐者，索而齐壹之。一即壹也。毁其不齐者，更铸以给焉。又取其销毁之余，以为铸刑鼎之用。此说似较之杜注为胜。

卢文弨在此指明，《孔子世家补》一书是宋人欧阳士秀所作。前揭引文的下划线部分，应该是卢文弨摘引该书的文字（杨宽在前揭其1960年著作第35页注释18的引文中已指出此点）。"此说似较之杜注为胜"一句，当是卢文弨在其札记中对欧阳士秀之辨析的评语。

[1] 杨宽：《中国土法冶铁炼钢技术发展简史》，上海人民出版社1960年版，第30页、第35页。
[2] （清）卢文弨：《钟山札记（及其他一种）》第二卷"鼓钟"条，中华书局1985年版，第26页。

比较前揭清人卢文弨《抱经堂文集》卷十九及其《钟山札记》卷二这两段引文中的下划线部分，可见其中若干文字略有区别，但大致相同。如果将以上的下划线部分均视为欧阳士秀的解读意见，那么卢氏在这两处所引的文字只是繁简之别。不知是否可以这样推测：给周林汲（永年）那通信中的或许为摘引《孔子世家补》之原文，而《钟山札记》所引的很可能是全录《孔子世家补》之原文。[1]

根据卢文弨《钟山札记》所引的《孔子世家补》可知，宋人欧阳士秀首先质疑《左传》"铸刑鼎"之记载，批驳杜注"鼓"为"鼓橐"之训。归纳其具体意见有三：（1）赞同《孔子家语》"一鼓钟"的记载，据此认为《左传》"一鼓铁"之"铁"字当为"钟"字。（2）"鼓""钟"二字，均为权量名。（3）"赋晋国"，即"盖简子兴城而用不足，故其赋敛于晋国之内"。"一鼓钟"，即"以公私鼓钟之量有不齐者，索而齐壹之。一即壹也。毁其不齐者，更铸以给焉"。"以铸刑鼎"，即"又取其销毁之余，以为铸刑鼎之用"。

现在可以确定的是：宋人欧阳士秀最早提出，应将《左传》昭公二十九年"铸刑鼎"一句理解为三个并列事项。这实际上是主张：将该句断读为"赋晋国，一鼓铁，以铸刑鼎"（该"铁"字本当作"钟"字），而且认为三者之间存在一定的逻辑联系，从而厘清了这三个事项之间的文脉，其文意亦得以贯通。进而，若依此解读，则"铸刑鼎"所用的材料是在销毁鼓钟量器之后留存下来的材料，而这些量器应是铜制的，这些材料当然也是铜料。"以"此铜料所"铸刑鼎"，就应是"铜"鼎。在这个语境下，这个"以"字就不是可有可无的。

比较前揭杨宽之说与宋人欧阳士秀的解读意见，显然是欧阳士秀的理解更具有说服力。

此外，这里还要特别提到的一点，就是邬可晶提到过的一个信息："据吴荣曾《张政烺先生与古史研究》一文的介绍，张政烺先生也早有此说，但未形诸文字。"[2]也就是说，张政烺当时也就这两条史料谈过其看法。

---

　　〔1〕　承管笑雪同学提示，宋人欧阳士秀《孔子家语补》一书今有"永乐大典本"［参见（清）永瑢等撰：《四库全书总目》上册，中华书局1965年版、第531页。郑鹤声、郑一钧整理：《正史汇目》，"欧阳士秀《孔子世家补》十二卷"条，天津古籍出版社2009年版，第39页］。该书"永乐大典本"不易见到。目前只能做出如此判断，亦有待将来有机会再核对。

　　〔2〕　邬可晶：《〈孔子家语〉成书考》，中西书局2015年版，第352页。

按照此线索查阅吴荣曾所撰该文，则可知：他曾于 1955—1958 年在北京大学历史系给张政烺做助教。其间，"有机会随时向先生请教，并能对先生治史的方法和特点稍有了解"。在该文中可见到有这样的一段叙述：[1]

> 先生对人们或认为内容、年代有问题的古籍有选择地去加以利用。而对于大家都相信的史书反而在引用时采取非常谨慎小心的态度，例如《左传》，内容基本真实、可信，但在长期流传中也会发生字句上的讹、脱、衍、误。像昭公二十九年记晋国的赵鞅，"遂赋晋国一鼓铁，以铸刑鼎"，不少人据此以为是晋用铁铸鼎的证据。先生则注意到《孔子家语》卷九《正论解》也引用类似的话，作"赵简子赋晋国一鼓钟以铸刑鼎"。先生解释这段话包括三个内容，一是赋晋国。二是"一鼓钟"，一是统一、划一之意，鼓钟指量器，即统一度量衡。三是铸鼎。由于他书中出现了异文，《左传》中的铁字是否可靠就值得考虑了。

由此可见，张政烺认为《左传》的"一鼓铁"在流传中出现讹误，因而赞同《孔子家语》之"一鼓钟"说，并主张该句所涉为并列的三个事项，这实际上与宋人欧阳士秀在《孔子世家补》的处理方案一样。只是不清楚他当时是否读过《孔子世家补》一书。不过，以张政烺的勤奋与阅读面之广而论，正如学界评价他"真正称得起博闻强记"、博览群书、通读"从古代到近代的"史书，[2]因此，宋人欧阳士秀《孔子世家补》一书很可能就在他阅读的视野之中。

令人遗憾的是，在目前所见张政烺论著之中，未能查寻到有关这两条史料的文字。不知是不是这样一种情况：吴荣曾在给张政烺做助教时，他俩私下谈到此事。或许是吴荣曾当时就杨宽（1955 年）、李学勤（1958 年）论文所论及的，当面向张政烺请教过，并将其答复意见记录下来，后来写入《张政烺先生与古史研究》一文之中。

如果确实如此，那么从吴荣曾所写的这段文字亦可推知，张政烺当时很

---

〔1〕 吴荣曾：《张政烺先生与古史研究》，载张政烺先生九十华诞纪念文集编委会编：《揖芬集——张政烺先生九十华诞纪念文集》，社会科学文献出版社 2002 年版，第 21-22 页。

〔2〕 参见张守常：《记业师张苑峰先生》，载张政烺先生九十华诞纪念文集编委会编：《揖芬集——张政烺先生九十华诞纪念文集》，社会科学文献出版社 2002 年版，第 9-11 页。

可能已经关注到 20 世纪 50 年代末杨宽、李学勤的论文，并且对这些资料已有相当充分的把握和理解。尤其是，早在 1951 年就发表的《汉代的铁官徒》一文，其中有"中国何时开始有铁"一节。其中，虽然没有提到这两条史料，[1]但是他后来很可能一直在关注相关专题的研究成果及动态。

第二个回合的讨论，出现在黄展岳（1976 年）和杨宽（1982 年）之间。其焦点集中于：如何断读《左传》"遂赋晋国一鼓铁以铸刑鼎"，怎样处理《孔子家语·正论解》所见的"一鼓钟"。

1976 年，黄展岳在其论文中强调：自 1957 年起，二十年来他的"这个看法基本上没有改变，但当时的一些论据则感未尽妥帖"。进而，从古籍征引和考古材料的使用两个方面整理相关的证据，批评"中国殷代或西周时期已经冶铁和使用铁器"的看法。其中，对第（14）条文献史料即《左传》昭公二十九年的记载，论述如下：[2]

> 可惜这段文字不通，西晋杜预也没有讲通。现存《左传》出于杜预本，早于杜预的曹魏时人王肃，在其抄辑的《孔子家语·正论解》引此段时，"一鼓铁"作"一鼓钟"，自注云："三十斤谓之钟，钟四谓之石，石四谓之鼓。"南宋欧阳士秀以及清初周永年、卢文弨、袁枚等亦均指出，"一鼓铁"实为"一鼓钟"之误。鼓、钟皆量名，一乃齐一之义。东汉服虔和曹魏张揖也是主张把"鼓"释为量器单位的。据此，这段传文应改为：
>
> "……，遂赋晋国，一鼓钟，（以）铸刑鼎……"
>
> 晋国新兴地主阶级代表人物赵鞅，在向奴隶主进行武装夺权的战争中，令晋国中行赋税，统一量制，同时颁布范宣子的《刑书》于鼎上，这些都是变法措施，是完全符合历史真实的。这个铸上（或刻上）《刑书》的鼎，自应理解为铜鼎。根据解放后对我国古代铁器的多次科学考查，当时铁的冶铸能不能达到如此高度的工艺水平，也还是个问题。这也可以说明此鼎实是铜鼎。

---

〔1〕 张政烺：《汉代的铁官徒》（原载《历史教学》第 1 卷第 1 期，1951 年 1 月），载氏著《张政烺文史论集》，中华书局 2004 年版，第 255-257 页。

〔2〕 黄展岳：《关于中国开始冶铁和使用铁器的问题》，载《文物》1976 年第 8 期。

不过，黄展岳在文中提到的欧阳士秀《孔子世家补》系转引自杨宽1960年《中国土法冶铁炼钢技术发展简史》（第35页注18引。参见本文前揭）。[1]与杨宽不同的是，黄氏的认识出现三个变化：一是认为《左传》这段文字难以读通。二是主张晋国所"铸刑鼎"实为铜鼎。三是进而梳理宋代以来学者对《孔子家语·正论解》所见异文的看法，转而赞成"一鼓钟"之说，支持欧阳士秀等人将《左传》这一句断读为三个事项的方案。但由于无法处理"以铸刑鼎"之"以"字，因此提出该字为衍文的看法：[2]

> "以铸刑鼎"的"以"字疑为衍文，否则，"以"字下必有实物（原料或资金）。以前所以误改"钟"为"铁"（如果确是"改"的话），便由于此。但不论属于哪一种，均与铁无关。

后来，有学者相继指出：黄展岳疑"以"字为衍文之说，"实无充分证据"，[3]"实不可取"。[4]

黄展岳在此所谓"不论属于哪一种，均与铁无关"之说，确实切中问题的要害。也就是说，只要将此句断读为三事，无论是"一鼓铁"还是"一鼓钟"，晋国所"铸刑鼎"之"鼎"就均与"铁"无关。不过，"一鼓钟"较之"一鼓铁"，更加符合该句的文意，可以顺利贯通其上下文。

1982年，杨宽在《中国古代冶铁技术发展史》最终版之中，反驳黄展岳之说：[5]

> 最近黄展岳先生在《关于中国开始冶铁和使用铁器的问题》一文中，仍然采用这个说法，认为这是三件事，并且说：赵鞅"令晋国中行赋税，统一量制，同时颁布范宣子的《刑书》于鼎上，这些都是变法措施"。这就更讲不通了。《左传》说："晋赵鞅、荀寅帅师城汝滨，遂赋晋国一鼓铁，以铸刑鼎。"杜预注认为"因军役而为之，故言遂"，是正确的。这

---

〔1〕 黄展岳：《关于中国开始冶铁和使用铁器的问题》，载《文物》1976年第8期。
〔2〕 黄展岳：《关于中国开始冶铁和使用铁器的问题》，载《文物》1976年第8期。
〔3〕 熊贤品：《〈左传〉"铸刑鼎"问题补论》，载姚远主编：《出土文献与法律史研究》第7辑，法律出版社2018年版，第130页。
〔4〕 邬可晶：《〈孔子家语〉成书考》，中西书局2015年版，第352页。
〔5〕 杨宽：《中国古代冶铁技术发展史》，上海人民出版社1982年版，第22页。

是因有军役而向"国"中征收军赋，借此征得"一鼓铁"，用来铸刑鼎。赵鞅怎么可能在"帅师城汝滨"之时，实行统一量制等一系列变法措施呢？

并且重申其一贯以来的主张：[1]

> 我在旧著《中国古代冶铁技术的发明和发展》中，根据《左传》所载春秋末年晋国用铁来铸造"刑鼎"这件事，推定当时已发明冶铸生铁技术，并已发展到较高水平，因而推测我国炼铁技术的发明当远在其前。《左传》记述鲁昭公二十九年（公元前513年）晋国的赵鞅、荀寅带了军队在汝水旁边筑城，"遂赋晋国一鼓铁，以铸刑鼎，著范宣子所为《刑书》焉"。就是说：借此向"国"（国都）中征收军赋"一鼓铁"，用来铸造"刑鼎"，著录范宣子所制定的《刑书》。要用"铸型"来铸造这样一只著有《刑书》的大铁鼎，如果冶铁炉上没有鼓风设备是不可能进行的。因为熔化铁矿石需要很高的温度，如果没有鼓风设备，怎能把冶铁炉温度提到这样高呢？一定要有较大的冶铁炉，要鼓风设备不断地把足够的空气压送到冶铁炉里，才能促进木炭的燃烧，从而提高熔解铁矿石的温度，使冶炼出的铁熔化成为铁水，用来铸造铁器。这是我国历史上最早使用生铁铸造器物的记载。

由此可见，自1955年以来，杨宽在将近三十年的研究中一直坚持不改变其主张，确实是《左传》"遂赋晋国一鼓铁，以铸刑鼎"之通说的坚定主张者。此说在20世纪70年代末期和80年代初期仍具有相当大的影响力。[2]

我国香港地区学者陈建樑是此阶段最后一个参与讨论者，1995年发表的论文专门考察《左传》所见"一鼓铁"之量，明确表示：不赞同黄展岳之说，但支持杨宽的观点。与以往研究者不同的是，他提出"一鼓容量有四百八十斤的说法"，与《礼记·曲礼上》"献米者操量鼓"之郑注、孔疏，两者

〔1〕 杨宽：《中国古代冶铁技术发展史》，上海人民出版社1982年版，第20页。
〔2〕 参见北京钢铁学院《中国冶金简史》编写小组编：《中国冶金简史》，科学出版社1978年版，第43页。童书业编著：《中国手工业商业发展史》，齐鲁书社1981年版，第11-12页。冯友兰：《中国哲学史新编》第一册，人民出版社1982年版，第121页。

之间有矛盾之处：[1]

　　即依《礼记·曲礼》所说"献米者操量鼓"，据郑注云："凡操执者，谓手所举以告者也。设其大者，举其小者，便也"。孔《疏》则将本句解释为，"献米者执器以呈之。"由郑玄和孔颖达的解释，可见"鼓"既为人手所执来用作上呈及表示献米的用具，则它的体积在理论上应当较小，才能便于手持，如此，又怎可能有足够的分量给赵鞅等用一鼓来铸制刑鼎？而且鼎上须刻上法律条文，可见鼎的体积亦当不至于太小。然而，若根据上文所论：一鼓有480斤，这个重量固然可供用作铸鼎之用，但《曲礼》所谓"执鼓"又当如何解释？难道人手可执持一个重达480斤的鼓来上呈吗？

　　《左传》孔《疏》既然承认"鼓"为一种较小的器具，因而有前者的质疑。孔《疏》有言："但礼之将命，置重而执轻，鼓可操之以将命，即豆区之类，非大器也。唯用一鼓，则不足以成鼎，家赋一鼓，而铁又太多。"而孙希旦《礼记集解》卷三则据何胤《礼记隐义》而对孔《疏》提出了质疑说："器容十二斛则不可执以将命。"是以"鼓"器为小，则《左传》所说者不可通；"鼓"的容量若有480斤，则与《曲礼》所载不合。这正是两说所以矛盾的地方。因此，如要解决这个纠缠的疑问，必须使用其他方法作为验证。

　　该文尝"试以度量衡制度来作换算，以明了一鼓重量的大概数目，再据以求得鼓容积的多少或可由此而疏通二经的记载"，[2]但文献所载的量数和出土的量器实物都无法使其考察达到这个预定的目标。因此，这种矛盾之处确实存在吗？

　　如此，不妨换个思路来考虑：这是否恰恰反映出《孔子家语》所见的"一鼓钟"才是正确的文字表达呢？如果确实是"一鼓钟"，那么再按照宋人欧阳士秀的意见将《左传》"铸刑鼎"一句理解为三件并列的事项，"这个纠

---

[1]　陈建樑：《晋以"一鼓铁"铸型鼎献疑》，载《山西大学学报（社会科学版）》1995年第2期，第67页。

[2]　陈建樑：《晋以"一鼓铁"铸型鼎献疑》，载《山西大学学报（社会科学版）》1995年第2期，第67页。

缠的疑问"不就自然冰释了吗？

接着，陈建樑论文围绕《孔子家语》"一鼓钟"展开讨论（下划线系笔者所加，标识其原文有5处讹误，或许是排版时误植所致。引文径改，并在脚注中注明）：[1]

> 由于在古籍之中，"鼓"字的歧义颇多，于是乃有学者率尔改字作解。"始作俑"者，推魏人王肃所注《孔子家语》，[2]而宋人欧阳士秀所撰《孔子世家补》[3]亦颇主此说。有关其人其书之概况，今存的资料较少。清人卢文弨曾因友人周永年而得见其书之五册。考《抱经堂文集》卷一九《与周林汲太史书》中，即提及其书所载有关欧阳氏改[4]字之事。其有云："前见示《孔子世家补》一书，因校《左氏传》未毕功，久置箧中，今始得一读。其考订岁年行事，以正史公之误，诚有足多者。……又：《昭廿九年·传》：'赵鞅赋晋国一鼓铁，以铸刑鼎。'谓'铁'当作'钟'，鼓、钟皆量名。一乃齐壹之义。毁其不齐者，更铸以给焉，又取其余以为铸刑鼎之用也。古人铸鼎皆以铜，未闻以铁。杜氏不考古制，乃云'鼓'为'鼓橐'。凡铸钟鼎，谁非'鼓橐'者？何必以是为文[5]耶？斯言当矣。"又：卢抱经《钟山札记》卷二《鼓钟》条亦主此说："今《左传》作'赋晋国一鼓铁，以铸刑鼎'。杜注训'鼓'为'鼓橐'。……'一'字[6]当从《家语》作'鼓钟'。盖简子兴城而用不足，故其赋敛于晋国之内，自一鼓、十鼓以至百鼓以上；自一钟、十钟至于千钟有畸，以是为率数也。又以公私鼓钟之量有不齐者，索而齐壹之，一即壹也。毁其不齐者，更铸以给焉。又取其销毁之余以为铸刑鼎之用。此说似较之杜注为胜。"其说本于《家语》而改字，又从事剖析，言之凿凿，似有其据。卢氏以外，袁枚《随园随笔》卷一八《辨讹类下·左氏赋一鼓铁之讹》条及《诂经精舍课艺七集》卷七载俞

---

[1] 陈建樑：《晋以"一鼓铁"铸型鼎献疑》，载《山西大学学报（社会科学版）》1995 年第 2 期。

[2] 原误作：《孔语家语》。当为：《孔子家语》。

[3] 原误作：《孔子家语补》。当为：《孔子世家补》。

[4] 原误作：收。当为：改。

[5] 疑其原文此处脱落"文"字，径补。

[6] 其原引文在此处未断开，容易产生误解。今径以句号断读。

椹弟子冯一梅所撰《一鼓铁解》以至今人黄展岳《关于中国开始冶铁和使用铁器的问题》一文，皆与欧阳士秀同说。然而诸家改字，既有悖于汉时所见《左氏》之本（黄展岳先生提出：现存《左传》出于杜预本，早于杜预的曹魏时人王肃，在其抄辑的《孔子家语·正论解》引用此段时，"一鼓铁"作"一鼓钟"……其说便不顾服氏《左氏解谊》本字仍作"铁"此一早于王肃之世的事实），且又忽略了考古发掘及冶铁科技的发展（如 1976 年，湖南长沙杨家山六十五号墓便出土有一件春秋晚期重达三千二百五十克的铁鼎）。有关诸家改字之失，今人杨宽先生已于《中国古代冶铁技术发展史》中曾颇有驳斥，其说当可信从，兹不详论。

在此，明确主张《孔子家语》是改"铁"为"钟"字的始作俑者，赞同杨宽对诸家改字之失的驳斥。但是，现在恐怕并没有确凿的证据，可以确证《孔子家语》所见的"一鼓钟"就是改《左传》"一鼓铁"而成的。也许这两者的文字各自有其材料来源，或者如张政烺所说《左传》在其流传过程中出现了讹误。

值得注意的是，陈建樑指出："诸家改字"之说，"既有悖于汉时所见《左传》之本"（举黄展岳 1976 年论文之说为例），又忽略新的考古发掘（以 1976 年湖南长沙杨家山 65 号墓出土铁鼎为例[1]）。在此，有必要就这两个问题再作讨论。

第一个问题，涉及《左传》昭公二十九年"一鼓铁"孔疏所引服虔注到哪里为止。

关于此，归纳起来，大致有以下三种不同的认识。

第一种，杨宽主张："从《左传疏》所引服虔注和杜预注看来，他们所见到的《左传》都作'一鼓铁'。"[2]并指出服虔之注的具体范围：[3]

　　　　东汉服虔认为"鼓"是量名。他说："鼓，量名也。《曲礼》曰：'献米者操量鼓。'取晋国一鼓铁以铸之。"（孔颖达《正义》引）

---

〔1〕 其根据的是二手资料，不是 1978 年《文物》第 8 期所载的发掘简报。
〔2〕 杨宽：《中国土法冶铁炼钢技术发展简史》，上海人民出版社 1960 年版，第 30 页。
〔3〕 杨宽：《中国古代冶铁技术发展史》，上海人民出版社 1982 年版，第 21 页。

陈建樑沿袭与杨宽的看法：[1]

服虔的解释，在于说明"鼓"的性质，即鼓实为量器之名。服氏并且引用了《礼记·曲礼》所载献米用"量鼓"作为佐证，并且解释《左传》原文之义谓：取晋国一"鼓"容量的铁来铸制刑鼎。

第二种，黄展岳认为："《左传》昭公二十九年正义引服虔云：'鼓，量也。'"[2]

第三种，王奥、熊贤品主张孔颖达引服虔注为："服虔云：鼓，量名也。《曲礼》曰：'献米者操量鼓。'"[3]

以上这三种理解，究竟哪一种更为准确呢？为了方便做出判断，特抄录今人标点的孔疏此段文字：[4]

正义曰：服虔云：鼓，量名也。《曲礼》曰："献米者操量鼓。"取晋国一鼓铁以铸之，但礼之将命，置重而执轻，鼓可操之，以将命即豆区之类，非大器也。唯用一鼓则不足以成鼎，家赋一鼓，而铁又大多。且金铁之物，当称之以权衡，数之以钧石，宁用量米之器量之哉？故杜以为赋晋国者，令民各出功力，均赋取其功也。

只要将孔疏这段质疑文字与《礼记·曲礼上》该句之郑玄注、孔颖达疏对读，[5]就可以做出如此的判断：第二种（黄展岳的理解）最有可能就是服虔注。若此判断无误，则"《曲礼》曰"以下，就是孔颖达对服虔注提出的质疑：举出《礼记·曲礼上》"献米者操量鼓"与《左传》"赋晋国一鼓铁以

〔1〕 陈建樑：《晋以"一鼓铁"铸型鼎献疑》，载《山西大学学报（社会科学版）》1995 年第 2 期。

〔2〕 黄展岳：《关于中国开始冶铁和使用铁器的问题》，载《文物》1976 年第 8 期。

〔3〕 王奥：《〈左传·昭公二十九年〉"一鼓铁"考释》，载《濮阳职业技术学院学报》2016 年第 6 期。熊贤品：《〈左传〉"铸刑鼎"问题补论》，载姚远主编《出土文献与法律史研究》第 7 辑，法律出版社 2018 年版，第 127 页。案：王奥论文将"服虔"误作"服虞"。

〔4〕 （周）左丘明传，（晋）杜预注，（唐）孔颖达正义，浦卫忠、龚抗云、于振波整理，胡遂、陈咏明、杨向奎审定：《春秋左传正义》下册［李学勤主编《十三经注疏（标点本）》］，北京大学出版社 1999 年版，第 1512 页。

〔5〕 （汉）郑玄注，（唐）孔颖达疏，龚抗云整理，王文锦审定：《礼记正义》上册［李学勤主编《十三经注疏（标点本）》］，北京大学出版社 1999 年版，第 68-69 页。

铸刑鼎"进行对比，不同意服虔注将"鼓"作为量名的意见。其质疑在此体现的是，如何理解这个"鼓"字：量名？鼓铸？如果按照孔疏，那么只要把"一鼓铁"之鼓理解为"鼓铸"，就不存在这个疑问了。

东汉服虔之注早已佚失。今见孔疏所引"鼓，为量名"为服虔注，应该是没有什么问题的。无论服虔在东汉所见到的《左传》文本是否写作"一鼓铁"，都不影响其此注释。而孔疏的质疑是合理的，毕竟已看到问题之所在，即"一鼓铁"之难以理解，虽然并没有找到解决疑问的根本办法。

如果这样的解读没有问题，那么杨宽、陈建樑的相关判断恐怕都是难以成立的，而且陈建樑论文对黄展岳1976年论文的批评，也缺乏足够的说服力。

第二个问题，关涉湖南长沙考古发掘的楚国铁器能否证明《左传》所载"一鼓铁"的可靠性？

根据考古发掘简报，湖南长沙在1976年、1977年先后出土1件铁鼎形器、1件铁鼎。

第一件，是1976年长沙杨家山65号墓（春秋晚期）出土铁鼎形器：[1]

> 铁鼎形器（图七：3）：敞口，残存竖耳，口沿下部有一道凸弦纹，收腹，平底，底部有短小的蹄足。残高6.9、足长2厘米。经金相鉴定，知为白口铸铁器（图七：5）

该铁鼎形器的所属时代为春秋晚期，与晋国"铸刑鼎"为同时代之物。另外，据发掘简报所公布的照片（图1之左），其器形之状似乎不甚明了。发掘者所谓"铁鼎形器"，恐怕是因其锈蚀严重而如此定名的。在这种锈蚀严重的情况下，当然也根本无法判断是否为铸有铭文之铁鼎。白口铸铁是否可以用来铸造有铭文的铁鼎？前揭李学勤1958年论文举例：秦代铁权嵌以铜版附上诏书文字。或许秦代都没有直接在铁器上铸字的技术吧。

---

[1] 长沙铁路车站建设工程文物发掘队：《长沙新发现春秋晚期的钢剑和铁器》，载《文物》1978年第10期。

 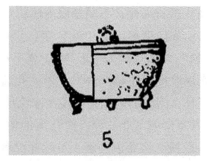

图1　长沙杨家山65号墓铁鼎形器（引自《文物》1978年第10期第48页、第45页）

第二件，是1977年长沙窑岭15号墓（春秋战国之际）出土铁鼎（参见图2之左）：[1]

> 铁鼎（图五）：铸制。形体较大，器形尚完整，缺盖。深圆腹，圜底，环形附耳，扁棱形腿，腿部已残。残高21、口径23、腹深26厘米。出土时称重3250克。可能为实用器。金相鉴定表明含少量石墨，基体为亚共晶铸铁。由于取样金属层太薄，反复抛光时已出现氧化物，未进行金相照相。

据发掘简报所刊发的照片（图2之左），此件的鼎形较第一件的稍微完整些，但其所属时代有可能比晋国"铸刑鼎"的时代晚。

 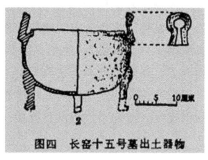

图2　长沙窑岭15号墓出土铁鼎（引自《文物》1978年第10期第46页、第45页）

就目前所见这两件考古发掘铁鼎的实物而言，可以确定春秋晚期的楚国

---

[1]　长沙铁路车站建设工程文物发掘队：《长沙新发现春秋晚期的钢剑和铁器》，载《文物》1978年第10期。

已能够铸造铁鼎。但这是否可以证实当时的晋国同样可以铸造铁鼎呢？在这两者之间，恐怕还缺乏一个证据上的直接链接。如果要以实物来证实晋国在春秋晚期已有铸造铁鼎的技术和实力，还需要等待将来有新的考古发掘成果。

黄展岳、杨宽、白云翔、熊贤品先后注意到长沙杨家山 65 号春秋晚期墓出土的这件铁鼎形器。[1]尤其值得一提的是，杨宽没有将此作为解读《左传》"一鼓铁"的证据。而且，考古学者白云翔也有如下的看法：[2]

> 种种考古发现告诉我们：春秋时期作为我国古代冶铁的初期发展阶段，的确，冶铁的技术发生了重大革新和进步，铁器的结构和种类有所改进，铁器的应用领域和地域也在不断扩展。但是，春秋时期铁器的使用还非常有限，尚未真正应用于农业生产，也并非"已是普遍存在之物"，更谈不上普及；铁器的冶铸和生产尚附属在青铜冶铸业之中，作为一种产业的铁器工业尚未形成；铁器在社会生活中发挥的实际作用仍然有限，对社会变革的推动作用尚未真正显现出来。由此观之，……《左传》昭公二十九年所载晋国所铸刑鼎，大概是铜鼎……从总体上说，春秋时期是我国铁器时代的初级阶段，在某种意义上，也可以说是"铜铁并用时期"。

这段论述具有重要的学术意义，其中必须引起研究者注意的至少有两点。其一，实际上是直接批评杨宽的观点，并提出比较保守的判断，"春秋时期铁器的使用还非常有限，尚未真正应用于农业生产，也并非'已是普遍存在之物'，更谈不上普及"。其二，推断晋国所"铸刑鼎"为铜鼎，并不认同此前流行的铁鼎之说。

关于这个阶段讨论的总体情况，白云翔做出这样的概括：[3]

---

〔1〕 黄展岳：《陨铁制器和人工炼铁》，载《历史教学》1979 年第 12 期。黄展岳：《试论楚国铁器》，载湖南省博物馆、湖南省考古学会合编：《湖南考古辑刊》第 2 辑，岳麓书社 1984 年版，第 144 页、第 146 页、第 153 页、第 155 页。杨宽：《中国古代冶铁技术发展史》，上海人民出版社 1982 年版，第 23 页。白云翔：《先秦两汉铁器的考古学研究》，科学出版社 2005 年版，第 22 页、第 24 页、第 40 页、第 402 页。熊贤品：《〈左传〉"铸刑鼎"问题补论》，载姚远主编：《出土文献与法律史研究》第 7 辑，法律出版社 2018 年版，第 129 页。

〔2〕 白云翔：《先秦两汉铁器的考古学研究》，科学出版社 2005 年版，第 47 页。

〔3〕 白云翔：《先秦两汉铁器的考古学研究》，科学出版社 2005 年版，第 19 页。

《左传·昭公二十九年》："冬，晋赵鞅、荀寅帅师城汝滨，遂赋晋国一鼓铁，以铸刑鼎，著范宣子所为刑书焉。"此条文献也广为引用，但同样也是众说不一。采信者认为，晋国以铁铸刑鼎可信。但不从者认为，文中"一鼓铁"实为"一鼓钟"之误，这段传文应标点为"……遂赋晋国，一鼓钟，以铸刑鼎……"当时铸或刻有范宣子《刑书》的鼎应为铜鼎。

在这个阶段，《孔子家语》卷九《正论解》有关晋国"铸刑鼎"的记载，开始进入学者的研究视野之中并引发争论，其焦点集中在如何处理"一鼓铁"与"一鼓钟"这一异文。持铜鼎说者更加引人关注，其共识是：《左传》"一鼓铁"应为"一鼓钟"之误，并且应当断读为"遂赋晋国，一鼓钟，以铸刑鼎"，在此表达的是并列的三个事项。与此同时，以《左传》"一鼓铁"为据的铁鼎通说仍然具有一定的影响力。两说对峙，各持已见，没有定论。

四、2004—2018 年：采信"一鼓铁"之说成为主流意见

在此阶段，邬可晶、熊贤品和杨朝明、王奥等继续辨析这个问题。但是，与前一阶段不同的是，并没有出现这些学者之间互相讨论的现象。大致可以分为主流意见与非主流意见两种情况。

作为主流意见，就是采信《左传》"一鼓铁"的记载，主张《孔子家语》"一鼓钟"之"钟"当从《左传》作"铁"字。关于"鼓"字，则沿袭量名之说或鼓铸之说。其中，具有代表性的是邬可晶与熊贤品的解读意见。

邬可晶专门讨论《孔子家语·正论解》"赵简子赋晋国一鼓钟"章，认为与《左传》昭公二十九年所载相比，其"文字基本相同"，并提出具体的意见：[1]

> 《左传》的"一鼓铁"，在《家语》中作"一鼓钟"，过去有人以《左传》的记载作为春秋时期制铁之证，也有人以《家语》的异文对此表示质疑，认为"钟"是原貌，"鼓""钟（锺）"皆量名，"一鼓钟"

---

[1] 邬可晶：《〈孔子家语〉成书考》，中西书局 2015 年版，第 352-353 页。案：邬著 352 页注释④所见"宋代欧阳士秀《孔子家语补》"之"家语"二字当系"世家"的笔误，应为"宋代欧阳士秀《孔子世家补》"。

当单独成句，是说赵简子等人统一晋国的量制。按：紧接其后的"以铸刑鼎"句，应该是说用"一鼓铁"或"一鼓钟"来铸造刑鼎；如果采用统一量制的解释，"以"字就没有着落了。黄展岳先生是相信上引"统一量制"的说法的。关于"以铸刑鼎"的"以"字，黄先生"疑为衍文，否则，'以'字下必有实物（原料或资金）"，显然已经觉察到了问题所在。但他为了证成己说而任意怀疑古书有衍脱，实不可取。据《左传》的记载，"赋晋国一鼓铁"之事是赵鞅、荀寅"帅师城汝滨"时干的。杜预注："汝滨，晋所取陆浑地。"可知汝滨本属居陆浑的允姓之戎的地盘，为晋人所夺取，赵鞅、荀寅在汝滨如何能"令晋国中行赋制""统一量制"呢？《左传》言赵鞅、荀寅城汝滨，"遂赋一鼓铁"，杜预注："因军役而为之，故言遂。"杨宽先生肯定杜注，并认为"这是因为有军役而向'国'中征收军赋，借此征得'一鼓铁'，用来铸刑鼎"。此说不失为一种比较平实的讲法。"鼓"为量名，其后若再跟一个当量名讲的"钟（锺）"，显然也不如跟"铁"字合适。今本《家语》疑涉"鼓钟"习语而误"铁"为"钟"。

在此，评析前揭第二阶段黄展岳与杨宽之间的争论，指出其问题关键是如何处理"以铸刑鼎"之"以"字，批评黄展岳"以"字衍文说，赞同杨宽的理解。不过，以在汝滨之地而质疑"如何能'令晋国中行赋制''统一量制'"，并推测《孔子家语》误"铁"而为"钟"，恐怕缺乏足够的说服力。因为如果按照杜注"因军役而为之"，在汝滨之地进行系列制度改革，也不是不可以合理地顺通《左传》"一鼓铁"该句的文意。

熊贤品主张将《左传》这句断读为："遂赋晋国，一鼓铁，以铸刑鼎。"并辨析如下：

（1）"此处的'一'，也有可能是指某一行业的专营"；"此处的'鼓'，应理解为'鼓铸'"，即"杨树达先生所指出的'鼓铸者，谓鼓橐以铸器也'之意"；"铁"字为是，"《孔子家语》作'钟'当是文字的讹误"；"'一鼓铁'就是'专营铸铁'之意"。

（2）"这里的'以'，可以训为'而'"，"'以铸刑鼎'可以理解为'而铸造了刑鼎'"。而"此处的'刑鼎'应当为铜鼎的可能性更大"。因此，《左传》这句可以理解为："于是在晋国征收军赋，专营铸铁，而制作刑鼎，

铸范宣子刑书于其上。"〔1〕

　　熊氏明确主张将"铸刑鼎"一句解读为三件独立并列的事项，而关于"一"的理解或可为一家之说。遗憾的是，未提及宋人欧阳士秀的《孔子世家补》及其断句与解读方案。比较起来，其解说终究不如宋人欧阳士秀的解读顺畅。

　　此外，杨朝明等《孔子家语·正论解》"一鼓钟"之"鼓钟"注释："《左传》作'铁'。"关于此句，其所作"通解"如下："晋国赵鞅从国内征收到共重四百八十斤的铁，便用来铸造刑鼎，刻上范宣子写的刑书。"〔2〕

　　王奥对《左传》"一鼓铁"的解读是：

　　　　今按孔疏所言，"鼓"本义为鼓风所用设备——橐，或因用橐扇风时动作类似击鼓，故"动橐谓之鼓"，且直到唐初，仍有这种说法。综合杜注孔疏，《左传》所载晋国"铸刑鼎"事件，赵鞅、荀寅所"赋"为力役，非实物的铁，"鼓"字为"鼓铸"之意，所谓"一鼓铁"，即为从晋国征发力役冶铁铸鼎，一鼓而足。

并认为，《孔子家语》"其书虽有一定价值，但用来校勘文字则不大妥当"。〔3〕张晶对"一鼓铁"的理解更是缺乏新意：〔4〕

　　　　《左传》载晋赵鞅与荀寅帅师陈汝滨，"汝滨"为晋所取陆浑地，所以，"赋晋国一鼓铁"应该如杜注所言，乃是"因军役而为之"，恰好征得"一鼓铁"，用来铸造刑鼎。而《家语》作"一鼓钟"，"鼓"王肃注："三十斤谓之钧，钧四谓之石，石四谓之鼓。""钟"亦量器的一种，一斛四斗为一钟。两个度量单位相连，不知所云，此处《左传》记载明显要更加合理。《家语》"钟"字疑是因形近而误。

　　与以上主流意见不同的是，2013 年，杨文君主张采纳从《孔子家语》

〔1〕　熊贤品：《〈左传〉"铸刑鼎"问题补论》，载姚远主编：《出土文献与法律史研究》第7辑，法律出版社 2018 年版，第 126-130 页、第 134 页。

〔2〕　杨朝明、宋立林主编：《孔子家语通解》，齐鲁书社 2009 年版，第 491 页、第 492 页。

〔3〕　王奥：《〈左传·昭公二十九年〉"一鼓铁"考释》，载《濮阳职业技术学院学报》2016 年第 6 期。

〔4〕　张晶：《〈孔子家语·正论解〉研究》，华中师范大学 2020 年硕士学位论文。

"一鼓钟"的记载。其解读意见如下：[1]

> 上述记载的是晋国"铸刑鼎"一事。《左传》中的记载为"一鼓铁"用来铸刑鼎是有问题的。春秋时期，刑鼎作为国家权力的象征，它的材质是青铜，近几十年来出土的鼎的材质都是青铜，众所周知铁是与铜相区分的另一种金属材料，因此《左传》中的记载在文意上是说不通的。而《孔子家语》中的"一鼓钟"我们似乎可以做出比较合理的解释。作为名词"钟"在春秋战国时期是一种打击乐器，比如战国时期的曾侯乙编钟，而且编钟是用青铜打造而成的，因此这样就可以把"钟"和青铜的"鼎"联系起来，把"钟"作为"鼎"的材料也就可以理解了。

但是，这里关于"一鼓钟"之"钟"字为乐器的解释，恐怕是比较牵强的。的确，"古称铜器为钟鼎，即以钟与鼎概乐器与礼器"。[2]但如此，怎样理解这个"鼓"字呢？又如何解读"一鼓钟"？显然，这里所谓"把'钟'作为'鼎'的材料"恰恰是令人难以理解的。其说缺乏充分的根据，无法令人信服。这个解读或许反映出一部分法制史学者对《孔子家语·正论解》这条晋国"铸刑鼎"史料的一般认知水平。

在这个阶段，持主流意见的学者对《左传》"铸刑鼎"一句有两种处理方案：连读，或断读为三事。其结果则导致对文意的理解完全不同。特别值得肯定的是，断读处理方案引起熊贤品的注意，但因其对相关学术史整理爬梳得不够深入，故没有关注到前辈学者早有此说，这直接影响其断读之说学术价值的提升。

五、结论

若按照以色列学者尤锐的意见，则本文讨论的《左传》昭公二十九年所见晋国"铸刑鼎"这条记载，应当属于《左传》之"信息类的历史"（informative histories）成分史料。这是"基于史官的实时记载，其重点是 who，when，

---

〔1〕 杨文君：《〈孔子家语〉法律思想辨析》，华东政法大学 2013 年硕士学位论文。
〔2〕 陈梦家：《陈梦家学术论文集》，中华书局 2016 年版，第 343 页。

where，and what（谁，何时，何地，做什么）诸问题"。[1]

法制史学者必须面对的问题是，如何处理《左传》与《孔子家语》这两条晋国"铸刑鼎"史料的异文。正如李学勤、黄展岳已指出的，"现存《左传》出于杜预本"。[2]即西晋"杜预（222—284）在其 30 卷《春秋经传集解》将《左氏》隶属于《春秋》"。[3]而在该杜预《集解》本中，"正如许多学者早已指出的，《左传》中的部分资料是战国末叶及西汉（乃至更晚）的整理者窜入或调整的"。[4]因此，也不能完全排除其中的晋国"铸刑鼎"这条史料被战国末叶或汉代的学者整理改动过。尤其是，学术界目前已形成基本共识：今本《孔子家语》是"伪书"的定论不成立。在这样的前提之下，作为法制史学者绝不能忽略《孔子家语·正论解》所见晋国"铸刑鼎"这一记载。

通过以上的考察和辨析，就本文所关注的三个问题，暂且形成如下的认识。

（1）可以重新将这两条晋"铸刑鼎"史料断句如下：

> 冬，晋赵鞅、荀寅率师城汝滨，遂赋晋国，一鼓铁，以铸刑鼎，著范宣子所为刑书焉。（《左传》昭公二十九年）
> 赵简子赋晋国，一鼓钟，以铸刑鼎，著范宣子所为刑书。（《孔子家语》卷九《正论解》）

（2）学者或以《左传》所载为据，或以《孔子家语》所见为据。即使是同一条记载，学者也因有不同的解读而存在歧说。在这两条史料之中，恐怕必有一个是讹误的。但是，目前无论是在传世文献中还是在出土文献中，都没有找到与此有直接关联的证据，因而现在仍然无法坐实到底哪一条史料的

〔1〕 ［以］尤锐（Yuri Pines）：《论原始史料及其传承、整理和调整：从清华简〈系年〉看先秦史学作品的可信度》，载《首届"古文字与中华文明"国际学术论坛论文集》上册，清华大学 2023 年 10 月 21-22 日，第 94-95 页。

〔2〕 李学勤：《李学勤早期文集》，河北教育出版社 2008 年版，第 102 页。黄展岳：《关于中国开始冶铁和使用铁器的问题》，载《文物》1976 年第 8 期。

〔3〕 ［英］鲁惟一主编：《中国古代典籍导读》，李学勤等译，辽宁教育出版社 1997 年版，第 76 页。

〔4〕 ［以］尤锐（Yuri Pines）：《论原始史料及其传承、整理和调整：从清华简〈系年〉看先秦史学作品的可信度》，载《首届"古文字与中华文明"国际学术论坛论文集》上册，清华大学 2023 年 10 月 21-22 日，第 94 页。

记载是准确无误的。此外，根据目前的相关研究结果亦可推知，这两条史料之间恐怕不存在互相抄袭，应当是各有其材料的来源，但其具体情况不详，有待将来有新的材料出现之后再继续讨论。

（3）如果非要下一个判断，那么应以能合理顺通该句的文意为目的。因此，本文倾向于宋人欧阳士秀在《孔子世家补》中提出的解读意见，也赞同据说是张政烺私下所持的这个看法：关于究竟是"一鼓铁"还是"一鼓钟"这个问题，当以《孔子家语·正论解》的记载为据，《左传》"一鼓铁"之"铁"字是"钟"字之讹误（如学者所推断的，有可能是在《左传》文本流传中出现的。当然，也不排除另一种可能：《左传》晋"铸刑鼎"这条记载作为二手资料，其所依据的相关材料来源，即史官的笔记或记录本身就误作"一鼓铁"——大胆臆测：这或许是《左传》的编者即晋国的学者，[1]在抄录流传出来的晋国官方档案时，就因字形相近而将"钟"字写作"铁"字）。暂且以此作为结论，以待将来有新史料发现后再作修正。

（4）针对晋国所"铸刑鼎"之"鼎"究竟是什么材质之"鼎"的问题，既有"铁鼎"之通说，也有"铜鼎"之说。这主要是应如何断读"赋晋国一鼓铁以铸刑鼎"这一句的结果：主张连读此句者持铁鼎之说，坚持将此句断读为三个事项者则认为是铜鼎。而目前考古发掘所见春秋晚期的铁鼎实物，无法作为铁证来证实晋"铸刑鼎"确实为铁鼎。本文从晋国所"铸刑鼎"为铜鼎之说。

附记：我指导的博士研究生管笑雪、云霖霖同学费心帮助寻找相关资料。谨此致谢。

2023 年 10 月 3 日草成于京西陋室
2024 年 2 月 10 日定稿于天津新港陋室

---

〔1〕 陈梦家：《中国铜器综述》，王睿等译，中华书局 2019 年版，第 291 页。

唐仪凤三年度支奏抄、四年金部旨符复原补考

［日］ 大津透撰* 安洪赟译**

摘 要： 笔者曾将龙谷大学藏大谷文书中的苇席文书群，确认为仪凤三年由度支进行全国预算编制和财政指示所制成的奏抄，并将其与中国方面发掘的阿斯塔纳 230 号墓出土文书相结合，进行了缀合复原。本次鉴于韩国国立中央博物馆对其所藏苇席文书进行了整理复原并公布了释文，同时中国方面公布了吐鲁番出土文书尚有另外 4 件残片存在，本文将首先对新公布的条文及复原方案进行审读，其次基于复原工作的进展和成果对旨条整体的条文排序进行推定，最后针对条文中出现的"半输"和"轻税"二词，参照日本计帐的书写格式进行考察。

关键词： 唐代律令财政 大谷文书 苇席文书 度支奏抄

前 言

在龙谷大学收藏的大谷探险队携来的西域出土文书（大谷文书）中，有一组有苇席印痕的文书残片。从编号来看，这组苇席文书群总计有超过 85 件残片，小笠原宣秀早就指出这是一组相互关联的同类型官文书，但当时只针对其中少数几件较大的残片进行了研究，而对这组文书的整体研究尚未展开[1]。随后，在中国方面对吐鲁番（阿斯塔纳 230 号墓）的考古发掘过程中出土了一件与财政相关的 7 世纪后期法制文书，通过对其内容的考察，推测其

---

* 大津透，博士，日本东京大学人文社会系研究科教授。

** 安洪赟，日本东京大学人文社会系研究科博士课程满期退学，现任东京大学国际教育中心事务助理。

[1] ［日］ 小笠原宣秀：《龍谷大学所藏大谷探検隊将来吐魯番出土古文書素描》，载西域文化研究会：《西域文化研究第二》，法藏馆 1959 年版，第 389 页。

为度支式的残卷[1]。据此，池田温先生亦在介绍该史料时指出了该史料与大谷文书中的苇席文书群之间的连贯性，并且推测该残卷可能包含度支式和金部式的内容，应当为仪凤年间的令旨中所包含的诸事条（度支、金部旨条）[2]。

受此启发，笔者与畏友榎本淳一一起继续推进对苇席文书群复原的研究，并成功地缀合了许多残片。从 1986 年底到 1987 年初，笔者先是与榎本淳一合作发表了《大谷探検隊吐魯番将来アンペラ文書群の復原》一文，对复原结果进行了详细的介绍，然后又发表了《唐律令国家の予算について》一文，论述了文书的内容以及由此反映出的国家财政情况，并得出结论：仪凤三年，度支将全国预算编制和财政指示制为奏抄，经审批通过以后于次年由金部作为符加以施行，然后接到此符的西州将其抄写并付诸实施，而此抄写之物正是该文书（在此期间，又得陈国灿先生来信告知 230 号墓出土的残片中尚有 5 件未经刊布，于是笔者亦将这几件残片予以复原）[3]。此后，在 1988 年第三次敦煌吐鲁番学术研讨会上，陈国灿先生又指出 227 号墓出土的另外两件文书与仪凤三年文书相互衔接（是后来发掘整理过程中混在一起的）[4]。之后笔者根据此意见稍作修改，并进一步复原了更多文书，于 1990 年发表了《唐儀鳳三年度支奏抄・四年金部旨符補考》一文，其中亦论及了唐代的军事和财政之间的关系[5]。后来，在 2006 年编辑出版拙著《日唐律令制の財政構造》之际，笔者便将以上几篇论文加以整理总结，当作了该书的第一章《唐律令国家の予算について》。当时正值韩国国立中央博物馆公布了其对大谷探险队携来西域藏品中的苇席上所粘贴的文书的纸背内容的释文，于是笔者亦在书中对此加以介绍，以 S'1～14 行的形式附上释文，并推测该文书与中国出土的 H' 残片相衔接。对于该文书的首尔所藏部分，笔者当时写道："盼望韩方能够尽早创造足够的条件，来完成对苇席文书的剥离，从而最终对文书展

---

〔1〕 许福谦：《吐鲁番出土的两份唐代法制文书略释》，载北京大学中国中古史研究中心编：《敦煌吐鲁番文献研究论集》第 2 辑，北京大学出版社 1983 年版，第 543 页。

〔2〕 [日]池田温：《最近における唐代法制資料の発見紹介》，载唐代史研究会：《中国律令制の展開とその国家・社会との関係》，刀水书房 1984 年版，第 62 页。

〔3〕 [日]大津透、榎本淳一：《大谷探検隊吐魯番将来アンペラ文書群の復原》，载《東洋史苑》第 28 號，1987 年；拙稿《唐律令国家の予算について》，载《史学雑誌》第 95 編第 12 號，1986 年。

〔4〕 陈国灿：《略论日本大谷文书与吐鲁番新出墓葬文书之关联》，载中国敦煌吐鲁番学会编，姜亮夫、郭在贻等编纂：《敦煌吐鲁番学研究论文集》，汉语大词典出版社 1990 年版，第 268 页。

〔5〕 拙稿《唐儀鳳三年度支奏抄・四年金部旨符補考》，载《東洋史研究》第 49 卷第 2 號，1990 年。

开深入调查。"〔1〕

一、韩国国立中央博物馆所藏苇席文书的公布以及吐鲁番文书补遗

韩国国立中央博物馆（以下简称韩国国博——译者注）对苇席文书进行了仔细剥离和精心修复，并出版了 *Ancient Central Asian Writings in the National Museum of Korea* Ⅰ — *Turfan Artifacts with Chinese Characters*（《韩国国立中央博物馆藏中亚古文字 Ⅰ　吐鲁番地区的汉文资料》）（《日帝强占期资料调查报告 36》）一书，其中包含了文书的图版和释文，以及由李泰熹和权泳佑所提供的详细解说和研究报告（虽然书的印刷日期为 2020 年 12 月 20 日，但实际出版在 2021—2022 年）。笔者对他们为此所付出的努力表示由衷的敬意〔2〕。

关于韩国的两件黏合在一起的文书 K 和 K'（虽然笔者之前将其标记为 S'，但此处依照朴根七的研究〔3〕，将其记为 K），我们已得知它们与中国出土的 H 和 H' 之间，可以按照 K'1～17 行→H'1～19 行→K1～15 行→H1～19 行的顺序无缝衔接。其中 K 部分 3～15 行的三条是最新公布的。关于 K'，由于之前笔者是透过纸背进行释读的，因此笔者的释文中存在一些错误，这次韩国国博的书中不仅纠正了这些错误，还释读出了之前因被折叠而辨认不出的开头 3 行以及每行底部的 4～5 个字，使其部分文意变得通顺易懂了。并且，各残片衔接处的字句也前后连贯了起来，对其解读也更加深入了。关于释文，顾成瑞在中国的学术会议上也发表了释读方案〔4〕，其中一些文字与韩国国博的方案略有差异，而鉴于韩国国博严谨细致的工作，笔者认为应当以韩国国博的文字为准（附后）。另外，朴根七的论文中还包括了对细节字句的推定，非常值得参考〔5〕。

---

〔1〕　拙著《日唐律令制の财政构造》，岩波书店 2006 年版，第 27 页；［韩］闵丙勋、安秉燦：《国立中央博物馆所藏吐鲁番出土文书管见》（韩语），载《美术资料》第 56 辑，1995 年。

〔2〕　［韩］权泳佑：《韩国国立中央博物馆藏附有唐文书的蓆席复原》（韩语），载《中国古中世史研究》第 63 辑，2022 年。

〔3〕　［韩］朴根七：《韩国国立中央博物馆所藏吐鲁番出土文书判读与分析》（韩语），载《东洋史学研究》第 158 辑，2022 年。

〔4〕　顾成瑞：《韩国国博藏〈唐仪凤四年金部旨符〉残卷释录与研究》，载包伟民、刘后滨：《唐宋历史评论》第 8 辑，社会科学出版社 2021 年版，第 72 页。

〔5〕　［韩］朴根七：《韩国国立中央博物馆所藏吐鲁番出土文书判读与分析》（韩语），载《东洋史学研究》第 158 辑，2022 年。

以下仅针对新公布的条文进行简要论述。

K'1~3 行（权且记作 0 条）：该条文是关于制作绫、罗之类用于缴纳庸调的绢物时所涉及的雇佣和染色费用的规定，只是由于其前部缺失因此尚难完全解读。不过，从条文排序来看，该条文有可能只是针对某特定地区的规定。

K3~9 行（权且记作补 1 条）：当雇人解运庸调（及?）杂彩时，要先动员部内防阁、庶仆和邑士；如果没有，则通（取?）州县的百姓杂职和捉钱令史；如果这之中没有人可堪担当解运，则通取百姓；不得相互"假冒"身份。此处"假冒"大概是指如擅兴律中所言"冒名相代"之类冒充身份以求越过以上所规定的顺序获得雇佣的行为吧。其公廨典、官人以及官人亲知（亲族?）不得假冒身份参与雇佣。将庸调运往配所时，（因其为军事物资之故）须征召附近兵士和百姓进行防卫支援。

K10~12 行（补 2 条）：该条文是对诸州给予击毙虸狼者奖励的相关规定，"虸"应是指猛兽（虎）吧。各州应按照一年所需发放奖励之数，留下一部分庸调和折租在本州。奖励须按需发放，但不得超过五十段。另外，第 14 条（E'10 行）的"諸牧監殺□狼賞"中的□读作了 獸 ，然而参照本条，有可能是"虸"字。

K13~15 行（补 3 条）：对于潞州和泽州科交的"细好调麻"，应纳入京城和东都。如果要进贡"东布"（或为一种特产），则应选取水色明净且没有节额等瑕疵（以下语义不详）的。根据《元和郡县图志》卷一五记载，隶属河东道的潞州和泽州在开元年间的贡赋中就包含"麻、布"，《六典》卷二〇中亦载，太府寺将绢分为八等、布分为九等，其中"澤、潞、沁之賞，並第四等"，可见其品质应该很好。

K16（H1）~H3（第 8 条）：笔者在前稿中曾将此条记为"不详"，而如今已然释读出其中许多文字了。关于"蕃客"料，沿途各州须按照一年所需之数，取正仓或义仓之物来抵充。如果不够，则取折租物来抵充，不可浪费庸调。第 16 行的"今"可能是"令"的误书。另外，此条开头部分，根据第一个字残存的单人旁，或许可以推定为"供给"二字，如此即可理解为"藩客过境时各州所应供给的费用"。

另外，此条中出现了"正义仓"。李锦绣在《唐代财政史稿》上卷中提到，度支奏抄在加皇帝御画之后，不仅由金部作为符下至全国，亦会由仓部作符下至全国，对此笔者曾在书评中表示"亦会由仓部作符下至全国"只是猜测而已且稍显牵强〔1〕。而此条中所出现的对仓部所辖正仓和义仓的使用规定，便恰可证明奏抄施行时是仅由金部将唯一的奏抄下至全国的。

此外，2022 年由朱雷主编的《吐鲁番出土文书补编》（巴蜀书社）出版，书中披露了与 230 号墓出土的度支奏抄相衔接的另外 4 个残片的存在（72TAM46/3~6、77~79 页）。对此丁俊已经进行了缀合复原〔2〕，其中残片 1 和残片 3（46/4、46/5）因为形状相同，所以推测是原本就黏合在一起的，并与 230 号墓出土的 H'10~12 行、H10~13 行的上端相衔接（参考附件）。

至于残片 4（46/6），与 A'25~27 行相衔接，具体如下所示（29 条）。

24　一　□□所申計帳比□〔　　　〕到更下□

25　　勘□〔　　　〕後申□□闕支配□　　（"申"以下二字是否为"州""今"存疑）

26　　請每年申帳。絹鄉布鄉，全輸半輸，入

27　　官入國等，各別為項帳。其輕稅人具

28　　□〔　　　　　〕不役〔　　〕庸丁并計應

29　　〔（五月卅?）〕日以前申到戶部。戶

30　　〔　　　〕應支配丁租庸調數，七月

31　　〔　　　〕到度支，不須更録封內入國，

32　　數□更有違，所由官典並請科附。

以上衔接方案应为正确。笔者也购买了此书，并在看过图版之后得出了相同的结论。只是，关于下列残片 2（46/3），丁俊将之推定复原为 B'11~12 行，

1　　　　　〕徵百姓用填倉□□欠。□□□　　（底部几字是否为"折欠。折數仰"存疑）

2　　　　　〕出填欠幾許。浪徵百姓替輸。仰具　　（"幾許"语义不

〔1〕　拙稿《批評と紹介：李錦繡著〈唐代財政史稿〉（上卷）》，载《東洋学報》第 78 卷第 2 號，1996 年。

〔2〕　丁俊：《〈仪凤三年度支奏抄·四年金部旨符〉新碎片的缀合与相关讨论》，载《西域研究》2023 年第 3 期。

详，依义或应为"不許"）

此亦不无可能，然而其衔接缺乏确切的根据，因此虽有些许可惜，还是暂时将此记为"不详"较为稳妥。

二、旨条的整体构成

这次复原工作的最大成果，莫过于从 K' 到 H 的 70 余行之间连续的无缝衔接了。有赖于此，才使得我们对旨条排列顺序的考察成为可能。

0 条　（前缺，不详）绫罗折造的经费

1 条　桂、交、广州都督府的调庸征纳总则，如有结余，则将其送往东都

2 条　岭南诸州所折纳米粟及其他谷物的存储规定

3 条　桂、广州二府所受纳课税，留下两年所需经费，其余送往东都及扬州

4 条　交州都督府管内诸州所需军粮，委于交州处置

5 条　关于诸州调麻进贡两京的规定

6 条　诸州庸调折纳米粟的规定

7 条　（江南、岭南等地）送纳扬州的庸调，由扬州将其转运到东都的规定

补 1 条　关于雇人解运庸调、杂彩时人选的规定

补 2 条　诸州奖励击杀虎狼之费用的规定

补 3 条　潞州、泽州所科征的细好调麻送纳两京的规定

8 条　关于（供给?）蕃客的费用由沿途诸州从正仓和义仓支出的规定

9 条　关于诸州庸调，允许布乡百姓缴纳绵绢绝的规定

10 条　报蕃物、诸驿赐物的支出规定（交州都督府、安北都护府、单于大都护府）

11 条　向秦州都督府、凉州都督府送纳绢等的规定

第 1~4 条是针对隶属岭南道的桂州、交州和广州都督府的特殊规定，而从第 5 条开始便是以全国为对象的庸调折纳规定，包括第 7 条庸调由扬州转

运和第 8 条庸调雇人解运等关于庸调送纳的规定，以及第 8 条、第 10 条等有关蕃客和蕃使支出的规定。此外，第 11 条应是对充为西域军事后援物资所用的庸调的送纳规定。旨条的前半部分，即从现已不存的前缺部分到第 4 条，所列各条文应是针对各地区的特定规定。

F'、E' 和 D' 部分有以下 5 条，主要出自龙谷大学大谷文书，与上述各条并不直接衔接。

 12 条 从秦州向原州送纳料物，以及牧监的费用（？）
 13 条 关于诸州庸调纳入两京的手续的规定
 14 条 诸牧监奖励去杀兽狼之费用的规定（秦州、原州、岚州）
 15 条 诸王获任都督或刺史时的特别经费规定
 16 条 关于贡纳绢布绝各州的庸的规定（？）

接下来，以下条文按照 D、E、F、G'、A'、B' 的顺序相互衔接。

 17 条 （前缺，不详）如果计帐没有上报，则按照去年之例处理
 18 条 剑南诸州折造绫罗等的经费规定
 19 条 赋税留州供用时的脚钱征收规定
 20 条 向凉州和秦州送纳庸调的规定
 21 条 不详
 22 条 不详（诸州牧监）
 23 条 以布为庸调的地区，作为脚直可将布一端替换为绢一匹来缴纳（？）
 24 条（前缺，不详）杂费，允许百姓根据上估纳钱
 （此条或与第 23 条是同一条）
 25 条 牧监的各项支出。由太仆寺统一管理的规定
 26 条 伊州贮物、瓜州贮物（军资），剑南诸州庸调送至凉州，再由凉州运送
 27 条 轻税诸州。关于勘会报告的规定
 28 条 两京所科交的中央诸司杂折彩的规定
 29 条 诸州所上报的计帐的处理规定
 30 条 秦、夏、原、盐、岚州诸监的庸物，由当州支给的规定

31 条 雍州及诸州"投化胡家"（粟特人）的税钱（银钱）缴纳规定

32 条 少府监供御用的诸州杂彩的规定（？）

33 条 关于诸州提交比部的勾帐的审计监查规定

［或可将（B'11~14）1 条置于此条之前］

34 条 诸州庸调若要送纳至京城以外之地时，须根据距离设定交付期限等的规定

35 条 若因分配而出现问题，导致诸州库物不足时，各官司可自行酌情处置，若事情重大，则报请中央裁决。（此条是最后一条，是对旨条整体的补充规定）

第 17~35 条是连续的，相当于旨条的后半段至最末尾部分，只是其与第 12~16 条之间究竟存在多少残缺仍未可知。虽然其中也含有如剑南诸州绫罗折造规定（第 18 条）这样的针对特定地区的规定，但是这部分条文几乎都是与国家财政整体有关。例如，将庸调配纳至陇右道的凉州和秦州（第 20 条），接下来由凉州运送到西域的伊州和瓜州（第 26 条），这就构成了支撑唐代西域军事防卫的基本财政结构。此外，与秦、夏、原、盐、岚州（陇右道、关内道、河东道）所辖诸牧监有关的规定较多（第 12 条、第 14 条、第 25 条、第 30 条），这也与军事密切相关。由此即可看出唐代国家财政中军事开支所占比重之大（参见前稿[1]）。

三、些许探讨

下面，笔者将对丁俊在其论文中也提到的"半输"和"轻税"问题稍加讨论。丁俊认为"半输"的范围比较广泛，包括轻税、薄税，甚至边远诸州等也包括其中[2]。根据前述第 29 条（A'24~32 行）的复原可知，在提交计帐时，要分别将"全输"和"半输"记为"项帐"。

提到轻税，首先来看岭南道的税米。

《唐令拾遗》《赋役令》第 7 条

---

[1] 拙稿《唐仪凤三年度支奏抄·四年金部旨符补考》，载《東洋史研究》第 49 卷第 2 號，1990 年，拙著《日唐律令制的财政构造》，岩波书店 2006 年版，第 27 页。

[2] 丁俊：《〈仪凤三年度支奏抄·四年金部旨符〉新碎片的缀合与相关讨论》，载《西域研究》2023 年第 3 期。

> 諸嶺南諸州稅米，上戶一石二斗，次戶八斗，下戶六斗，若夷獠之戶，皆從半輸。諸州高麗、百济，应差征镇者，並令免課役。

这是对岭南道诸州和"夷獠"的税收优惠政策的规定。石见清裕认为，"夷獠"是指分布在现在的四川、贵州、云南、广东等地的一些特定族群[1]。李锦绣着重探讨了轻税州，认为轻税是指少数民族地区的特殊税制，岭南诸州的税米以及下条中提到的蕃胡内附者的税银和羊都属于"轻税"[2]。

此外，李锦绣根据《唐六典》的字句，采用了"輕稅諸州，高麗、百济（下略）"的断句方式，而《唐令拾遗补》也采纳了此方式对此条的后半部分加以补订。然而，轻税本就是作为课役的替代所缴纳之物，因此说轻税诸州免征课役是讲不通的。若说其意特指"輕稅諸州之中的高丽和百济"也稍嫌勉强。此条文应是针对公元 670 年后唐灭百济和高句丽以后移居到唐领土内（诸州）的百济和高句丽人若被动员参加唐的军事行动则可免征课役的特殊规定。仁井田陞在对本条进行复原时，只略去了《唐六典》中原有的"輕稅"一词，笔者深以为然，亦如日野开三郎所言，《唐六典》的字句应该断句为"若夷獠之戶，皆從半輸輕稅"，也就是说，"輕稅"一词应该放在前一句中[3]。

有赖于此次新文书的发现与缀合，我们得以知晓，根据第 1 条的规定，庸调被纳入岭南道的桂州、交州、广州都督府。由此可知，庸调州和税米（轻税）州极有可能是被区分开来的。不过岭南的庸调，则是交由各都督府自行处理，如有剩余则送往东都，这是比较特殊的。而第 2 条中提到了"折纳米粟"，其中应当包含岭南的税米，由此可知，税米是被当作租庸调的折纳物来对待的（正如李锦绣所言，这是国家的税收）。但似乎除了留州供用的部分其余皆须贮纳，并不需送往中央。第 3 条规定了桂州、广州二府所收纳的

---

〔1〕［日］石见清裕：《唐代内附民族对象规定の再检讨》，载《东洋史研究》第 68 卷第 1 号，2009 年。

〔2〕李锦绣：《唐前期"轻税"制度初探》，载《中国社会经济史研究》1993 年第 1 期；李锦绣：《对少数民族地区的特殊税制——轻税》，载李锦绣：《唐代财政史稿》（上卷），北京大学出版社 1995 年版，第 612 页。

〔3〕拙稿《唐令复原と天圣令》，载［日］佐藤信：《律令制と古代国家》，吉川弘文馆 2018 年版，第 471 页；［日］日野开三郎：《唐の赋役令の岭南税戶米》，载［日］日野开三郎：《日野开三郎东洋史学论集》一二，三一书房 1989 年版，第 39 页，初次发表于 1984 年。

"课税"处理方式，除去两年的必需部分，其余送往东都。虽然部分内容与第1条重复而令人费解，但它揭示出"课税"的含义，即课=庸调，税=税米，课税就是征收庸调和税米的意思。

其次，是《唐令拾遗》《赋役令》第6条关于异民族的税钱和输羊制的规定。

> 諸蕃胡内附者，亦定為九等，四等已上為上戶，七等已上為次戶，八等已下為下戶。上戶丁稅錢十文，次戶五文，下戶免之。附經二年者，上戶丁輸羊二口，次戶一口，下三戶共一口。〈無羊之處，準白羊估，折納輕貨，若有征行，令自備鞍馬，過三十日已上者，免當年輸羊〉

与此条相关的是旨条第31条对"雍州諸縣及諸州投化胡家"缴纳银钱的规定，据此石见清裕认为《唐令拾遗》此条规定是针对"粟特人"和"北方游牧民"的，虽然将身为"蕃胡"并已入唐户籍的人按照其所拥有的财产分为三等是针对全体的规定，但是对每丁课税钱（银钱）是针对"粟特人"的规定，而缴纳羊或轻货等折纳物是针对"北方游牧民"的规定（以期让游牧民族参加军事行动）[1]。荒川正晴指出，"粟特人"和"北方游牧民"的内附地域主要以关内道为中心，及至北方诸道（关内、河北、河东、陇右道），而这些道也被视为"轻税州"[2]。

第27条提到"輕稅諸州"不申报"色目"，因此无法进行"勘会"，可知是确实存在所谓"轻税州"的，与此同时，第29条中也有"轻税人"一说，可知轻税亦可按个人为单位来执行。当然，对于居住在长安周边的粟特人也只能按照个人来进行管理吧。

至于第29条，是有关如何处理计帐的条文，主要规定了如何统计课户数和课口数，同时规定了将"绢乡、布乡，全輸、半輸，入官、入国等"分别列出来记为项帐。户部收到计帐以后，计算出丁数和租庸调数，在七月将之提交给度支进行预算编制。这便是用于统计处理的基础资料。这种情况下，

---

[1]［日］石见清裕：《唐の内附異民族対象規定をめぐって》，载《中国古代の国家と民衆》编集委员会：堀敏一先生古稀記念《中国古代の国家と民衆》，汲古书院1995年版，第409页（后载石见清裕：《唐の北方問題と国際秩序》，汲古书院1998年版，第148页）。

[2]［日］荒川正晴：《唐都護府体制下の交通運用について》，载《唐代史研究》第26號，2023年。

如果将岭南税米、蕃胡内附者税钱和输羊算作半输的话，岂不是无法计算了吗？或许正因如此，条文才进一步对"其轻税人具□"做出了规定吧。

据《延喜式》卷二五《主计式下》所载大帐的格式，在开头的汇总部分记载管户数和管口数，而对于管口则分为不课/课，然后进一步分为见不输/见输，对于见输又进一步分为半输和全输。其半输的范围包括牧帐、牧子、驿子、遭丧、侍人、乡长和兵士。这些人是根据《养老令·赋役令》19"舍人史生"条以及21"免期年徭役"条（居父母丧期间）的规定而得以免除徭役的。与唐令不同，日本令《户令》8"老残"条中有"凡老残，并为次丁"的规定，由老丁和残疾人所构成的次丁所需缴纳的庸和调都仅为正丁的一半，这样看来，次丁是最适合被归为"半输"的了。事实上，次丁并没有被归为"半输"。正如池田温先生所指出，垂拱记帐式是由武后朝时期入唐的大宝遣唐使带回日本的，而养老元年（717年）五月颁布的《大计帐式》（见《续日本纪》）正是以此为蓝本，其格式又为后来的《延喜式》所继承[1]。

如此说来，唐朝的"半输"也有可能指的是对侍丁、残疾、终制等免除徭役。然而，《天圣令·赋役令》唐15条将各种役务都规定为"免课役"。假设确有"半输"这一类别，那么在开元二十五年之前，也许的确存在一些可"免徭役"的役务吧。谨记于此，以待进一步考察和研究。如果将"半输"算作免徭役，也就意味着只需缴纳租和调，如此，便能够根据"半输"的口数计算出租调的预期收入了。再将其分为绢乡和布乡，并进一步分为入官和入国，如此，度支便也能够计算出国家收入了。

最后，《唐令拾遗》所载岭南诸州的税米规定、蕃胡内附者的税银和输羊规定，以及对百济和高句丽的特殊规定，都在开元二十五年令中被删除，这一点也通过天圣令的发现被证实。由此笔者猜测，随着庸调制的逐渐简化，税收以及免税制度可能也在开元二十五年令中发生了重大变化。

---

　　〔1〕［日］池田温：《古代籍帐制度の完成と崩壊》，载池田温：《中国古代籍帐研究　概観·録文》，东京大学出版会1979年版，第57页。

당 의봉3년 탁지주초··의봉4년 금부지부 唐儀鳳三年度支奏抄··儀鳳四年金部旨符 전문全文　　　pp.72-74

일러두기
· 2020NMK1:1, 2020NMK1:2의 판독은 문서편의 집합복원과 병행하였다.
· 투루판 출토문서는 『투루판출토문서(吐魯番出土文書)』錄(1996), pp. 65-68, 85와 오쓰 도루(大津透), 『일당율령제의 재정구조(日唐律令制の財政構造)』(2006), pp. 34-36 수록 판독문을 참조하였다.

국립중앙박물관 소장 문서 2020NMK1:1		[전 결]
	01	鄕土所出. 其折造綾羅乘(剩)等物, 幷雇染價
	02	□所□庸調多少及估價高下. 求覓難
	03	□□並□□[　]申[　]度支金部.
	04　一	所配桂廣交都督府庸·調等物, 若管内
	05	諸州有路程遠者, 仍委府司量遠近處
	06	□納訖, 具顯色目, 便申所□. 應支配外
	07	有乘(剩)物, 請市輕細好物, 遞送納東都, 仍
	08	錄色目, 申度支金部.
	09　一	嶺南諸州折納米粟及雜糧支料供足外, 有
	10	下濕處不堪久貯者, 不得多貯致令損壞.
	11　一	桂廣二府受納諸州課稅者, 量留二年應
	12	須用外, 並遞送納東都. 其二府管内有
	13	州在府北□庸調等物應送楊府. 道□
	14	者任留州貯, 運次隨送, 不得却持南土
	15	致令勞擾. 每年請委錄事參軍勾會
		--------------------------------------- [儉] (봉배서)
	16	出納, 如其欠乘(剩), 便申金部·度支. 若有不同, 隨
	17	□□附.
투루판 출토문서 72TAM230:46/2 (H')	18(01)　一	交州都督府管内諸州有兵防應須粮
	19(02)	料, 請委交府, 便配以南諸州課物. 支給三年
	20(03)	粮外, 受納遞送入東都. 其欽州安海鎭雖
	04	非所管, 路程稍近, 遣與桂府及欽州相知,
	05	准防人須粮支配使充. 其破用見在數, 與計
	06	帳同申所司.
	07　一	諸州調麻, 納兩京數内, 六分取一分[折粟]綱送者
	08	不在折酬之限.
	09　一	諸州庸調, 折納米粟者, 若當州應須官物
46/5	10	充用, 約准一年須數, 先以庸物支留, 然後折
	11	□米粟. 無米粟處, 任取部[内]所堪久貯之物.
	12	庸調送納楊府轉運, [　]綱典部領. 以
	13	官船課船[　]還, 並請遞
	14	[　]□□楊府庫物, 若
		--------------------------------------- [儉] (봉배서)
	15	府雜用不足, 請府司准一年應須用數,

245

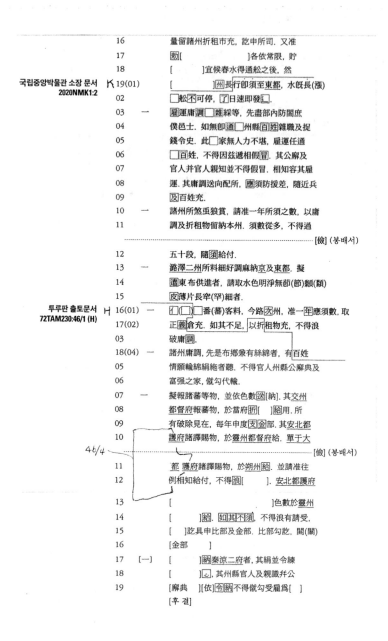

	16	量留諸州折租市充, 訖申所司. 又准
	17	勅[　]各依常限, 貯
	18	[　　　]宜候春水得通舩之後, 然
국립중앙박물관 소장 문서 2020NMK1:2	19(01)	[　　　]州長行卽須至東都, 水旣長(漲)
	02	□舩不可停, 了日速卽發[　].
	03　一	雇運庸調□雜綵等, 先盡部內防閣庶
	04	僕邑士. 如無卽通□州縣百姓雜職及捉
	05	錢令史. 此□家無人力不堪, 雇運任通
	06	□百姓, 不得因茲遞相假冒. 其公廨及
	07	官人并官人親知並不得假冒. 相知容其雇
	08	運. 其庸調送向配所, 應須防援差, 隨近兵
	09	及百姓充.
	10　一	諸州所煞虫狼賞, 請准一年所須之數, 以庸
	11	調及折租物留納本州. 須數從多, 不得過

··[俭] (봉배서)

	12	五十段, 隨須給付.
	13　一	潞澤二州所料細好調麻納京及東都. 擬
	14	遣東布供進者, 請取水色明淨無節(節)顁(顙)
	15	皮薄片長牢(窂)細者.
투루판 출토문서 72TAM230:46/1 (H)	16(01)	仁(□)(□)番(蕃)客料, 今路次州, 准一年應須數, 取
	17(02)	正義倉充. 如其不足, 以折租物充, 不得浪
	03	破庸調.
	18(04)　一	諸州庸調, 先是布鄉兼有絲綿者, 有百姓
	05	情願輸綿絹絁者聽. 不得官人州縣公廨典及
	06	富强之家, 僦勾代輸.
	07　一	擬報諸蕃等物, 並依色數送[納]. 其交州
	08	都督府報蕃物, 於當府折[　綹　]用. 所
	09	有破除見在, 每年申度支金部. 其安北都
	10	護府諸譯賜物, 於靈州都督府給. 單于大

46/4 ··[俭] (봉배서)

	11	都 護府諸譯賜物, 於朔州給. 並請准往
	12	例相知給付, 不得浪[　]. 安北都護府
	13	[　　　　　　]色數於靈州
	14	[　綹. 如其不須], 不得浪有請受,
	15	[　]訖具申比部及金部. 比部勾訖, 開(關)
	16	[金部　　]
	17 [一]	[　納]秦涼二府者, 其絹並令練
	18	[　心]. 其州縣官人及親識幷公
	19	[廨典] [依]令納不得僦勾受雇爲[　]

[후 결]

日本古代的律令制与文书行政：
关于净御原令的划时代性

［日］ 丸山裕美子撰[*]　　陈睿垚译[**]

摘　要：2006 年后，随着北宋天圣令（含唐令）的刊行，日本令继承唐令的过程再度受到重视，"净御原令"这一法典的历史定位问题也被追及。本文将结合文献与考古资料对净御原令的全貌进行探讨并认为净御原令与唐令有异，有着极大的独特性。文书行政方面，天武朝以后，数量遽增的文书木简显示，即使净御原令并未如大宝令一样存在系统性，但也规范着公文书的书式。文书行政、神祇祭祀制度、神祇官、僧纲制、僧尼令、宣命体诏书、氏族性鲜明的官司制、"位记"与"六假"等，这些与唐制不同的制度成立于天武、持统朝。净御原令承袭中国法典，将日本独有的样态转化为制度，巧妙地重释唐代法典中的法律用语，最终编纂出一套趋近唐令的大宝令。

关键词：日本律令制　北宋天圣令　净御原令　大宝令　文书木简

前　言

推古三十一年（623）七月，医慧日一行从建国不久的大唐归来，向天皇上奏道："其大唐国者，法式备定之珍国也。常须达。（《日本书纪》，后文简称《书纪》）。"该年是唐高祖治世的武德六年，也是唐王朝第一部律令——武德律令开始实施的前一年。不过，即使是在朝代更迭的动荡时期，慧日等人也一定充分感受到了庄严进行中法典编纂的势头，意识到了中国历代"法式"具有的威力。

　＊ 丸山裕美子，文学博士，日本爱知县立大学教授。
　＊＊ 陈睿垚，日本文化学博士，中国政法大学法律古籍整理研究所博士后。

虽然是在七年后，但如医慧日在奏言中所说，他也成为舒明二年（630）八月派出的第一批遣唐使中的一员。舒明二年对应的是唐太宗的贞观四年。慧日（药师慧日）在之后，作为白雉五年（654）派出的第三批遣唐使的副使，第三次入唐，他很有可能于此时将《永徽律令》（公元651年制定）带回了日本。[1]《永徽律令》则被认为是《大宝律令》的蓝本。

不难想象，7世纪上半叶相继派出的遣唐使会积极地引进唐王朝的法典。虽然不是什么随随便便的人都能轻易地得到唐王朝正在施用的法典，但在9世纪末成立的《日本国见在书目录》中可以见到《隋大业令》《唐贞观勅格》《唐永徽律》《唐永徽令》等，可以认为这些法典都是被当作现行法被带回日本的。但是，日本对系统性法典的编纂工作进展得并不顺利，在所谓《近江令》与《飞鸟净御原令》（后文简称《净御原令》）之后，直到大宝元年（701）才制定了律令皆备的《大宝律令》。

最近，中国宁波天一阁博物馆发现的《北宋·天圣令》（含唐令）揭示出，日本令与唐令的相似程度超乎了之前的想象。[2]于大宝令之后编纂且流传至今的养老令比想象中更趋近于唐令。在北宋天圣令发现之后，日本对唐令的正式的承袭开始于大宝律令，而在此之前的净御原令作为一部法典来讲尚未成熟，与近江令一样，只是单纯的法律法规的集合体。[3]另外，如净御原令的制度深受朝鲜半岛的影响，从大宝律令才开始模仿中国的唐制引入律令制度的见解。[4]

事实上，在公元660年百济灭亡，公元663年百村江战败，公元669年高句丽灭亡的东亚地区的战乱期间，遣唐使的派遣中断了四十年（公元665年、公元667年与公元669年派遣的三次遣唐使，都带有处理战后事项的职责，

〔1〕 关于日本的法典编纂与被看作其蓝本的隋唐法典的引入，参见［日］池田温：《唐律令の継受をめぐって》，《日本思想大系月報55》，岩波书店1976年版；［日］坂上康俊：《律令制の形成》，载［日］大津透等：《岩波講座 日本歴史 古代3》，岩波书店2014年版。

〔2〕 天一阁博物馆、中国社会科学院历史研究所天圣令整理课题组校证：《天一阁藏明钞本天圣令校证 附唐令复原研究》，中华书局2006年版。

〔3〕 ［日］大隅清陽：《大宝律令の歴史的位相》，载［日］大津透编：《日唐律令比較研究の新段階》，山川出版社2008年版；［日］大隅清陽：《これからの律令制研究》，载《九州史学》第154号，2010年等。

〔4〕 ［日］鐘江宏之：《日本の七世紀史再考》，载《学習院史学》第49号，2011年。鐘江氏认为：朝鲜半岛的影响在7世纪（净御原令阶段）很强，在大宝令阶段则转变为唐朝的国制。

难以从文化方面进行推断）。而考虑存在从百济、高句丽涌来了大量的遗民（移民），并且他们在天智朝时期担任要职，以及天武、持统朝时期频繁向新罗发派遣新罗使等状况，因此不能否认净御原令受到了朝鲜半岛的国制的影响。

不过，笔者认为日本古代国家的目标就是隋唐的国制与文化。大概在 7 世纪中叶前，隋大业令、永徽令及贞观格等就被船舶带回。与其考虑其与 7 世纪后半叶的新罗使和遣新罗使有关，不如推测它们是公元 654 年之前由日本的遣唐使带回来的更为自然。净御原令与大宝律令就是在这些唐代法典的基础上进行编纂的。

然而，由北宋天圣令复原的唐令与日本令在各篇章上存在重大差异。与唐制的差异为何？与大宝律令相比净御原令是一部什么样的法典？以及净御原令的意义何在？在净御原令的令文全文未知的情况下，笔者想要阐明其具体状况。[1]

本文将先根据残存的书面的文献资料、出土的文字资料及过往的研究成果，来阐明净御原令的具体内容，在此基础上，重新审视大宝令及净御原令中被认为存在极大差异的公式令——文书行政系统。

一、日本古代律令制的成立过程

在详细讨论净御原令之前，先要简单地回顾一下日本古代法典的编纂过程。于公元 820 年（9 世纪上半叶）完成并上呈的《弘仁格式》序中记载着描述日本法典编纂过程的内容。

盖闻，律以惩肃为宗，以令劝诫为本。格即量时立制，式即补阙拾遗。四者相须足以垂范……暨于推古天皇十二年（604），上宫太子（圣德太子）亲作宪法十七简条。国家制法自兹始焉。降至天智天皇元年（662 或 668），制令二十二卷。世人所谓近江朝廷之令也。爰逮文武天皇大宝元年（701），赠太政大臣正一位藤原朝臣不比等，奉勅撰律六卷、令十一卷（大宝律令）。养老二年（718），复同大臣不比等，奉勅更撰

---

〔1〕 三谷芳幸根据最近的研究趋势，于《飛鳥淨御原令の法的性格》（载〔日〕大津透编：《日本古代律令制と中国文明》，山川出版社 2020 年版）一文中对净御原令的意义进行了详细的考察。另外，可参见〔日〕榎本淳一：《律令制における法と学術》，载〔日〕大津透编：《日本古代律令制と中国文明》，山川出版社 2020 年版。

律令，各为十卷（养老律令）。今行于世律令是也。

《书纪》天智十年（671）正月条载"施行冠位、法度之事"，其注载"法度、冠位之名，具载于新律令也"。此"新律令"即《弘仁格式》序中所述"近江朝廷之令"，也就是所谓《近江令》。另，同年同月条载"是月，以大锦下授佐平余自信、沙宅绍明〈法官大辅〉"，此内容也说明了日本对法令进行了整备，并且在法令编纂过程中得到了百济遗民很大的帮助。经历了公元 663 年白村江战败后，日本认识到了此乃国之危急存亡之际的现实，需要建立强大的中央集权体制，之后得到百济遗民的帮助，整理修订了法制。但是，至今为止主流说法还是认为，此阶段的近江令为简单的法令法规的集合体。[1]

经历了公元 672 年壬申之乱后即位的天武天皇，至于天武十年（681）。

天皇、皇后，共居于大极殿，以唤亲王诸王及诸臣，诏之曰，朕今更欲定律令改法式。故具脩是事。然顿就是务，公事有阙。分人应行。

宣布再次开启《律令》的编纂（《书纪》同年二月条）。翌年八月颁布"令亲王以下及诸臣，各俾申法式应用之事"的旨令，"造法令殿"（《书纪》天武十一年八月条）后开始法令的编纂工作。天武天皇并未等到此法令的完成与实施就崩逝了，至于持统三年（689）有"班赐诸司令一部二十二卷"一文，令文被下发至诸司（《书纪》同年六月条）。此即研究史中的《净御原令》。

前文提到的《弘仁格式》序中未见到关于净御原令的只言片语，因此其与近江令间的关系也成了问题。[2]我们所知的"一部二十二卷"的具体篇章有"户令"（《书纪》持统四年九月条）与"考仕令"（《书纪》持统四年正月条）。因此，难以将其看作单行法令法规的集合体，更适合将其看作具有系

---

[1]　[日]青木和夫：《净御原令と古代官僚制》，载《日本律令国家论玫》，岩波书店 1992 年版。另，关于近江令、净御原令及大宝令之意义的研究史，参见 [日]坂上康俊：《律令制の形成》（载 [日]大津透等：《岩波讲座　日本歴史　古代 3》，岩波书店 2014 年版）一文，文中对律令制成立过程中各阶段的先行研究进行了整理。

[2]　近江令与净御原令间的关系有：近江令即是净御原令的说法（令典起草于天智朝，修正于天武朝，施行于持统朝）；近江令与净御原令是各自独立存在的说法；近江令为非体系法典只有净御原令为法典的说法等。

统性的法典。大宝元年（701）完成律令皆备的《大宝律令》，日本古代"律令制国家"（律令国家）于此时成立。

《续日本纪》（后文简称《续纪》）大宝元年（701）八月癸卯条"撰定律令，于是始成。大略以净御原朝廷为准正"一文叙述着大宝律令编纂工作的完结。此行文方式被认为是续纪的编纂者误读唐朝文章导致的，但从字面上看，可以认为大宝律令是基于净御原朝廷之法典而编纂的。[1]

《续纪》中对大宝律令完成之大宝元年（701）正月的元日朝贺之仪的记载为"文物之仪，于是备矣"，葬于庆云四年（707）的威奈真人大村之墓志中"以大宝元年，律令初定"，另外于承和七年（840）四月二十三日颁布的太政官符中也有"律令之兴，盖始大宝"（《类聚三代格》）。由此，大宝律令的开创性是毋庸置疑的。

随着大宝律令的实施，官员的位阶也从明、净、正、直、勤、务、追、进等德目的表述方式，变为从一位至初位（九位）等数字的表述方式。也是从大宝元年（701）开始在全国范围内使用元号。从藤原宫迹（694—710）遗址出土的木简中也可以了解到"国"下一级的地方行政单位名称从"评"转变为"郡"。随着大宝律令的实施，可以清楚地看到在制度上发生了重大的转变。

如今，净御原令的令条全文散佚，这也意味着其内容在修订后被大宝令吸收。然而，作为大宝令编纂蓝本的净御原令的具体内容是什么呢？虽然有点复杂，但在后文中，我们将对与大宝令编目有对应关系的记录进行具体的分析，讨论净御原令的实际内容。

二、净御原令的真容

（一）官僚制：官位令、官员令、选任令、考仕令相关

谈到形成律令制根基之一的官僚制，即官司制与官人制的话，关于官司制，正如早先青木和夫所述，在天武朝末期之前，大宝令的八省曾为"六官"（法官、理官、民官、兵政官、刑官、大藏），大宝令制度下被宫内、中务两

---

〔1〕［日］東野治之：《『続日本紀』の「大略以浄御原朝廷為準正」》，载《日本歴史》第453号，1986年。此外，东野氏言及的《唐会要》卷三九定格令中"大略以开皇为准，正五十三条"一文表示，武德律令对隋开皇律令进行大幅修订的只有五十三条，基本上是遵循开皇律令的。

省所管辖的各官司是独立存在的，但在净御原令时则可能为八官（上记+中官、宫内官）。[1]另外，大宝令的二官八省制是模仿了唐的三省六部制，三省融合为一成为太政官（尽管中务省中也包含其职能），此外，将"神祇官"设为与太政官同样的官也体现出了日本的独特性。据西宫秀纪的说法，神祇官也是依据净御原令而成立的。[2]

有学者指出，与大宝令的官制相比，净御原令保留了官（ツカサ）的独立性，官司、官职的序列等级不明确。[3]持统四年（690）七月，太政大臣、右大臣与"八省、百寮""大宰、国司""皆迁任"（《书纪》）意味着在官司制、官人制上有着很大的变革。

关于官人制，《书纪》天武七年（678）十月的记录规定了内外文武官员的年度业务评价标准（考课）与位阶晋升方法。《书纪》天武（682）十一年八月，颁布了以考课、选叙为前提，置"族姓及景迹"的诏文。此考课制度在持统四年（690）四月对年限等进行了补充与调整，基于净御原令的"考仕令"实施。

显而易见，证明官员身份的"位记"制度也是从净御原令时期首次引入的（《书纪》持统三年九月条、同五年二月条）。此位记制度是参考了唐代的"告身"制度而成立的。[4]但是唐代的"告身"是任官时证明官职的文书，日本的"位记"在原理上则与之不同，证明的是位阶。[5]唐的官职是附带位（等级）的，日本的位（等级）则是直接赋予官员的。推古十一年（603）制定所谓"冠位十二阶"以后，"冠位"制度经过多次的修订趋于完善，于净御原令中明文规定位阶（冠位）制度，也规定了"位记"的授予。可以说，与唐制大相径庭的位阶制度确立于净御原令。

---

〔1〕[日] 青木和夫：《净御原令と古代官僚制》，载［日］青木和夫：《日本律令国家論攷》，岩波書店 1992 年版。

〔2〕[日] 西宫秀紀：《律令神祇官の成立について》，载［日］西宫秀紀：《律令国家と神祇祭祀制度の研究》，塙書房 2004 年版。

〔3〕[日] 春名宏昭：《律令官制の内部構造—八省体制の成立—》，载［日］春名宏昭：《律令国家官制の成立》，吉川弘文館 1997 年版等。

〔4〕[日] 黛弘道：《位記の始用とその意義》，载［日］黛弘道：《律令国家成立史の研究》，吉川弘文館 1982 年版；大庭脩：《唐告身と日本古代の位階制》，皇學館出版部，2003 年等。

〔5〕[日] 宫崎市定：《日本の官位令と唐の官品令》，载《宫崎市定全集 22 日中交涉》，岩波書店 1992 年版。

（二）籍帐制、税制、班田制：户令、田令、赋役令相关

谈及律令制的另一基本要素——支配人民的制度、户籍制度，规定了即使是在大宝、养老令制度下也要作为基本姓氏登记簿而永久保存的天智九年（670）的"庚午年籍"，《书纪》持统四年（690）九月明确记载了根据敕诏而编纂的"庚寅年籍"户籍，是基于净御原令的"户令"编成的，因此，毫无疑问，净御原令中也有着与户籍制度相关的规定。庚午年籍与庚寅年籍期间并无其他户籍，很有可能每六年造籍一次的规定开始于净御原令。众所周知，西海道诸国的庚午年籍共 770 卷〔《续纪》神龟四年（727）七月丁酉条〕。坂上康俊对西海道管辖范围内的国分松本遗迹（福冈县太宰府市）出土木简中的 7 世纪末期"岛评户口变动记录木简"进行了详细的分析，此木简制作于持统五年（691）或文武元年（697），具有 8 世纪户口损益帐同样的功能。[1]虽然目前还不清楚计帐制度能否追溯至 7 世纪，但有着重要大意义且可以明确的是，至少 7 世纪末期就已经出现带有户口变动、编户相关的计帐类的文书。

税制方面，从出土数量不断增加的 7 世纪的荷札木简中也能看出，净御原令制度下已经实施调的制度。[2]出土了数件明确记载"御调""调"字样和进贡者名字的天武朝时期的木简，可以确认作为个人所得税的调成立于天武朝时期。此外，还能见到明确记载"赘""大赘"的评或以里为单位的赘的上贡，也出土了很多记载了被认为是庸的前身的"养米"的荷札木简。

初次的班田也是在持统五年（691）基于庚寅年籍进行的。但是，净御原令的田积法被认为并不是大宝令制的町段步制，而是町代制。[3]因此可以认为，在净御原令时期，户籍制度与基于户籍制度发展的税制、班田制已经相当完善。

（三）神祇祭祀、仪礼、年中行事活动：神祇令、仪制令、衣服令、杂令相关

根据文献史料的记录估算，早在天武、持统朝时期，神祇祭祀制度就有

---

〔1〕〔日〕坂上康俊：《嶋評戸口変動記録木簡をめぐる諸問題》，载《木簡研究》第 35 号，2013 年。

〔2〕 独立行政法人文化财研究所・奈良文化财研究所编：《評制下荷札木簡集成》，東京大学出版会 2006 年版。

〔3〕〔日〕吉田孝：《町代制と条里制》，载〔日〕吉田孝：《日本律令国家論攷》，岩波書店 1992 年版。

一个开创性的过渡时期。祈年祭在全国范围内实施被认为是在大宝令时期开始的，[1]而不同于唐朝祭祀的"班弊"祭祀可能创立于天武朝，大忌祭、风神祭也开始于天武朝，天武时期的记录中也可见到相尝祭、大尝祭（新尝祭）、镇魂祭、大祓，此外，镇花祭与镇火祭等与正方形的宫城、京城的成立（藤原宫、藤原京的成立）息息相关，另外《书纪》持统四年（690）正月条持统天皇即位仪礼中也实施了践祚的规定。诸如此类，可以认为神祇令构想于天武朝时期，于净御原令中被明文规定。[2]

《书纪》天武十一年（682）八月中记载了关于"礼仪、言语之状"的诏文，虽然不明其内容，但是此诏文进一步完善了仪礼相关的规定，《书纪》持统四年（690）七月颁布了关于朝堂中"座"之"动座"的礼仪，可以将此类诏令看作仪制令的规定。[3]

官员们上朝之际所穿的朝服也初见于《书纪》天武十四年（685）七月条。此时，根据位来决定朝服的颜色，《书纪》同年十二月，皇后（持统）下令，赐给王与公卿等"朝服各一具"。朝服的颜色于持统四年（690）四月进行了变更，于同年七月出现"公卿、百寮人等，始著新朝服"的记录。"礼服"二字的初次登场，是在大宝二年（702）的元日朝贺上，综上所述，朝服相关的规定，最晚也制定于天武、持统朝时期。[4]

关于年中行事活动，节日的初次登场也集中在天武、持统朝时期，供御药、卯杖、御薪、大射的初次登场在天武四年（675），如大宝杂令规定的一样，持统三年（689）的御薪也在正月十五日进行，而这些年中行事活动极有

〔1〕［日］早川庄八：《律令制と天皇制》，载［日］早川庄八：《日本古代官僚制の研究》，岩波書店1986年版；［日］西宮秀紀：《律令国家の〈祭祀〉構造とその特質》，载［日］西宮秀紀：《律令国家と神祇祭祀制度の研究》，塙書房2004年版。

〔2〕［日］丸山裕美子：《唐の祠令と日本の神祇令》，载［日］岡田荘司編：《古代文学と隣接諸学7古代の信仰・祭祀》，竹林舎2018年版；［日］丸山裕美子：《天皇祭祀の変容》，载［日］大津透編：《日本の歴史8古代天皇制を考える》，講談社2001年版。之外，还可参见［日］佐々田悠：《律令祭祀の形成過程—天武朝の意義の再検討—》，载《史学雑誌》第111編第12号，2002年；［日］佐々田悠：《天皇の親祭計画をめぐって—神祇令成立前史》，载《ヒストリア》第243号，2014年等。

〔3〕［日］大隅清陽：《座具から見た朝礼の変遷—養老儀制令庁座上条の史的意義—》，载［日］大隅清陽：《律令官制と礼秩序の研究》，吉川弘文館2011年版。

〔4〕［日］武田佐知子：《日本衣服令の成立—唐令の継受をめぐって—》，载［日］武田佐知子：《古代国家の形成と衣服制》，吉川弘文館1984年版。

可能规定在净御原令中。[1]

（四）休假制度、医疗制度：假宁令、医疾令相关

对于休假制度，山田英雄有着开创性的研究成果，他指出，与唐令旬假制度不同的六假制度早在大宝令之前就传入了日本。[2]另外，虽然大宝令中没有关于仕丁的休假规定，但通过《书纪》持统三年（689）四月颁布的诏文"一月放假四日"一文，可以认为设立了假宁相关的规定。

而关于医疗制度，从藤原宫出土木简和飞鸟京苑池遗构出土木简中可以得出，日本在7世纪后半叶，就已经基于中国的本草（药学书）对药物进行征收、管理、调合、处方的结论。而实施如此先进的医疗制度的前提，是医疾令之类的法典已经得到完善。[3]

（五）僧尼统治：僧尼令

天武十二年（683）三月，僧正、僧都、律师等被任命，僧纲制也借此成立（《书纪》），未见于唐令的僧尼令也应是于净御原令时成立的。僧尼令参考了唐道僧格，并去除其中关于道教的规定加以佛教的戒律。[4]日本令独有的篇目——神祇令虽说是模仿了唐祠令，实则其与僧尼令一样，是利用国家法制来统御神佛的一种表现。当然其中也有天武、持统朝重视神祇祭祀与佛教礼仪的原因。

虽然还有一些篇章在上文中未提及，如天武十二年（683）三月僧正、僧都、律师的出现意味着僧纲制的成立，而唐令中并不存在僧尼令，这也是在净御原令制下创立的制度。但通过以上的论述来看，净御原令应该被看作一种参照了唐之前的中国法典而制定，却不同于唐代制度的存在。大宝令则是

〔1〕 ［日］丸山裕美子：《唐と日本の年中行事》，载［日］丸山裕美子：《日本古代の医療制度》，名著刊行会1998年版。

〔2〕 ［日］山田英雄：《律令官人の休日》，载［日］山田英雄：《日本古代史攷》，岩波書店1987年版；［日］丸山裕美子：《律令国家と仮寧制度一令と礼の継受をめぐって一》，载［日］大津透编：《日唐律令比較研究の新段階》，山川出版社2008年版。

〔3〕 参见［日］丸山裕美子：《北宋天聖令による唐日医疾令の復原試案》，载［日］丸山裕美子、武倩：《本草和名—影印・翻刻と研究—》，汲古書院2021年版；［日］丸山裕美子：《延喜典薬式「諸国年料雑薬制」の成立と『出雲国風土記』》，载［日］丸山裕美子：《日本古代の医療制度》，名著刊行会1998年版。

〔4〕 ［日］井上光貞：《仏教と律令》，载［日］井上光貞：《日本古代思想史の研究》，岩波書店1982年版。

以此为基础，更趋近于唐令的法典。也期待在今后，随着更多 7 世纪后半叶木简的出土，有望使得净御原令的真容在未来变得更加清晰。

那么，接下来将对在净御原令时期，与官僚制及籍帐制度、调庸制等并立的文书行政进行考察。文书行政也是律令制度的一大特征。从 7 世纪后半叶的文书木简中可以看出，净御原令与大宝令之间的文书行政系统存在某种断绝。笔者将结合以往的研究成果重新审视这一问题。

三、7 世纪日本的文书行政——"前白"木简

自己没有文字的日本列岛，7 世纪前半叶之前的文书行政都是由从朝鲜半岛过来的移民——一个被称作史部的归化氏族负责的。只有这样的移民和一部分官员及有学识之人（此种表述是否妥帖还需斟酌）能够运用中国的汉字。

至今为止，7 世纪 80 年代，即天武十年（681）开始编纂净御原令之后，以飞鸟、藤原京范围为中心出土的 7 世纪后半叶木简的数量不停地增加。可以说在天武朝，净御原令编纂工作开始后，文字与文书被广泛地使用。

虽然日本 7 世纪后半叶的出土木简多为荷札木简，但文书木简也不少。此类文书木简与 8 世纪的文书木简有着显著的差异。7 世纪的文书木简具有"前白"这种独特的样式。

目前，从都城及地方出土的"前白"木简有 30 件以上。这里列举五个具有代表性的"前白"木简。

①·大夫前恐万段顿首白 □〔仆？〕真乎今日国　　《飞鸟宫迹出土木简》143-4

　　·下行故道间米无宠命坐整赐

②□□□评大夫等前谨启　　　　　《木简研究》27（石神遗迹）

③·卿等前恐々谨解□□…　　　　　《藤原宫木简》1-8

　　·卿尔受给请欲止申

④·但鲑者速欲等云□□　　　　　《藤原宫木简》1-466

　　·以上博士御前白 宫守官

⑤今贵大德若子御前顿首拜白 □〔之?〕　　《木简研究》7（埼玉县小敷田遗迹）

①和②出土于飞鸟净，③和④出土于藤原京，⑤则出土自地方，五件皆为 7 世纪后半叶的木简。

对于此类带有"前白"书式的 7 世纪的文书木简，在奈良国立文化财研究所《藤原宫木简一》的解说中附有《藤原宫木简の记载形式について》(1978) 一文，文章内对 9 件带有"申对象前"（宛先の前に申す）这种书式文书进行了介绍，对其内容也加以考证，此类文书在公式令"解式"出现之前，作为官方的上申文书被广泛使用。[1]岸俊男在此之上提出，"前白"书式变为"解"式是因为大宝令的公式令。[2]对于作为律令制一大特质的文书行政系统，岸俊男的观点非常重要，他认为净御原令与大宝令间存在着极大的不同。但他也认为在大宝令成立前"解"就已经存在。因为藤原宫出土木简（③）记载着"前解"二字，所以将"解"读解为"申"。

东野治之根据中亚楼兰出土的 3 世纪后半叶至 4 世纪初的木简、残纸与敦煌写本书仪（九十世纪）、《司马迁书仪》(11 世纪) 等指出，"前白"这种书式很有可能受到了书仪与中国六朝的书信的影响。[3]同时，早川庄八在考究了带有七八世纪公式令书式的木简之后提出"前白"木简是口头传达进行书面化后的产物的见解。[4]另外，早川庄八还提出了诸多宝贵的见解。如大宝公式令中首次规定了"解"式；大宝令之前，由口头传达衍生出的"前

---

〔1〕 奈良国立文化财研究所编：《藤原宫木简》的解说中的附章《藤原宫木简の记载形式について》(1987 年)，其中对于"前白"与祝词间关系的猜想也很有意思。对 8 世纪快速消失的原因也提出了观点。在此报告书之前，岸俊男已于奈良县教育委员会《藤原宫迹出土木简概报》中提到"前白"这种书式。

〔2〕 [日] 岸俊男：《木简と大宝令》，载 [日] 岸俊男：《日本古代文物の研究》，塙书房 1988 年版。出于对该问题的兴趣，基于后续增加的事例，还有 [日] 舘野和己：《律令制の成立と木简—七世纪の木简をめぐって一》，载《木简研究》第 20 号，1998 年。另外，鹤见泰寿于《七世纪の宫都木简》(载《木简研究》第 20 号，1998 年) 中提出，在 7 世纪，没有管辖关系的官司间的往来都使用"前白"木简，这与 8 世纪的"解"式没有直接关系，7 世纪与 8 世纪的文书木简除了在样式上有差异，文书样式的概念也有着很大的不同，甚至推断，在政务上对处理文书的方式也有所不同，其中存在着某种断绝。

〔3〕 [日] 東野治之：《木简に现れた「某の前に申す」という形式の文书について》，载 [日] 東野治之：《日本古代木简の研究》，塙书房 1983 年版；还可参见 [日] 東野治之：《大宝令成立前後の公文书制度》，载 [日] 東野治之：《長屋王家木简の研究》，塙书房 1996 年版。

〔4〕 [日] 早川庄八：《公式様文书と文书木简》，收入 [日] 早川庄八：《日本古代の文书と典籍》，吉川弘文馆 1997 年版。此外早川氏还指出，直到 8 世纪中叶仍能见到此类书式，"前""御前"等次被用作书信最后的敬辞，很多不记载年月日的情况等都需要注意。

白"书式与受到中国书信影响的"启"及"状"的并用；具有上申功能的"前白"书式在未明确划分官司与官职的状况下使用等。特别是关于古代社会的口头传达的重要性之观点，深刻影响了之后的古代文书研究。（不过，认为应该特别考虑口头传达方面的观点现在还不稳固。）

之后，随着越来越多的"前白"书式木简的出土，地方上也出现了此类木简，"前白"被当作一种文书样式的可能性也越来越大。[1]因为韩国、朝鲜半岛出土的文书木简中也出现了"某某前"这种格式，所以它很有可能起源于朝鲜半岛。[2]市大树在重新审视所有"前白"木简之后指出，"前白"木简是在请求或拜托时使用的上申文书，是以中国、朝鲜半岛的文书为样进行本土化加工而成立的。[3]笔者基本同意市氏所提出的观点，但对于此类木简与朝鲜半岛出土木简间的关系还抱有疑虑。至今，在朝鲜半岛出土了5件"某某前"木简，但并没有明确记载"前白"的木简，而且与日本出土的木简不同，这些木简为多面体"觚"形木简，也难读取其具体含义。在年代上，早于日本7世纪后半叶的木简，难以认定它直接影响了日本"前白"木简。[4]

这里应该回顾一下，东野治之与早川庄八提到过中国的书信也会用"某某前"作为文章末的敬辞。市大树也提到"前白"是以中国的书信为样进行本土化加工而成立的书式，其还提到过，比起所受到的朝鲜半岛的文书木简的影响，中国书信对"前白"的影响更大。也就是说，如同东野治之早先提出的，应该考虑中国书仪和书信的影响。

同时要注意，朝鲜半岛出土的文书木简中也有"足下""万拜白""敬

〔1〕［日］鐘江宏之：《口頭伝達と文書・記録》，收入［日］上原真人等：《列島の古代史6言語と文字》，岩波書店2006年版。另外可参见［日］鐘江宏之：《七世紀の地方木簡》，载《木簡研究》第20号，1998年；［日］鐘江宏之：《文字の定着と古代の社会》，收入［日］川尻秋生編：《文字とことば》，岩波書店2020年版。

〔2〕［日］鐘江宏之：《口頭伝達と文書・記録》，收入［日］上原真人等：《列島の古代史6言語と文字》，岩波書店，2006年；［日］三上喜孝：《韓国出土の文書木簡》，载《国立歴史民俗博物館研究報告》第224号，2021年等。另可参见［日］橋本繁：《韓国古代木簡の研究》，吉川弘文館2014年版。

〔3〕［日］市大树：《前白木簡に関する一考察》，收入［日］市大树：《飛鳥藤原木簡の研究》，塙書房2010年版；［日］市大树：《日本の七世紀木簡からみた韓国木簡》，载《木簡と文字》第22号，2019年，韩国等。另可参见［日］市大树：《飛鳥の木簡—古代史の新たな解明—》，中公新書2012年版。

〔4〕［日］丸山裕美子：《律令制研究と木簡研究—飛鳥浄御原令と「前白」木簡をめぐって—》，载《東西人文》第22号，2023年。

白"等中国书信中常用的表述。而日本的"前白"木简中含有"恐万段顿首白""谨启""谨白""顿首""恐々谨""恐""恐々"等书信和上表文中独特的表述。虽然这些内容都已经被讨论过，但笔者认为还需要更深入探讨。

唐代以前，顿首"二字"是一个使用已久的书信的规范用语。如楼兰出土的李伯文书（4世纪）、王羲之的书信（4世纪）、敦煌写本书仪（9—10世纪）及北宋的《司马氏书仪》（11世纪）中都出现了"顿首"二字。[1]从这个角度出发，从飞鸟藤原京出土木简中，列举3件可以被归类为"前白"木简的书信形式的木简。

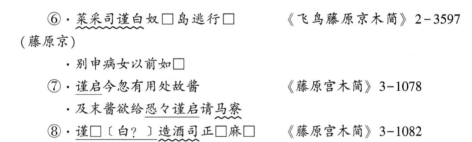

 ⑥·菜采司谨白奴□岛逃行□ 《飞鸟藤原京木简》2-3597
（藤原京）
   ·别申病女以前如□
 ⑦·谨启今忽有用处故酱   《藤原宫木简》3-1078
   ·及末酱欲给恐々谨启请马寮
 ⑧·谨□〔白？〕造酒司正□麻□ 《藤原宫木简》3-1082
   ·□□□□□□□

如⑥中的"菜采司"、⑦中的"马寮"及⑧中的"早酒司"，显而易见，这3件书信形式的木简都是以官司为对象的木简，可以将它们看作使用书信形式制成的官方文书。在平城京出土木简中也能见到"前"这一表述，如"关々司前解"（《平城宫木简》2-1926）、"大炊司前谨"（《木简研究》2平城宫东院园池）、"殿前谨牒"（《平城京木简》2-1731长屋王家木简）、"尾张国造御前谨恐々顿首"（《平城宫木简》7-12748）等，这些多半为8世纪前半叶的木简中还残存着过去的书式。在平城京出土木简中也能见到"前"这一表述，如"关々司前解"（《平城宫木简》2-1926）、"大炊司前谨"（《木简研究》2平城宫东院园池）、"殿前谨牒"（《平城京木简》2-1731长屋王家木简）、"尾张国造御前谨恐々顿首"（《平城宫木简》7-12748）等，这些多半为8世纪前半叶的木简中还保有着过去的书式。

〔1〕关于书仪，可以参考平成15年至平成17年度科学研究费补助金基盘研究C研究成果报告书：[日]丸山裕美子《日本古代国家·社会における書儀の受容に関する基礎的研究》（课题号15520409）2006年。本文中对书仪的理解都基于此报告。

"某某前"这一表述作为书信末尾的敬辞被使用，已经有许多学者对此进行探讨。东野治之介绍过楼兰出土的晋代木简（封缄）中出现的"君前"（C-2-117）"坐前"等记述。此外，楼兰出土的3—4世纪的书信断简（纸质）中有"正月廿八具书/尊兄机前"（C-1-18-4）、"大人坐前"（C-1-21-8）等。[1]C1-9-3是纸质的书信，其正反两面写道"'白讳昌格'/大中张君前/二月十四日仁再拜此信/累虽表问微情不"，这些似乎是中国书信形式的延伸。

还要注意的是，"白"这一表述至8世纪几乎就消失了。中国古老的书仪及书信中能看到将"申告"（もうす）记作"白"的情况。与楼兰出土的书信大概同时期——3—4世纪的索靖所书"月仪帖"中书信的最初有

正月具书、君白、……君白。

一文，楼兰出土的书信断简及木简中也偶见"顿首""白"等。长沙走马楼三国吴简中也能见到"叩头死罪白"之记述。考虑到这些例子的共通性，可以说7世纪文书木简的特征是采用了隋唐以前的中国式的书信形式。

四、净御原令下的公文书制度与书仪

在令制下，官司间相互来往所使用的公文书中，具有代表性的书式有解、移、符等。但从7世纪的文书木简中我们可以了解到，净御原令中并没有与之相关的规定（至今也没有实例出土）。木简（与纸质文书不同）并不是正式的文书，前文所见的"前白"木简及书信形式的文书木简中有许多是官方的文书。笔者认为在官司的上下关系不明确时，使用书信形式的公文书往来的可能性很大。

虽不知净御原令二十二卷中是否存在"公式令"，但可以肯定的是，模仿唐代之告身而成立的"位记"式（养老公式令之16勅授位记式、17奏授位记式、18判授位记式）是存在的（前文《书纪》持统三年九月条、持统五年二月条）。但是此位记很可能与唐代之告身不同，它极其简略。养老令中极其简略的位记式很有可能是继承了净御原令的简略书式。进入9世纪，

---

〔1〕 楼兰出土的纸质和木牍类的书信断简皆依据 ［日］青山杉雨等编：《楼蘭発見—残紙・木牘—》，日本書道教育会議1988年版。王羲之的书信皆依照 ［日］中田勇次郎：《王羲之を中心とする法帖の研究》，二玄社1960年版。

也就是弘仁九年（818）改制采用"汉样（唐风）"后［《续日本后纪》承和九年（842）十月丁丑条之菅原清公薨传］，开始使用与唐代之告身式相近的位记式。[1]

养老公式令总 89 条，其中单纯规定文书样式的条文都有 22 条。这之内有 3 条为位记式，假设没有如解、移、符之类的官司间往来用的公文书的规定，我们也没有时间去讨论剩余的全部条文。接下来对诏书、勅旨、奏与启式进行讨论。

首先，虽然大宝、养老公式令 1 诏书式模仿了唐之制书（永徽令中为诏书）式，但最初的部分有很大的差异。"明神御宇日本天皇诏旨云々""明神御宇天皇诏旨云々""明神御大八洲天皇诏旨云々"等，就是用所谓宣命撰写的。其次《书纪》天武十二年（683）正月丙午条中有一个明显与祝词有着共通表述的实例，即"诏曰，明神御大八洲倭根子天皇勅命者"。《书纪》中比这更早的用例，还有于孝德天皇大化元年（645）七月颁布给高句丽使者与百济使者的诏书，即"明神御宇日本天皇诏旨"，但是，此种表述与养老公式令的规定完全一致。最后，其很有可能是利用了大宝令的知识进行润色，才会出现"日本"这种还不存在的国号及"御宇"这种表述。天武朝时期的表述则与大宝令不同，加上了"倭根子"，可以推测它是原封不动地使用了原始史料。总而言之，诏的书式与唐令的规定不同，它极有可能在净御原令中就有所规定。

坂上康俊指出，大宝、养老公式令 2 勅旨式在以唐之勅旨式为基础之外，还试图构建日本自己特有的样式。[2]《书纪》持统十年（696）十二月条载"勅旨、云々"，这种表述应该也是净御原令的规定。大宝、养老公式令 3 至 5 之论奏、奏事、便奏式也被认为是模仿了唐之奏抄式。虽然难以确认 7 世纪日本之奏的文书样式，但在《书纪》中频繁出现"奏""奏曰""奏言""奏上"等，还出现过"奏可"（《书纪》持统三年十月条）二字，上述这些可以

---

〔1〕 参见［日］黛弘道：《位記の始用とその意義》，载［日］黛弘道：《律令国家成立史の研究》，吉川弘文館 1982 年版；［日］大庭脩：《唐告身と日本古代の位階制》，皇學館出版部 2003 年版。还可以参见［日］丸山裕美子：《円珍の位記・智証大師諡号勅書と唐の告身》，载《国立歴史民俗博物館研究報告》第 224 号，2021 年。

〔2〕 ［日］坂上康俊：《勅書の基礎的研究》，载［日］山中裕編：《摂関時代と古記録》，吉川弘文館 1991 年版。

证明奏的书式的存在。

关于大宝、养老公式令 7 启式，最近，鸶见凉太在细致考察《书纪》与天寿国绣帐的表述后指出，《书纪》中的文本是大宝令制之启，也就是唐代风格的启，而以原始史料为基本的《书纪》的注释与天寿国绣帐使用的则是六朝风格的启。六朝风格的启式基于书仪形成的含有礼制的启。[1]7 世纪的启是一种适用范围广泛的上申书式，与其说它是规定于法规之中的书式，不如说它是一种从书仪中学习并使用的书式。

时至今日，日本古代文书研究仍然过多地局限于研究那些日本公式令中继承唐公式令而成立的文书样式。正仓院文书等已经证明，古代文书不只有公式令中所规定的文书。日本从唐代文书系统中所学习到的内容，绝不可能只有公式令的规定。[2]

敦煌写本唐公式令断简（P. 2819）中保留了一部分移式、关式、牒式、符式、制授告身式与奏授告身式的内容。[3]以制授告身式为首的告身式，没有直接列举册授告身式和勅授告身式的书式。唐公式令中也没有规定所有公文书的书式。赤木崇敏细致的考证与敦煌、吐鲁番文书都证明，地方行政相关文书形式也并非详尽无遗的。[4]

《唐六典》卷一尚书都省中，列举了"表、状、笺、启、牒、辞"等上申文书的书式。其中，"表、状、笺、启"等为"非公文所施"。这表示，此四类文书不包含在公式令的规定中。这些文书样式在唐代不属于公式令的内

〔1〕［日］鸶見凉太：《啓に関する基礎的考察—七・八世紀における受容と展開—》，载《史学雑誌》第 131-10 号，2022 年。
〔2〕［日］丸山裕美子：《日本古代における中国文書様式の受容と変容》，载［日］小島道裕等编：《古文書の様式と国際比較》，勉誠出版 2020 年版。
〔3〕［日］坂上康俊在《唐日公式令の条文排列からみた牒と辞—敦煌発見唐公式令断簡開元二十五年令説の提唱—》（载［日］古瀬奈津子编：《古代日本の政治と制度—律令制・史料・儀式—》，同成社 2021 年版）中主张敦煌写本唐公式令断简（P. 2819）为开元二十五年令。中村裕一有一系列关于唐公式令的研究，如［日］中村裕一：《唐代制勅研究》，汲古書院 1991 年版；［日］中村裕一：《唐代官文書研究》，中文出版社 1991 年版；［日］中村裕一：《唐代公文書研究》，汲古書院 1996 年版等。告身的研究参见［日］大庭脩：《唐告身と日本古代の位階制》，皇學館出版部 2002 年版。
〔4〕［日］赤木崇敬：《唐代前半期の地方行政文書—トゥルファン文書の検討を通じて—》，载《史学雑誌》第 117 編第 11 号，2008 年；［日］赤木崇敬：《唐代官文書体系とその変遷—牒・帖・状を中心に—》，载［日］平田茂樹、遠藤隆俊编：《外交史料から十~十四世紀を探る》，汲古書院 2013 年版等。

容，[1]而是源自书仪。

书仪记载着公私文书书式和模范例文的典籍。周一良、赵和平将敦煌写本书仪分为朋友书仪、吉凶书仪、表状笺启书仪（状启书仪）三类。[2]朋友书仪是私人书信的模范例文集。吉凶书仪记载着公私文书的书札礼。表状笺启书仪是官员使用的具有名称的文例集，如《甘棠集》（P.4093）、《记室备要》（P.3723、P.3451、S.5888）、《新集杂别纸》（P.4092、S.5623）等。《甘棠集》中有贺表、谢表、上状、贺状等官员个人上呈给皇帝和宰相的上申文书的具体例文，如"上中书门下状""贺元日御殿表""谢冬衣表""贺崔相公加仆射状"等。虽然这些书信以官员个人书信的形式出现，但由于收信人是皇帝或宰相，因此也具有官方的性质。唐公式令中也没有关于表与状的规定。

同样地，继承了唐公式令的日本公式令中也不包含所有文书类型的书式。《令集解》公式令奏事式条之"穴记"载：

"表、奏、上奏、上启等之式，宜放书仪之体耳。"

由上可知，公式令规定之外的文书必须遵循书仪的书式。

日本古代文书到中世文书的转变，一般认为是"书札礼文书向公文书的转变"，但公文书中也有书信形式的文书存在。前文提到的 7 世纪后半叶的"前白"木简亦是如此。总之，在从中国引入文书行政系统之前（6 世纪之前经由朝鲜半岛），日本就已经存在书信形式的官方文书，当时使用了记有书式的书仪（或书信文例集）。

书纪推古十六年（608）九月条中上呈给隋皇帝的国书的书式完全遵循中

---

〔1〕 关于唐公式令规定的书式，[日] 坂上康俊（《唐日公式令の条文排列からみた牒と辞—敦煌発見唐公式令断簡開元二十五年令説の提唱—》）、[日] 鷲見涼太（《啓に関する基礎的考察—七・八世紀における受容と展開—》）与 [日] 赤木崇敬（《唐代前半期の地方行政文書—トゥルファン文書の検討を通じて—》）在各自论文中推测，永徽令与开元七年令、开元七年令与开元二十五年令间存在着很大的变化。这一问题留待以后探讨。

〔2〕 中国的书仪研究有，赵和平：《敦煌写本书仪研究》，新文丰出版公司 1993 年版；周一良、赵和平：《唐五代书仪研究》，中国社会科学出版社 1995 年版；赵和平：《敦煌表状笺启书仪辑校》，江苏古籍出版社 1997 年版；赵和平：《敦煌本〈甘棠集〉研究》，新文丰出版公司 2000 年版；吴丽娱：《唐礼摭遗——中古书仪研究》，商务印书馆 2002 年版；吴丽娱：《敦煌书仪与礼法》，甘肃教育出版社 2013 年版；吴丽娱：《礼俗之间——敦煌书仪散论》，浙江大学出版社 2015 年版等。

国式书札礼。

> 东天皇<u>敬白</u>西皇帝，使人鸿胪寺掌客裴世清等至，久忆方解，秋季薄冷，尊如何，想清念，此即如常，今遣大礼苏因高、大礼乎那利等往<u>谨白不具</u>。

东天皇原本应该记为东大王，这一点暂且不提。从"敬白"开始，包括"使人……至""今遣……往"等表述，"秋季薄冷"这种季节相关的寒暄，"尊如何"这样的问候，加上最后的"谨白不具"构成了中国式的书仪。当然，既然是"国书"，使用特别符合中国礼制的书式也是理所当然的。可以说，至少在这个时期，也就是7世纪初期，日本列岛已经引入并接受了这种中国式文书及书信的书式。[1]

目光再回到中国，关于公式令和式中规定的公文书的书式及书仪。虽然时代较晚，但北宋《司马氏书仪》中也提到了关于这两者间关系的内容。卷一"表奏"中载：

> 元丰四年（1081）十一月十二日，中书札子，据详定官制所修到公式令节文

列有"表式"与"奏状式"，同书"公文"中则胪列"申状式"及"牒式"。表、奏、状、牒作为公文，将令、式规定的节文记入书仪，之外的都作为"私书""家书"，在书仪中记载着详细的示例。

《司马氏书仪》的"私书"中有"上尊官问候贺谢大状"，其注有：

> 此盖唐末属察上官长公牒，非私书之礼，及元丰改式，士大夫亦相与改之

一文，在唐代属于公文书的内容，至于北宋，被放入私书。私书当中还有"上尊官时候启状"、前文提到的"上尊官手启"的书式，敦煌写本《大

---

[1] 还有一种说法认为，这个国书受到的是王羲之书信等六朝的书法（临书、法帖等）的影响，并非"书仪"。徐先尧：《二王尺牍与日本书纪所载国书之研究》，艺轩图书出版社2003年版。另外还可参见［日］東野治之：《日出処・日本・ワークワーク》，载［日］東野治之：《遣唐使と正倉院》，岩波書店1992年版。

唐新定吉凶书仪》（S.6537v.）中有着与此相当的内容，如"寮属起居启""典吏起居启"。这些书仪规定了中国官员们向上司或同僚寄送书信的书式，也展示了唐代官人社会的礼制，从这一方面来看，书仪也包含了官方的性质。

《大唐新定吉凶书仪》撰于元和年间（806—820），但从前文的楼兰出土书信与王羲之书信来考虑的话，这种书信的书式存在已久。作为官员间来往之物，即使只是书信，也具有官方的性质。

如果我们将中国的书信作为其渊源，也就不难理解"前白"木简主要是一个人写给另一个人的上申文书这一事实。虽然在净御原令时期，还没有规定具体的书式，但可以合理的推测，日本援用以书仪（书信形式）为范例的书式。

谈及日本的古代文书，公式令的书式受到了广泛关注，但其背后体现出，日本自7世纪上半叶以来，引入了中国式的书仪、书信形式的文书。这些书信形式的文书的使用则体现在"前白"木简中。这也是净御原令时期的公文书的样貌。笔者认为：符、解、移等模仿唐公式令的文书样式在大宝公式令中被确立后，强制性地普及开来。之后随着公式令规定的形式化，早就存在的书信形式的文书被广泛地应用于御教书、下知状等官方场合。中世文书与中世的书札礼也随之成立。

结 论

正如本文所探讨的那样，净御原令具有很强的日本独有的、不同于唐令的要素。于天武、持统朝时期构建了：神祇祭祀制度（神祇令）与神祇官的创立；僧纲制与僧尼令的成立；以宣命体宣布诏书；虽然未确定上下关系但有别于唐制的官司制；"位记"及"六假"等与唐制不同的制度。

天武朝后半以降的出土木简数量的增加，也体现出，在文书行政方面，不仅是诏书式与位记式，公文书书式的制度化也已经发展到了某种程度。但其并不是如唐公式令一样的成体系的规章，从某种意义来讲，它确实可能只是单行法令法规的集合体。不过，其中一些仿照中国法典的书式（诏书、勅旨、"位记"等）与仅在大宝令中才有的"勅符"等，[1]在净御原令的公式

---

〔1〕 参见［日］吉川真司：《勅符論》，载［日］吉川真司：《律令官僚制の研究》，塙書房1998年版。

令中被明文化。而那些没有规定的公文书，则使用了中国书仪中书信的书式。

户籍、调制等与支配人民直接相关的制度，如"庚午年籍"等，大概是从"近江令"时期开始实施的，这些制度在与大宝令直接相关的形式下被强化、完善。可以认为，天武、持统朝＝净御原朝廷的法制＝净御原令。

推古三十一年（623），医慧日等上奏的谏言中，言及引入唐朝的"法式"。作为遣隋使的一员远渡重洋抵达中国，隋朝灭亡唐朝建立后不久，途经新罗归国的医慧日等的谏言肯定受到了当时朝廷的高度重视。我们不难推测，要直接实施中国隋唐的成体系的法典，面临着诸多困难，如两国社会结构不同，规模也不同。在这种情况下，先要建立户籍制度和税制，在保留氏族制要素的同时，摸索着建立日本式的官司和官僚制，巧妙地重释唐法典中的法律用语，最终编纂出一套接近唐令的大宝令。从这个方面来看，净御原令是一部过渡性的法典，但窥其内里，其中包含着大量不同于唐制的原创内容，而这些原创内容中有一部分被大宝令吸收，成为唐令及日本令的区别所在。笔者认为，净御原令的划时代性造就了日本令的独特性。

七八世纪日本的中国礼法之承袭

——以日本赦文与日本律为中心

陈睿垚*

摘　要：基于"礼制"成立的古代中国法制，不仅影响着承袭了隋唐律令法典的日本律令制度，还深度影响着日本 7 世纪成立的广义法典及 8、9 世纪成立的格式法典与仪式书。本文将结合中日双方的文献资料讨论鲜少受研究者关注的 7 世纪初至 8 世纪初日本承袭中国礼法的情况。日本于 7 世纪初开始创立国与国间使用的外交关系相关的"对外的礼"，积极融入东亚世界。于 7 世纪中期通过祥瑞与中国节日等，来承袭中国的广义的礼。这些广义的礼因天智天皇的寝疾未得以施行，至于天智、持统朝时在日本生根发芽，形成了在宫中使用的"对内的礼"。8 世纪后，随着大宝养老律令的成立，中国礼制也通过隋唐的律令融入日本律令之中，影响着古代日本这一基于律令行政的律令国家。

关键词：日本律令制　礼制　赦文　日本律

前　言

与被称为"礼法之邦"的隋唐帝国不同，古代日本被称作"律令国家"，其核心是由刑法"律"和一般行政法"令"组成的律令法。在中古中国的隋唐时期，礼是规范着以儒家思想为基础的国家制度，而法（律令）则是以礼的思想为基础，旨在维护政治秩序和国家制度的法典。据大隅清阳先生所述："礼的是天皇行使权力正当性的依据，其原理是超越各个天皇和王朝而存在

---

* 陈睿垚，日本文化学博士，中国政法大学法律古籍整理研究所博士后。

的，天皇也被包含在其中；而律令只是天皇制定颁给臣民的一套行政规则，基本上天皇是超越律令的存在。"[1]因此，中国礼制的承袭在日本律令制度研究中是一个不可回避的问题。

最早关注中国礼制的承袭等问题的是石母田正先生，他认为："作为日本律令法典之母法的中国法的形成过程，始于礼制，从习俗或惯例中分化、发展，'法'从'礼'中分离而出。"因此，"法"已经从道德与伦理的个体世界转向政治领域，建立起了一种非个体的制度和组织理论。[2]此后，对日本律令制和古代国家的研究主要集中在承袭中国礼制等问题上。

吉田孝先生则认为7世纪日本列岛社会系统性地继承中国律令制度的原因有三。其一，日本律令制度的母法——中国律令作为有别于礼的实体而存在，是一种带有浓厚民族与传统色彩的社会规范；其二，中国律令只是一部官方法典；其三，中国律令只对国家政府的一部分做出规定，并不直接规定王权的性质。[3]大隅清阳先生在承袭吉田先生的部分观点之外，认为如果律令与礼是各自独立存在的，那么在日本律令完成和实施后的8世纪及之后的阶段，很有可能继承了不同于律令制度的礼仪制度。[4]随后，大津透先生指出："八世纪中叶（天平时期）至九世纪中叶（贞观时期）是日本律令国家的一个新阶段，在这一阶段，日本引入了以仪礼制度为中心的中国的国制。经此，以前依赖神话与宗教思想的天皇制，现在也变得以儒家思想和礼仪制度为基础了。"[5]另外，格与式的编纂也展示着其在中国礼制的承袭中所含有独特的意义。[6]

我们能从8世纪编纂的大宝、养老律令中管窥到其继承了7世纪时倭国国制的特质。一方面，衣服令、丧葬令、假宁令等令编目中，就能看出对中国礼制的继承。关于日本令令条中所含的中国礼制的相关研究，已有相当丰

〔1〕 ［日］大隅清阳：《律令官制と礼秩序の研究》，吉川弘文館2011年版，第347页。

〔2〕 ［日］石母田正：《官僚制·法》，载［日］石母田正：《日本古代国家論 第一部》，岩波書店1983年版。

〔3〕 ［日］吉田孝：《律令国家と古代の社会》，岩波書店1983年版，第25-70页。

〔4〕 ［日］大隅清阳：《律令官制と礼秩序の研究》，吉川弘文館2011年版，第332-351页。

〔5〕 ［日］大隅清阳：《律令官制と礼秩序の研究》，吉川弘文館2011年版，第362-364页。［日］大津透：《古代の天皇制》，岩波書店1999年版，第179-190页。

〔6〕 ［日］大津透：《格式の成立と摂関期の法》，载［日］水林彪等编：《新体系日本史2 法社会史》，山川出版社2001年版。

沛的研究成果。[1]另一方面，如《令集解》官位令中所载"令者教未然事，律者责违犯之然"一样，律与令虽然有着不同的法律功能，但两者也是密不可分的。因此不论是令中，还是律中，都必然保有"礼"的观念。然而，日本律中所包含的中国礼制去鲜少收到研究者的关注。

因此，本文将通过考察《隋书》倭国传与《日本书纪》的相关记录（7世纪初）、日本的敕文（7世纪中后期）、8世纪初的日本刑法，来探讨7、8世纪日本对中国礼制承袭的状况。

一、《隋书》倭国传与《日本书纪》

虽然《日本书纪》中未提到开皇二十年（600）倭国首次向隋王朝派遣外交使节的情况，但在《隋书》倭国传中可以找到描述这一事件的记录。《隋书》倭国传载：

> 开皇二十年，倭王姓阿每，字多利思比孤，号阿辈鸡弥，遣使诣阙。上令所司访其风俗。使者言倭王以天为兄，以日为弟，天未明时出听政，跏趺坐，日出便停理务，云委我弟。高祖曰，此太无义理。于是训令改之。

这表明开皇二十年时，日本向隋王朝派遣了使节，使节汇报了关于日本的国情和其他事项。此时，隋王朝对没有携带国书来朝的倭国的评价为"太无义理"。随后，倭国制定了"十七条宪法"，并制定了"冠位十二阶"。大隅清阳先生指出，因为使节与隋文帝的接触，似乎使得倭国国王将早先的听政制度（天未明时听政，日出便停理务）改为中国式的早朝制度。[2]

大业三年（607），倭国派出了第二批遣隋使。此时的皇帝虽然从文帝变为炀帝，但隋王朝对倭国的评价没有太大改变。

---

〔1〕 关于日本律令制的研究成果，可以参照 [日] 大津透：《日唐律令制的比较研究——学术史的概观和近年研究的介绍》，载《唐研究》第14卷，北京大学出版社2008年版。天圣令公刊后日本律令制度的主要成果可参见：[日] 大津透编：《日唐律令比较研究の新段阶》，山川出版社2008年版；[日] 大津透编：《律令制研究入门》，名著刊行会2011年版；[日] 大津透编：《日本古代律令制と中国文明》，山川出版社2020年版等。

〔2〕 [日] 大隅清阳：《律令官制と礼秩序の研究》，吉川弘文馆2011年版，第188-217页。

大业三年，其王多利思比孤遣使朝贡。使者曰，问海西菩萨天子重兴佛法，故遣朝拜，兼沙门数十人来学佛法。其国书曰，日出处天子致书日没处天子无恙，云云。帝览之不悦，谓鸿胪卿曰，蛮夷书有无礼者。勿复以闻。明年，上遣文林郎裴清使于倭国。

这表明，虽然大业三年的遣隋使携有国书，但炀帝对于一个只是所谓周边国家的倭国的大王自称为天子感到十分愤怒。翌年，

倭王遣小德阿辈台，从数百人，设仪仗，鸣鼓角来迎。后十日，又遣大礼哥多毗，从两百余骑郊劳。既至彼都，其王与清相见，大悦曰，我闻海西有大隋，礼义之国，故遣朝贡。我夷人，僻在海隅，不闻礼义。是以稽留境内，不即相见。今故遣清道饰馆，以待大使，冀闻大国惟新之化。清答曰，皇帝德并二仪，泽流四海。以王慕化，故遣行人来此宣谕。既而引清就馆，其后清遣人谓其王曰，朝命既达，请即戒涂。于是设宴享以遣清，复令使者随清来贡方物。

据此记载，隋朝自称"礼义之国"，而倭国的大王自称为"夷人"，并自认"不闻礼义"。据川胜守先生的考据，《隋书》倭国传中所载的"故遣朝贡""我夷人""僻在海隅""不闻礼义"等语句绝对不会出自倭国使臣之口，许是经史书工笔润色后的结果。[1]但是，根据《隋书》的记载，我们可以窥见隋王朝对当时倭国的态度与看法，承认倭国虽然只是一个未开化的国家，却愿意学习并发展一套礼仪制度。这一状况不仅出现在《隋书》中，也出现在了《日本书纪》中。

十六年夏四月，小野臣妹子，至自大唐。唐国号妹子臣曰苏因高。即大唐使人裴世清，下客十二人，从妹子臣，至于筑紫。遣难波吉士雄成，召大唐客裴世清等。为唐客更造新馆于难波高丽馆之上。六月壬寅朔丙申，客等泊于难波津。是日，以饰船卅艘，迎客等于江口，安置新馆。（中略）秋八月辛丑朔癸卯，唐客入京。十日，遣饰骑七十五匹，而

〔1〕［日］川勝守：《聖徳太子と東アジア世界》，载［日］川勝守：《聖徳太子と東アジア世界》，吉川弘文館2002年版。

迎唐客于海石榴市术。额田部连比罗夫，以告礼辞焉。壬子召唐客于朝廷，令奏使旨。（中略）于是，大唐之国信物置于庭中。时使主裴世清，亲持书，两度再拜，言上使旨而立之。其书曰，皇帝问倭皇。使人长吏大礼苏因高等，至具怀。朕钦承宝命，临仰区宇。思弘德化，覃被含灵。爱育之情，无隔遐迩。知皇介居海表，抚宁民庶，境内安乐，风俗融和，深气至诚，远修朝贡。丹款之美，朕有嘉焉。稍暄。比如常也。故遣鸿胪寺掌客裴世清等，稍宣往意。并送物如别。时阿倍臣出进，以受其书而进行。大伴啮连，迎出承书，置于大门前机上而奏之。事毕而退焉。（中略）爰天皇聘唐帝。其辞曰，东天皇敬白西皇帝。

小野妹子在隋朝使者裴世清等 13 人的陪同下，于推古十六年（608）四月到达筑紫。六月，朝廷于难波迎接裴世清一行。八月，倭王会见了已到达京都的裴世清。田岛公先生指出：于此记录出现的宾礼，不仅表明了当时已经对外开放的日本朝廷致力于学习中国的中央集权制度，也认识到了宾礼在由中国主导的国际社会中的重要性，并想要将其导入日本。宾礼的导入也是天皇（大王）建立外交权力的一个过程。[1]

《日本书纪》记载的内容与《隋书》倭国传记载的内容存在差异。在《日本书纪》中，只记录了裴世清的言辞，并未提及倭王。而《隋书》倭国传中，则记录了两者的发言内容。《隋书》倭国传中，对于裴世清的来朝，倭王表现出"大悦"的态度，而在《日本书纪》中，并没有相对应的记录。另外，《隋书》倭国传中，对于倭王的称呼为"王"或是"倭王"，隋帝则被记为"帝"或是"皇帝"。与此相对，《日本书纪》中对于隋帝的称呼与《隋书》相同，但对于倭王的称呼则为"皇"、"倭皇"或是"天皇"。从此处能看出，为了摆脱第一次遣隋使时的"无礼之国"的称呼，倭国对此做了相当的努力。正如大隅清阳先生所述，对使节的尊称和对倭国大王的称呼都可以看作倭国对中国仪礼制度的引入的一环。

除了出现在《日本书纪》中本土法色彩浓厚的天津罪、国津罪，《隋书》倭国传对此时期倭国使用的刑罚也有记载。

---

〔1〕〔日〕田島公：《外交と儀礼》，载〔日〕岸俊男编：《日本の古代7　まつりごとの展開》，中央公論社 1994 年版。

> 其俗杀人强盗及奸皆死，盗者计赃酬物，无财者没身为奴，自余轻重，或流或杖。

根据当地的习俗（本土法），如犯杀人、强盗及通奸等罪行都会被判处死刑。窃盗则根据赃物来处罚，无财产者没身为奴。其他则根据罪行的轻重被处以流刑或者杖刑。根据井上光贞先生的推测，倭国传中记载的死刑、流刑及杖刑等都是从中国北朝至隋朝一直存在的正刑，都属于五刑的范畴。这些刑罚都是在日隋进行外交前，早在 6 世纪就通过朝鲜三国从北朝继承的，或是 7 世纪初期从与隋朝开始外交关系后袭自隋朝的。[1]但吉田孝先生认为，"《隋书》倭国传中的'死''流''杖'可以推定是受了中国北朝的五刑的影响，但是并未出现五刑中的'徒'刑，因此可以认为此时倭国并没有'徒'的相关规定。而'无财者没身为奴'这一本土法色彩浓重的规定，根据'若准贷倍没贱者，从良'这一诏文，在七世纪末的持统五年（691）三月被废止，这也是全面继承中国五刑的一个象征"。[2]

二、隋唐王朝的赦文与日本的赦文

前文通过围绕《日本书纪》与《隋书》倭国传中对描述两国外交关系的记录及 7 世纪初倭国的刑罚，对 7 世纪初期日本承袭中国礼制的状况进行讨论。大隅清阳先生表示，对于 7 世纪初期（推古朝）至与七世纪中后期（天武、持统朝），即所谓日本古代国家成立期对礼制进行继承时，制定冠位、朝服（朝廷内的制服）；导入年中行事活动；制定朝贺、路头礼等朝礼（朝廷内官员间的礼）这三者在相互作用。[3]7 世纪时日本列岛对于礼制的承袭，很大一部分是通过年中行事活动来进行的。丸山裕美子先生也指出，许多年中行事活动的初次出现集中在 7 世纪中后期（天武、持统朝）。[4]西本昌弘先生则认为，7 世纪中叶以降日本就开始正式地导入了中国的仪礼。[5]7 世纪中后

〔1〕 ［日］井上光贞：《隋书倭国伝と古代刑罰》，载［日］井上光贞：《日本古代思想史の研究》，岩波书店 1982 年版。

〔2〕 ［日］吉田孝，［日］大津透编集解说：《続 律令国家と古代の社会》，岩波书店 2018 年版，第 210-342 页。

〔3〕 ［日］大隅清陽：《律令官制と礼秩序の研究》，吉川弘文馆 2011 年版，第 366 页。

〔4〕 ［日］丸山裕美子：《日本古代の医療制度》，名著刊行会 1998 年版，第 241 页。

〔5〕 ［日］西本昌弘：《日本古代儀礼成立史の研究》，塙书房 1997 年版，第 5-9 页。

期，日本除引入并承袭这些广义的礼制（节日）之外，在各种赦文中也有中国礼法的出现[1]。

日本古代第一条赦文，见于《日本书纪》孝德天皇（大王）的大化二年（646）三月辛巳条中"大赦天下"。此后，频繁见到大赦二字。相比之下更为复杂的赦文出现于天武天皇的天武五年（676）八月壬子条中。

> 诏曰，死刑、没官、三流、并降一等。徒罪以下，已发觉，未发觉，悉赦之。唯既配流，不在赦例。

此赦文较为简略，除五刑之外，还记有本土法色彩浓厚的没官之刑。之后的《续日本纪》庆云四年（707）七月壬子条与和铜元年（708）正月乙巳条及和铜七年（714）六月癸未条中，出现了更为复杂且完整的赦文。

> 庆云四年赦文（A）大赦天下。（B）自庆云四年七月十七日昧爽以前，（C）大辟罪以下，罪无轻重，已发觉未发觉，咸赦除之。（D）其八虐之内，已杀讫，及强盗、窃盗，常赦不免者，并不在赦例。（E）前后流人非反逆缘坐及移乡者，并宜放还。亡命三泽，挟藏武器，百日不首，复罪如初。（F）（+贩恤文）
>
> 和铜元年赦文（A）大赦天下。（B）自和铜元年正月十一日昧爽以前，（C）大辟罪已下，罪无轻重，已发觉未发觉，系囚、见徒，咸赦除之。（D）其犯八虐，已杀讫，及强盗、窃盗，常赦不免者，并不在赦例。（E）亡命山泽，挟藏禁书，百日不首，复罪如初。（F）（+贩恤文）
>
> 和铜七年赦文（A）大赦天下。（B）自和铜七年六月廿八日午时巳前，（C）大辟罪以下，罪无轻重，已发觉未发觉，已结正未结正，系囚、见徒，没为奴婢，及犯八虐，常赦不免者，咸赦除之。（D）其私铸钱及窃盗、强盗，并不在赦限。（E）但铸、盗之徒合死坐，降罪一等。（F）（+贩恤文）

于此进行简单的分类，上文的三个赦文皆能被总结为（A）大赦天下+

---

[1] 7世纪中期（650）至7世纪末期（686）共颁布15次赦文，其中与佛教相关的有4次，与祥瑞相关的有6次。

（B）限制赦免犯罪发生的时间+（C）赦免犯罪的种类+（D）不受赦免的被除外罪行+（E）赦免的特别规定+（F）赈恤文。佐竹昭先生对日本和唐代的赦文进行了比较与分析，并在对两者的赦文进行了较为详细的分类后指出，日本和唐代赦文是在中国漫长的赦免历史中与当时发生的刑事事件密切相关而形成的，赦文的完整度在隋唐时期达到顶峰。在日本，与唐代律令为基础花费大量时间而继承并成立的国家基本法——律令不同，具有与唐朝相同结构的赦文一直沿用至近代。[1]改元光宅诏中：

　　（A）可大赦天下。改文明元年为光宅元年。（B）自九月五日昧爽已前。（C）大辟罪已下，罪无轻重，已发觉未发觉，已结正未结正，繫囚、见徒，皆赦除之。流人未达前所者，放还。（D）其犯十恶，官人枉法受财，监临主守自盗，所监临劫杀人，故杀人，谋杀人，反逆缘坐，并军将临戎挫威丧律，镇遏失所，亏损师徒，及常赦所不免者，并不在赦例。（F）（+赈恤文）

光宅诏书中，除（E）的赦文特别规定外，具有之外的所有的赦文特征。另外，《册府元龟》卷八十五帝王不赦宥第四中也有类似的赦文。[2]

　　（A）可大赦天下。（B）自开元十一年十一月十六日昧爽以前。（C）罪无轻重，已发觉未发觉，已结正未结正，繫囚、见徒，大辟已下咸赦除之。（D）其十恶死罪造伪头首劫贼杀财主不在赦例。（F）（+赈恤文）

除此之外，《全唐文》卷三十九元宗二十谒陵大赦文与《全唐文》卷二十三元宗四迎气东郊推恩制中也有类似的赦文出现。如上所见，日本的赦文确实与唐代赦文极其相似。但是，从 7 世纪初开始从隋朝引入礼制的日本，受到隋朝制度的影响是不能忽视的。囿于史料，隋朝的赦文很少见，所幸的是，《册府元龟》卷第八十三帝王部赦宥第二中详细地记载了隋朝的赦文。

---

〔1〕［日］佐竹昭：《古代の王権と恩赦》，雄山閣 1998 年版，第 208 页。佐竹昭氏于该书中将唐光宅元年（684）与日本养老四年（720）的赦文进行了比较，并将日唐的赦文的构造非常精细地分为了十部分，笔者在此基础上进行了重新整理分类，大致分为文中的六部分。
〔2〕（北宋）王钦若等编：《册府元龟》，中华书局 2003 年版。

（A）可大赦天下。（B）自大业八年四月十六日昧爽已前。（C）大辟罪已下，已发觉未发觉，已结正未结正，繋囚、见徒，罪无轻重，皆赦除之。（D）其常赦所不免，谋反大逆，妖言惑众，语及国家，并不在赦例。（F）（+赈恤文）

也就是说，"已结正未结正"这一律令用语的初次出现并不在唐代，而是在隋大业八年。虽然唐开元十一年以后频繁的出现，但在这之前仅有光宅改元诏里的一例。也就是说，在714年（和铜七年）以前，唐朝所使用的赦文中并不使用"已发觉未发觉，已结正未结正，繋囚、见徒"等用语，而是使用"已发觉未发觉，繋囚、见徒"。当然，和铜七年颁布的赦文中所使用的"已发觉未发觉，已结正未结正，繋囚、见徒"并非没有参照唐光宅改元诏内赦文的可能，但因为白川乡拜战后，天智八年（669）至大宝元年（701）的32年里，并没有派遣过遣唐使。大宝二年（702）意图恢复正式的外交关系而派出的遣唐使，将记载光宅改元诏的文献带回日本，并参照此诏，使用于和铜七年的赦文中的可能性极低。再考虑到大业八年此赦文形态就出现过这一点，可以想见，9世纪后唐王朝所使用的赦文，应当也参考了隋朝赦文。因此，和铜七年所颁赦文很有可能并非继承了唐朝的赦文形态，而是继承了早先隋朝的赦文形态。

总而言之，7世纪初倭国（日本）随着遣隋使的派遣，开始通过导入、改变对外的（外交相关）礼仪来承袭中国礼制，而7世纪中后期，除通过继承中国传统节日来引入对内的（宫廷内部）的礼仪承袭中国礼制之外，在颁布的赦文中也能见到中国礼法的承袭。

三、养老名例律之八虐不孝条

吉田孝先生曾指出，大宝律令成立之前（8世纪前），日本就已经开始使用中国的"五罪（五刑）""八虐（十恶）""六议（八议）"等律条。当时的刑法，除五罪、八虐、六议等重要的律条外，还根据情况颁布所需的律文。[1]那么，接下来将在区分8世纪前成立的律条与之后成立的律条的基础上分开讨论8世纪前后律条中所引中国礼典。

---

〔1〕〔日〕吉田孝：《続　律令国家と古代社会》，岩波书店2018年版，第340页。

在讨论日本名例律前，要先说明《唐律疏议》中所引用的礼文。众所周知，日本律的编纂者在编纂日本律时直接参考的唐代律疏为永徽律疏。但是流传至今的《唐律疏议》为开元二十五年律的律疏，并非永徽律疏，因此将《唐律疏议》与日本律进行比较，仍然存在一些问题。不过，没有史料表明，开元二十五年修订时，对《永徽律》文本进行了明显改动、增减，对其条文和内容进行了大幅修改的情况。一般认为，从永徽二年（651）的永徽律至开元二十五年（737）的开元律之间，主要属于因时代而改变，不能视为《永徽律》条文和内容的修订。另外，《旧唐书》卷四十六志第二十六经籍中也表明，唐朝的律疏也只有长孙无忌于永徽二年所著的《律疏》。换言之，现存的《唐律疏议》虽为开元二十五年律疏，但与永徽律疏的差异甚小。因此本文将《唐律疏议》视为《永徽律疏》，从而将其与日本养老律进行比较。

小林宏先生搜集整理了《唐律疏议》中所引礼文，将引用礼文的 32 条律文分为了三类。[1]第一类：以"礼云""依礼""据礼"等文言为首引用礼典（《礼仪》《礼记》《周礼》等与礼相关的经典）的部分与引用这些礼典的现行版本《大唐开元礼》的部分。第二类：使用"准礼""稽之典礼"等文言指代礼典的部分。第三类：并无"礼云""依礼"这样有着明确出处的引用，而是直接使用了礼典的原文或者近义文。据笔者的整理与补充，礼文的引用结果如表所示。[2]

表 1　唐、日律文所引"礼文"

唐律篇目	疏议中的"礼文"引用	文献来源	日律
名例律一	礼云："刑者，侀也、成也。一成而不可变，故君子尽心焉。"	礼记·王制	无
名例律三	周礼云："其奴男子入于罪隶"，又"任之以事，煮以圜土而收教之。上罪三年而捨，中罪二年而捨，下罪一年而捨。"	周礼·秋官	无

　　[1]　[日]小林宏：《日本律における礼の法的機能》，载［日］小林宏：《日本における立法と法解釈の史的研究　古代·中世》，汲古書院 2009 年版。
　　[2]　表格是基于小林宏先生的《日本律における礼の法的機能》制作而成，粗体字为笔者根据整理结果补充的部分。

唐律篇目	疏议中的"礼文"引用	文献来源	日律
名例律五	郑注礼云:"死者,澌也。消尽为澌。"	礼记·檀弓	无
	礼云:"公族有死罪,磬之于甸人。"	礼记·文王世子	无
名例律六谋反	周礼云:"左祖右社。"	周礼·冬官	无
名例律六谋大逆	周礼秋官:"正月之吉日,县刑象之法于象魏、使人观之。"	周礼·秋官	无
名例律六恶逆	依礼,嫡子为父后及不为父后者,并不为出母之党服,即为继母之党服,……若亲母死于室,为亲母之党服,不为继母之党服。	礼记·服问	无
	礼云:"所从亡,则已。"	礼记·丧服	无
	依礼,有三月庙见,有未庙见,或就婚等三种之夫。	仪礼·士婚礼、礼记·曾子问	无
名例律六大不敬	礼运云:"礼者君之柄,所以别嫌明微,考制度,别仁义。"	礼记·礼运	无
	周礼,食医掌王之八珍。	周礼·天官·食医	无
名例律六不孝	礼云:"孝子之养亲也,乐其心,不违其志,以其饮食、而忠养之。"	礼记·内则	无
	依礼:"闻亲丧,以哭答使者,尽哀而问故。"	礼记·奔丧	有
名例律六不睦	礼云:"讲信修睦。"	礼记·礼运	无
	依礼:"夫者,妇之天。"	仪礼·丧服	无
	(依礼)又云:"妻者齐也。"	礼记·内则	无
	依礼,男子无大功尊。	仪礼·丧服、大唐开元礼·凶礼	无
名例律六内乱	奸小功以上亲者,谓据礼男子为妇人著小功服而奸者。	大唐开元礼·凶礼	无
名例律七八议	周礼云:"八辟丽邦法。"	周礼·秋官	无
	礼云:"刑不上大夫。"	礼记·曲礼上	无
	(礼云)犯法则在八议,轻重不在刑书也。	礼记·曲礼上	无

续表

唐律篇目	疏议中的"礼文"引用	文献来源	日律
名例律七议亲	祖免者据礼有五：高祖兄弟、曾祖从父兄弟、祖再从兄弟、父三从兄弟、身之四从兄弟是也。	礼记·大传	无
	小功之亲有三：……此数之外，据礼内外诸亲有服同者，并准此。	大唐开元礼·凶礼	无
名例律七议宾	礼云："天子存二代之后，犹尊贤也。"	礼记·郊特牲	无
名例律十二	依礼："凡妇人，从其夫之爵位。"注云："生礼死事，以夫为尊卑。"	礼记·杂记上	无
名例律二十七	妇女虽复非丁，据礼"与夫齐体"。	仪礼·丧服	有
名例律三十	依周礼："年七十以上及未龀者，并不为奴。"	周礼·秋官	无
	周礼"三赦"之法：一曰幼弱，二曰老耄，三曰蠢愚。	周礼·秋官	无
	礼云："九十曰耄，七岁曰悼，悼与耄虽有死罪，不加刑。"	礼记·曲礼上	无
卫禁律三十二	依周礼，五百人为旅，二千五百人为师。	周礼·夏官	无
职制律八	不依礼、令之法，一事有违，合杖七十。	大唐开元礼·序列上	有
	故礼云："三日齐，一日用之，犹恐不敬。"	礼记·郊特牲	无
职制律十一	礼云"唯祭天地社稷，为越绋而行事。"	礼记·王制	无
职制律十三	依礼，饭齐视春宜温，羹齐视夏宜热之类。	礼记·内则	无
职制律十五	依礼"授立不跪，授坐不立"之类	礼记·曲礼上	无
职制律二十五	礼云禹与雨，谓声嫌而字殊；丘与区，意嫌而理别。	礼记·曲礼上	无
职制律三十	其妻既非尊长，又殊卑幼，在礼及诗，比为兄弟，即是妻同于幼。	礼记·杂记下	有
	依礼："斩衰之哭，往而不返。齐衰之哭，若往而返。大功之哭，三曲而偯。小功、缌麻，哀容可也。"	礼记·闻传	无

唐律篇目	疏议中的"礼文"引用	文献来源	日律
职制律三十	礼云:"大功将至,辟琴瑟。"郑注云:"亦所以助哀。"	礼记·杂记下	无
	又云:"(礼云)小功将至,不绝乐。"	礼记·杂记下	无
	丧服云,古者有死于宫中者,即三月为之不举乐。	仪礼·丧服	无
户婚律十四	礼云"田里不鬻"。	礼记·王制	无
户婚律二十六	礼云:"娉则为妻。"	礼记·内则	无
户婚律二十八	依礼,日见于甲,月见于庚。	礼记·祭义	无
财盗律三十	礼云,葬者藏也,欲人不得见。	礼记·檀弓上	无
斗讼律十四	礼云五世祖免之亲,四世缌麻之属。	礼记·大传	无
斗讼律二十六	大功尊属,依礼唯夫之祖父母及夫之伯叔父母。	大唐开元礼·凶礼	无
斗讼律三十一	嫂叔不许通问。	礼记·曲礼、礼记·郑注	无
斗讼律三十二	依礼继父同居服期。谓妻少子幼,子无大功之亲,与之适人,所适者亦无大功之亲,而所适者以其资财,为之筑家庙于家门之外,岁时使之祀焉。	仪礼·丧服传、仪礼·郑注	无
斗讼律三十三	礼云:"凡教学之道,严师为难。师严道尊,方知敬学。"	礼记·学记	无
	礼云"家有塾,遂有序"之类。	礼记·学记	无
	依丧服:"夫之所为兄弟服,妻降一等。"	仪礼·丧服	无
斗讼律三十七	礼云:"死而不吊者三,谓畏、压、溺。"	礼记·檀弓上	无
斗讼律四十四	嫡、继、慈、养,依例虽同亲母,被出、改嫁,礼制便与亲母不同。其改嫁者唯止服期,……据礼又无心丧,……被出者礼既无服,并同凡人。	大唐开元礼·凶礼	无
斗讼律四十六	女君于妾依礼无服。	仪礼·丧服	无

续表

唐律篇目	疏议中的"礼文"引用	文献来源	日律
斗讼律四十七	礼云："七十、二膳；八十，常珍。"	礼记·王制、礼记·内则	无
斗讼律五十七	挝登闻鼓。	周礼·夏官	无
诈伪律三	使节者，周礼有"掌节"之司，注云"道路用旌节"。	周礼·地官	无
诈伪律二十	父母云亡，在身罔极。	大唐开元礼·序列下	无
杂律二十五	子孙于父祖之妾，在礼全无服纪。	大唐开元礼·凶礼	无
杂律三十	礼云："物勒工名，以考其诚。功有不当，必行其罪。"	礼记·月令	无
杂律六十一	"令有禁制"，谓仪制令"行路，贱避贵，去避来"之类。	大唐开元礼·序列下	无
捕亡律六	依礼："五家为邻，五邻为里。"	周礼·地官	无

日本养老律中所含中国礼制分为两类。第一类是如唐律一样，明确记载所引礼文。第二类则是省略唐律疏议中所引礼文。

《唐律疏议》名例律十恶大不敬条中载：

> （前略）疏议曰。礼者敬之本。敬者礼之舆。故礼运云。礼者君之柄。所以别嫌明微。考制度。别仁义。责其所犯既大。皆无肃敬之心。故曰大不敬。

小林宏先生指出，"礼运"一词引出礼文，承担起为该律条立法提供依据的作用。该疏文首先解释了"礼"与"敬"的关系，其次再以"礼运"为依据说明皇帝与礼的关系，最后对大不敬进行了解释。然而，日本养老律大不敬条中并未对《礼运》进行引用。其理由是：《礼运》为《礼记》的一篇，篇首写道："大道之行也，天下为公。"可知，文章中宣扬的正是"天下为公"的思想。但作为一个努力成为中央集权国家的日本，必不可能引入"天下大同"或是"天下为公"的思想，更不可能向臣民传授这一思想。因此，日本养老律大不敬条中省略了《唐律疏议》的大不敬条所引《礼运》中的礼文。

那么，日本在编纂律典时省略掉所引中国礼文，是否就意味着当时的日本没有重视引入中国礼制呢？养老律同条中载：

> （前略）及对捍诏使。而无人臣之礼。

其疏曰：

> （前略）谓奉诏出使。宣布四方。有人对捍不恭诏命。而无人臣之礼者。诏使者。奉诏定名。及令所司差遣者是（也）。

疏对律文中的"诏使"和"对捍诏使"等名词及诏使的功能进行了解释。此律文与疏皆言及"人臣之礼"，但未对此进行详细的说明。《唐律疏议》本条中：

> （前略）注。及对捍诏使。而无人臣之礼。疏议曰。奉制出使，宣布四方。有人对捍不敬制命。而无人臣之礼者。制使者。谓奉敕定名。及命所司差遣者是也。

对比日本养老律与《唐律疏议》可以得知，《唐律疏议》中的"制"与"敕"二字，在《养老律》中变更为诏字。这想必是因为唐武则天时期避其讳而将"诏"字改为"制"字，永徽律中应当为"诏"字。因此，养老律和唐永徽律应当为同文。日本律也原原本本地引用了唐律疏中的"人臣之礼"。当然，《礼记》曲礼中有着对人臣之礼的规定。《礼记注》卷第一曲礼下第二载：[1]

> （前略）为人臣之礼，不显谏。三谏而不听，则逃之。子之事亲也，三谏而不听则号泣而随之。（后略）

此文说明了作为人臣和作为子女必须遵循的礼。但是此文前半段说明的重点并不是作为人臣向皇帝谏言时的规定，而是想表达人臣的谏言在皇帝不

---

〔1〕（汉）郑玄注，王锷点校：《礼记注》，中华书局2021年版，第53页。

被接纳时该有的态度。所以，《唐律疏议》中的人臣之礼并不是礼典中所规定的狭义上的人臣之礼。而是唐王朝当时的广义上的人臣之礼。因此，日本养老律中的人臣之礼也不应当为中国礼典所记载的礼，而是直接引用了《唐律疏议》中的"人臣之礼"，以《唐律疏议》为礼法的依据，使得养老律的律文有据可依。

养老名例律的大不敬条中，前半部分特意删掉了《唐律疏议》中所引《礼记》礼运中的礼文，但并不能断言日本养老律中没有引用唐朝的礼制。关于日本律与中国礼制的关系，可以说，在日本律编纂时，不仅是以唐律为范本进行编纂的，而且在参考唐律的同时也参考着唐代作为立法基准的礼制。但是，作为日本律立法依据或者使得法条有正当性的却不是《唐律疏议》所引的礼典，而可能是《唐律疏议》本身。

养老名例律八虐不孝条中：

> 七曰。不孝。谓告言诅骂祖父母父母。及祖父母父母在，别籍异财。居父母丧，身自嫁娶，若作乐，释服从吉。闻祖父母父母丧，匿不举哀。诈称祖父母父母死。奸父祖妾。

据此可知，子孙告诉、诅咒、咒骂直系长辈；擅自分割户籍或财产；处于父母丧期中结婚，作乐，未着丧服；听闻直系长辈丧事却隐匿不发丧；假称在世的直系长辈死亡或是与父祖之妾通奸者，皆为不孝。养老名例律八虐不孝条的疏文与《唐律疏议》所引《礼记》的礼文相同。养老律本条疏载：

> （前略）谓祖父母父母在。子孙就养无方。出告反面。无自专之道。而有异财别籍。情无至孝之心。名义以之具沦。情节于兹并弃。稽之典礼。罪恶难容。二事既不相须。违者并当八虐。（中略）依礼。闻亲丧。以哭答使者。尽哀而问故。父母之丧。创巨尤切。闻即崩殒。擗踊号天。（后略）

此引用包含了小林宏先生所划三类中的第一类"以'礼云''依礼''据礼'等文言为首引用礼典（《礼仪》《礼记》《周礼》等与礼相关的经典）的部分与引用这些礼典的现行版本《大唐开元礼》的部分"和第二类"使用'准礼''稽之典礼'等文言指代礼典的部分"。

首先讨论前半部分的"稽之典礼"。与前半部分的内容相关的，只有《册府元龟》与《全唐文》中有记载，两书记载内容相同。《册府元龟》卷第一百五十二帝王部明罚：

> （前略）但法者，国之权衡，时之准绳也。权衡所以定轻重，准绳所以正曲直也。罪恶难容者，虽小必刑，情状可原者，虽大必宥。此乃彝典，非故滥诛。（后略）

"彝"为《周礼》中所记祭祀时使用的器具，因此可以推测"彝典"为周王朝所行律法。据此可知，唐王朝刑法的立法准则是基于"情状"，即基于常理而存在的。换言之，"稽之典礼"就是当时唐王朝民间通用的广义的礼制（常理）。但是，对于唐王朝民间通用的礼在日本是否也通用这一点上是存有疑问的。

其次讨论后半段的"依礼"。《礼记》奔丧中记载了关于"亲丧"的史料。《礼记注》卷第十八奔丧第三十四：[1]

> 奔丧之礼。始闻亲丧，以哭答使者，尽哀，问故，又哭，尽哀。亲，父母也。以哭答使者，惊怛之哀无辞也。问故，问亲丧所由也。虽非父母，闻丧而哭，其礼亦然也。

由此可知，奔丧之礼，最初听闻父母之丧，为了表达哀伤，需要以哭泣来回答前来报信的使者，之后再询问父母去世原因，再哭泣以尽哀。高盐博先生认为，虽然养老律的编纂工作做得非常完备，但是这段引用是编纂时的错漏之一，养老律的编纂者或是不明白此文引自《礼记》，或是在知道此文出处的情况下忘记删去。[2]此处应该注意的是《礼记》与《唐律疏议》间语序的差异。《礼记》中为"问故，又哭，尽哀"，但《唐律疏议》中记作"尽哀而问故"。另外，郑氏注中将"以哭答使者"作为独立的句子单独提出来进行解释，[3]虽然两文的意思相近，但可以得知，编纂《唐律疏议》时，参照

---

〔1〕（汉）郑玄注，王锷点校：《礼记注》，中华书局2021年版，第737页。

〔2〕［日］高盐博：《日本律编纂の研究》，载［日］高盐博：《日本律の基礎的研究》，創文社1981年版。

〔3〕（清）阮元校刻：《十三经注疏》，中华书局2009年版。孔颖达也将"以哭答使者"单独提出解释。

《礼记》的同时对文辞进行了修改。而日本养老名例律八虐不孝条中的规定与《唐律疏议》完全一致。如果养老律在编纂时与礼记进行对照过，那么自然而然就会注意到此处的唐律与礼典的差异，但其最终采用了《唐律疏议》的用语，从这点来看，比起引用《礼记》，日本律编纂者更看重《唐律疏议》的原文。

总之，在养老名例律八虐不孝条中，除删去了"若供养有阙"之外，几乎与《唐律疏议》相同，直接引用了《唐律疏议》中所载的礼文。且在其中包含了与中国礼典不一致的部分内容。

四、与不孝条对应之律条

前文分析了大宝律令成立前就已存在的八虐不孝条所引礼文，本节将讨论大宝律令成立后律文的礼文引用状况。

八虐不孝条所规定的罪行有：[1]①斗讼律44之"告祖父母父母"条；②贼盗律17之"憎恶造压魅"条；③斗讼律28之"骂祖父父母"条；④户婚律6之"子孙别籍异财"条；⑤户婚律3之"居父母夫丧嫁娶"条；⑥职制律30之"闻父母夫丧匿"条；⑦诈伪律22之"父母死应解官"条；⑧杂律25之"奸父祖妾"条等条文。[2]

其中最值得注意的是⑥职制律30之"闻父母夫丧匿"条。《唐律疏议》本条疏中有四条关于礼典的问答：

①其妻既非尊长。又殊卑幼。在礼及诗。比为兄弟。即是妻同于幼。

②依礼。斩衰之哭。若往而不返。齐衰之哭。若往而返。大功之哭。三曲而偯。小功缌麻。哀容可也。准斯礼制。

③礼云。大功将至。辟琴瑟。郑注云。又所以助哀。又云。小功（将）至。不绝乐。

④丧服云。古者有死于室中者。即三月为之不举乐。

---

〔1〕 复原日本养老律及律条编号参照律令研究会编：《訳注日本律令　二·三》，东京堂出版1975年版。

〔2〕 关于杂律25之"奸父祖妾"条的复原，《译注日本律令　三》中载，"《律逸》与《倭汉比较律疏》中根据《金玉掌中抄》与《法曹至要抄》复原了本条。但其作为典据的'奸父祖妾者，徒三年，妾减一等'皆为唐杂律23之'奸缌麻亲及妻'条的逸文。另外，本条与前条杂24条有被并入杂23条的可能性"，本文将"奸父祖妾"条视作杂25条。

这四条问答中，养老律只引用了①。其内容为妻子既不是尊长也不是卑幼。据《礼记》与《诗经》，妻子与兄弟类似。总之，妻子的丧与子女的丧相同。《礼记》杂记下中有类似的内容。[1]

> 亲丧外除。兄弟之丧内除。视君之母与妻，比之兄弟。发诸颜色者，亦不饮食也。

由此可知，《唐律疏议》并没直接引用《礼记》的原文，而是取《礼记》礼文之意使得立法具有正当性。但是，据养老仪制令五等亲条之规定，日本古代并不使用中国的五等丧服制，而是基于日本古代固有的亲族概念形成了近似丧葬令服忌条之五等有服制的五等亲制度。因此，此部分的引用与前文所言及的相同。并不是对中国礼典的引用，而是直接引用了《唐律疏议》。养老律中所规定的妻子与兄弟同属于二等亲范畴的立法依据正是《唐律疏议》所载礼文，并非礼典原文。

关于②与③的礼文引用，《礼记注》卷第十二杂记下第二十一中：[2]

> 大功将至，辟琴瑟。小功至，不绝乐。

大功的丧是不能奏乐的重丧，小功的丧因为是轻丧，因此奏乐也无碍。另外《礼记注》卷第十八间传第三十七中有：[3]

> 斩衰之哭，若往而不反，齐衰之哭，若往而反，大功之哭，三曲而偯，小功、缌麻，哀容可也。此哀之发于声音者也。

这一部分对丧制中的哭泣方式进行了规定。斩衰之丧时，一举而乃气绝，如似气往而不却反声。齐衰之丧时，如似气往而反声。大功之丧时，哭一声三曲折。小功和缌麻则只需表现出哀容即可。《唐律疏议》之礼文并未采用《礼记》的原文，而是使用了近义文。日本养老律中则删掉了所有的《礼记》的引文。虽不明其由，但从中可以看出，养老律的编纂者在参照《唐律疏议》

---

[1] （汉）郑玄注，王锷点校：《礼记注》，中华书局 2021 年版，第 542 页。
[2] （汉）郑玄注，王锷点校：《礼记注》，中华书局 2021 年版，第 550 页。
[3] （汉）郑玄注，王锷点校：《礼记注》，中华书局 2021 年版，第 754 页。

编纂律条时，下了很大的功夫和努力。

结　论

7 世纪初推古朝派出第一批遣隋使后，就开始初步地引入中国礼制，并于该时期创立了国与国间使用了与外交关系相关的"对外的礼"，向东亚世界宣布自己是"化内国家"。并于 7 世纪中期通过祥瑞与中国节日，来承袭中国的广义的礼。这些广义的礼因天智天皇的寝疾未得以施行，至于天智、持统朝时在日本生根发芽，形成了在宫中使用的"对内的礼"。8 世纪后，随着大宝养老律令的成立，中国礼制也通过隋唐的律令融入日本律令之中，影响着古代日本这一基于律令行政的律令国家。

榎本淳一先生于《律令制における法と学術》中指出，[1]虽然北宋天圣令的发现与公刊使得日唐律令制度的比较研究有着极大的进展，但经过细致的比较发现，唐令和大宝令有着类似性。其部分的差异（尤其是与学术有关的规定）被认为是因为承袭隋令造成的结果。通过《隋书》厘清隋朝的制度，并将其与《日本书纪》《续日本纪》中各种制度进行详细的比较，可以了解7、8 世纪日本的固有法、日本律的形成过程及日本礼制的实际状态及三者的关系，以此来管窥该时期日本国家统治的全貌。这也是笔者将来需要解决的课题。

附记：本稿为笔者博士论文第三章《七世紀における日本の礼法継受（一）—『日本書紀』と『隋書』倭国伝を中心として—》（已刊于《愛知県立大学大学院国際文化研究科論集（日本文化編）》第 12 号，2020 年）、第四章《七世紀における日本の礼法継受（二）—名例律の礼文を中心として—》（已刊于《愛知県立大学大学院国際文化研究科論集（日本文化編）》第 13 号，2021 年）重新整合、修改后的译著稿。

---

〔1〕 ［日］大津透编：《日本古代律令制と中国文明》，山川出版社 2020 年版，第 249–276 页。

"人与法并行"论

——苏轼论治人与治法

于　宏*

摘　要: "人与法并行而不相胜则天下安"是苏轼提出的政治司法主张,他将"人"与"法"这对概念视为当时北宋朝廷统治的重要决策之一。他建议"人法并用,轻重相持,当安所折衷",以避免"用法太密而不求情"之弊端。这个建议看似"折衷",所谓"不相胜",是说在人与法之间达成一种平衡的"相参"关系,而实质上是治人重于治法。这在《荀子》里已经有所论述:"有乱君,无乱国,有治人,无治法。""君子也者,道法之摠要也,不可少顷旷也……故有良法而乱者有之矣,有君子而乱者,自古及今,未尝闻也。"一言以蔽之,"君子"相较于"良法"是保障社稷安宁、国家昌盛更重要的因素。治人与治法之所以一再成为中国历代不同政治势力治国理念之争论焦点,是因为这关系到司法与道德,法治与教化以及人才培养和选拔等众多范畴。检讨北宋时期有关争辩,有助于认清社会秩序控制与利益政策调整在人与法之间相互作用之本质。

关键词: 苏轼　《荀子·君道》　治人　治法

"人与法并行而不相胜则天下安"出自苏轼(1037—1101)《应制举上两制书》:"夫人胜法,则法为虚器。法胜人,则人为备位。人与法并行而不相胜,则天下安。"[1]治人与治法在中国司法历史上成为不同政治势力争辩之论

---

* 于宏,德国明斯特大学汉学系讲师。

〔1〕 苏轼《应制举上两制书》载:"夫人胜法,则法为虚器。法胜人,则人为备位。人与法并行而不相胜,则天下安。今自一命以上至于宰相,皆以奉法循令为称其职,拱手而任法,曰,吾岂得自由哉。法既大行,故人为备位。其成也,其败也,其治也,其乱也,天下皆曰非我也,法也。法之弊岂不亦甚矣哉。"孔凡礼点校:《苏轼文集》第四册,中华书局1986年版(本书出版等信息以下省略),第1391页。

题由来久矣，这两种各执一端的治国理念涉及各种社会因素之相互制衡，关系到司法与道德，法治与教化以及人才培养和选拔等众多范畴。"人"在这里指"人行其私意""君子小人莫不以其意从事"，就是说："人"（国家官员）皆以"其意"或"其私意"履行职责。"私意"为中性词，"仁者遂其仁，勇者致其勇"，"私意"所表现出的是"其人"之本意、本质、本性。[1]在这种情况下，若"人以其意从事"，即"人胜法"，则执法人之"私意"相当于法律，其后果是"法为虚器"："法"因此而沦为失去实用价值之器具。这是一方面。另一方面，"法"一旦确立，则脱离人之"私意"而独立于立法、行政权威，因此人在执法时"不敢用其私意"，法律则由客体转而成为主体，成为社会公正与人人平等之象征与保障。一切国家官员（"自一命以上至于宰相"）无论善恶，皆须"奉法循令"。苏轼强调，君子、小人莫不以其"私意"从事，于是"奉法循令"效果便有云泥之别：一为"成""治"，一为"败""乱"，他称此为"任法之过"：说得好听一点，是一切严格依照法律条文处理（姑且不论这点是否可能做到）；说得不好听，则是以法律条文敷衍塞责（执法人以国家名义放弃个人责任）。"人"（国家官员）在此时便成为毫无作用之摆设，所谓"人为备位"，徒有其名，虚备其位。[2]

　　为了克服"法为虚器"与"人为备位"这种两极偏颇之弊端，苏轼提出"人与法并行而不相胜"的方案，即在"人"与"法"之间达成一种平衡的"相参"关系，以避免一方阻遏、制约、压服另一方。[3]在一篇策问中他提出过同样的建议，"夫欲人法并用，轻重相持，当安所折衷"，在《王振大理少卿》这篇制敕中，苏轼更是直接以"朕"之口吻将其作为国家大政方针："任法而不任人，则法有不通，无以尽万变之情；任人而不任法，则人各有

　　〔1〕　苏轼《策别·训兵旅·三》载："私者，天下之所恶也。然而为已而私之，则私不可用。为其贤于人而私之，则非私无以济。"《苏轼文集》第一册，第279页。

　　〔2〕　有关"奉法循令"之弊端苏轼在《策别·训兵旅·三》说得更为直截了当："西师之休，十有余年矣，用法益密，而进人益艰，贤者不见异，勇者不见私，天下务为奉法循令，要以如式而止，臣不知其缓急将谁为之倡哉？"《苏轼文集》第一册，第280页。

　　〔3〕　与"相胜"对应的词是"相参"，苏轼《应制举上两制书》载："轼闻古者有贵贱之际，有圣贤之分。二者相胜而不可以相参，其势然也。"《苏轼文集》第四册，第1390页。

意，无以定一成之论。朕虚心以听，人法兼用。"[1]

《应制举上两制书》有其特定所指，当时的历史背景是处于庆历新政（1043—1045 年）与熙宁变法（1069—1085 年）之间的北宋社会。庆历三年九月参知政事范仲淹（989—1052 年）在宋仁宗"锐于求治"，甚至"赐手诏，趣使条天下事"的督促下，"条列时所宜先者十数事上"。于是皇帝下达诏书，大力施行十项改革措施，其中包括"精贡举"。范仲淹描述当时知识分子说：

> 今诸道学校，如得明师，尚可教人六经，传治国治人之道。而国家乃专以辞赋取进士，以墨义取诸科，士皆舍大方而趋小道，虽济济盈庭，求有才有识者十无一二，况天下危困，乏人如此，将何以救？……今来选人壅塞，宜有改革，足以劝学，使其知圣人治身之道。

他建议从内容到形式全面改革贡举制度，以期"正教化之本、育卿士之材"，"国家得人，百姓受赐"。[2]无奈新政由于各种原因，施行不力，范仲淹"其知正事，才一岁而罢，有司悉奏罢公前所施行而复其故"。[3]庆历新政失败，诸多问题搁置，直到嘉祐三年（1058 年）王安石（1021—1086）上书宋仁宗，再次"言事"，力争变法，以图革弊，其中心思想就是如何培养和选拔才学兼优的治理国家人才。他说：

> 孟子曰：徒法不能以自行。非此之谓乎？然则方今之急，在于人才而已。诚能使天下之才众多，然后在位之才，可以择其人而取足焉。在位者得其才矣，然后稍视时势之可否，而因人情之患苦，变更天下之弊

---

〔1〕 苏轼《王振大理少卿》载："敕具官王振。任法而不任人，则法有不通，无以尽万变之情；任人而不任法，则人各有意，无以定一成之论。朕虚心以听，人法兼用。以尔出入中外，敏于从政，详平奏谳，审于用律。廷尉之事，尔惟副之。夫法出于礼，本于仁，成于义。勉思古人，以称朕命。可。"《苏轼文集》第三册，第 1121 页。

〔2〕 （宋）范仲淹：《答手诏条陈十事》《再进前所陈十事》，载祝尚书等主编：《全宋文》第 9 册，巴蜀书社 1990 年版，第 483-494 页。

〔3〕 （宋）欧阳修：《资政殿学士户部侍郎文正范公神道碑铭并序》，载黄公渚选注，石勇校订：《欧阳永叔文》，商务印书馆 2019 年版，第 50-51 页。"既而，上再赐手诏，趣使条天下事，又开天章阁，召见赐坐，授以纸笔，使疏于前。公惶恐避席，始退而条列时所宜先者十数事上之。其诏天下兴学、取士先德行不专文辞、革磨勘例迁以别能否、减任子之数而除滥官、用农桑、考课、守宰等事。"富弼《范文正公仲淹墓志铭》载："上方锐于求治，间数命公条当世急务来。"

法，以趋先王之意，甚易也。[1]

宋神宗熙宁二年（1069 年）二月王安石知参知政事，开始变法，这期间已经过去了十年。苏轼《上书》作于嘉祐五年（1060 年）七八月间于怀远驿，那一年，苏轼 25 岁。[2]三年前（嘉祐二年，1057 年）他和弟弟苏辙（1039—1112）一起考中进士。

苏轼上书两制"诸公"本意是揭露"时之大患"：其一，用法太密而不求情；其二，好名太高而不适实。这里所谈的治人与治法只涉及其一，即"任法之过"（"今天下泛泛焉莫有深思远虑者，皆任法之过也。"），其后果是"故虽贤者所为，要以如法而止，不敢于法律之外，有所措意"。也就是说，无论"贤者"与否，均受制于"法律"，任何人皆不得超越法律范围。此外，他还分析"所以任法者"之根源在于"自疑"（不知自己判断是否正确），"自疑"之根源在于"多私"（过多考虑自身利益）："今天下所以任法者，何也？任法生于自疑。自疑生于多私。惟天下之无私，则能于法律之外，有以效其智。何则？其自信明也。"这个结论的重点是"能于法律之外有以效其智"，前提是国家官员"无私"，因"无私"而可不"自疑"，因不"自疑"而可不"任法"，进而"自信"，便可消除"任法之过"。总而言之，关键在人，或者说，在人之"私意"。苏轼强调在社会变革中施行"人与法并行""人法并用""人法兼用"的必要性以及迫切性，表现出他对人性本质的深刻认识。实际上，苏轼在其整个政治生涯中一贯主张治人重于治法，他在试策题目中曾经问道：

> 任人而不任法，则法简而人重。任法而不任人，则法繁而人轻。法简而人重，其弊也，请谒公行而威势下移。法繁而人轻，其弊也，人得苟免，而贤不肖均。此古今通患也。夫欲人法并用，轻重相持，当安所

---

[1] 王安石：《王介甫上仁宗皇帝言事书》。参见"今之天下，亦先王之天下。先王之时，人才尝众矣，何至于今而独不足乎？故曰：陶冶而成之者，非其道故也。……所谓人主陶冶而成之者何也？亦教之、养之、取之、任之有其道而已。……夫教之、养之、取之、任之，有一非其道，则足以败天下之人才，又况兼此四者而有之？"（清）姚鼐编：《古文辞类纂》，北京市中国书店 1986 年版，第 383 页。

[2] "朝旨许应制科，上富弼、曾公亮、两制及吴奎书。《文集》卷四十八《上富丞相书》末云翰林欧阳公使与于制举之末。《上曾丞相书》：'今也天子举直谏之士，而两制听，谬以其名闻。'《应制举上两制书》：'当世之君子，不以其愚陋，而使与于制举之末。'"孔凡礼撰：《苏轼年谱》，中华书局 1998 年版，第 85 页。

折衷？使近古而宜今，有益而无损乎？[1]

在《策略三》中他说：

> 夫天下有二患，有立法之弊，有任人之失。二者疑似而难明，此天下之所以乱也。当立法之弊也，其君必曰："吾用某也而天下不治，是某不可用也。"又从而易之。不知法之弊，而移咎于其人。及其用人之失也，又从而尤其法。法之变未有已也，如此，则虽至于覆败、死亡相继而不悟，岂足怪哉。……臣窃以为当今之患，虽法令有所未安，而天下之所以不大治者，失在于任人，而非法制之罪也。国家法令凡几变矣，天下之不大治，其咎果安在哉？曩者大臣之议，患天下之士，其进不以道，而取之不精也，故为之法，曰中年而举，取旧数之半，而复明经之科。患天下之吏，无功而迁，取高位而不让也，故为之法，曰当迁者有司以闻，而自陈者为有罪。此二者，其名甚美，而其实非大有益也。而议者欲以此等致天下之大治，臣窃以为过矣。夫法之于人，犹五声六律之于乐也。法之不能无奸，犹五声六律之不能无淫乐也。先王知其然，故存其大略，而付之于人，苟不至于害人，而不可强去者，皆不变也。故曰：失在任人而已。[2]

人类社会之和谐相处需要法律条规来约束维护，以便是非分明，赏罚公正。但是法律条规不仅均为特定人情事态所制定，而且均为特定时空环境所局限，立法之用心立意虽然缜密严谨，行法时却难收执法之诚服实效，亦为古今中外司法之常态。儒家传统将法规刑律与道德伦理视为一个整体系统，因此有所谓的"圣人之道"："无法不可以为治，不知礼义不可以行法，法能杀不孝者，不能使人孝；能刑盗者，不能使人廉。"[3]苏轼也说："夫法出于

---

[1]（宋）苏轼：《私试策问》，载《苏轼文集》第一册，第219页。参见《策别·课百官·二》："臣窃以为今之患，正在于任法太过。是以为一定之制，使天下可以岁月必得，甚可惜也。"《苏轼文集》第一册，第244页。

[2]（宋）苏轼：《策略三》，载《苏轼文集》第一册，第232页。

[3]"圣人之道曰：非修礼义，廉耻不立。民无廉耻，不可以治。不知礼义，法不能正。非崇善废丑，不向礼义。无法不可以为治，不知礼义不可以行法。法能杀不孝者，不能使人孝；能刑盗者，不能使人廉。圣王在上，明好恶以示人，经非誉以道之，亲贤而进之，贱不肖而退之，刑错而不用，礼义修而任贤德也。"王利器：《文子疏义》卷十二《上礼》，中华书局2009年版（本书出版信息以下省略），第514页。

礼，本于仁，成于义"，[1]试图以此从根本上治天下而"天下安"：

> 古者礼刑相为表里，礼之所去，刑之所取。《诗》曰："淑问如皋陶，在泮献囚。"而汉之盛时，儒者皆以《春秋》断狱。今世因人以立事，因事以立法，事无穷而法日新，则唐之律令，有失于本矣，而况《礼》与《春秋》儒者之论乎？夫欲追世俗而忘返，则教化日微，泥经术而为断，则人情不安。愿闻所以折衷于斯二者。[2]

> 昔者天下未平而法不立，则人行其私意，仁者遂其仁，勇者致其勇，君子小人莫不以其意从事，而不困于绳墨之间，故易以有功，而亦易以乱。及其治也，天下莫不趋于法，不敢用其私意，而惟法之知。故虽贤者所为，要以如法而止，不敢于法律之外，有所措意。[3]

"因事以立法，事无穷而法日新""天下莫不趋于法，不敢用其私意，而惟法之知"，这种现象发展到极端，便会成为官僚机构之痼疾。立法失控而为法所困，趋于"法"而忘其"本"，从而使得人为法所拘束，以致法因此而不得不变、制因此而不得不改，变法、改制于是便成为历史上统治政权新旧更替之必要措施。《文子·上礼》说的也是这个道理："故圣人之制礼乐者而不制于礼乐，制物者不制于物，执法者不制于法。"[4]"人"与"法"这对概念在中国历代关于"治世"之辩论中各有偏倚，无非是在权衡各方利弊、考虑成败得失，其所呈现的形式大多数为革新与守旧。如果我们不去探究北宋时期社会政治方面矛盾之根源与过程以及苏轼提出"折衷"解决方案之动机与效果，而是将其作为中国政治哲学史上相互制衡的两种治国理念来考察，那么这种观点之最早文献记载应当始于《荀子》：

> 有乱君，无乱国；有治人，无治法，羿之法非亡也，而羿不世中；禹之法犹存，而夏不世王。故法不能独立，类不能自行；得其人则存，失其人则亡。法者、治之端也；君子者、法之原也。故有君子，则法虽省，足以遍矣；无君子，则法虽具，失先后之施，不能应事之变，足以

---

〔1〕（宋）苏轼：《王振大理少卿》，载《苏轼文集》第三册，第1121页。

〔2〕（宋）苏轼：《策问六首》，载《苏轼文集》第一册，第216-217页。

〔3〕（宋）苏轼：《应制举上两制书》，载《苏轼文集》第四册，第1391页。

〔4〕王利器：《文子疏义》卷十二《上礼》，第511页。

乱矣。不知法之义，而正法之数者，虽博临事必乱。故明主急得其人，而暗主急得其势。急得其人，则身佚而国治，功大而名美，上可以王，下可以霸；不急得其人，而急得其势，则身劳而国乱，功废而名辱，社稷必危。故君人者，劳于索之，而休于使之。《书》曰："惟文王敬忌，一人以择。"[1]此之谓也。[2]

王先谦解释"有治人，无治法"这句话："无治法者，法无定也，故贵有治人。"也就是说，法因人而定，法与人互存：有实现统治理想之人，无（自行）实现统治理想之法。荀子的主张，除《君道》以外，还出现在其他篇章中，譬如《王霸》《致士》：

无土则人不安居，无人则土不守，无道法则人不至，无君子则道不举。故土之与人也，道之与法也者，国家之本作也。君子也者，道法之摠要也，不可少顷旷也。得之则治，失之则乱；得之则安，失之则危；得之则存，失之则亡，故有良法而乱者有之矣，有君子而乱者，自古及今，未尝闻也，传曰："治生乎君子，乱生于小人。"此之谓也。[3]

"治生乎君子，乱生于小人。"这句话异常犀利、明快，清楚地说明荀子

---

　〔1〕 此处"《书》曰"之《书》为《尚书·周书·康诰》："汝亦罔不克敬典，乃由裕民；惟文王之敬忌，乃裕民。曰'我惟有及'，则予一人以怿。"《荀子》引文"一人以择"与原文"一人以怿"文字不同，意义有别。这里"惟文王之敬忌"与前文"敬典"相连，"典"可读成"法典"，即鼓励向善、惩罚罪恶之法律条令。

　〔2〕 王天海校释：《荀子校释》，上海古籍出版社 2005 年版，第 526 页。《君道》此文在其他文献引用中略有出入。《群书治要》360，第二册，第 187 集："故法不能独立，得其人则存，失其人则亡，法者，治之端也。君子者，法之源也。故有君子，则法虽省足以遍矣。无君子，则法虽具足以乱矣。"《孙卿子》："有乱君，无乱国，有治人，无治法，羿之法非亡也。而羿不世中，禹之法犹存，而夏不世王，故法不能独立，得其人则存，失其人则亡，法者，治之端也。君子者，法之源也。故有君子，则法虽省足以遍矣。无君子，则法虽具足以乱矣。故明主急得其人，而暗主急得其势，急得其人，则身逸而国治，功大而名美，急得其势，则身劳而国乱，功废而名辱，故君人者，劳于索之，而休于使之。"

　〔3〕 王天海校释：《荀子校释》，上海古籍出版社 2005 年版，第 588 页。参见《王霸》："故君人者，立隆政本朝而当，所使要百事者诚仁人也，则身佚而国治，功大而名美，上可以王，下可以霸。立隆正本朝而不当，所使要百事者非仁人也，则身劳而国乱，功废而名辱，社稷必危，是人君者之枢机也。故能当一人而天下取，失当一人而社稷危。不能当一人，而能当千百人者，说无之有也。既能当一人，则身有何劳而为？垂衣裳而天下定。"王天海校释：《荀子校释》，上海古籍出版社 2005 年版，第 510 页。

毫不隐讳他在人与法两者之间对"人"的选择。一言以蔽之曰："良法"不如"君子"更能保障社稷安宁、国家昌盛。"法不能独立，类不能自行"是因为一切法律由人制定、修订、废除，并且由人执行、维护、使其发挥作用，另外，现行法律若有"不通"之处，人可及之（"法虽省，足以遍"），用苏轼的话来表达，就是"任法而不任人，则法有不通，无以尽万变之情"。君子执法，则"良法"可使天下治，小人执法，虽"良法"而天下亦乱。国家之治与乱，在于"明主"得"其人"，"其人"即"君子"。由此观之，苏轼之建议与荀子之论理如一脉相承，从表面上看，苏轼是主张"折衷"，在实质上是治人重于治法。

关于法治社会制度的辩论从"人"与"法"这一对概念出发，最后上升到社稷安危、国家盛衰的高度，说到底是因为革新派希望借此时机，打破现存制度的运作规律，排除阻碍政策运行的诸多限制，进而改变人际关系结构、调整治理力道、巩固官僚统治系统以及人们习以为常的生活方式、思维逻辑、行为伦理，甚至价值取向，以便取得经济发展、社会安定之理想状态。治国无法不可，"法者，国家所以布大信于天下"[1]，"任人而不任法，则人各有意，无以定一成之论"，然而过度依赖法律，不考虑人情亦不可。纵观中国历代关于"治人"与"治法"之辩，可以发现儒家一向重视"治人"，强调"为政在于得人"，因此"治人"重于"治法"顺理成章地成为传统主流观念。[2]正是由于"治人"如此重要，因此培养、挑选国家官员就成为变法、改制的一项重要任务。这在北宋成为当时共识，无论是主张革新还是守旧，都呼吁要"得其人"。执意施行变法改制的王安石断言："在位非其人，而恃法以为治，自古及今未有能治者也；即使在位皆得其人矣，而一二以法束缚之，不使之得行其意，亦自古及今未有能治者也。"[3]名列《元祐党籍碑》

---

〔1〕《旧唐书》，中华书局 1975 年版，第 2532 页。

〔2〕《中庸》："哀公问政。子曰：文武之政，布在方策。其人存，则其政举；其人亡，则其政息。人道敏政，地道敏树。夫政也者，蒲卢也。故为政在人。取人以身，脩身以道。脩道以仁。""子曰：好学近乎知，力行近乎仁，知耻近乎勇。知斯三者，则知所以修身；知所以修身，则知所以治人；知所以治人，则知所以治天下国家矣。"刘俊田、林松、禹克坤译注：《四书全译》，贵州人民出版社 1991 年版，第 52 页。"故为政在人"，《孔子家语》哀公问政篇作"故为政在于得人"。杨朝明主编：《孔子家语通解：附出土资料与相关研究》，（我国台湾地区）万卷楼 2005 年版，第 215 页。

〔3〕（宋）王安石：《王介甫上仁宗皇帝言事书》，载（清）姚鼐编：《古文辞类纂》，北京市中国书店 1986 年版，第 383 页。

的苏轼也感叹："《易》曰：神而明之，存乎其人。《诗》曰：无竞惟人，四方其训之。文武之功，未有不以得人而成者也。……欲望得人于微陋之中，而成功于绳墨之外，岂不难哉！"[1]

"治人"重于"治法"这种政治司法主张也与中国法文化的重要法理概念"平恕"相互关联。关于"平"（公平正义）、"恕"（"万物各得其所"）法理概念，高明士先生《中国中古礼律综论－法文化的定型》第三章《东亚法文化的理想境界——"平"》以及《再论"平恕"法理——从沈家本论唐律宗旨谈起》有专门论述，他将"情理平恕"法理视为"普世法文化的核心价值所在"。[2]根据他的考证，隋唐以后，"平恕"法理已经成为执法之"最高核心价值"，他称其为"传统法文化要做到的至高境界"[3]。譬如他引证宋徽宗政和三年（1113）刘昺上疏："君子者，法之原必本于平恕，圣人者，礼之制莫尚乎变通。"[4]刘昺在这里将荀子的"君子者法之原"解释为"本于平恕"，并且与圣人制礼"尚乎变通"（"变通"即"权"）相提并论。[5]从这里也可以看出"治人"理念在"天理、国法、人情"作为传统法文化的核心的地位。

钱钟书在《管锥编》论"圣人以神道设教而天下服矣"时提到"良法美意"于事无济："《荀子·君道》所谓：'有治人，无治法'（参见《致士》），斯其一端。盖良法美意，布在方策，而见诸行事，则虽典章所定，难

---

〔1〕 （宋）苏轼：《省试策问三首》，载《苏轼文集》第一册，第 213 页。

〔2〕 本文受高明士先生大作启发，引用有关观点、论据，特此致谢！

〔3〕 高明士：《中国中古礼律综论－法文化的定型》，商务印书馆 2017 年版，第 95 页。

〔4〕 刘琳等校点：《宋会要辑稿》册三，上海古籍出版社 2014 年版，第 1548 页。

〔5〕 "圣人者礼之制，莫尚乎变通"为古人常谈，在宋代更为论者乐道，譬如王安石辩《非礼之礼》说："今之人誾誾然求合于其迹，而不知权时之变，是则所同者古人之迹，而所异者其实也。事同于古人之迹而异于其实，则其为天下之害莫大矣，此圣人所以贵乎权时之变者也。……圣人之制礼也，非不欲俭，以为俭者非天下之欲也，故制于奢俭之中焉。……盖知向之所谓礼者，礼之常，而孔子之事为礼之权也。"参见秦克、巩军标点：《王安石全集》卷二十八《杂著》，上海古籍出版社1999 年版，第 241 页。另《淮南子·氾论训》载："故圣人制礼乐，而不制于礼乐。治国有常，而利民为本。政教有经，而令行为上。苟利于民，不必法古。苟周于事，不必循旧。夫夏、商之衰也，不变法而亡。三代之起也，不相袭而王。故圣人法与时变，礼与俗化，衣服器械各便其用，法度制令各因其宜。……故法制礼义者，治人之具也，而非所以为治。故仁以为经，义以为纪，此万世不更者也。若乃人考其才，而时省其用，虽日变可也。天下岂有常法哉！……唯圣人为能知权。……权者，圣人之所独见也。故忤而后合者，谓之知权；合而后舛者，谓之不知权。"刘文典撰，冯逸、乔华点校：《淮南鸿烈集解》上册，中华书局 1989 年版，第 426-444 页。

保奸黠者之不曲解便私（knave-proof），虽规矩可循，亦难保蚩愚者之无误会妄作也（fool-proof）。"〔1〕鉴于这种对人性善恶之普遍认知，他引述德意志帝国宰相俾斯麦（Otto Bismarck，1815–1898）致友人信，说明在欧洲也存在相似或相同的想法与做法：

> 谙练政事、掌握国柄之俾士玛与荀子"有治人、无治法"之旨旷世冥契。余读其与人书有云："法不良而官吏贤尚可为治；官吏否恶，则良法亦于事无济"（Mit schlechten Gesetzen und guten Beamten lässt sich immer noch regieren. Bei schlechten Beamten aber helfen uns die besten Gesetze nichts. –Bismarck，An Wagener，1850）。〔2〕

俾斯麦在位 20 年（1871—1890），是实现德国统一的功臣。作为一个长年从政、勤于思考、深悟人情世故的领袖人物，他对人与法秉持一种达观的态度，认为人情可以弥补法律制度不足之处，他曾经说："从一个真正的伟人身上可以看到这样三种特质：计划时宽宏大量，执行时富于人性，成功时谦虚谨慎。"（Einen wirklich großen Mann erkennt man an drei Dingen：Großzügigkeit im Entwurf，Menschlichkeit in der Ausführung und Mäßigkeit beim Erfolg.）这里所说的执法之时需要"富于人性"和"人与法并行而不相胜"有异曲同工之妙。钱钟书认为俾斯麦与荀子"有治人、无治法"之旨"旷世冥契"，仿佛彼此隔山越海遥相呼应。这种古今中外"巧合"现象说明："心之同然，本乎理之当然，而理之当然，本乎物之必然，亦即合乎物之本然也。"〔3〕

综上所述，我们看到北宋时期，为了摒除弊端与建立制衡，革新派与守旧派在治人与治法之间寻求一条可施行的途径。苏轼虽然倡导"人法并用"的"折衷"方案，然其最终的结论是："臣窃以为当今之患，虽法令有所未

---

〔1〕 钱钟书：《管锥编（一）》，生活·读书·新知三联书店 2007 年版，第 40 页。

〔2〕 钱钟书：《管锥编（一）》，生活·读书·新知三联书店 2007 年版，第 42 页。德文原文在"官吏"（Beamten）一词后加有括号"法官"（Richtern）一词。参见《齐太公》二《阴谋》："武王问太公曰：愿闻治乱之要。太公曰：其本在吏。武王曰：吏者治也，所以为治，其乱者何？太公曰：故吏重罪有十。武王问吏之重罪，太公曰：一，吏苛刻；二，吏不平；三，吏贪汙；四，吏以威力迫胁于民；五，吏与史合奸；六，吏与人无情；七，吏作盗贼，使人为耳目；八，吏贱买卖贵于民；九，吏增易于民；十，吏振惧于民。"（清）严可均校辑：《全上古三代秦汉三国六朝文》第一册，中华书局 1999 年版，第 51 页。

〔3〕 钱钟书：《管锥编（一）》，生活·读书·新知三联书店 2007 年版，第 97 页。

安，而天下之所以不大治者，失在于任人，而非法制之罪也。"这与荀子"有治人、无治法"之旨若合符节。人性不变，"私意"难改，无论社会体制呈现何种形态，无论法律条文如何与时俱进，历史故事常常以新的形式重出复现，这正是讨论治人与治法现实意义之所在。

明代白话小说中有关婚姻的法律资料*

孙　旭**

摘　要：明代白话小说中有关婚姻的法律资料，具有真实、生动、细致的特点，不仅呈现了因律典的语言凝练、篇幅有限而被过滤掉的法律细节，还因与人物、故事相结合而涉及了相关的社会背景、风俗习惯、心理倾向等，非常丰富。

关键词：明代白话小说　婚姻　法律

明代是中国古代小说发展的繁荣期，小说的思想性、艺术性均高于前代。明代白话小说家多出身底层，对社会现实比较关注，而法律是社会现实的重要组成部分，故而被较多地表现出来。

吴晗说："一个作家要故意避免含有时代性的记述，虽不是不可能，却也不是一件容易的事。因为他不能离开他的时代，不能离开他的现实生活，他是那时候的现代人，无论他如何避免，在对话中，在一件平凡事情的叙述中，多少总不能不带有那时代的意识。即使他所叙述的是假托古代的题材，无意中也不能不流露出那时代的现实生活。"[1]将明代白话小说中有关婚姻的法律资料与明律相对照，可以看出其不仅具有较高的真实性、生动性，呈现了因律典的语言凝练、篇幅有限而被过滤掉的法律细节，还因与人物、故事相结合而涉及了相关的社会背景、风俗习惯、心理倾向等。凡此种种，使明代白话小说中有关婚姻的法律资料独具特色。下面加以分类整理。

＊　本文系国家社会科学基金中国历史研究院重大历史问题研究专项重大项目"中国古代地方治理的理论与实践及借鉴"（项目批准号：LSYZD21006）的阶段性成果。

＊＊　孙旭，博士，中国政法大学法律古籍整理研究所副教授。

〔1〕吴晗：《〈金瓶梅〉的著作时代及其社会背景》，原载《文学季刊》1934年1月创刊号，收入盛源、北婴选编：《名家解读〈金瓶梅〉》，山东人民出版社1998年版，第49页。

一、婚姻的成立

（一）婚姻成立的要件

1. "父母之命，媒妁之言"

《大明令》："凡嫁娶皆由祖父母、父母主婚。祖父母、父母俱无者，从余亲主婚。"[1]"余亲"为何人？明代白话小说做了表现。《二刻拍案惊奇》卷九中的杨素梅因父母早亡，依兄嫂度日。外婆冯孺人操心冯素梅的终生而与媒婆商量，媒婆道："若只托着杨大官人（素梅之兄）出名，说把妹子许人，未必人家动火。须得说是老孺人的亲外甥，就在孺人家里接茶出嫁的，方有门当户对的来。"冯孺人将素梅接到家中，后来媒婆来为金三员外提亲，冯孺人"叫人通知了外甥杨大官人，当下许了"。可见在父母谢世后，青年男女的兄长、外祖父母经过协商，可为之定立婚约。

"男女非有行媒，不相知名。"[2]媒人走东家、串西家，谁家有男、哪家有女，了然于胸；一旦年龄适宜、门当户对，必然从中穿针引线。小说表现了媒婆的这一特点。《喻世明言》第二十八卷："天下只有三般口嘴，极是利害：……媒婆口，传遍四方。"但有的媒婆缺乏诚信，以谎言骗人。《醒世恒言》卷七："无谎不成媒。"《金瓶梅词话》第七回中的媒婆薛嫂儿即是这样的人："我做媒人实可能，全凭两腿走殷勤。唇枪惯把鳏男配，舌剑能调烈女心。利市花常头上带，喜筵饼锭袖中撑。只有一件不堪处，半是成人半败人。"

如果没有"父母之命，媒妁之言"，则男女婚姻不得成立。《型世言》第二十五回中的郑氏与母亲于海啸中扶箱漂流。朱安国见财起意，将二人推入水中，取箱而去。郑母被淹死，郑氏为朱玉救起。因朱玉未婚，众人都道"是天付来的姻缘"，惟朱玉一口否认。李都管道："……这又不是你去拐带，又不是他逃来，这是天灾偶凑。……"朱玉道其已许配朱家，李都管道："什么朱家？这潮水不知矣到那里去了。……"后二人在朱玉之舅陈小桥的主持下成婚。朱玉之所以同意，一是天灾骇人，郑氏的婆家很可能已在海啸中遭

---

〔1〕《大明令·户令》，附于怀效锋点校：《大明律》，法律出版社 1999 年版，第 241 页。

〔2〕《礼记正义》卷二《曲礼上》，李学勤主编：《十三经注疏》，北京大学出版社 1999 年版，第 51 页。

难；二是众人见证，并非个人私下苟合。原来郑氏未婚夫即朱安国。他得知郑氏的真实身份后，要原媒张篦娘来问。郑氏答是"众人撺掇叫我嫁他"，张篦娘道："那个大胆主的婚？现今你有原聘丈夫在那边，是这家侄儿。他要费嘴。"对其婚姻的合法性提出质疑。郑氏"惊的不敢做声"。后朱安国亲来质问，朱玉亦"正是无言"。可见没有"父母之命，媒妁之言"的婚姻，即便有众人见证，亦不合法。

2. "六礼"

"六礼"是关于婚姻成立的六项程序："纳采"指男家委托媒妁向女家求婚；"问名"指男家请媒妁求取女方姓名、生辰等情况，卜问婚配吉凶；"纳吉"指男家将卜问所得吉兆通报女家；"纳征"指男家向女家送交聘财，正式订婚；"请期"指请定婚期，择取吉日；"亲迎"指成婚之日，男方亲自前往女家迎娶。

明代白话小说表现了"六礼"在婚姻成立中的重要性。《七曜平妖全传》第十二回中的董一经强娶周臣已聘人家的女儿，周臣道："……平白地，人家又不曾有三媒六证，又不曾受你茶红酒礼，人家一个女儿已有了公婆家了，怎么白白的就来硬娶？你有礼物，别处娶不得？"对董一经进行了谴责。

明代白话小说还表现了随着时间的推移，"六礼"部分内容的变化。《醒世恒言》第七卷："原来江南地方娶亲，不行古时亲迎之礼，都是女亲家和阿舅自送上门。女亲家谓之送娘，阿舅谓之抱嫁。"

"父母之命，媒妁之言"与"六礼"固然是婚姻成立的要件，但如果"父母之命，媒妁之言"出自非法，或"六礼"并非公开，则婚姻依然不得成立。《石点头》第四卷中的寡妇方氏与孙三勾搭成奸。方氏担心色衰爱弛，孙三变心，请求女儿瞿凤奴嫁给孙三，"我只当做个老丫头，情愿以大作小"。瞿凤奴被母亲说动了心，但要求："……须要他先行茶礼，择个吉日，摆下花烛，拜了天地家堂。你便一来做娘，二来做媒人，这方是明媒正娶。……"瞿凤奴无知，正经父母，大可奉其命成婚；混账母亲，即便其以母身而兼媒职、行茶拜礼，其婚姻仍属非法。作者对此大加感慨："（方氏）索性挽出一个媒人，通知亲族，明明白白的行聘下财，赘入家来。这一床锦被，可不将自己丑行，尽皆遮盖。那知他与孙三郎，私欲昏迷，不明理法，只道送此茶枣之礼，便可掩人耳目，不怕傍人议论。"后瞿氏族人写下连名呈词，告三人苟合成奸。

（二）婚书

《大明律》："凡男女定婚之初，……写立婚书，依礼聘嫁。"[1]明代白话小说中保留了一些婚书样式。

比如由父亲出头定立的婚书。《拍案惊奇》卷十中的金朝奉为女儿定立婚书："一幅全帖，上写着道：'立婚约金声，系徽州人。生女朝霞，年十六岁，自幼未曾许聘何人。今有台州府天台县儒生韩子文，礼聘为妻，实出两愿。自受聘之后，更无他说。张、李二公，与闻斯言。嘉靖元年 月 日。立婚约金声。同议友人张安国、李文才。'"婚书的内容，包括立婚书者、证人的姓名，立婚书的时间，定婚男女的姓名、年龄、籍贯，以及出于自愿的声明等。

小说还表现了由母亲出头定立的婚书。《二刻拍案惊奇》卷三中的权翰林在杂货摊发现了一份婚书："（一张红字纸）上写道：'大时雍坊住人徐门白氏，有女徐丹桂，年方二岁。有兄白大，子曰留哥，亦系同年生。缘氏夫徐方，原籍苏州，恐他年隔别无凭，有紫金佃盒，各分一半，执此相寻为照。'后写着年月，下面着个押字。"如果父母俱在，婚书一般由父亲出头定立，母亲无权定立，发现此婚书的权翰林就怀疑道："这写文书的妇人，既有丈夫，如何却不是丈夫出名？"作品后来对此做了交代："白氏女人家性子，只护着自家人。况且京师中人不知外方头路，不喜欢攀扯外方亲戚，一心要把这丹桂许与侄儿去。徐太学自是寄居的人，早晚思量回家，要留着结下路亲眷，十分不肯。……瞒着徐二尹，私下写个文书。不敢就说许他为婚，只把一个佃盒儿分做两处，留与侄儿做执照，指望他年重到京师，或是天涯海角，做个表证。"因为婚书由母亲出头定立，不仅形式要件不全——没有证人，连定婚的意思表达也不明确，"不敢就说许他为婚"。

小说还表现了青年男女私自定立的婚书。《警世通言》第三十四卷中的王娇鸾与周廷章私定终生，请曹姨为媒，曹姨道："……可写合同婚书四纸，将一纸焚于天地，以告鬼神；一纸留于吾手，以为媒证；你二人各执一纸，为他日合卺之验。'女若负男，疾雷震死；男若负女，乱箭亡身。再受阴府之愆，永堕酆都之狱。'"由青年男女私自定立的婚书，有明确的婚姻意愿、证人，但因属于非法婚书，不具有法律效力，故只能靠违约遭报的誓言来维系。

---

[1]《大明律》卷六《户律三·婚姻·男女婚姻》，第59页。

（三）婚前明示

《大明律》："凡男女定婚之初，若有残疾、老幼、庶出、过房、乞养者，务要两家明白通知。"[1]但定婚后发生的变故则不在此范围内。从明代白话小说可见，有些人心存狡诈，善始而不能善终，一旦定婚对象出现不利情况，则急于改变婚约，甚至不惜诬陷他人。《详刑公案》卷四《婚姻类·章县尹断残疾争亲》中的吕智有二女，长女名淑姑，聘于姚杰；次女名美姑，聘于何标之子何南。不想美姑失足跌于楼下，折断左足，愈后略跛。何标听说，心生厌弃，欲改聘长女，遂诬吕智"将女重嫁"姚杰，具状告于县。章县尹审出真情，因吕家并无过错——"吕智幼女（淑）〔美〕姑，伤足于既聘之后，此亦天也，命也"，故维持既定婚约的法律效力——"何标合应取归，以回天意"。

《喻世明言》第二十七卷中的金老大出身"团头"——"管着众丐。……那团头见成收些常例钱，一般在众丐户中放债盘利，若不嫖不赌，依然做起大家事来。……只是一件：'团头'的名儿不好。随你挣得有田有地，几代发迹，终是个叫化头儿，比不得平等百姓人家"。金老大虽将团头让与族人金癞子做了，但邻里还是称之团头家，不得改名。其女玉奴才貌出众，"可恨生于团头之家，没人相求"。莫稽一介书生，穷困无着，故明知其家情形，"也顾不得耻笑"，情愿入赘。成婚满月，金老大备下盛席，教女婿会友饮酒。金癞子因未被邀请，带领众丐户大闹一场，令莫稽颜面大失，"心中未免也有三分不乐"。后莫稽发奋图强，考中进士，不想人指"金团头家女婿做了官也"。莫稽为之忿气，"早知有今日富贵，怕没王侯贵戚招赘成婚？却拜个团头做岳丈，可不是终身之玷！……"但其家婚前并未隐瞒团头出身，而今"妻又贤惠，不犯七出之条"——"凡妻无应出及义绝之状而出之者，杖八十"[2]，莫稽知此事"不好决绝得"，为达到目的，只好采取伤害妻命的办法。

明代白话小说不仅表现了"父母之命，媒妁之言""六礼"的细节性内容并展开辩证探讨，还展示了多种婚书样本，揭示了"婚前明示"对婚姻的保障，内容很丰富。

〔1〕《大明律》卷六《户律三·婚姻·男女婚姻》，第59页。

〔2〕《大明律》卷六《户律三·婚姻·出妻》，第65页。

二、有关婚姻的禁止性规定

关于禁止悔婚。婚约之定立，应慎始虑初，如成之仓促，则易生悔婚之事。明律打击悔婚行为："若许嫁女已报婚书及有私约，而辄悔者，笞五十。虽无婚书，但曾受聘财者，亦是。若再许他人，未成婚者，杖七十；已成婚者，杖八十。后定婚者，知情，与同罪，财礼入官；不知者，不坐，追还财礼，女归前夫。前夫不愿者，倍追财礼给还，其女仍从后夫。"[1]但民间多有悔婚之事。《拍案惊奇》卷十中的金朝奉听说朝廷要点绣女，充实掖庭，匆忙之下，将女儿聘与韩秀才。韩秀才虽满腹文章，但家道消乏，金朝奉"不甚欢喜"。一旦点绣的讹传平息，金氏夫妻"不舍得把女儿嫁与穷儒，渐渐的懊悔起来"，终于在妻舅程朝奉提出结亲的想法后，按捺不住，决定悔婚。

关于居丧不婚。古代社会注重伦理，有居丧期间禁止婚嫁的规定。《大明律》："凡居父母及夫丧，而身自嫁娶者，杖一百。若男子居丧娶妾，妻、女嫁人为妾者，各减二等。"[2]民间习惯却故意于丧中迎娶，叫作"乘凶完配"。《型世言》第十五回中的四川保宁府合溪县人沈刚，其父一去世，掌管家事的家人沈实"恐沈刚有丧，后边不便成亲"，便着人去沈刚岳父樊举人家，请求丧中成亲。樊举人不愿出陪嫁，欣然同意，"趁势也便送一个光身人过来"。

关于良贱不婚。良贱之间有着不可逾越的鸿沟，不可为婚。《大明律》："凡家长与奴娶良人女为妻者，杖八十；女家，减一等。不知者，不坐。"[3]《清夜钟》第三回中的王幹侵吞主人的产业，在主人去世后，故意惹恼小主人，回乡居住。不久，他自称"王衙老房"，和一个同姓举人认了同宗，两个儿子做了监生、秀才，先后与监生、举人家结亲，遂成一镇土豪。小主人长成后将王幹告官。王幹"寻了理刑座师分上，说他疏族飞诈，要说脱这义男名色"，请了两个举人到府间来说，"只见这厢众少年扛着王秀才，拿出他卖身文书与他妻的文书，赶进公馆，把这两个春元一吵道：'不要体面，他是我家义男，夫妻文书现在。甚么宗兄，这等你也是我家奴才了。良贱不为婚，

---

[1] 《大明律》卷六《户律三·婚姻·男女婚姻》，第59页。
[2] 《大明律》卷六《户律三·婚姻·居丧嫁娶》，第61页。
[3] 《大明律》卷六《户律三·婚姻·良贱为婚姻》，第64页。

贪了三百两，与他结亲，明日把你女子拿来上灶烧火。'"

关于禁止强占。仗势倚财强占人妻女，社会影响极恶，故为律法严厉禁止："凡豪势之人，强夺良家妻女，奸占为妻、妾者，绞。妇女给亲。"〔1〕《廉明公案》下卷《婚姻类·马侯判争娶》中的赵玄玉以万金土豪，"桀骜烈性，蜂虿毒心。鲸鲵大胆，播恶一方"。左成有女玖英，陈浩已与之凭媒议婚，赵玄玉却布置爪牙，于玖英于归途中，恃强夺娶，罄掳嫁妆，"此恶不惩，纲常大坏"。马侯断："合行依律取供。其女判归陈氏，仍究嫁资。"但贵为皇亲国戚，却可不受此限制。《石点头》第十卷中的唐宁王"恃着亲王势头，骄纵横行，贪淫好色"。他看上了王府门首卖饼人的妻子，"即差人唤进府中"。妇人虽难割舍丈夫，无奈迫于威势，勉强从命，"这一桩事，若是平民犯了，重则论做强奸，轻则只算拐占，定然问大大一个罪名。他本是亲王，谁人敢问。若论王子王孙犯法，与庶民同罪，这句话看起来，不过是设而不行的虚套子，有甚相干"。

关于禁止妄冒。议婚的一方担心身有不足而婚姻不成，转托他人妄冒为婚，此举涉嫌欺诈，于男女婚姻的危害极大，故为法律所禁止。《大明律》："若为婚而女家妄冒者，杖八十，追还财礼。男家妄冒者，加一等，不追财礼。未成婚者，仍依原定；已成婚者，离异。"〔2〕《醒世恒言》第七卷中的高赞因女儿美貌聪明，"情愿赔钱出嫁，只要择个风流佳婿"。颜俊家富而貌丑，却有"好高之病"，听说高女人物出众，定要尤辰为其做媒。尤辰告高赞要亲看，颜俊转托一表人才的表弟钱青代之。钱青明知"这事只怕行不的"，但因家贫，一向借颜家读书，只好应承。高赞对钱青十分满意，定立婚约，但要求吉日亲迎。颜俊只好再求钱青。钱青因亲迎乃"大礼"，断然回绝。颜俊央求："……如今忽换我去，……不但亲事不成，只恐还要成讼。那时连贤弟也有干系。……"钱青见其情辞恳切，只好依允。不想回时天气突变，风骤雪大，高赞不愿错过吉时，强钱青与其女就地拜堂成亲。钱青绝不苟且，衣不解带，枯坐三夜。但颜俊以己度人，以为钱青已乘机成就好事，于归日将其暴打。高赞闻知实情，大怒，告至官府："……那丑汉买嘱媒人，要哄骗小人的女儿为婚，却将那姓钱的后生，冒名到小人家里。……"大尹怜惜钱青才

---

〔1〕《大明律》卷六《户律三·婚姻·强占良家妻女》，第63页。
〔2〕《大明律》卷六《户律三·婚姻·男女婚姻》，第59-60页。

俊，又不欺暗室，有意成全，断道："……高氏断归钱青，不须另作花烛。颜俊既不合设骗局于前，又不合奋老拳于后。事已不谐，姑免罪责。所费聘仪，合助钱青，以赎一击之罪。……"承认钱青与高女的婚姻，未为颜俊追回财礼，属于依法而断。

关于亲属不婚。大约从春秋开始，古人即已意识到"男女同姓，其生不蕃"的道理[1]，确立了"同姓不婚"的婚配原则。至明，相关规定更为详密："其父母之姑、舅，两姨姊妹及姨，若堂姨、母之姑、堂姑、己之堂姨及再从姨、堂外甥女，若女婿及子孙妇之姊妹，并不得为婚姻。违者，各杖一百。若娶己之姑舅、两姨姊妹者，杖八十。并离异。"[2]但在民间，却多有姑舅、两姨亲为婚的情况。《详刑公案》卷四《婚姻类·赵县尹断两姨讼婚》中的龙美玉、美珍两姊妹，美玉适钱佩，生子钱明；美珍嫁胥庆，生女赛英。因姊妹们平日和睦，子女乖巧可爱，故定下婚约。不想钱佩家事日迫，胥庆知而悔婚，将女另聘李贤。钱佩诉之于官，县主曰："既如此，胥庆、钱佩嫡亲两姨，依律不宜结婚，合当离异。胥庆不能慎之于始，受聘而悔盟于终，重责三十；钱佩违律结婚，重责十板。"双方都没有因"亲属成婚"而被依法责以杖八十，可能是因为此前婚约已有破裂迹象；但毕竟出于"悔婚"目的而非自我纠错，有悖律法规定，故予以薄惩。

关于禁止指腹。《大明令》："凡男女婚姻，各有其时。或有指腹、割衫襟为亲者，并行禁止。"[3]律法虽明令禁止，民间却不以为忤，反相沿成俗。《二刻拍案惊奇》卷三十中的易万户与朱工部是同乡，同在陕西西安府为官，"相与得最好"。二人妻子均有妊孕，偶在朋友家一时说起，"就两下指腹为婚。依俗礼各割衫襟，彼此互藏，写下合同文字为定"——"内有罗衫一角，文书一纸，合缝押字半边，上写道：'朱、易两姓，情既断金，家皆种玉。得雄者为婿，必谐百年。背盟者天厌之，天厌之！隆庆某年 月 日。朱某、易某书。坐客某某为证。'"。

明代白话小说通过故事，生动描摹了冲决明律关于婚姻禁止性规定的违法行为，揭示了造成这些行为的背后原因——金钱、权势、才貌、感情等，

---

〔1〕《春秋左传正义》卷一五"僖公二十三年"，李学勤主编：《十三经注疏》，北京大学出版社1999年版，第411页。

〔2〕《大明律》卷六《户律三·婚姻·尊卑为婚》，第62页。

〔3〕《大明令·户令》，第244页。

展示了广阔的社会生活场景。

三、夫妻间的权利义务

明律禁止典卖已婚妇女："凡将妻妾受财典雇与人为妻妾者，杖八十。……若将妻妾妄作姊妹嫁人者，杖一百，妻妾杖八十。"[1]买卖妇女的原因，首先多与经济有关。《醉醒石》第十三回中的浙西某夫，因其年"水旱变至，其夫不能自活"，故而"暗里得厚钱，将妻卖与水户"。其次，因丈夫长时间不在家。《欢喜冤家》第八回："……我那营中，常有出汛的，出征的，竟有把妻子典与人用。或半年，或一载，或几月，凭你几时。还有出外去对敌，不过那话儿了，白白得他的妻子尽多。"最后，还与丈夫的薄情有关。《国色天香》卷七《客夜琼谈》中的张鉴不事生业，流连青楼，家计为之一空。其妻纺绩自给，略无怨意，张鉴却反生薄幸，"谋诸牙婆，贾妻于江南人，得重价焉"。

典卖婚是对已婚妇女个人权利的极大剥夺，但有些妇女权衡利弊后，主动配合典卖婚的达成。《欢喜冤家》第三回中的王文甫被诬下狱，其妻李月仙为维持生计，将婢女卖与他人，不想所得银两又被盗。夫妻俩眼看死路一条，李禁头出主意道："将娘子转了一人，得些聘金"，"竟将此银交与我收。每月生利一两二钱。每日供养不缺，本钱不动分毫。靠天地若有个出头之日，那时再将本钱一一奉还，赎令正团圆，岂不是个美计"。李月仙权衡再三，最终同意另嫁他人。

有时表面典妻，实则卖而为妓。《东度记》第二十一回："比如人家有好妇人女子，或是有丈夫的贫窘，养持妻子不能，央浼伐柯，卖与外方客人，明说为妻作妾；或是女子父母欠了官钱，少了私债，也图几两银子，卖与远乡人氏，明说做妾为妻。买将过来，带到别地，卖与娼家，买一贩三，利钱颇多。那明说的意思，却是买过来，一日未转贩，权且一日做夫妻。这却是便宜几倍。"此时，妇女的命运更为凄惨。

明时，法律对男子娶妾有年龄上的限制："其民年四十以上无子者，方许娶妾。违者，笞四十。"[2]在明代白话小说中，娶妾不依限者并未受到律法的制裁，其中最典型的莫过于《金瓶梅词话》中的西门庆。但是，对违背娶妾

---

〔1〕《大明律》卷六《户律三·婚姻·典雇妻女》，第60页。
〔2〕《大明律》卷六《户律三·婚姻·妻妾失序》，第60页。

年龄、数量之限的斥责时有发生。《国色天香》卷五《双卿笔记》中的正卿告父其夫将娶妾一事，其父道："彼年尚幼，何有此举？汝不必忧，吾当阻之。"《石点头》第十卷中的知县王从事审理周绍告丁奇诱子嫖赌一案时，怀疑证人赵成即是当年拐卖其妻者，问："你妻子之外，可还有婢妾么？"赵成道："还有二妾四婢。"王从事见所言与其妻相合，知必为拐子，叱道："你是何等样人，乃有二妾四婢，……"

明代白话小说表现了典雇妻女的诸多情形，以及对违律娶妾的斥责，展示了社会场景，反映了社会认识。

四、婚姻的解除

明律规定，如果女方有"七出"之状——"无子、淫佚、不事舅姑、多言、盗窃、妒忌、恶疾"[1]，男方可与之解除婚姻关系。至此，男方完全掌握婚姻解除的主动权，女方甚至没有申辩的机会。《型世言》第二十六回中的光棍冒充王氏之夫，告王氏"忤逆母亲"，要求"告照离异"。三府询问过假两邻后，道："这还该拿来处。"光棍道："不敢费老爷天心，只求老爷龙笔赐照。"三府便提笔写道："王氏不孝，两邻证之已详，一出无辞矣。姑免拘究，准与离异。"不待女方到场，即做出判决。

如果女方具备"三不去"的条件——"与更三年丧，前贫贱后富贵，有所娶无所归"[2]，则男方不得出之。如果男方主动遵循这一点，还会受到称赞。《醒世姻缘传》第九十八回中的太守因狄希陈之妻薛素姐过于凶悍，要狄希陈补呈，为他断离。狄希陈不愿："薛氏嫁经历（狄希陈官经历）的时候，父母俱全；如今他的父母俱亡，这是有所往无所归。且自幼都是先人说的亲，由先人婚嫁，两处先人俱已不在，又不忍背了先人之意。且是机事不密，被人泄漏了消息，他却再三的悔罪，赌了誓愿，要尽改前非，自许不悛改，任凭休弃。于是衙中众人再四的劝经历在老大人上乞恩，且姑止其事。"太守赞道："他既自己悔过认罪，你又追念先人，这都是好事。"

除了经官断休，男方还可私下休妻，但要写出休书。小说表现了休书的具体样式。《喻世明言》第一卷："立休书人蒋德，系襄阳府枣阳县人，从幼

---

[1]《大明令·户令》，第242页。
[2]《大明令·户令》，第242页。

凭媒聘定王氏为妻。岂期过门之后，本妇多有过失，正合'七出'之条。因念夫妻之情，不忍明言，情愿退还本宗，听凭改嫁，并无异言。休书是实。成化二年 月 日。手掌为记。"

从明代白话小说可见，为人写休书乃有伤阴骘之事。《醒世姻缘传》第九十八回："……天下第一伤天害理的事，是与人写休书，写退婚文约，合那拆散人家的事情。"孙举人"撺掇他的同窗休了媳妇，且他同窗的休书文稿都是他手笔改定，阴司将他官禄尽削，性命亦难保矣"。陆秀才同窗的妾买嘱了合家大小，做成圈套，说妻有奸情。陆秀才嫌他休书"做的不甚扎实，与他改得铁案一般，竟把个媳妇休将回去"。结果，陆秀才"伤了阴骘，被阴司里削了官禄"。即便如《拍案惊奇》卷二十中的萧秀才被人求写休书——"……叵耐媳妇十分不学好，到终日与阿婆斗气。……这样妇人，若留着他，到底是个是非堆。为此，今日将他发还娘家，任从别嫁。他每众位多是地方中见，为是要写一纸休书，……相烦官人替写一写"，属于"无心失误"，还是被"上天鉴知，减其爵禄"，受到惩罚。

除了因"七出"解除婚姻，还有一种"义绝"——"谓如身在远方，妻父母将妻改嫁，或赶逐出外，重别招婿，及容止外人通奸；又如本身殴妻至折伤，抑妻通奸，有妻诈称无妻，欺妄更娶妻，以妻为妾，受财将妻、妾典雇，作姊妹嫁人之类"[1]，此时必须离异。否则，将承担法律责任："若犯义绝，应离而不离者，亦杖八十。"[2]《廉明公案》下卷《婚姻类·唐太府判重嫁》中的朱正娶韩盛女为妻，"闺门反目，岳母取回"。此后八年间，朱正"既不完娶，又不令嫁"。韩家在"状告三载，谕娶七次不从"后，将女另嫁程俊。朱正得知，以"夺嫁受财"为由告官。唐府主认为朱正有"弃妻意矣"，故批令改嫁："是承娶者，官府令承之也。"这一"义绝"类型，补充了明律的相关阐释。

此外，还有一种"和离"，即因夫妻感情不和而协议离婚："若夫妻不相和谐而两愿离者，不坐。"[3]《二刻拍案惊奇》卷六中的王八郎与妓往来，"胜似夫妻，每要娶她回家"；及见了妻子，"只管寻是寻非，要赶逐妻子出

〔1〕《大明律》卷二二《刑律五·诉讼·干名犯义》，第179页。
〔2〕《大明律》卷六《户律三·婚姻·出妻》，第65页。
〔3〕《大明律》卷六《户律三·婚姻·出妻》，第65页。

去"。妻子表面上以婉辞哄丈夫，"却日日打点出去的计较"。后王八郎竟带妓归来，赁屋居住。妻子知道，"一发坚意要去了"，把家中细软藏过，家伙什物卖掉。王生归来，见家中零落不堪，怒道："我这番决留你不得了！今日定要决绝。"妻子也愤然道："我晓得到底容不得我！只是要我去，我也要去得明白。我与你当官休去。"知县问了备细，"乃是夫妻两人彼此愿离，各无系恋"，遂"取了口词，画了手模，依他断离了"。财产分配上，是"家事对半分开，各自度日；妻若再嫁，追产还夫"。关于"和离"的财产分割，《大明律》没有详细规定，这里予以了补充。

明代白话小说表现了婚姻解除时妇女的被动情况，以及"三不去"履行、休书书写的社会评价，并补充夫妻的"义绝"类型、"和离"的财产分配，非常重要。

苏力认为："故事的整体性有可能使人们更容易从整体把握和理解法律和社会的问题，可以看到法律与社会的相互关联和影响，迫使人们不仅仅关注抽象的、单独的条文和制度规定。"[1]明代白话小说中有关婚姻的法律资料无法与律例相比，但其对法律细节的表现，对社会背景、风俗习惯、心理倾向的揭示等，却可以补律例、史书记载之"阙"，这也是明代白话小说法律资料独特性之所在。

---

〔1〕 苏力：《法律与文学：以中国传统戏剧为材料》，生活·读书·新知三联书店 2006 年版，第15 页。

叩阍：此断不可收览！

——以乾隆四十五年南巡期间叩阍案为中心

伍 跃*

摘 要： 在中国古代，叩阍是庶民在国家制度规定的范围内向最高统治者申诉冤抑的终极手段。因应着这种情况，至迟在唐代的法律体系中已经有了处理叩阍问题的相关规定。这些规定旨在维护皇帝的威严与安全，同时涉及对叩阍行为和申诉内容的审理。故对叩阍问题的审理既是皇帝出巡中政务活动的一个重要方面，也是清代司法制度的一个构成部分。透过对出巡中叩阍问题的分析，可以加深对清代司法制度运用层面，尤其是对此类司法案件的处理方针的认识，也可由此观察昔时社会的众生相。本文梳理了与叩阍有关的法律规定，着重分析了乾隆四十五年南巡时发生的几起叩阍案从申诉到量刑的具体过程。

关键词： 叩阍 冲突仪仗 越诉 南巡 申冤

在前近代中国社会，叩阍通常被认为是申诉冤屈的最终手段。许慎认为，阍之本意为"常以昏闭门隶也"，即启闭守卫宫门之人[1]，以后引申为宫门和天子所在之处，故叩阍指向皇帝直接申诉告状。滋贺秀三对清代的叩阍曾有如下说明："上诉者认为通过官僚机构上诉来解决问题的前景暗淡，因此进一步在皇宫前下跪，或者拦阻出行途中的皇帝行列，直接向皇帝告状，这种情况被称为'叩阍'。"[2]大约一百年前，日本学者织田万在编纂《清国行政法》时认为，叩阍是一种申诉制度，吏民均可前往宫阙申诉冤屈。不过，

---

* 伍跃，京都大学文学博士，大阪经济法科大学国际学部教授。

〔1〕（汉）许慎撰：《说文解字》，卷一二上，门部，中华书局1963年版，第249页。

〔2〕[日]滋贺秀三：《清代中国的法与审判》，熊远报译，江苏人民出版社2023年版，第26页。[日]滋贺秀三：《清代中国の法と裁判》，創文社1984年版，第33页。

当时的日本学者没有完整地理解该项制度，仅根据《（光绪）钦定大清会典事例》的记载，将康熙七年（1668 年）禁止前往宫阙告状误解为叩阍制度的全面停止[1]。

目前，学界关于清代叩阍问题的研究主要可以分为两个方面。其一，源自法制史或法律社会史角度的研究。例如前述滋贺秀三在清代中国法律制度的框架之下述及了叩阍问题。欧中坦在研究京控问题时言及了"沿着皇帝行进的路边跪着（叩阍）"的问题，认为该行为是非法和不正常的。张晋藩则认为叩阍是京控的别称，俗称告御状[2]。李典蓉注意到叩阍与京控的关联与区别，比较详细地叙述了叩阍制度的演变，并且爬梳了发生在北京的叩阍案件[3]。阿风在研究京控问题时，将叩阍作为广义上的京控的一种特殊方式，以京控多发的清朝嘉庆朝为例，认为造成这种局面的主要原因是嘉庆皇帝对京控问题的处理方针[4]。柏桦将叩阍作为直诉制度的一种进行分析，认为清代在继承以前各代的直诉制度的同时，也有所创新[5]。笔者在研究清代的"民告官"即行政诉讼问题时，也提及了叩阍问题[6]。其二，还有源自政治史角度的研究。马俊亚通过对清代前期叩阍问题的研究指出，乾隆前期以前，清朝统治者对叩阍持相对宽容的态度，甚至主动利用叩阍以督察约束官僚群体，故在一定程度上弥补了统治的过失，但在乾隆中后期强化了对叩阍的打击，弱化了对官僚群体的监督，最终制造了完全凌驾于社会其他群体的强大的官僚利益集团[7]。所有这些成果为进一步推进关于叩阍问题的研究提供了

〔1〕 细读康熙七年上谕可知，当时停止的仅是官民前往宫阙告状，要求一律前往"通政使司登闻鼓衙门告理"。参见（清）马齐等修：《清圣祖实录》卷二五，康熙七年三月辛酉，《清实录》第 4 册，中华书局 1985-1987 年版，第 353 页。

〔2〕 张晋藩主编：《清朝法制史》，中华书局 1998 年版，第 602-603 页。"叩阍，又称京控，俗称告御状"。另请参见柏桦、吴爱明：《清代的叩阍与京控》，载《贵州社会科学》2014 年第 5 期。

〔3〕 李典蓉：《清朝京控制度研究》，上海古籍出版社 2011 年版，第 22-70 页。

〔4〕 阿风：《清代的京控——以嘉庆朝为中心》，载 ［日］夫马进编：《中国诉讼社会史研究》，范愉、赵晶等译，浙江大学出版社 2019 年版，第 310-352 页。原题《清代の京控——嘉慶朝を中心に》，载 ［日］夫马进编：《中国訴訟社会史の研究》，京都大学学术出版会 2011 年版，第 332-379 页。

〔5〕 柏桦：《清代的上控、直诉与京控》，载《史学集刊》2013 年第 2 期。

〔6〕 伍跃：《传统中国行政诉讼的一个场景：民告官——以旌表烈妇和举人身份问题为分析对象》，载 ［日］夫马进编：《中国诉讼社会史研究》，范愉、赵晶等译，浙江大学出版社 2019 年版，第 353-399 页。原题《近世中国における行政訴訟の一齣：「民告官」——烈婦の顕彰と挙人の身分を例に》，载 ［日］夫马进编：《中国訴訟社会史の研究》，京都大学学术出版会 2011 年版，第 380-426 页。

〔7〕 马俊亚：《盛世叩阍：清前期的皇权政治与诉讼实践》，载《历史研究》2012 年第 4 期。

十分良好的学术基础。

清代末年，起家捐纳，曾经担任刑部主事、改官江苏试用知府的张采田（一名尔田，字孟劬）[1]在他撰写的《清史稿·刑法志》中，对叩阍有如下定义："其投厅击鼓，或遇乘舆出郊，迎驾申诉者，名曰叩阍。"[2]这里的"厅"指设在通政使司的登闻鼓厅。由此可见，张采田定义的庶民叩阍包括前往登闻鼓厅击鼓申冤，以及在皇帝出巡途中拦舆申诉。不过，在有清一代的司法实践中，似乎很少有人"投厅击鼓"。[3]实际上，庶民如果只是前往主管登闻鼓厅的通政使司告状，那么和前往都察院、步军统领衙门告状一样，通常会被归入京控，而不属于叩阍。张采田对此亦有说明："其有冤抑赴都察院、通政司或步军统领衙门呈诉者，名曰京控。"在这个意义上，叩阍可以理解为京控的方式之一。就审级而言，叩阍属于最高审级，亦即庶民在国家制度规定的范围内向最高统治者进行申诉的终极手段。

清代顺治、康熙、雍正、乾隆、嘉庆和道光等朝的皇帝们除在紫禁城起居和处理政务，以及拜谒先祖陵寝之外，还时常前往北京周围的苑囿如南海子、圆明园等静养田猎，并在那里处理政务。特别是康熙皇帝和乾隆皇帝还东谒祖陵，西访五台，南巡江浙，北赴热河。从出巡的规模和影响来看，这两位皇帝的合计12次南巡无疑是清代历史乃至整个中国历史上的重大事件。这些南巡凸显了国家对社会实施着有效的、安定的统治，对巩固和稳定大一统国家起到了十分重要的作用。学者们指出，这些耗费了巨额国帑的南巡具有政治、文化、经济和社会等多种目的，为了实现这些目的，南巡途中安排了视察河海、察吏安民、笼络士绅、拜谒祠陵等多种多样的活动[4]。乾隆皇

---

[1] 邓之诚：《张君孟劬别传》，载《燕京学报》第30期，1946年，第323-325页。《爵秩全函》，清光绪二十八年春北京荣录堂刊本，第4册，光绪二十七年新旧海防筹饷事例十一月分发各省试用人员，第1a页。

[2] 赵尔巽等：《清史稿》卷一四四《刑法志》，中华书局1977年版，第4211-4212页。

[3] 笔者用"登闻鼓"检索《清实录》后得8例，其中仅有顺治十四年1例属于"投厅击鼓"的实例。详见（清）巴泰等修：《清世祖实录》卷一〇九，顺治十四年五月壬子，《清实录》第3册，第858页。另，用"击鼓"检索得事例37例，除雍正八年1例泛言之外，并无实例。参见（清）鄂尔泰等修：《清世宗实录》卷九六，雍正八年七月戊寅，《清实录》第8册，第287-288页。当然，上述检索结果仅供参考。

[4] 赵云田：《略论清代的巡幸制度》，载《明清论丛》第14辑，紫禁城出版社2014年版，第144-155页。王卫平、吴建：《康乾南巡研究的回顾与思考》，载《明清论丛》第17辑，紫禁城出版社2017年版，第133-145页。

帝曾将南巡视作"临御五十年"间的两件"大事"之一（伍案：另一件为"西师"，即用兵西陲），自称南巡的主要目的是"莫大于河工"，还有"察吏安民，行庆施惠"，而且自认所有这些属于"人君本分之应为"[1]。姑且不论乾隆皇帝这些表白的实际内容，对于目不识丁的普通小民乃至游走于体制边缘的生员人等来说，与前往北京的登闻鼓厅击鼓申冤相比，皇帝的出巡为他们提供了绕开基层官僚机构，直接向皇帝申诉冤抑和谋求利益的绝好时机。随扈的相关大臣依据皇帝的旨意处理这些案件，直接体现着至高无上的皇权。

恕笔者寡闻，目前关于叩阍问题的研究主要是作为京控的一种特殊方式，较少涉及皇帝出巡途中的叩阍问题[2]；而关于皇帝出巡尤其是南巡的研究主要集中在政治目的、视察水利、吟诗作画等方面，同样很少涉及南巡途中在各地经常会遇到的叩阍问题[3]。在这种情况下，与配备了相对完备的衙门和官僚的京城不同，皇帝出巡中的叩阍案件是依据何种方针、由何种机构处理的？处理叩阍案件时适用的法律有哪些特点？这些问题既是清代司法制度的一个构成部分，也是皇帝出巡中政务活动的一个重要方面。透过对出巡中叩阍问题的分析，可以加深学术界对清代司法制度运用层面，尤其是对此类司法案件的处理方针的认识，也可由此观察昔时社会的众生相。

带着这些问题意识，本稿将以清代统治相对安定、号称"盛世"的乾隆年间，具体来说就是乾隆四十五年（1780年）皇帝第五次南巡途中发生的若干起叩阍案件主要的分析对象，首先梳理与叩阍有关的法律规定，其次介绍南巡时办事机构的构成，最后着重分析几起案例从申诉到量刑的具体过程。

---

〔1〕（清）弘历《御制南巡记》，载（清）高晋等修：《钦定南巡盛典》卷首上，景印文渊阁四库全书，第658册，第1-3页。

〔2〕刘文鹏从"官民冲突视野"分析过乾隆皇帝南巡中的三起叩阍案，但没有给出"民"的定义。刘文所举三案中的关键人物或是举人，或曾任职地方，均属昔时体制中人或游走于体制边缘的人物，是否属于严格意义上的"民"，尚有讨论的空间。作者认为，乾隆皇帝对叩阍案件的处理，是用"特权摧毁了中国小民的财产安全，也摧毁了很多使中国进步的因素"，最终联想到乾隆皇帝的所作所为"并不能保证清王朝的进步与安全，也无法抵挡西方工业化后的军舰与大炮"。刘文鹏：《官民冲突视野下的乾隆南巡》，载《档案与争鸣》2014年第7期。

〔3〕关于巡幸在清朝国家统治中的作用，除前述赵云田的论文之外，还可以参见［美］张勉治撰：《马背上的朝廷：巡幸与清朝统治的建构（1680—1785）》，董建中译，江苏人民出版社2019年版（本书出版信息以下省略）。该书同样未涉及足以展现亲民和统治权威的叩阍。

一

如前所述，众多研究成果均将对叩阍的审理视为国家诉讼制度中的最高审级。如史料所示，至迟在唐代的立法中，已经考虑到"车驾行幸，在路邀驾申诉"的问题，并有相应的规定："诸邀车驾及挝登闻鼓，若上表，以身事自理诉，而不实者，杖八十。"（故增减情状，有所隐避诈妄者，从上书诈不实论。）〔1〕据此可知，"邀车驾"之人以自身之事申诉且失实的话，会被处以"杖八十"；如该失实被认定为故意的话，会以"上书诈不实"处"徒二年"。当然，如果申诉得实且未"冲队"，即冲突仪仗，则可免除刑罚。

进入清代以后，《大清律例》继承自《大明律》中关于叩阍的主要规定有两条，即"兵律·宫卫"中的"冲突仪仗律"，以及"刑律·诉讼"中的"越诉律"。以下，对该两条规定为中心略作说明。

其一，《大清律·兵律·宫卫·冲突仪仗律》〔2〕。

> 凡车驾行处，除近侍及宿卫护驾官军外，其余军民并须回避。冲入仪仗内者，绞 [系杂犯，准徒五年]。若在郊野之外，一时不能回避者，听俯伏 [道旁] 以待 [驾过]。其 [随行] 文武百官非奉宣唤，无故辄入仪仗内者，杖一百。典仗护卫官军故纵者，与犯人同罪。不觉者，减三等。
>
> 凡有申诉冤抑者，止许於仗外俯伏以听。若冲入仪仗内而所诉事不实者，绞 [系杂犯，准徒五年]。得实者，免罪。

由此可见，本法条判断犯罪与否的要件是以"仪仗"为界。在顺治四年（1647年）颁行的《大清律集解附例》中，根据明万历年间进士、工部尚书姚思仁撰《大明律附例注解》增添了很多小注〔3〕。具体到"冲突仪仗律"

---

〔1〕（唐）长孙无忌等撰，刘俊文点校：《唐律疏议》，中华书局1983年版，卷七，卫禁，车驾行冲队仗，第164页；卷二四，斗讼，邀车驾挝鼓诉事，第447页。

〔2〕（清）沈之奇撰，怀效锋、李俊点校：《大清律辑注》，法律出版社1998年版，卷一三，兵律，宫卫，冲突仪仗，第437-439页。顺治律的小注用 [] 标出，以下同。

〔3〕[日] 古井俊仁撰：《清律》，载 [日] 滋贺秀三编：《中国法制史-基本资料の研究》，東京大学出版会1993年版，第583-622页。

而言，律目后的小注对仪仗有如下说明："凡车驾行幸之处，其前列者为仪仗，仪仗之内，即为禁也。"[1]

明人对本法条涉及的仪仗还有如下说明："仪仗之内，天子坐临。若军民冲入仪仗者，未免惊恐君心。虽无奸宄之谋，是无禁忌之意。坐绞无疑，杂犯准赎。"[2]这就是说，"除近侍及宿卫护驾官军外"，一般军民在仪仗前只能回避，回避不及时必须俯伏在地，不得"冲入"（伍案：沈之奇云，"冲入是无知闯入"），即便是"（随行）文武百官"在未"奉宣唤"的情况下，也不得"辄入"（伍案：沈之奇云，"辄入是偶然误入"）仪仗之内。天子威严，由此可见一斑。

根据本法条的规定，如果向巡幸中的皇帝申诉，必须在"仗外俯伏以听"。这里的"听"，根据明代律学家王樵的说法，是指听候"圣旨发落"："凡军民人等于车驾行处有申诉一应冤抑者，止许于仪仗之外俯伏以听圣旨发落，不许冲入仪仗之内。"[3]对于法条中关于申诉冤抑"得实者，免罪"的规定，明代律学家们指出是免其"冲突之罪"，并认为此举是"所以达民隐，故宽之也"[4]。

在上述法条之外，"冲突仪仗律"还有如下两条例文：第一是继承修改自明代《问刑条例》的例文，即通常所说的"冲突仪仗例"："圣驾出郊，冲突仪仗，妄行奏诉者，追究主使教唆捏写本状之人，俱问罪，各杖一百，发近边充军。所奏情词不分虚实，立案不行。"第二是根据乾隆十八年（1753年）九月大学士傅恒奏定的条例，经乾隆二十一年（1756年）和三十二年（1767年）两次修改后确定的例文："圣驾临幸地方，虽未陈设卤簿，如有民人具呈妄行控诉者，照冲突仪仗例，杖一百，发近边充军。"[5]

〔1〕（清）沈之奇撰，怀效锋、李俊点校：《大清律辑注》，法律出版社1998年版，卷一三，兵律，宫卫，冲突仪仗，第437-439页。

〔2〕（明）沈应文校正：《鼎镌六科奏准御制新颁分类注释刑台法律》（简称《邢台法律》），中国书店1990年影印明万历三十七年潭阳熊氏种德堂刊本，卷七，兵律，宫卫，冲突仪仗，第11a-12b页。

〔3〕（明）王樵撰：《大明律附例》，明万历年间刊本，卷一三，兵律，宫卫，冲突仪仗，第13a-14b页。

〔4〕（明）王樵撰：《大明律附例》，明万历年间刊本，卷一三，兵律，宫卫，冲突仪仗，第13a-14b页。（明）沈应文校正：《鼎镌六科奏准御制新颁分类注释刑台法律》，中国书店1990年影印明万历三十七年潭阳熊氏种德堂刊本，卷七，兵律，宫卫，冲突仪仗，第11a-12b页。

〔5〕马建石、杨育棠主编：《大清律例通考校注》，中国政法大学出版社1992年版（本书出版信息以下省略），卷十八，兵律，宫卫，冲突仪仗，第578页。

乾隆十八年八月十六日至十月十三日，乾隆皇帝奉皇太后前往热河"秋狝木兰"。估计在此期间遇到过并未"冲突仪仗"、仅是"喊诉"的叩阍，故傅恒向直隶总督方观承讯问过"叩阍人犯如何办理之处"。方观承回复称，对"喊诉"的"刁民"是根据"冲突仪仗"治罪，而其余"或系刁民无知，或素有疯癫"，在"查事属琐屑"的情况下，"问拟杖八十，枷号一个月示众后发回原籍"云云。在此基础上，傅恒认为："皇上临幸地方，虽未陈设卤簿，使该犯等照于圣驾前妄行控诉即系冲突仪仗，请将该犯照例文充发。嗣后如有叩阍之人，即照此例办理，以示惩儆。"由此可见，傅恒认为"于圣驾前妄行控诉"的行为等同于"冲突仪仗"，故应比照前述源自明《问刑条例》的例文，处以"杖一百，发近边充军"。同年九月二十三日，驻跸避暑山庄的乾隆皇帝发下"知道了"的上谕，对此表示认可〔1〕。这一规定当初以成案形式发往各地，以后以例文的形式被纂入《大清律例》〔2〕。

如上所述，在"冲突仪仗律"的律文和例文之中虽然没有出现"叩阍"字样，但完全是用于处理叩阍问题的法条。据此，即便是没有出现"冲突仪仗"的情况，只要是"俟车驾行幸道旁呈诉"或"于圣驾前妄行控诉"，也按照"冲突仪仗例"问罪。关于这一点，清末律学家薛允升是这样解释的〔3〕：

> 此未冲突仪仗而亦照冲突仪仗问拟者，窃谓民间词讼均由地方有司审理，往往有刁健之徒将帐债、斗殴等细事添砌情节，赴京叩阍或俟车驾行幸道旁呈诉。虽未冲入仗内，所控亦未必尽虚，仍应治以冲突仪仗之罪，以惩刁风。若关系人命生死出入，地方官或审断不公，或徇情枉法，历控上司不为申理，情急无奈叩阍呈诉者，幸而审出实情，则冤抑得以申雪。若仍将申诉者治以重罪，势必畏罪者多不敢控诉。律文得实免罪，似尚平允。

---

〔1〕 （清）江苏布政使司编：《上谕条例》，清乾隆年间江苏布政使司刊本，乾隆十八年，刑部，叩阍充发，第269a—269b页。

〔2〕 本例在司法实践中被进一步引申，用于惩罚"捏称重情封递呈词者"。参见中国第一历史档案馆编：《嘉庆道光两朝上谕档》，广西师范大学出版社2000年版，第17册，嘉庆十七年十一月初三日，第425页；（清）曹振镛等修：《清仁宗实录》卷二六三，嘉庆十七年十一月壬申，《清实录》，第31册，第558—559页；胡星桥、邓又天主编：《读例存疑点注》，中国人民公安大学出版社1994年版（本书出版信息以下省略），卷三九，刑律十五，诉讼，越诉，第680页。

〔3〕 胡星桥、邓又天主编：《读例存疑点注》，卷二〇，兵律一，宫卫，冲突仪仗，第325—326页。

由此可见，薛允升认为，制定这一例文的目的在于防止任意叩阍的刁风，同时为申诉愿冤抑保留一条途径。

其二，《大清律·刑律·诉讼·越诉律》〔1〕。

> 凡军民词讼，皆须自下而上陈告。若越本管官司，辄赴上司称诉者，[即实亦] 笞五十 [须本管官司不受理，或受理而亏枉者。方赴上司陈告]。
>
> 若迎车驾及击登闻鼓申诉，而不实者杖一百，[所诬不实之] 事重 [於杖一百] 者，从 [诬告] 重 [罪] 论，得实者，免罪 [若冲突仪仗自有本律]。

这一法条规定了凡有词讼必须"自下而上陈告"，只有在"本管官司不受理，或受理而亏枉"的情况下，方许赴上一级衙门陈告，否则处以笞五十。文中的"迎车驾及击登闻鼓申诉"指的就是叩阍。另外，在本法条的第一条例文中有如下规定："车驾出郊行幸，有申诉者，照冲突仪仗拟断。"〔2〕

根据吴坛的说明可知，该例文纂呈于康熙十九年（1680 年），后于二十七年（1688 年）正式颁行，雍正三年（1725 年）修律时将本条附在"冲突仪仗律"之后，成为该律的例文之一，乾隆五年（1740 年）修律时移至"越诉律"后作为第一条例文。此外，本法条的律文和例文体现了"二罪俱发以重论"〔3〕的原则。叩阍就其形式而言，属于一种越诉行为，但越诉至上司衙门和越诉至皇帝驾前有着本质上的不同，故律文和例文中对后者都分别有"若冲突仪仗自有本律"和"照冲突仪仗拟断"的规定。

由以上叙述可以知道，"冲突仪仗律"和"越诉律"是涉及皇帝巡幸中叩阍问题的主要规定，而且彼此之间有着明显的相互呼应的关系。首先对叩阍行为本身处以"杖一百，发近边充军"等刑罚，其次根据对叩阍内容的审理结果，对叩阍者或平反，或加重处罚。

〔1〕（清）沈之奇撰，怀效锋、李俊点校：《大清律辑注》，法律出版社 1998 年版，卷二二，刑律，诉讼，越诉，第 797-802 页。

〔2〕马建石、杨育棠主编：《大清律例通考校注》，卷三〇，刑律，诉讼，越诉，第 869-876 页。

〔3〕胡星桥、邓又天主编：《读例存疑点注》，卷四，名例律下之一，二罪俱发以重论，第 76-77 页。

行幸中处理叩阍问题除应该依据上述法条规定之外，还有一个处理叩阍事务的组织机构的问题。发生京控时，通常由通政使司或者步军统领衙门首先听取情况，做出初步的处理意见之后（伍案：通常交由案发地督抚处理）奏请皇帝的裁断。

　　清朝皇帝的出巡通常会有一个庞大的扈从随行队伍。根据制度规定，每当皇帝将要出巡的时候，需要选定扈从随行人员[1]：

　　　　恭遇皇帝省方观民，特举时巡盛典。……王公暨内阁部院府寺各衙门奏派扈驾大臣官员。先期一日，遣官以巡狩祗告奉先殿。至日，銮舆启行，内阁学士率中书恭奉御宝以从，部院有执事者，携行在印备用。

　　具体到随行官员，《大清会典》中记载了康熙皇帝第一次南巡，即康熙二十三年（1684年）时的"各衙门扈从官"，详见表1。

表1　康熙二十三年南巡扈从官员

职衔	人数	职衔	人数
内阁满汉大学士	2	内阁满学士	2
内阁汉军侍读学士	1	内阁满侍读学士	1
内阁满中书舍人	9	内阁汉中书舍人	2
翰林院满汉掌院学士	2	翰林院满汉侍读学士	2
詹事府满詹事	1	起居注满主事	1
吏部满尚书	1	吏部满郎中	2
户部满郎中	1	户部满员外郎	4
礼部满尚书	1	礼部满郎中	2
礼部满员外郎	2	兵部满郎中	2
兵部满员外郎	2	兵部满主事	1
刑部满郎中	1	刑部满员外郎	1
工部满尚书	1	工部满郎中	1
工部满员外郎	4	工部满主事	2

---

〔1〕（清）德保等修：《（乾隆）钦定礼部则例》，清乾隆年间礼部刊本，卷二五，第1a–b页。

叩阁：此断不可收览！

续表

职衔	人数	职衔	人数
都察院满左副都御史	1	都察院满御史	2
吏工二科满给事中	2	太常寺满卿	1
太常寺汉寺丞	1	太常寺满典簿	1
太常寺读祝官	2	太常寺赞礼郎	6
光禄寺满少卿	1	光禄寺满署丞	2
太仆寺满少卿	1	鸿胪寺满汉卿	2
鸿胪寺满少卿	1	鸿胪寺满鸣赞	4
国子监满祭酒	1	国子监汉助教	2
钦天监满监正	1	钦天监满灵台正	1
钦天监汉五官正	1	钦天监汉博士	1
太医院御医	2	太医院吏目	3
各衙门笔帖式	—	执事人员	—

资料来源于（清）伊桑阿等修：《（康熙）大清会典》，卷四五，礼部六，巡幸仪，第 13a–14b 页。

上述的"内阁满汉大学士"分别为武英殿大学士明珠和保和殿大学士王熙[1]。除此之外，随同康熙皇帝前往江南的还有内大臣、都统、前锋都统、护军都统和侍卫乃至执事等多人[2]。

根据张勉治的研究，乾隆皇帝第一次至第四次南巡的扈从规模分别是3263人、3099人、3451人和3047人，其中第二次南巡的核心扈从有43人[3]。进入乾隆年间，在巡幸时会设立"总理行营"，派定"总理行营事务王大臣"处理途中的相关公务[4]。

[1] 徐尚定标点：《康熙起居注（标点全本）》，东方出版社2013年版，康熙二十三年十月初二日，第3册，第104页。
[2] （清）马齐等修：《清圣祖实录》，卷一一七，康熙二十三年十一月癸亥，《清实录》，第5册，第226页。
[3] ［美］张勉治撰：《马背上的朝廷：巡幸与清朝统治的建构（1680—1785）》，董建中译，第90–91页。
[4] 赵云田：《略论清代的巡幸制度》，载《明清论丛》第14辑，紫禁城出版社2014年版，第144–155页。

本文涉及的第五次南巡中"随往江浙大臣官员执事人等"的准确人数尚不清楚，按"渡黄上船人数"计算为 3054 人，按"酌给马匹"人数计算则为 3105 人[1]。根据《南巡随往官员执事人等酌给马匹数目清单》可知，此次南巡的核心扈从共计 34 名（表 2）。

表 2　乾隆四十五年南巡核心扈从官员

职衔	人数	职衔	人数
领侍卫内大臣	5	御前行走大臣	10
散秩大臣	3	乾清门行走王大臣	9
护军统领	1	文职一、二品大臣	6

资料来源于中国第一历史档案馆编：《乾隆朝上谕档》第 9 册，第 911–915 页。

在这些核心扈从之中，除两位亲王（睿亲王、庄亲王）、一位贝勒（永福）属于满洲亲贵之外（伍案：估计他们属于"总理行营事务王大臣"），还包括了四位军机大臣，即福隆安、梁国治、董诰和福长安。没有随行的另外两位军机大臣是阿桂与和珅，前者督办河工和留守北京，后者被派往贵州查办事件。此外，协办大学士嵇璜也扈从前往。这些官员随从南巡时的年龄、职衔如表 3 所示。

表 3　乾隆四十五年南巡扈从军机大臣、协办大学士

姓名	年龄	职衔
福隆安	34	军机大臣、领侍卫内大臣、兵部尚书、銮舆卫掌卫事大臣、总管内务府大臣、满洲正白旗都统
梁国治	58	军机大臣、户部尚书
董诰	41	军机大臣、户部左侍郎
福长安	21	军机大臣、署工部右侍郎
嵇璜	70	协办大学士、吏部尚书

资料系笔者根据《清史稿》各人传记编制。

---

〔1〕 中国第一历史档案馆编：《乾隆朝上谕档》第 9 册，广西师范大学出版社 2008 年版（本书出版信息以下省略），第 911–915 页。

其中福隆安为孝贤皇后弟傅恒之子，尚乾隆帝第四女和硕和嘉公主，被授以和硕额驸和御前侍卫，袭一等忠勇公。他位高权重，身兼多种要职，对乾隆皇帝忠心耿耿，任劳任怨。此次南巡四年后的乾隆四十九年（1784年）辞世，享年39岁[1]。此次南巡中，福隆安居于军机大臣的首席，在处理叩阍案件时处于重要地位。

除上述官员之外，还有其他处理国家政务的官员随行前往江南（表4）。

表4　乾隆四十五年南巡随行政务官员

职衔	人数	职衔	人数
三品京堂	1	奏事官	6
批本官	9	军机处满汉官	23
内阁随宝票签等官	13	翰林院官	2
吏部司官	2	户部司官	2
礼部司官	2	兵部司官	4
刑部司官	2	工部司官	2
理藩院司官	2	吏部司务笔帖式	3
户部笔帖式	5	礼部笔帖式	2
兵部笔帖式	6	刑部笔帖式	4
工部笔帖式	5	仓场衙门笔帖式	1
理藩院笔帖式	1		

资料来源于中国第一历史档案馆编：《乾隆朝上谕档》第9册，第911-915页。

由此可见，在北京负责处理京控和叩阍事务的都察院、通政使司、登闻鼓院和步军统领衙门没有随行人员。

除此之外，途经地区的督抚也会循例接驾扈从。如直隶总督、两江总督、闽浙总督，以及山东巡抚、江苏巡抚和浙江巡抚等。当巡幸途中发生叩阍案件时，皇帝通常会命令军机大臣会同当地督抚进行审理。

由上述可见，皇帝在出巡期间率领着一个由朝廷重臣为核心的、相对比较精干的事务机构，他们辅佐皇帝处理军国大政，同时还要负责处理各类突

---

〔1〕　赵尔巽等：《清史稿》卷三〇一《傅恒传附福隆安传》，第10452页。

发事件。本文将要叙述的叩阍就是由这些重臣负责处理的。

在本章结束时，有必要考虑一下仪仗的规模。《大清会典》中对仪仗的规制有如下记载[1]：

> 国初定，车驾巡幸，卤簿乐器照常陈设，驾出，内大臣侍卫等俱于驾后分队随行，每队马首排齐，前后相离丈许，前后队人员不许越次。过窄狭处，候前队过毕，后队方行，不许混争。若奉旨传，后队侍卫等官由两旁进退，不许冲入仪仗。

张勉治在详细地梳理了皇帝南巡中的仪仗规模后指出，"来自京营的人数众多的八旗兵丁始终构成了一个围绕皇帝、密不透风的安全保卫圈"[2]。笔者认为，这个保卫圈的核心部分应该就是仪仗。

在乾隆四十五年南巡时，这些"来自京营的人数众多的八旗兵丁"大约是由以下几部分构成的[3]：

> 三旗侍卫一百七十七员
> 内府三旗护军参领三员
> 护军统领处营总前锋护军参领四十七员
> 前锋校护军校前锋护军共五百名
> 亲军校亲军共一百八十四名
> 总理行营前锋护军共二十二名

由此可见，上述 900 余人构成了一个严密的"安全保卫圈"。由于南巡中要利用运河，还要横渡黄河和长江、钱塘江等大江大河，我们不难想象，在皇帝乘舟的周围、河岸直至与大江大河相连的支河港汊也有相应的安全措施，以及临时的交通管制措施。张勉治介绍过一则乾隆十五年（1750 年）皇帝南

---

〔1〕（清）伊桑阿等修：《（康熙）大清会典》，清康熙年间内府刊本，卷四五，礼部六，巡幸仪，第 10a-b 页。

〔2〕［美］张勉治撰：《马背上的朝廷：巡幸与清朝统治的建构（1680—1785）》，董建中译，第 95-96 页。

〔3〕中国第一历史档案馆编：《乾隆朝上谕档》第 9 册，第 911-915 页。"三旗"当指八旗中的上三旗，即正黄、镶黄和正白三旗。

巡时闽浙总督喀尔吉善和署理浙江巡抚永贵的上奏，转录如下[1]：

> 御道两旁俱应安设站围，以昭警跸之意。今浙省运河惟上塘纤路宽有七八尺可容站围兵丁，下塘则桑围田垅竟有无可站立之处。臣等复查勘运河，两岸支河汉港四通八达，御舟经临时，无知愚民撑驾小舟，从支河阑入御道，殊失敬慎之意。今酌定于两岸之内，凡支河汉港桥头村口，各安卡兵二三名，临时禁过舟往来。上塘纤道每里安设站围兵丁三名，下塘酌量安设围兵，如无路径之处，不复安兵站围。

可见为了保证皇帝人身的绝对安全，浙江地方当局除准备在御道和运河的两旁设立"站围"之外，还准备在"支河汉港桥头村口，各安卡兵二三名"，并临时禁止舟楫往来。

二

乾隆皇帝于乾隆四十五年正月十二日离开北京南下，至五月初九日回到北京，进行了第五次南巡。乾隆皇帝途经直隶、山东、江苏，一直到达浙江的杭州，前后将近四个月。根据《乾隆朝上谕档》、中国第一历史档案馆藏朱批奏折和台北故宫博物院藏军机处档案，可以确认在这期间至少发生了 29 起叩阍案件，其概要如附表所示。

在这 29 起案件中，有 13 起在分别叩阍之前在地方衙门申诉过，其中 10 起可以归入民间纠纷，即案件 5、6、11、15、16、21、24、26、27 和 28，3 起属于涉及官吏行为的诉讼，即案件 1、3 和 23。另外 16 起大致可以分为涉及民间纠纷者 3 起，即案件 4、9 和 10；涉及官吏不正者 5 起，即案件 7、8、14、20 和 25；属于某种陈情请愿者 8 起，即案件 2、12、13、17、18、19、22 和 29。

以下兹举数案。

首先介绍案件 16 之谢光明叩阍案。

乾隆四十五年三月二十日前后，福建建安人谢光明在苏州附近叩阍，诉

---

[1] 闽浙总督喀尔吉善和署理浙江巡抚永贵奏折，乾隆十五年十月初七日，中国第一历史档案馆藏，转引自［美］张勉治：《马背上的朝廷：巡幸与清朝统治的建构（1680-1785）》，董建中译，第 97 页。

何加和（伍案：又作何加利）欠债不还反行凶殴。在军机大臣福隆安等奉旨初审此案时，谢光明供称[1]：

> 我系福建建安人，年三十九岁。我于三十九年向何加利借钱二千文，每月三分行利，四十年十二月内本利还清。上年六月内，我将烟叶六捆寄江文灿家代卖，每捆值钱四千文。不料何加利串通生员吴玉琳、贡生吴廷燕、徐疏泉、江文灿、张升、曹德、谢华定、杨章成等将烟叶抢去三百三十斤，我向何加利清理，许于七月内还钱，不料到期分文未见，反将我殴打。我投控建安县，有书吏陈秉刚将原案改换，致我屈责十板，我向府投控，尚未审办，所以又来叩阍的。

福隆安等认为，谢光明的叩阍内容"尤属细微，乃辄敢于道旁叩阍，实属不安本分之徒"，建议将其"照冲突仪仗律问拟"，同时交福建巡抚查明"所控各情节是否属实"。同年三月二十五日，乾隆皇帝同意了这一方案。这样，对谢光明叩阍行为本身的定性和量刑实际上已经结束，剩下的就是交由原籍地巡抚审理所控情节是否属实，以便最终结案，尤其是所控审虚之后的"定地发遣"。

福建巡抚富纲在奉到上述谕旨之后，遂即将本案"应提人并证案到省"，查明他"并未赴府具控"，只是于乾隆四十一年（1776年）八月内"曾在建宁府同知衙门呈告何加和，批发建安县审虚责惩完结"。据此可知，谢光明诉何加和一案早在数年前已经审理完结，谢光明败诉并受到责惩。

谢光明于乾隆四十五年四月二十九日被江苏巡抚杨魁咨解到福建之后，福建巡抚富纲率同布政使和按察使进行了"隔别严审"。通过审理，富纲等对此案经过作了如下整理[2]：

乾隆四十年（1775年）二月，谢光明为筹措种烟叶的资金，向生员何加和借钱四千五百文，以后又于当年的六月和九月两次经过何加和向贡生吴廷燕和生员徐疏泉分别借入钱三千文，以上各件均言明三分行息，或许因为谊属乡邻，故均"未立借约"。乾隆四十一年（1776年）收获烟叶之后，谢光

---

〔1〕 中国第一历史档案馆编：《乾隆朝上谕档》，第 10 册，第 49—50 页。

〔2〕 福建巡抚富纲奏折（附谢光明供单并乾隆四十一年控案文书），乾隆四十五年五月十四日，台北故宫博物院藏军机处档，故机 027560 号、故机 027711 号、故机 026845 号。

明将烟叶六捆寄存在其妹夫江文灿家中代卖，并告诉何加和等"至城归钱"。此后谢光明鉴于"价贱不肯即售"，但何加和等人因故"不能久待"，故请"总甲张升"出面，前往江文灿家中搬走"烟叶三捆"，"凭牙杨章成"售卖，得钱"八千七百余文"，"均还何加和等"，商定"下欠本钱一千七百余文俟存剩烟叶售后找清"，三位债权人还表示"利钱悉行让免"即放弃利息部分的债权。但此后谢光明将烟叶完全销售后并未找清所欠，以致双方发生"口角"。谢光明想起借钱时"并没文约"，随捏称"（乾隆）三十九年（1774年）借钱二千，还本让利"，并称"何加和等串搬烟叶，瓜分夥殴"，于乾隆四十一年八月初九日将何加和等控到建宁府同知衙门，并以"栽烟既是栽烟，何用一万余文本钱，烟与青菜一样，不过粪尿灌溉"为由，矢口否认向三人借过钱。当该案经建宁县审理且谢光明被判败诉之后，债权人"怜念谢光明贫窘，情愿免追尾欠"，宣布放弃全部债权。

据富纲等说明，当该案详结之后，"谢光明不自悔过，辄迁怒江文灿据实质证，致被责处，又以县承陈秉刚不肯借抄卷宗，思翻控拖累，又虑本省各衙门易于吊卷，查出底里，嗣闻銮辂南巡，即至江南道旁叩阍"。对于这一点，富纲奏疏所附谢光明供单是这样说的："小的因被责没脸，迁怒江文灿质证，又怪陈秉刚不肯借抄文卷，想要翻控拖累洩忿，又怕本省各衙门吊卷查出，故此没有上控。今年正月间，闻得万岁爷南巡，就一路求乞到江南，在道旁叩阍。"

谢光明还供述了在接受福隆安等初审时说谎的问题：

> 蒙发大人们审问，就照原供情节供明，还说江文灿串抢，陈秉刚改案，希图提他们到江南审问，报复私仇。又怕没有在本省上控，不得就准，故此捏供控府未审，不想即蒙鞭责解回质审的。现在人证案卷凿凿可据，还有何辩说呢？实是挟嫌混告，并没人主使。是实。

由此可以看出谢光明叩阍前后的心理活动，他为了报复私仇，在接受福隆安讯问时牵连多人，其中包括自己的妹夫、3位债权人和1位书吏。他自以为叩阍可以避开吊查原卷，又可将上述人等押解到江南受审。为了避开鞭责和解回福建原籍，他谎称已经控府但尚未审理。

在此基础上，富纲称："查谢光明负欠无偿，先经诬控被责，复敢挟嫌叩阍，实属不安本分，除诬告殴抢轻罪不议外，应依原奏，照冲突仪仗例杖一百发边远充军，被诬之何加和等先行省释。"

此折上奏之后经过了大约一个月，乾隆皇帝朱批"该部议奏"。目前虽然不知道"议奏"的结果，估计是按照福隆安等原拟方案处置了谢光明。富纲上奏中称，"应依原奏，照冲突仪仗例杖一百发边远充军"，该例原文实际作"杖一百，发近边充军"[1]。实际上，包括本案例在内，福隆安等引据的律例与原文时有出入。如后述案例7、8和22，或作"照冲突仪仗律发边远充军"，或作"照冲突仪仗律问拟充军"，案例3更作"照冲突仪仗律发往乌鲁木齐"。由前述律例可知，"冲突仪仗律"的律文本身并无"发边远充军"的规定，只是在"冲突仪仗例"下有"发近边充军"的罚则。目前不知道当时是否有人指出过征引律例时出现的此类问题。

根据前述"冲突仪仗例"的规定，"妄行控诉"的叩阍者至少会被处以"杖一百，发近边充军"，但如果审问得实，则可根据"冲突仪仗律"取消处罚，即经皇帝裁可之后取消初始的判决。薛允升对此有如下说明[2]：

> 民间命盗等案，往往有地方官审断不公，控经上司不为准理，不得已而叩阍呈诉者，若再不与申理，或审明所控属实，既非越诉，亦不诬告，仍治重罪，则冤抑不能申雪者多矣。律虽严冲突仪仗之罪，而复著得实免罪之文，情法最为得平。例止言冲突妄诉之罪，而不言得实免罪者，以律有明文，故不复叙也。参看自明。

由此可见，薛允升认为，虽然对冲突仪仗有严格的处罚，但也注意到冤抑的"申雪"，故"情法最为得平。"实际上在乾隆四十五年南巡的叩阍案中也确实存在这样的事例，即案件11[3]。

---

　〔1〕 乾隆四十四年修订的《钦定五军道里表》规定，福建建安县所在建宁府的军犯编发近边（二千里）、边远（三千里）地方因东、南两面添海，故主要面向西、北两个方向。以向北为例，编发近边者最远可达江苏徐州府宿迁县等地，而编发边远地方者则可达山东沂州府下阑山、蒙阴、沂水等县。（清）福隆安等修：《（乾隆）钦定五军道里表》，清乾隆五十年江苏布政使司刊本，卷八，福建，第19a–21b页。
　〔2〕 胡星桥、邓又天主编：《读例存疑点注》，卷二〇，兵律一，宫卫，冲突仪仗，第325–326页。
　〔3〕 军机大臣福隆安等奏折，乾隆四十五年三月十五日，台北故宫博物院藏军机处档，故机026696号。

乾隆四十五年三月十三日，乾隆皇帝自杭州返京途经杭州以北的运河重镇——塘栖〔1〕。翌日，安徽宁国府泾县民人汪进修在"道旁叩阍"，申诉与邻村翟绳祖之间为"祖坟"的纠纷。随行的军机大臣福隆安、董诰、福长安，以及闽浙总督三宝、浙江巡抚王亶望奉命初审此案，三月十五日向皇帝奏报了审理结果和量刑原案。福隆安等人通过审讯还原的案件经过如下。

汪进修家与翟绳祖等邻村居住，但两家祖坟"相去不远"。据汪进修称，因翟家早年曾经"压良为仆"，即翟家认为汪家是"与翟家看坟的"奴仆，汪家否认，结果两家"结讼成仇"。乾隆四十二年（1777年）六月十七日，翟家借口"坟冢下限"，殴打了汪家人。次日夜，翟家纠集多人抢掠了汪家的"牛只什物"。十九日，翟家进而纵火焚烧了汪家的"住房十二间"。汪进修之父汪浩先后在府县呈告，泾县知县通详之后，时任两江总督的高晋指派宁国府知府和宣城、泾县两县知县会审。会审决定革去翟家参与"焚掠"的生员的"衣顶"，除令翟家赔偿汪家"银五百两"之外，还对主犯二人"拟徒"。当本案循"必要的复审制"交安徽按察使审理时〔2〕，翟家"贿嘱经差潘有功，只拘十数人"，在审讯中"抽匿前详，又重贿见证何士严翻供"。结果，乾隆四十四年（1779年）四月，原"拟徒"者被"改拟杖罪释放"，原本"断还"的银两也不复提及。在"房屋什物被翟家抢掠焚烧"之后的四年中，汪家"合家老小贫苦得狠"。乾隆四十五年正月二十一日，翟家以"坟上被人挖洞"将汪家控县，并"贿差"将汪浩"锁押班房，拷打不能放出"。在这种情况下，汪进修"心里着急，闻知万岁爷来到杭州"，故"赶来叩阍"。

在取得了汪进修的上述口供之后，福隆安等人认为：

> 查汪进修之父汪浩被翟珊那等控县贿差潘有功等锁押拷打之处，即所控之处属实，亦应在该省各上司衙门呈控究治，乃敢于御道旁叩阍，殊属不法，应请旨将汪进修照冲突仪仗律问拟充军。但其所控情节有翟姓放火烧房及伊父汪浩被翟珊那等贿差锁考情节，亦应详加审讯，以昭信谳。应请旨将汪进修解交安徽巡抚会同两江总督提齐各犯，秉公严审，

---

〔1〕 （清）庆桂等修：《清高宗实录》，卷一一〇二，乾隆四十五年三月壬辰，《清实录》，第22册，第757页。

〔2〕 ［日］滋贺秀三：《清代中国的法与审判》，熊远报译，江苏人民出版社2023年版，第14页。［日］滋贺秀三：《清代中国の法と裁判》，創文社1984年版，第33-34页。

定拟结案，再将该犯照例定地发配。

福隆安等人认为，此案即便如汪进修所言，也应该依审级呈控于本省各上司衙门，故叩阍实属不法，必须依法惩治；但其所控情节涉及庶民生命财产和书吏舞弊，有必要进行详细调查，如果汪进修所控审虚，即照"冲突仪仗律问拟充军"，"定地发配"。乾隆皇帝颁下谕旨"知道了"，同意这一处理意见。我们在此，可以看到前述薛允升阐述的律意的存在，即"律虽严冲突仪仗之罪，而复著得实免罪之文，情法最为得平"。

目前尚不清楚此后的审理详情，但从下引乾隆皇帝的上谕可以推知，审理的过程并非一帆风顺，原审各官"仍照原供原断详结，并未细心研究，审出实情"。当然，确认徽州地区的特定人户之间是否具有主仆关系也并非轻而易举〔1〕。总而言之，审理的结果是汪进修胜诉。这样，根据"冲突仪仗律"的规定，汪进修因所告得实，由恩旨取消了以前的判决。（清）湖北发审总局编《大清律例汇辑便览》中收录了乾隆四十六年（1781 年）闰五月初六日的上谕〔2〕：

> 此案原告汪浩之子汪进修前赴杭州叩阍时，虽经审拟照冲突仪仗例拟军，今既讯明瞿珊那等诬伊仆裔，刨挖祖坟，并瞿姓扰害伊家等款具属实情，是其所控均非诬捏。可见外省地方官所审案件竟不能无冤抑之事。若仍将汪进修问拟军罪，于情法殊未允协。汪进修著加恩即予释放，免其治罪。至此案原审如知府沈业富、恒豫自有应得处分。前此承审各员不能平允，致复呈控，乃于覆审时仍照原供原断详结，并未细心研究，审出实情，尤属徇庇。戴之诚、蒋熊昌均著交部严加议处。再，汪浩及伊子汪进修等辗转呈控，该抚查办时前任安徽巡抚闵鹗元照详率结，亦属不合。闵鹗元并著交部议处。余依议。钦此。

这样，汪进修按照"冲突仪仗律"中所控"得实者，免罪"的规定被免

〔1〕 王振忠：《大、小姓纷争与清代前期的徽州社会——以〈钦定三府世仆案卷〉抄本为中心》，载氏著《明清以来徽州村落社会史研究：以新发现的民间珍稀文献为中心》，上海人民出版社 2011 年版，第 109-137 页。

〔2〕 （清）湖北发审总局编：《大清律例汇辑便览》，清同治年间湖北发审总局刊本，卷十八，兵律，宫卫，冲突仪仗，第 1a-4a 页。

予处罚。由于乾隆四十五年三月十五日上谕同意了"杖一百，发近边充军"的处罚原案，加上此案审理的全过程中暴露出来的"外省地方官所审案件竟不能无冤抑之事"和"照详率结"，涉及对相关地方官员的处分，故除必须以上谕形式宣布对汪进修的改判之外，还宣布要对原审、覆审官员乃至安徽巡抚进行处分。这一判例以后被编入其他书籍〔1〕，成为断案时的指导方针。例如嘉庆年间刑部在处理陕甘总督奏报的一起叩阍案中就直接引用了前述上谕〔2〕。清末，薛允升有鉴于此，建议"似可于例内添入：'如果申诉冤抑审系得实者，仍照律免罪，奏请定夺。'"〔3〕。

<h1 style="text-align:center">三</h1>

上述取消处分、获得平反的案件在目前已知的 29 件中仅有 1 件，更多的是在"冲突仪仗律"的规定之上加重处罚的案件。

例如案件 7，福建建阳监生丁孔惟告当地知县书吏就属于这一类。他不仅没有达到目的，反而落得抄家和发遣边远地区为奴的下场。

乾隆四十五年三月初，乾隆皇帝南巡进入浙江，在从石门经海宁前往杭州的途中，遇到来自福建省建宁府建阳县的监生丁孔惟在道旁叩阍，同时在场的还有他的两个儿子丁光灿和丁光辉。丁孔惟除呈上"发交买补仓谷原封银两"105 两之外，还提出了如下文字〔4〕。

> 福建省建宁府建阳县监生臣丁孔惟谨奏，为违旨有据恩救苍生仰祈圣鉴事。
>
> （A）窃思国家设立常平仓谷，原以防欠岁，济饥民，四海之中，咸感皇恩，如膏雨六合之内，均沾造化之无疆。于当出粜应籴之年，市价

---

〔1〕 （清）姚润编，（清）胡璋补：《大清律例会通新纂》，清同治十年刊本，卷十七，兵律，宫卫，冲突仪仗，第 1a-3b 页。本书又名：大清律例刑案新纂集成。

〔2〕 （清）祝庆祺等编：《刑案汇览》，清道光二十年棠樾慎思堂刊本，卷一一，冲突仪仗，第 11a-12b 页。

〔3〕 胡星桥、邓又天主编：《读例存疑点注》，卷二〇，兵律一，宫卫，冲突仪仗，第 326 页。

〔4〕 福建省建宁府建阳县监生丁孔惟奏，乾隆四十五年二月十五日，台北故宫博物院藏军机处档，故机 027105 号。为节省篇幅，移录时省略抬头，并适当分段。文中言及的 5 位知县，请参看《（民国）建阳县志》，民国十八年排印本，卷五，职官志，第 29a 页。

明买明卖，不许转发里递派买，律法何等森严。殊阳邑于乾隆四十年平粜常平仓谷，届秋买补还仓。魏父母（伍案：旁书"嗣业"）于本年十月间将银包封七十两派臣买谷一百石，票差赵梓立限比追，勒以加息。臣见律例，不敢私贴，只得逃避。且乾隆四十年平粜，运谷上仓者只有父亡母寡幼童刘晋一名，勒贴不遂，立押缴谷八十石，遂于乾隆四十年十二月二十九日，魏父母假报仓储三千一百七十一石零已满足数。至乾隆四十一年，换新任翰父母（伍案：旁书"燕"。又，"翰"当作"韩"）仍出差比追，臣复逃避。逮至乾隆四十二年，又换新任顾父母（伍案：旁书"庆范"）改差罗贯勒贴催缴。痛于本正月国母〔1〕升遐，臣回家守制，至三月二十九日黑夜，围门带臣堂比回话。中间讲律例之森严，颂皇恩之浩荡，论仓储之报销，顾父母竟不遵法律，立押缴谷，称守制未满，当堂将责。臣只得同子居乡搬运，运至本五月二十五日，运到福山寺仓房〔2〕请收。殊官亲家人书役索诈不遂，晒飏节扇，靡所不至。于本六月初五日，方收谷一百石，又加谷八石，贮入东仓天字厰内。忽于乾隆四十四年正月初六日，舒父母又将银包封三十五两，派臣买谷五十石。至本年三月初三日，新任陈父母（伍案：旁书"朝曦"）票差陈忠带臣堂比，臣称四十三年并未开仓平粜，焉有包封派买。奈陈父母不遵法律，立押缴谷。臣受屈制，只得同子居乡搬运，运至本五月二十九日，运到福山寺仓房请收，至六月初一日缴谷五十石，又加四石。本时仓内人等即将臣谷笼米出粜，并未入厰内。至于两次包封，据封皮写明"每石先发价银七钱，候详宪再找足"。其找足银终无找给。臣见律例，不敢私受包封，故不惮数千里而来，将包封银两恳乞圣恩，准缴御库。

且五年连换五位县主，并不遵例办理，尽属违旨之官。然犹不止此也。

（B）于乾隆三十一年钦奉上谕〔3〕，民间已经投税而无司颁契尾者，

〔1〕"国母"指乾隆四十二年正月二十三日死去的乾隆帝生母孝圣宪皇太后。（清）庆桂等修：《清高宗实录》，卷一〇二五，乾隆四十二年正月庚寅，第2册，第734页。

〔2〕《（民国）建阳县志》，民国十八年排印本，卷三，名胜志，第70a-b页；卷八，惠政志，第47a页。

〔3〕（清）庆桂等修：《清高宗实录》，卷七六四，乾隆三十一年七月丙子，第18册，第394-395页。

令其据实查明，即行补给契尾，其税银无容重复补纳。再此案自应自乾隆三十一年七月十八日内阁钦奉上谕之日起，溯至乾隆二十六年七月十七日五年为限，分别办理。夫何皇上爱民至切，而官吏之虐民甚深。殊阳邑自上谕所到之年，历任官吏多不遵旨。凡三十一年以前已经过税之契，复行出示补尾，就将正税契尾粘在补尾之契，重收税银七分，仅填三分之数。则百姓无知，咸称重税将世远以来名垂万载，流传百世。臣敬陈上闻，仰祈圣鉴，设法追还，去重税名，庶不至奕世相传也。

臣闻之，读书志在圣贤，为官心存君国。况俸禄之外，加以养廉，有此厚糈，不至饿毙。自当个国家之股肱，保黎民如赤子，何竟图子孙之荣华，不顾国家之根本，胆敢违旨罔法以病民哉。

总之，私派勒买，奉旨严禁，碑文森严，竟不勒石，仍然派累；补给契尾，税银恩免，不容复征，官竟重税。我皇上有至恩之施，而官吏遂行至虐之政。今而后圣主恩爱下民，恳乞设立公所宣布，使草野共仰至德之光，而百姓均沾化雨之泽。臣享太平之福，屡受皇恩，休戚相关，将持据之凿凿者伏陈上闻，恳乞究实仓储，去重税名，救赤子，正官吏。臣草野苍生，不知忌讳。谨奏。

计缴

盖印包封派买仓谷银二封

补尾重税契三张

谷总柯朝飏　仓房李时珍　税房周献瑞

丁孔惟在上书中认为，建阳县官吏有两项"至虐之政"，以下约略言之。

其一，勒买常平仓谷。

常平仓是清代的备荒措施之一。法律明文规定，"州县等官……平价采买运仓，敢有私派勒买及短给价值、强派强拿民力运送者，坐赃治罪"[1]。乾隆四十年，建阳县知县按照每石银 7 钱的标准，付给"有谷之家"的丁孔惟银 70 两，向他买谷 100 石上仓。丁孔惟称，他认为此举属于律例禁止的"私派勒买"，加上差役的比追等，他领银后逃避，没有将自己的谷物卖给县里。

---

[1] 马建石、杨育棠主编：《大清律例通考校注》，卷一二，户律，仓库下，出纳官物有违，第487-488 页。

大约两年后的乾隆四十二年三月，他自称因孝圣宪皇太后病故回乡服丧，结果被差役拉往县里"堂比"。无奈之下，他只得运谷至仓，因"官亲家人书役索诈不遂"，百般刁难，结果在规定的 100 石之外，又加上 8 石，方才收纳。乾隆四十四年，知县又给银 35 两，要求买谷 70 石。他以前一年并未开仓平粜为由，拖延执行，结果被知县"立押缴谷"。他说，知县虽然事先声明买补之后会"找足"谷价，但是始终未见实行。他声称，如此"私派勒买"属于违法行为，故不敢领取谷价，决定将已经拿到的两次谷价 105 两呈缴"御库"。

其二，违旨多收契税。

丁孔惟声称建阳县官吏违反乾隆三十一年（1766 年）上谕中关于自首免征契税，即对主动申请补发契尾者无须再次征收契税的规定，在补发契尾时"重收税银七分"，但填写的确是符合契税规定的"三分之数"，涉嫌征收重税。作为证据，他提交"补尾重税契三张"。

他认为，建阳县近年的 5 位知县"尽属违旨之官"，"我皇上有至恩之施，而官吏遂行至虐之政"。他要求皇帝派人"究实仓储，去重税名，救赤子，正官吏"。

军机大臣福隆安等奉命初审了丁孔惟的申诉[1]。面对军机大臣的讯问，丁孔惟不提买补仓库是"私派勒买"，只说是"因赔垫不起，当即逃避出门"，并称虽然知县声称可以补给差价，但"实在并未见有续发银两"等。

福隆安等认为：

> 丁孔惟因采买仓谷细故，将县发银两收贮多年，蓦赴行在呈缴，其习诈妄谬甚为可恶，若仅照冲突仪仗律发边远充军，尚不足蔽辜。其子丁光灿、丁光辉虽讯无怂恿情节，但当伊父叩阍缴银时，胆敢在旁同跪，其罪即与伊父相等，均应请旨从重将丁孔惟革去监生，拟发伊犁给兵丁为奴，其子丁光灿拟发乌鲁木齐给兵丁为奴，丁光辉拟发黑龙江给兵丁为奴，并将该犯家产查抄入官，以示惩儆。俟命下即行文该抚富纲就近办理。其呈缴原银二封交督臣三宝照例入官。

至丁孔惟所控建阳县历任知县多收仓谷，短发价值，并加增税契，

---

〔1〕 军机大臣福隆安等奏，乾隆四十五年三月初七日，台北故宫博物院藏军机处档，故机 026635 号。

收多报少各情节，亦应彻底跟究，以成信谳。……应请旨交福建巡抚富纲详细查明，据实奏闻办理。其呈出契尾三纸一并发交该抚查办。

福隆安等认为丁孔惟蓄意收藏远年奉命采买常平仓谷时领到的银两，在叩阍时呈缴，足见该人的"刁诈妄谬"，建议在"发边远充军"之上加重处罚，将丁孔惟父子发往边远地区"给兵丁为奴"，并处以查抄家产。同时，鉴于丁孔惟所控涉及官吏可能有违法行为，建议交给福建巡抚富纲就近"详细查明"。乾隆皇帝同意了这一处理意见。

同年四月十二日，福建巡抚富纲上报了调查和抄家的结果[1]。

据富纲称，"历任知县并无浮收短发，亦无加增税契，收多报少情弊"。丁孔惟"素行疲玩"，他身为"有谷之家"，领银之后长期拖延，企图"将官项私自图利"。而且，他明知有补发的差价银14两，但"抗不具领"，并将"所发谷价原封存贮，以为控告张本"。据此可知，富纲认为，丁孔惟一方面利用官发价银谋取私利，另一方面则为日后控告埋下伏笔。至于补发契尾时的重复课税问题，富纲称，据查丁孔惟前来申请补发契价银40两的契尾时已经过了自首免征契税的时间，即便如此，知县鉴于他本人出首，没有按照逾期自首罚没契价一半的规定执行，仅按规定征收了契约价格3%的契税，即40两×0.03＝1.2两，并未多取分文。

同时，富纲还详细开列了查抄丁孔惟家产的清单（表5）。

表5 查抄丁孔惟家产清单

No.	物品	数量	估值（银两）
1	住屋	1所13间	321.29
2	库平纹银		128.7
3	制钱	23千738文	23.738
4	低银首饰	85两5钱2分	90.04
	潮金首饰	1钱8分	
	细真珠	180粒重9分	

---

[1] 福建巡抚富纲奏折（附查封建阳县遣犯丁孔惟家产清单），乾隆四十五年四月十二日，台北故宫博物院藏军机处档，故机027187号。

续表

No.	物品		数量	估值（银两）
5	新旧绸衣		96 件	280.46
	新旧布衣		453 件	
	零碎绸布			
6	铜锡木器皿及书籍杂物			104.528
7	谷		146 石 7 斗	121.806
	米		2 石 7 斗	
	豆		6 石 1 斗	
8	祖遗	田	90 亩	632.878
		大小苗田〔1〕	77 箩 2 斗	
9	自置	田	330 亩	5161.077
		庄屋	6 间	
		山厂	2 所	
		园地	4 片	
		竹山	37 片	
10	牛		20 只	248.652
	猪		8 只	
11	借出九五平色银		53 两 5 钱	238.683
	制钱		190 千 400 文	
通共估值				7351.852

　　资料来源于福建巡抚富纲奏折（附查封建阳县遣犯丁孔惟家产清单），乾隆四十五年四月十二日，台北故宫博物院藏军机处档，故机 027187 号。

　　囿于学识，目前无法得知形成这一清单的具体情况。但就项目而言，其第 1、第 8、第 9 各项的不动产价值相当于家产总值的约 83%，估计是县内具有一定规模的地主之一。而且，其中"自置"的不动产远超"祖遗"的部分，可见丁孔惟生财有方，理财有道。再者，查抄时保有的谷物为 146 石，

---

　　〔1〕 苗田参见（清）陈盛韶撰：《问俗录》，清道光年间刊本，卷一，大苗小苗，第 11a 页。

应该属于县内的"有谷之家"。而且，他坐拥如此财富，却斤斤计较买补仓谷的"找价"和补交的契税，"自私图利"的性格跃然纸上。但是，机关算尽太聪明，到头来落得被抄家和父子被发配边远与兵丁为奴的下场。

丁孔惟被发遣边远，虽不知其结局如何，但在审讯时毕竟保住了性命。与此相比，有些人的叩阍却招来杀身之祸。

就在丁孔惟叩阍前后，来自浙江秀水、时年40岁的潘廷高从纤路上将用红纸写就的呈词"掷上御舟"（案件8）[1]。

潘廷高的申诉内容主要有两条。其一，漕粮。他称，"每年应完漕米一石三斗三升"，但是乾隆四十四年十一月却"完了市斗一石五斗"。他认为，"此内多完了些米，甚是吃亏"。其二，差务。他说，今年正月，地保殷胜三以"皇上南巡"要"出去当夫"为名，收了他"一百八十文"的代役钱，他又听说做生意的"各行店都要出钱"。他为了"沾恩"减免漕粮和差务，就将"这些话写上红呈，要求万岁爷施恩布施"。

福隆安等人奉命审理此案，由于秀水距离较近，闽浙总督三宝和浙江巡抚王亶望派人前往潘廷高家中"吊验完粮印票"，并将潘廷高叩阍时提到的潘廷高妹夫——"地保殷胜三"提取到案。审讯和当面质对之后，福隆安等查明，因民间市斗比"仓斛"小"三四升"，加上每石风戽折耗须"二三升"，故潘廷高完米"一石五斗并不为多"；至于代役钱一百八十文，实际上是潘廷高还给殷胜三替他代完钱粮二百文中的一部分，根本没有出夫之事。

有鉴于此，福隆安、梁国治、董诰、福长安、三宝和王亶望认为：

> 查潘廷高以毫无凭证细事，混写呈词，妄行叩阍，甚至在纤路之旁掷上御舟，情节甚为可恶。当经臣等严行杖责，加以刑夹，该犯亦不能置辩一语。此等狂妄之徒非寻常叩阍者可比，若仅照冲突仪仗律发边远充军，实不足蔽辜。应请旨从重将该犯拟绞立决，以示惩儆。

乾隆皇帝或许觉得在巡幸途中就如此案件将犯人"立决"有些不吉利，故在上奏当日颁下上谕，将"立决"改为"监候"："潘廷高从宽改为应绞监候，秋后处决，余依议。钦此。"

---

〔1〕 军机大臣福隆安等奏折，乾隆四十五年三月初六日，台北故宫博物院藏军机处档，故机026634号。

除上述死刑案件之外，对于叩阍案件，通常是经扈从军机大臣等审问之后，首先根据"冲突仪仗律"拟出量刑方案，其次将叩阍者的诉求转交该地督抚作进一步的审理，最后根据审理结果决定是依照原量刑方案执行，抑或改判。不过，有些相对比较细微的案件，也有不交予地方督抚审理，直接确定刑罚的。兹举一例。

与上述丁孔惟、潘廷高几乎同时，浙江绍兴府萧山县民人汪茂宗也于乾隆四十五年三月初八日在杭州叩阍，诉说自家的赡养纠纷（案件10）[1]。

据时年五十三岁的汪茂宗自称，因妻子早故且无子，故凭房族介绍，于乾隆三十三年（1768年）"议立缌麻服兄汪绍宗的第二子荣芳为子"。当时，汪绍宗时年17岁。自乾隆四十一年起，汪荣芳受生父汪绍宗"纵容"，不断与汪茂宗"争闹"。汪茂宗为此出门帮工三年。乾隆四十四年十二月二十三日，汪茂宗"回到家中，要继子供养"。不料，汪绍宗已经"占住"他的"平房一间，楼房一间，不肯留我"。在此情况下，"我贫苦不过，听见万岁爷来到杭州，我自己写了呈词来叩阍的。我没有在本县府各衙门告过"。

军机大臣福隆安、梁国治、董诰、福长安，闽浙总督三宝，浙江巡抚王亶望受命审拟具奏。他们在审讯后于同月初十日上奏：

> 查汪茂宗以继子汪荣芳不能供养，及堂兄汪绍宗占屋微嫌，乃于圣驾前道旁叩阍，殊属不法。应将汪茂宗照冲突仪仗律例，杖一百，发近边充军，交与该地方官定地发配，至配所折责发落。其所控汪绍宗占住伊屋及继子汪荣芳不能供养各情节是否确实，俟臣三宝、臣王亶望严饬确审究拟，另行具奏。

由此可见，福隆安等在依法处罚汪茂宗的同时，也建议在当地督抚的主持下对他所控的情节作进一步调查。不过，乾隆皇帝在上奏当日颁下了如下上谕："汪茂宗著依议杖责发配。其所控之事毋庸办理。钦此。"

我们无法窥知乾隆皇帝颁下上谕时的思想活动，他本人对此是否有过说明也不得而知。既然皇帝已经说出"毋庸办理"，那么汪茂宗就彻底失去了按照"冲突仪仗律"中"得实者，免罪"的最后一线可能，随着他本人被发往

---

[1] 军机大臣福隆安等奏折，乾隆四十五年三月初十日，台北故宫博物院藏军机处档，故机026663号。

充军，即便日后有望返回原籍，但汪绍宗占据其"平房一间，楼房一间"的情况恐怕也难以改变。因此，仅从这一上谕来看，我们可以认为，乾隆皇帝似乎无意考虑汪茂宗本人是否确有冤抑的问题。在这里，我们可以看到皇帝上谕的威力，直接超越了律例规定的"凡有申诉冤抑……得实者，免罪"，可见前近代中国的"无冤理念"并不涉及皇帝的决断[1]。当然，从前近代中国的统治哲学来说，皇帝作为大公至正的存在，无人会怀疑皇帝的所作所为可能制造出冤抑，即便有也只能自叹命苦。

四

被定性为叩阍的案件中，有些并非"申诉冤抑"，而是就国家的大政方针提出建议，或者为某事进行请愿。请看案件 17[2]。

乾隆四十五年三月二十六日，来自安徽凤阳府定远县的民人金同玺在江宁城北的栖霞山附近向乾隆皇帝叩阍，呈上了两张用黄纸写就的"事势表"，其一，抨击捐纳政策；其二，要求废除定地行盐的食盐专卖制度，代之以课税后的自由买卖。以下约略言之。

在"事势表一"中，金同玺首先引用了董仲舒《天人三策》：

> 董子云：天人相与之际，甚可畏也。国家将有失道之败，而天乃先出灾害以谴告之，不知自省，又出怪异以警惧之，尚不知变，而伤败乃至。以此见天心之仁爱人君而欲止其乱也。自非大亡道之世者，天尽欲扶持而全安之，事在强勉而已。

在此基础上，他列举定远县自乾隆三十三年至四十四年之间"十年五灾"，在感谢"皇上抚养之恩"后称，"灾荒屡示，必有所由"，随后笔锋一

---

〔1〕 夫马进认为，无冤理念是"要求为官者必须尽力通过公正的判决而消除民间的'冤'即'怨气'，同时自身也需要防患于未然，避免因诉讼造成冤情，引发或扩大民众对自己的怨气"。[日]夫马进撰：《中国诉讼社会史概论》，载［日］夫马进编：《中国诉讼社会史研究》，范愉、赵晶等译，浙江大学出版社 2019 年版，第 19 页。原题《中国訴訟社会史概論》，载［日］夫马进编：《中国訴訟社会史の研究》，京都大学学术出版会 2011 年版，第 19 页。
〔2〕 军机大臣福隆安等奏折（附事势表），乾隆四十五年三月二十八日，台北故宫博物院藏军机处档，故机 026828 号。

转，开始了对捐纳的抨击：

> 近见牧民之官，多半俱系捐纳出身，虽有科甲之士，铨选将以迂腐目之，不然何以定远一县数十余年，不常见文人来治，止见生监用财加捐而来。……虽然科甲出身之人亦未必皆贤，捐纳之人未必皆不肖，但以利进者是以利倡天下之人，以文章进用者，是启仁义之路也。……用财捐纳保举州县之官，如商贾者然，存幸灾乐祸之心，一遇地方被旱成灾，是其赚钱买卖，克减户口，不恤民生，冒销赈粮，半为私有，计其所捐不过一，灾成而收数倍之值矣。以此加捐，利孰大焉，与国何益？

同时，在这些"用财加捐而来"的知县之下，"更有一等游食之徒"的"长随"们"呼朋引类，狐假虎威，作福作威，持权卖法，……无怪乎世风日下，平居相聚而言曰，财可以做官，财可以致名誉，虽劣亦优，又能转祸为福，读书何为"？他认为，正是因为存在这些问题，所以"招致天谴"。为了扭转"利风日炽，奸欺者为得计，皆效其尤，人鲜知义，天见谴矣"的现象，金同玺建议"停捐纳出仕之例"。

在"事势表二"中，他首先说明官盐因"搀兑泥沙"实在"不堪入口"，而私盐"无搀和泥沙之弊，价又亚于官盐"，故"私相售食者"比比皆是。但贩卖私盐之盐枭"独是无赖亡命之徒"，"定远一县，往往有盐枭持械殴捕，犯案凶枭从未一获"。有鉴于此，他建议"革除千百年牢不可破之弊"，按照"田地完粮之法，按各地岁出盐课银两若干，即照分地摊征钱粮，听盐户人民领佃，任土作贡，收获盐斤，市卖完税，任凭商民采买，兴贩远方，不分定地官私，且省无穷案牍，下民又无苦盐之害。司盐官员量留征办盐地钱粮，课银亦无欠缺，商户人等俱不致失所。盐枭辈无用纠夥持械拒捕，公然兴贩无阻，久则化为良民淳贾矣"云云。

在两份表文的最后，他连书"当今皇帝万岁万岁万万岁"。

福隆安等四位军机大臣和两江总督萨载、江苏巡抚杨魁奉命审理了这一案件。金同玺供称，自己年四十五岁，曾经在定远县兵房"与书办抄写文书，得钱度日"，由此可见他曾读书识字，具有一定的书写能力。他声明此举是因为受皇上赈济厚恩，不过是"想要呈明感激之心"而已：

> ……思近来做官有捐纳出身的，每听人说他们不曾读书，不明道理，

不如读书出身的好。若要停止捐纳，都用读书人，岂不都是好官。又闻各处地方办理盐枭之案甚多，他们结党成群，拘捕殴差，最为可恶，不如将盐斤听民间买卖，或者以不治治之，私盐倒可断绝。所以写了两张黄纸呈献的，并无别的缘故。

福隆安等鉴于当时除捐纳贡监之外，已经停止了报捐实官的捐例，故应进一步向其追究那些招致天谴的"用财捐纳保举州县之官"有无"指实之人"。至于盐枭问题，福隆安等认为只要案发，必定"迅速严拿，根究夥党"，金同玺如此"哓哓混控"，应追究是否"另有别情"。因此，他们对金同玺"反覆穷究"，进行追问。金同玺只得供称：

> 我系僻县小民，实在不知捐例久经停止，因看见出来做官的常有捐纳之员，又听见人说读书人做官明理，所以混写的，并无实在确切意见，也指不出那一个捐纳官不好。至私枭拘捕各案，我也晓得都已从严查办，但恐此等匪徒难于断绝，不如将官盐都归民卖，匪徒无可趋利，或者倒可断绝私枭。

最后，他老老实实地说："我这两条也并没有主意，因穷困无聊，要在万岁爷面前稍效微劳，希图加恩，赏些好处，实无别的缘故，也无人指使，总是我糊涂该死，求开恩。"负责审理的大臣们认为，金同玺"妄冀邀恩，捏写条款"的叩阍行为应从严惩办，建议"从重改发乌鲁木齐与种地兵丁为奴"。乾隆四十五年三月二十八日，福隆安等将上述审理结果上奏，同日获乾隆皇帝上谕批准。

与金同玺的行为相类似，案件 22 也是要求停止捐纳。

乾隆四十五年四月初八日，乾隆皇帝行至淮安附近，突有江苏淮安府山阳县民人傅国璋从运河岸上跳入水中，"扑水叩阍"[1]。傅国璋要"呈献"的是写有"四十二首诗"和"几句策文"的"《万年策琐言》"一书。他本人在受审时供称：

> 我系江苏淮安府山阳县垒河镇人，年三十八岁，自幼读书不成，卖药度日，……因想着如今圣人在上，天下太平，我们百姓食毛践土，安

〔1〕 军机大臣福隆安等奏折，乾隆四十五年四月初十日，台北故宫博物院藏军机处档，故机026916号。

受享福。但天下甚大，恐营私舞弊的也正不少，不可不防微杜渐。因常听见人说如今有等捐纳官员并未读书明理，从捐纳得官，一味贪财剥民，甚至是非颠倒，窃盗不办，荒年短报灾分，遇事班差需索，钱粮漕米苛纳加征，见了上司却会奉承，所以间有清廉的官倒不易升转。又听人说朝中有个于中堂杜绝言路，假公济私，如今虽然死了，也该追贬他的爵位。

负责审问的福隆安等军机大臣和两江总督、江苏巡抚要他说出"所供各条是何官员、在何地方"，于敏中生前"杜绝言路，假公济私，有何凭证"。结果，傅国璋表示关于捐纳官员"一味贪财剥民"的话"都是历年听见传说的，并不曾确见"，也不记得"传说的人"；又说觉得"如今并不见有直言敢谏的官"，故认为是于敏中"杜绝言路"所致，"至于实据，我也还不出来"。最终，他承认自己是"痰迷幻想"，"《万年策琐言》"也是"随意编写"，叩阍时"恐看我不见，所以扑下水去"。

由于他在书中称自己是"弥天罪民"，恰逢文字狱横行天下，负责审理的福隆安等立即怀疑"其家中有不法字迹"。两江总督萨载和江苏巡抚杨魁派遣常镇道袁鉴"前赴该犯家中搜查书籍，详细检阅"，结果没有发现"别项不法字迹"。傅国璋"扑水叩阍"两天后的四月初十日，负责审理的大臣们拟定了如下量刑意见：

> 查该犯傅国璋以全无凭据之事，摭拾浮言，胪列多款，编造诗句策文，缮写成本，冒渎叩阍，已属不法。复自称弥天罪民，扑水呼控，似有迫切冤枉情事，尤为刁妄可恶。除经臣等传集人众，将该犯严刑杖责外，若仅照冲突仪仗律问拟充军，不足示惩，应请旨将该犯傅国璋发往伊犁，给种地兵丁为奴，以昭炯戒。

可见，傅国璋被当作"尤为刁妄可恶"之人，不仅被从重发遣边远为奴，而且在审问时受到了刑责。

另有一些人将地方性的利益作为叩阍的理由，如案件3[1]。

乾隆四十一年，祖籍安徽徽州、现居江苏海州的方湄考取童生，而黄勤

---

[1] 中国第一历史档案馆编：《乾隆朝上谕档》第9册，第958页。署两江总督萨载咨文，乾隆四十六年四月二十二日，台北故宫博物院藏军机处档，故机030655号。

裕和方权未中。当地土著出身、时年 65 岁的贡生张文瑅认为，该三人属于"徽商冒考"，与廪生李秀仪等"在州里告他冒籍，州里不准"。但张文瑅不甘，将此案诉至江苏学政和两江总督衙门。当本案被"批发本州审理"后，判定张文瑅所告不实，褫革了他的贡生功名。据张文瑅本人说，"又要问拟徒罪"，故情急之下，抄录了相关卷宗，于乾隆四十五年二月初向乾隆皇帝叩阍控告黄勤裕等人是"徽州商夥冒考"。

福隆安等审理时首先确认该三人是否依然行盐，原籍是否确属徽州。

张文瑅答称：

> 黄勤裕、方权、方湄三家现在并不行盐，但三人本家现有行盐的。从前他家都是商夥，且方、黄二姓虽有千数人家，都在海州中正场地方已有一百余年，但原系徽州根子，这是人人知道的，并不是我撒谎。

有鉴于此，福隆安等诘问："流寓的人定例三十年便合例准考〔1〕。今方、黄二姓据你供说从明朝就住在海州地方，这是合例的了。你如何还告他冒籍，明是你挟嫌索诈，还是另有别情。从实供来。"

张文瑅辩称，该三人有籍可归，不是"流寓的人定例三十年便合例准考"的对象，而且："我看见海州刻的碑文，有禁止徽商冒考的话。……且他们系徽州大族，并非无籍可归，与新入籍之例不符，所以屡次控告的。"

同时，张文瑅还直接说明自己与该三人"并无仇隙"，也没有"索诈"，只是看到"方湄已经进学，恐怕黄勤裕、方权又会进学，占了海州学额"。至此可知，张文瑅的目的在于禁止徽州商人的后代在海州参加科举考试，如果这一要求可以得到皇帝的恩准，他便可以一雪被革去功名的冤抑。

福隆安等认为，根据张文瑅的自供已经可以断定方、黄二姓并非冒籍，张文瑅属于"不安分之徒"，加之"现在地方官衙门控告查审，尚未结案，辄又蓦赴行在控告，尤属不法"，建议按照"冲突仪仗律，发往乌鲁木齐"。同时，为"折服该犯之心"起见，决定由地方官员进一步调查"方、黄二姓是否徽州有籍可归"。大约一年后的乾隆四十六年四月二十二日，署理两江总督

---

〔1〕 根据规定，"祖、父入籍在二十年以上，坟墓田宅俱有的据"的生童可以在寄籍地应试。（清）奎润等修：《（光绪）钦定科场条例》，清光绪十三年礼部刊本，卷三五，冒籍，冒占民籍例案，第 6a 页。

萨载以咨文通知军机处，方、黄二姓在原籍"并无嫡亲伯叔兄弟、亦无田产庐墓"，"实系无籍可归之人，并无跨冒情弊"等。据萨载称，张文瑻在证据面前"俯首服辜，毫无置辩"。这样，张文瑻依照福隆安等原拟量刑案处置，被"从重发往乌鲁木齐"。

还有一些叩阍请愿颇有荒诞不经之处。在前述傅国璋"扑水叩阍"两天前的四月初六日，来自安徽徽州府绩溪县的胡思闻就该县风水和水利问题叩阍（案件 19）[1]。他在审理时供述说：

> 那绩溪县基地是个鲤鱼形状，向来合县人民都有发秀并做大官的。自从建造县城以来，那个鲤鱼犹如入网一般样。又，县城南门外三里有塔一座，听说塔下埋着一个鱼叉，这鲤鱼被网罩住，又加一个鱼叉，更动不得了，所以合县的人没有一个发秀的。又，绩溪县东登源地方有七十余里被大水刷去沙坝，年年水荒，百姓贫穷，不能起造两边石坝。我闻知万岁爷巡幸江南，故此赶来，求万岁爷把绩溪县的城池并宝塔毁去，建筑东源地方两边石坝，县民得以发秀，并可没有水灾，就沾恩了。

负责审理的官员在得知胡思闻的叩阍并无别情之后，认为他"实属不安本分之徒"，决定在"冲突仪仗律"的基础上"从重改发伊犁，给兵丁为奴，以昭炯戒"。

有一些人的叩阍则属于为了个人生活。如案件 18 之湖南郴州永兴县人曾大成，"略知医理，行医度日"，或因医术平庸，在县内"无人延请"，以致"不能糊口"。先听说金川用兵，忖想"那里未必有医生，所以前往行医"。待金川战事结束，又听说"河南办理河工"，故"写了一张红呈"，叩阍"要求出力，希图做糊口之计"。最终，他被认为是"滋事不法之徒，未便容留内地"，被从重"发往宁古塔给与兵丁为奴"[2]。

---

〔1〕军机大臣福隆安等奏折，乾隆四十五年四月初八日，台北故宫博物院藏军机处档，故机 026904 号。

〔2〕军机大臣福隆安等奏折，乾隆四十五年四月初四日，台北故宫博物院藏军机处档，故机 026873 号。

五

综上所述，乾隆四十五年南巡时发生的叩阍案件没有一起是"冲突仪仗"，最多不过是将呈文"掷上御舟"。叩阍者为了达到叩阍的目的，多是在道旁呈上用红纸或黄纸书写的冤状等各类文字。为了让皇帝可以在众人之中看到自己，有些人甚至不惜"扑水叩阍"。如案件20、21、22和27。还有一些人别出心裁，在皇帝经过、万众跪伏肃静的情况下高声喊叫，希望引起皇帝的关注，如案件12。乾隆四十五年三月十三日，浙江山阴县的铜匠何治国来到杭州，当乾隆皇帝一行从面前通过时，"在道旁高声喊了一句：圣天子百灵呵护"。被拿下之后，他辩称，此举并非叩阍，"也没有什么冤枉情事"，不过是"原想万岁爷喜欢，赏个官做"而已。结果，他被认为是"神情恍惚，言语荒唐，系属疯癫"，判交"地方官照例严行管束，毋许再行外出滋事"[1]。何治国是否"疯癫"，目前无从查考。但他的所谓叩阍，仅是希图让皇帝"赏个官做"，确实是出于常人想象。

众所周知，乾隆一朝，文字狱横行天下，株连之广，荼毒之惨，令人发指。邓之诚曾指出，"乾隆时，一字违碍，每兴大狱。……自生民以来，未有如是之惨酷者也"。根据他早年统计，乾隆一朝至少发生过74起文字狱，远超乃曾祖和乃祖乃父合计的8起[2]。孟子云："上有好者，下必有甚焉"。在这种心理状况的作用之下，一些官员在审理案件时时刻保持着"警惕"，生怕因出现漏网而导致不测之祸。如前述案件22傅国璋仅是自称"弥天罪民"，便让审理者"合理怀疑"他"家中有不法字迹"，立即派人前去抄家，"搜查书籍，详细检阅"。另有一些人则利用这种特异的社会环境和国家政策，在叩阍时声言对方有"狂悖"文字，必欲置对方于死地而后快。案件5就是一例。

乾隆四十五年二月初，安徽太湖县生员刘任宽叩阍，诉其妻陈氏与堂弟刘大吕"奸好"，而教唆者为陈氏堂兄陈庆，同时举报陈庆"族祖陈于谦所著

---

〔1〕 军机大臣福隆安等奏折，乾隆四十五年三月十五日，台北故宫博物院藏军机处档，故机026697号。

〔2〕 邓之诚：《中华二千年史》卷五中（第一分册），中华书局1983年版，第112-139页。

《怀山偶钞》"有悖逆文字〔1〕。

据刘任宽说，他一家与"素不和睦"的堂弟刘大吕同住，"出外处馆"时将自己的妻子托付其"堂兄陈庆照看"。乾隆四十四年，刘任宽去四川游学半年后归来，发现"陈氏待生员情意冷淡"，反而"与刘大吕不时往来，后又窃闻陈庆与陈氏私语，唆其与生员反目，并窥破刘大吕与陈氏奸好情形，疑是陈庆勾引"。刘任宽供述至此，话锋一转：

> 忆及是年五月间，陈庆曾将伊故族祖陈于谦所著《怀山偶钞》托生员抄写，其杂咏内有"避世已曾逃姓字"之句，明系狂悖；又诗余内有"独有多情明月，穿查偷照鲛绡，何处玉人，梦绕江南芳草"等句，似有隐情。又不将庙讳御名恭避，或上一字，或下一字，共十二处。生员就于九月二十三日送教官牒县查讯，（太湖县）具详安庆府，将生员同陈庆等俱发教官管押，至十一月二十日奉府批释放。生员回家，将书籍存府查办。那陈庆恨生员出首他族祖的狂悖书籍，勾通刘大吕在外播扬奸情，以泄其忿。又屡次被他们窘辱谋害，是以叩阍。

可见，刘任宽暗指陈庆族祖陈于谦思念南明政权，显系"狂悖"，并向教官衙门举报，同时将书籍交给安庆府查办。负责审理的两江总督萨载鉴于该叩阍涉及书籍的"狂悖违碍"，非寻常叩阍案件可比，在决定照冲突仪仗例量刑之外，还建议："应即严查究办，今呈内只据开出诗一句、诗余四句，其全书据称现存该府查办，自应将此书全本逐加确核，并吊去县府各卷查明作何办理，始可核得确实。"

至于其所供"陈庆勾引刘大吕与陈氏通奸"一事，由于其"毫无证据"，加之供述本身"支离闪烁"，建议一并交安徽巡抚"查审明确"。乾隆皇帝用"知道了"同意了这一处理意见。

乾隆四十五年六月，安徽巡抚闵鹗元奏报了审理情况。据称，"性本乖戾"的刘任宽因陈庆否认"挑唆伊妹"且"理斥其非"，"即以陈庆曾付看伊祖陈于谦所遗《怀山偶钞》似有违碍语句，赴府首缴，经前署府张守将书核明并无违碍之处，详司汇核，转详批结在案"。乾隆四十四年十二月十六日，

---

〔1〕中国第一历史档案馆编：《乾隆朝上谕档》第9册，第970-971页。刑部咨文，乾隆四十六年六月十八日，台北故宫博物院藏军机处档，故机027574号。

刘任宽"将伊妻复肆毒殴"，以致"陈氏终夜啼哭，情殊可惨"，故邻佑与户族在第二天前往劝解，并"咸斥其（伍案：刘任宽）非"。在这种情况下，"怀恨莫释"的刘任宽为报复陈庆，遂以其族祖陈于谦所著《怀山偶钞》有悖逆文字为由叩阍。

据闵鹗元称，安庆府与怀宁县奉其命承审这一案件，刘任宽最终"供认挟嫌心疑混控"。有鉴于此，闵鹗元称："刘任宽一犯应遵照奉准办理军机处会审奏准原议，照圣驾临幸地方，如有民人具呈妄行控诉者，照冲突仪仗例，杖一百，发近边充军，至配所折责四十板。"

刑部核议之后认为，本案"应如该抚所咨完结"，乾隆皇帝居然也没有进一步追究此案。这样，刘任宽希图以书籍有狂悖违碍内容为由置对方于死地的企图最终没有得逞。

就目前已知的乾隆四十五年南巡中的 29 起叩阍而言，除案件 11 获得最终平反之外，其余 28 起受到了不同程度的处罚。其中，依"冲突仪仗律"和例文处罚者 15 起（案件 4、5、6、9、10、13、14、15、16、21、23、25、26、28 和 29），被认定为"疯病"的 3 起（案件 2、12、27）则根据"戏杀误杀过失杀伤人律"例文的规定"严行禁锢"[1]，从重判罚者 8 起，即给伊犁、乌鲁木齐和宁古塔等处兵丁为奴者等（案件 3、7、17、18、19、20、22 和 24），直接被判处死刑——绞监候——的 1 起（案件 8）。另有一起被判处"永远枷号"（案件 1）。

皇帝巡幸中叩阍案件不同于其他起自州县衙门的各类案件，也不同于都察院和步军统领衙门等初步处理的京控案件。就州县衙门审案而言，除自理案件之外，其余案件要经过"必要的复审制"逐级转审，京控案件则多经都察院等初步讯问之后发交刑部议奏或交当地督抚作进一步审理。相比之下，为了尽速解决皇帝巡幸途中发生的叩阍案件，故在处理时首先根据谕旨交由军机大臣进行初审（伍案：军机大臣或本人出面，或委派他人如随行的"刑部司官"等出面），当地的督抚亦会奉命参加审理。对此类叩阍案的判决实际上在初审时就已经做出，即负责初审的军机大臣或督抚根据《大清律例》中关于冲突仪仗的法条规定量刑，同时视情节决定是否需要从重处罚。这一量

---

〔1〕 马建石、杨育棠主编：《大清律例通考校注》，卷二六，刑律，人命，戏杀误杀过失杀伤人，第九条例文，第 802 页。

刑案会立即上报给皇帝，而皇帝通常在当天即发下谕旨。从叩阍案发到审理结束通常只有两天时间，处理可谓迅速。从审级性质来说，巡幸中的叩阍案属于只有一个审级的终审判决。

不过，该判决针对的是叩阍行为本身，判决的执行要等待对叩阍内容的审理。除皇帝指示无须调查者外，通常会在做出上述判决后交由叩阍者原籍地方衙门就叩阍内容进行调查审理，视其结果决定刑罚的执行，或给予平反。笔者认为，这种做法应该是基于前述"无冤理念"，即薛允升所说，鉴于"所控亦未必尽虚"，在"治以冲突仪仗之罪"的同时，又照顾到"冤抑得以申雪"[1]。

在天高皇帝远的时代，对于居住在京城以外的广大庶民而言，向巡幸中的皇帝叩阍几乎是他们直接向最高统治者申诉的唯一机会，与通常诉讼所需的难以估算的时间成本和经济成本相比，此类叩阍是有望在最短的时间内得到判决的唯一方法。故某些人听说皇帝出巡的消息之后，不远千里，前来叩阍，甚至使出各种手段，希望得到皇帝的注目。就本文涉及的乾隆皇帝南巡途中的叩阍案件而言，很可能大大超过笔者目前把握的 29 件。即便就这 29 件而言，有时因集中发生，以致有碍观瞻。乾隆四十五年三月十九日，乾隆皇帝离开苏州前往江宁，结果从当天起至同月二十一日为止的三天之内，连续发生了陈大德等人的四起叩阍案件（案件 13~16）。同月二十五日，福隆安等在奏上了审理结果和量刑之后，建议将叩阍者交由负责巡幸事务的"总理行营"当众鞭责，借以向"愚民"示警[2]：

> 现在道旁瞻仰人多，若该民果有冤抑重大之事，该管衙门俱可控告，乃因私愤细故，辄于跸路所经道旁呈诉，亦属不成事体。应请旨将陈大德等四犯先交总理行营，于人众处所重行鞭责示众，俾愚民共知儆畏。

乾隆皇帝对此表示了同意。由此可见，在扈从大臣和皇帝本人的眼中，叩阍者多属"愚民"，叩阍的内容多是"私愤细故"，而非"冤抑重大之事"。从本文介绍的案件来看，固然不乏涉及生命财产的案件，也有些仅是不愿偿还"钱一百八十文"债务的琐事，甚至有些人欲借皇帝之手置他人于死地，

〔1〕 胡星桥、邓又天主编：《读例存疑点注》，卷二〇，兵律一，宫卫，冲突仪仗，第 325-326 页。
〔2〕 中国第一历史档案馆编：《乾隆朝上谕档》第 10 册，第 49-50 页。

甚至天真地希望皇帝赏给一官半职或谋生糊口之路。由此可以看出，在相当一部分庶民眼中，将皇帝视为无所不知和无所不能的存在，并将自己的生活与皇帝的存在关联在一起，希望皇帝能为他们排忧解难，并为他们带来实际的利益福祉。我们在这里看不到耻于或羞于诉讼的踌躇与犹豫，恰恰相反，在逆来顺受的庶民之外，还有一些庶民有时确实是将国家的叩阍制度当作他们洗冤去抑，谋利谋生的工具，利用一切机会，尽一切可能去主张自身的权益，争取最好的结果。我们在此不仅看到了国家提倡的"无冤理念"已经深入人心，渗透到社会的各个角落，也看到某些人利用这一理念谋私图利。从审理的程序上说，一些叩阍者天真地以为皇帝可以听信他的一面之词，将相关涉案人员押解到叩阍地审问。

对于叩阍过程中可能存在的种种问题，以及因处理失慎可能导致的治理风险，乾隆皇帝的祖父——康熙皇帝在第一次南巡时就有着比较清醒的认识。康熙二十三年十月十九日，康熙皇帝南巡时早发宿迁，当时"夹道叩阍者甚众"。康熙皇帝见此情景，对身边的侍卫等说[1]：

> 此断不可收览！民人果有冤抑，地方督抚等官尽可申诉。今因朕巡幸，纷纷控告。不过希图倖准，快其私怨。一经发审，其中事理未必皆真，地方官奉为钦件，转转驳讯。则被告与原告之人皆致拖累。以小忿而破身家，后悔无及矣。有天下者，惟贵以德化民，使之无讼。即贤能官吏，亦当求讼简刑清，与民相安于无事。若以多讼为喜，开争竞之风，俗疲民困，皆由于此。

由此可见，庶民们除前述对时间成本和经济成本的考量之外，还试图利用御前叩阍，难以立即吊查原有卷宗，或审理者对当地情况的生疏等客观情况，以便用一面之词诱导审理过程，从而"希图倖准，快其私怨"。从康熙皇帝的人生阅历来看，笔者认为他完全清楚实现所谓"以德化民，使之无讼"的社会不过是一个美好而遥远难及的理想，他考虑得更多的既不是梳理那些仓促之间难辨真假的申诉和回应那些近似荒唐的诉求，也不是国家标榜的

---

[1] 徐尚定标点：《康熙起居注（标点全本）》，东方出版社2013年版，康熙二十三年十月十九日，第3册，第108页。（清）马齐等修：《清圣祖实录》，卷一一七，康熙二十三年十月辛亥，《清实录》第5册，第222页。伍案：起居注与实录的文字略有不同，从起居注。

"无冤理念"，而是经上谕发审之后可能为社会治理和官僚系统带来的负面影响，因为这些首先关系到统治本身的安定和稳固。

附表：乾隆四十五年南巡期间叩阍案

No.	叩阍日	原告	原告本籍	主要事由	叩阍前曾否在当地诉讼	已知结局	史料	
							册/页·号码	上奏月日
1		书吏张存道	河南确山	吏员执照被知县没收	○	永远枷号	09/950	正月廿九日
2		民人张喜成	山东费县	合葬祖先	×	禁锢	09/953	二月初二日
3		贡生张文琨	江苏海州	徽州商人冒籍科举	○	边远为奴	09/958	二月初五日
4		民人周文进	江苏清河	亲族间财产纠纷	×	依律发遣	09/966	二月十二日
5		生员刘任宽	安徽太湖	教唆妻子、书籍狂悖	○	近边充军	09/970	二月十七日
6		民人蒋孚安	浙江浦江	家产纠纷	○	近边充军	09/973	二月廿一日
7		监生丁孔惟	福建建阳	勒买仓谷、重税契尾	×	边远为奴	10/008	三月初五日
8		民人潘廷高	浙江秀水	纳税纠纷	×	绞监候	10/012	三月初六日
9	三月初八日	民人丁宪松	浙江开化	妻子有外遇	×	近边充军	故机026662	三月初十日
10	三月初八日	民人汪茂宗	浙江萧山	家产赡养纠纷	×	近边充军	故机026663	三月初十日
11	三月十三日	民人汪进修	安徽泾县	财产身份纠纷	○	无罪	10/031	三月十五日
12	三月十三日	铜匠何治国	浙江山阴	求官	×	禁锢	10/032	三月十五日
13		民人陈大德	江苏崇明	取缔海贼	×	依例问拟	10/049	三月廿五日
14	三月十九—廿一日	民人黄必忠	江苏镇洋	知县书吏不法	×	依例问拟	10/049	三月廿五日
15		民人朱华观	江苏南汇	儿女婚姻纠纷	○	依例问拟	10/049	三月廿五日
16		民人谢光明	福建建安	债权纠纷	×	依例问拟	10/049	三月廿五日
17	三月廿六日	民人金同玺	安徽定远	停捐纳，费食盐专卖	×	边远为奴	10/058	三月廿八日
18	四月初二日	民人曾大成	湖南永兴	报效河工	×	边远为奴	故机026873	四月初四日
19	四月初六日	民人胡斯闻	安徽绩溪	拆毁县城城墙	×	边远为奴	故机026904	四月初八日
20	四月初七日	民人赵临川	江苏山阳	保正与山阳县违法	—	边远为奴	故机026906	四月初八日
21	四月初八日	民人邵三强	安徽阜宁	旌表母亲等	×	近边充军	10/075	四月初九日
22	四月初八日	民人付大璋	江苏山阳	献《万年策琐言》	×	边远为奴	故机026916	四月初十日
23	四月初九日	民人汤大恺	江苏海州	商人破坏水利工事	○	近边充军	10/079	四月十一日
24		民人陈斌	江苏江宁	债权纠纷	○	边远为奴	故机027083	四月十六日
25		民人胡道高	安徽定远	书吏违法	×	依例问拟	故机027084	四月十六日
26		民人王成思	江苏桃源	父亲冤死	○	近边充军	故机027085	四月十六日
27		民人杜一盛	江苏丹徒	购入赃物	○	禁锢	故机027086	四月十六日
28	四月十九日	民人李伟	河南光山	白莲邪教	○	依律发遣	10/097	四月廿一日
29	四月廿四日	民人戴永清	山东聊城	严禁非违	×	近边充军	10/104	四月廿六日

资料：《乾隆朝上谕档》、中国第一历史档案馆藏朱批奏折、台北故宫博物院藏军机处档。

注记：为节省篇幅，仅开列首次出现者。"册/页"为《乾隆朝上谕档号》所在册、页（如10/104为该书第10册第104页），"故机"后的号码为台北故宫博物院藏军机处档编号。

女性主义视野下的清代言语"杀人"研究

——基于戏谑、秽语致妇女自尽的分析

郭瑞卿*

摘　要：日常生活中的戏谑与秽语具有危害性，常常会导致被戏谑者或被秽语者的社会评价被降低，使其名誉、尊严等受到伤害，清代时期女性通常是此类行为的受害者，她们在卫护其"为人"的过程中，以生命体验呼吁国家法的介入。清律以女性为被害者的身份对戏谑、秽语行为进行了干预，这一方面回应与维护了女性的诉求；另一方面对干预作了严格的条件性规定，以致法律陷入了一种恶性循环，受害的女性须以生命为代价表达其诉求，对其施加伤害的男性亦须以生命等重刑而受惩。法律进一步固化了既有的性别对立，简化了戏谑、秽语危害性的处理模式。

关键词：清代　女性　戏谑　秽语　法律

前　言

戏谑、秽语是清代时期日常生活中普遍使用的语言，由此引发的法律问题在这一时期的司法文献中多有记载，学术界对此的关注主要集中于对威逼人致死律的研究，女性主义视角的研究并不多见。戏谑、秽语虽然是一种常见的生活语言，但具有伤害性，常常引发纠纷，甚至命案，清政府将其纳入了法律的视野，进行规制。有意思的是，清律以"威逼"杀人对此类言语犯罪进行归类，而学术界多以自杀而论之。自杀说是基于威逼杀人的被害人视角而言，这样的提法具有片面性，忽略了犯罪的另一方——加害人，不利于

＊　郭瑞卿，法学博士，中国政法大学法律古籍整理研究所副教授。

全面、系统地了解清律关于此类犯罪立法的旨意。本文意欲从女性主义出发，结合性别理论，从杀人犯罪的角度对戏谑、秽语亵狎致妇女自尽的相关问题进行分析和探讨，以期探寻清代对其立法规制的本意及其内在的逻辑。

一、女性遭遇戏谑、秽语的生命体验

戏谑与秽语是人们日常生活中普遍存在的现象。所谓戏谑，一般是嬉戏、诙谐性玩笑言语，通常被评价为轻浮、不敬，被戏谑之人产生不适之感。古人曾有"君子口无戏谑之言，言必有防；身无戏谑之行，行必有检。故虽妻妾，不可得而黩也；虽朋友，不可得而狎也"[1]之诫，倡导君子与妻妾、朋友以礼相待，相敬而处。"礼也者，敬之经也。敬也者，礼之情也。无敬无以行礼，无礼无以节敬。道不偏废，相须而行。是故能尽敬以从礼者，谓之成人。过则生乱，乱则灾及其身。"[2]以言相戏相谑，具有对人的不敬与无礼。这种不敬、无礼之言语在男女交往严格遵循礼制的原则下，女性行为的道德边界感更加强烈，她们一旦感受到语言对其的冒犯，她们受到伤害的感觉更为严重。如邓观音保向邓七俚索取所借骨牌，因其家中只有妻子曾氏，向她取回了骨牌，并顺口说"你若看戏，我请吃茶"，曾氏听闻此言，非常生气，即正言斥责。因为当地习俗妇人受聘为吃茶。显然曾氏认为邓观音保之言非常无礼，违反了当时正常的言语边界规则，是对她的冒犯，对其名誉存有潜在的毁损。然而曾氏的斥责之语，邓观音保不以为意，回称他在外唱戏常请妇人吃茶。曾氏听后，大声"叫喊"，揭示了她对邓观音保不信任感的增强，对他们二人共处的担心与恐慌加重，也希望借此自保，招来他人的救助或吓跑邓观音保。事实也确如其所预料，邓观音保被吓走，其家人也回至家中。但曾氏因邓观音保而产生的担心与恐慌并未随其被吓走而消除，尽管家人进行了安抚劝慰，但曾氏依然投水而亡。[3]曾氏的投水自杀究竟是后悔与邓观音保的单独接触？还是由于其言语的暧昧而导致其自我品格的怀疑？抑或恐

---

[1] 吴玉贵、华飞主编：《四库全书精品文存（第三卷）》，团结出版社1997年版，第257页。

[2] 吴玉贵、华飞主编：《四库全书精品文存（第三卷）》，团结出版社1997年版，第258页。

[3] （清）祝庆祺等编：《刑案汇览三编》（二），北京古籍出版社2004年版（本书以下省略出版信息），第1306页。另：本案中邓观音保的"请吃茶"之言，是因为其个人职业而产生的行为规范，其以唱戏营生，男女有别的规范要求及道德标准可能相对低于一般人，故此，他与曾氏的对话并没有故意性。（曾氏则是一般人的社会行为规范标准），二人存有不同的规范认知标准。

惧其名誉面临的潜在贬低？又或者是无法实现对邓观音保进行有力的谴责的愤恨？抑或无法向家人及他人释明她与邓观音保的单独相处？抑或是无力面对此事过后的负面影响？死亡可以自证清白？无论如何，这皆说明曾氏在此事发生后，她所面临的道德危机高于邓观音保。在男女性别道德要求严格的社会，女子与丈夫以外的男子的单独相处（接触），皆面临着其品行、道德的社会再评价问题，她们的道德风险危机感可能令其时刻保持着警惕状态，一旦丈夫以外的其他男子语涉暧昧，她们通常自省于自身是否存在行为不端，其本人对自身的品格和道德变得不再自信，家人和社会对此亦存疑。如袁大得因袁司氏向其"索食面卷"，信口以"伊妻爱食之言"答复，袁司氏听了疑为调戏之语，乃"常向村骂哭泣"，并拉着丈夫至其家"不依"，以袁大得的赔礼而事息。后依然因此事被丈夫耻笑，司氏"追悔抱忿投缳"而亡。[1]司氏的自杀再次证明了女性在与丈夫以外的男子进行言语接触后存在其个人品行与道德的再评价问题，通常是评价降低了，她们亦将因此陷入自证清白的困境中。

秽语，通常是指具有恶意的、侮辱性的、贬低性的语言。大多表现为攻击性、挑衅性，旨在打击或对抗言语所指向的对象。秽语者一般是故意利用语言伤害其所指向的对象，打击、贬低对方的品行（人格），其恶性较之戏谑更甚，其言语所引发的后果和影响与上述戏谑一样，被秽语者也面临品行、道德的再评价问题，具有道德评价降低的高风险性。清代社会实践中，秽语人通常表现为利用两性关系性话语攻击女性，贬低她们的品行和道德。如倪王氏因邻居岳王氏与其丈夫在菜园打招呼，则斥责岳王氏"没脸，复嘱令其姑及早将墙修好，以免做出不端之事"，致岳王氏气忿自尽。[2]就一般意义而言，岳王氏与倪王氏之夫打招呼可能是出于日常邻里相处的生活常识经验，但不符合当时社会主流的男女回避规范，倪王氏以此对岳王氏这一行为大加贬责，具有明确的批判与攻击性，并上升至对其道德、品行的恶意推测，做出了恶毒性的评价。倪王氏的言语打击于岳王氏来说，是毁灭性的，其已失去了还击之力。她一时的行为不谨（打招呼未行回避），经过倪王氏的言语，成了她品行不端、道德低下的佐证，这令她辩无可辩，自尽死亡可能成为她

〔1〕（清）祝庆祺等编：《刑案汇览三编》（二），第1307页。
〔2〕（清）祝庆祺等编：《刑案汇览三编》（二），第1309页。

洗白自身清誉的唯一路径。

品行端正、道德高尚是当时社会评价女性的两大主要标准，一旦被负面评价，则其将存身艰难，如临深渊。女性秽语者常常利用女子的品行、道德话语对其他女性进行攻击，意图通过打击、贬低其品行、道德，降低社会对被秽语者的评价；男性秽语者则常常以直白的性话语攻击女性，昭然地显示出其恶意。例如王孟科因索讨钱债，欲以柳学义的牛作抵，柳学义上前拦阻，王孟科以"柳学义不像有牛之人，除非伊妻养汉挣来之言随口出詈"，令柳学义心疑妻子李氏有奸情，李氏因此为其所杀[1]。王孟科没有任何凭证信口的言语，使李氏付出了生命的代价。即使如此，也无法证明其清白（贞洁），她在丈夫柳学义面前对自身的辩护没有获得丈夫的信任。李氏的清白（贞洁）随着生命的消失终而无法得以证明，但该案中其夫的表现揭示了这样的事实：女子的清白一经受到质疑，其最大的信任危机可能来自丈夫或者家人。李世通殴死其妻刘氏一案亦是如此。李世通在教训儿子时，隔墙听到邻居朱孔阳骂刘氏为"卖奸之妇"，即向刘氏追问奸情并将其殴打致死。[2]丈夫不向信口混说者追究其空口无凭的责任，而是怀疑、追责妻子被人污名的缘由及所谓"奸情"。可见，秽语一经出口，即产生负面影响。无论事后妻子的清白是否得到证明，其付出的代价往往都十分惨重。

戏谑者、秽语者将言语适用于目标对象皆是有意的行为。言语是个人运用语言进行交际沟通的方式，在一定交际情境下动态地、临时性地被构建起来，具有目的或动机性。需要是动机产生最根本的心理基础，动机是直接推动人的行为活动内容的原因和动力。戏谑者或秽语者有目的、有意识地运用某种语言形式，有针对性地对其指向对象实施言语的攻击。在很大程度上，可以说是具有明确的（或隐形的）恶意。在言语使用中，戏谑者或秽语者意在伤害，其言语的目的是使被戏谑人、被秽语人的心理或社会关系受到伤害，并因此使他们产生羞愧、沮丧、困窘、恐惧、愤怒、痛苦等消极情绪，从而造成他们的社会排斥和孤立等负面影响。清代既有的文献表明，被戏谑与秽语亵狎的女性皆存在被深深伤害的情形，她们对这些语言的反应皆十分激烈，常常采取多种方式手段与戏谑者或秽语者进行论争或予以反击，令他们赔礼

---

〔1〕（清）祝庆祺等编：《刑案汇览三编》（二），第1303-1304页。
〔2〕（清）祝庆祺等编：《刑案汇览三编》（二），第1304页。

道歉，以期自我卫护，她们大多并非初闻戏谑或秽语即以自杀回应别人的不敬、无礼与恶意。但这些举措并不能消除此类言语产生的负面影响与社会效应，甚至常常事与愿违，女性因言语而受到的伤害依靠民间的解决方式——赔礼道歉等难以得到抚慰，甚至有的女性家人基于家丑等原因，劝妇女隐忍，息事宁人。即使采取措施令戏谑者、秽语者受惩，一般来说也非常轻，甚至他们以其他借口逃避惩罚，这可能会进一步加剧女性的屈辱感。此类事件因为女性没有受到物理的伤害，即使告至官府，也不一定引起官府的重视。而且即使官府进行处理，也未必会产生女性因男性言语受到伤害的共情心理。例如汪辉祖在浙江秀水为幕期间发生的许天若一案，蒋虞氏因邻居许天若有一天醉归，经过其家门口时，手拍着钞袋，口里称"有钱可以沽饮"，被虞氏詈骂并告至官府[1]。显见在虞氏看来，许天若在其门口拍钱袋的言行是不合乎日常行为规范的，对其具有一定的调戏（羞辱）性，希望由官府对其进行惩治。因官府未及时审理，虞氏再次至县衙催审，回途中路遇许天若，被其诟骂"无耻"，回家后两人又相口角，虞氏于次日夜里自缢身死。虞氏的死亡，汪辉祖认为，并非死于许天若"沽饮"调戏而产生的羞忿之心，其依据是蒋虞氏自杀距"沽饮"之言已过二十八日，"果系羞忿，不应延隔许时"。他认为许天若与虞氏"自正月初六日以至二月初一日，比邻相安"，许天若"几忘前语"，进而推测虞氏"致死之因则以虞氏催审天若，又向辱骂，是死于气愤，非死于羞忿"。汪氏的推理固然合乎法理，但恰恰忽略了虞氏从被"调戏"告官无果，到催审无果，再到被许天若辱骂而产生口角后的心理变化。我们不知道她去官府催审发生了什么，也不了解她在许天若骂其无耻与之口角的内容，然而从其告官希望惩治许天若的轻薄行为来看，她试图重建因被"调戏"而被质疑或降低的社会评价（名誉、尊严等），但官府并未给她这样的机会。其自缢身死的决心从死亡时间的选择来看非常坚定，这未尝不是她社会评价重建从希望到失望再到绝望转变的结果。在汪辉祖对该案的文字记载中也可以看出汪氏对许天若的同情，或许虞氏将许天若"沽饮调戏"之言告至官府的行为不符合他认定的良家女子形象，更有甚者，他可能并不认同蒋虞氏所谓许天若"沽饮调戏"之说。这也许是虞氏去官府催呈的原因。

〔1〕（清）汪辉祖、（清）觖德模撰，梁文生、李雅旺校注：《病榻梦痕録　双节堂庸训　吴中判牍》，江西人民出版社2012年版，第18-19页。

她的催审却进一步加深了汪辉祖对她的负面印象（良家女子不会抛头露面）。如果就这一方面而言，或许虞氏希望借助官府重建许天若对她尊重（或尊严）的期待从进入官府（公堂）的那一刻起，即注定了落空。这亦可能是汪辉祖在处理此案时，认为虞氏不是死于许天若"调戏"的原因。

清代时期，女性通常是被戏谑、秽语亵狎后的目标，她们因此而受到伤害后如果没有产生物理的结果，则导致法律无法对其进行评价。所以，此类案件在发生的前期阶段基本由民间自行解决。民间社会依据行为的合礼与否进行评价与治理，因戏谑、秽语亵狎而产生的纷争通常以赔礼的方式解决。根据"非礼勿言"原则，将具有对人精神（情绪）有害的戏谑、秽语行为视为非礼，然后对戏谑者、秽语者进行惩治，一般由其本人或家人向戏谑、秽语亵狎的受害人进行赔礼道歉或作经济赔偿等。对因之造成的负面影响和结果进行消除或减轻。例如赵刘氏被赵拐子"秽语亵狎"后，赵刘氏即对其进行斥骂，令其磕头赔礼。[1]但从实践层面来看，其效果难以评价，并不能彻底或真正地消除由此造成的负面影响，起到对戏谑、秽语亵狎受害人的保护作用，甚至可能导致其受到二次伤害。赵刘氏令赵拐子叩头赔礼各自散去后，回至家中，告知丈夫，认为赵拐子"秽语亵狎"，是"有意欺辱"，她"难以为人"。可见，赵拐子话语的负面影响在她身上已经显现。此后其家人曾去赵拐子家找其赔礼，但赵拐子躲避不见，赵刘氏在事发三日后服毒自尽。在国家与社会对女性品行、道德严格要求的环境下，女子不仅注重个人的言行，对内自我强化谨言慎行，对外重视家人以外的他人对她们的评价，通常外界的评价重于自我评价。一旦被戏谑、秽语亵狎，其所产生的负面影响不再具有可控性，亦不可能随着戏谑者、秽语者的赔礼致歉而消散，这可能是对受害女性最大的伤害。礼只能从道德层面规范人们的外在行为，并不能从内心消除人们的偏见，民间的"赔礼""服礼"惩戒作用有限，女性在戏谑、秽语引发的纠纷中经常以自杀的方式表明其态度也说明了这一点。她们的生命体验表明此类纷争需要国家的介入，需要加大惩罚的力度。

[1]（清）祝庆祺等编：《刑案汇览三编》（二），第1294–1301页。

二、生命至重：戏谑、秽语的立法旨趣

如上所言，清代时期戏谑、秽语的受害人多是女性，她们需要法律对其进行保护，然而法律应如何保护呢？对于立法者来说，他们需要考虑此类生活性言语如何成为法律评价的对象，如何确定其度，其标准应如何制定，既不能过宽，以免法律干预过度；也不能过于狭隘，达不到法律干预的目的。清代立法者根据戏谑、秽语产生的结果模式，将之纳入了清律"人命"门的"威逼人致死"律。从律意上说明了法律规制戏谑、秽语行为，是因其具有致人死亡的危害，并将死者之亡评价为戏谑或秽语性言语威逼的结果。亦说明此类言语对他人具有侵犯性。关于戏谑、秽语立法的具体内容集在以下 3 条条例中，下面我们试就其条例规范进行详细的分析。

条例 1[1]：

凡村野愚民本无图奸之心，又无手足勾引挟制窘辱情状，不过出语亵狎，本妇一闻秽语，即便轻生，照强奸未成本妇羞忿自尽例，减一等，杖一百，流三千里。[2]

条例 2：

凡妇女因人亵语戏谑羞忿自尽之案，如系并无他故，辄以戏言觌面相狎者，即照但经调戏本妇羞忿自尽例，拟绞监候。其因他事与妇女角口，彼此詈骂，妇女一闻秽语，气忿轻生，以及并未与妇女觌面相谑，止与其夫及亲属互相戏谑，妇女听闻秽语，羞忿自尽者，仍照例杖一百、流三千里。[3]

条例 3：

因事与妇人角口秽语村辱，以致本妇气忿轻生，又致其夫痛妻自尽者，拟绞候，入于秋审缓决。[4]

根据上述 3 条条例，例文主要是对女性为戏谑、秽语受害人自杀情形的

---

[1] 本文条例编号是基于本文写作的便利而由作者本人所编。
[2] 胡星桥、邓又天主编：《读例存疑点注》，中国人民公安大学出版社1994年版，第611页。
[3] 胡星桥、邓又天主编：《读例存疑点注》，中国人民公安大学出版社1994年版，第614页。
[4] 胡星桥、邓又天主编：《读例存疑点注》，中国人民公安大学出版社1994年版，第614页。

立法规定，条例 3 添加了受害女性丈夫为受害人的情形，是刑罚加重的情节。

条例 1、条例 3 是专门针对女性为秽语受害人的立法。条例 1 是一般性的秽语规定，旨在突出"亵狎"。亵狎，亵，轻慢，不庄重；狎，亲昵不庄重，古人多有诚人亵狎之言。在涉及男女两性关系时，具有性隐意。条例 1 侧重于男性通过言语令受害女性产生被人轻薄（或陷入自身品行不端的怀疑中）的羞辱（欺辱）之感。条例 3 偏重男女双方在发生矛盾冲突（角口）时的言语攻击，意在强调加害人在使用"秽语""詈骂"时的仇怨（恨），旨在伤人而非亵狎，此条例应该是对条例 2 的补充性规定。

条例 2 相对于条例 1 和条例 3，内容复杂。其前半部分是戏谑之规定，意在说明加害人"觌面"亵狎，即戏谑者当面没有任何理由地对女性受害人进行亵狎，近似"调戏"。后半部分的内容包含两个层面的意思，这一部分的前文，侧重说明秽语者和被秽语者在产生矛盾、冲突（角口）时的秽语攻击性。后文则旨在强调戏谑之语被认定为秽语的具体情境。戏谑者从外在的形式上表现为对自杀妇女的丈夫或其亲属的戏谑，但言语内容实质是对自杀女性的贬低、羞辱，具有伤害的恶意。因非"觌面"亵狎，故立法认为戏谑者对自杀女性本人不具有"戏谑"之意，故以秽语界定其对自杀女子言语的性质。此处的戏谑是一个行为对两个不同的人产生了两个不同的影响与后果，清律将之区分开进行惩治，故此评价不同。仅就语言本身而言，秽语对女性的恶意体现为非性的暧昧（调戏），是语言的明面攻击。戏谑则意在表明两性关系的暧昧（近似调戏）。该条例前后两处使用"戏谑"，但具体情境不同，其所表达的法律关系也不相同。前者加害人与被害人为戏谑和被戏谑的关系；后者则表现为加害人与自杀女性的丈夫或其亲属是戏谑与被戏谑的关系，或者他们双方相"戏谑"，而自杀的女性，虽未曾觌面，却是"戏谑"言语指涉的目标人物，是戏谑的间接受害人，即加害人通过戏谑其夫或亲属对女性施加侵害。法律的罪刑结构以自杀女性为核心而设计。

由上可知，戏谑者受到惩罚的构成条件包括：（1）戏谑"并无他故"，即除加害人想"戏谑"的动机外，没有任何其他的缘由；（2）"觌面"亵狎，即加害人面对面地对被害人出语轻薄等；（3）妇女因此"羞忿自尽"，即自杀身亡。具备上述三个条件，戏谑者照"但经调戏本妇羞忿自尽例"惩罚，即虽然不是调戏的行为，但按照调戏致妇女羞忿自尽罪的刑罚进行惩治。

秽语者受到惩罚的构成条件：（1）"出语"亵狎；（2）无"图奸"意

图；（3）无"手足勾引挟制窘辱"情形；（4）妇女"一闻秽语"，"气忿轻生"，即自杀已亡。加重惩罚的条件：如果女性受害人之夫因妻自尽身亡而自尽身死者，加重量刑。

戏谑、秽语虽然皆为言语性的"威逼人致死"，但清律中二者的构成并不相同，具有轻微的差异。就言语而论，如前所言，秽语恶意昭然，戏谑则需仔细辨别；戏谑受害人身亡，清律表述为"羞忿自尽"，秽语受害人身亡，则表述为"气忿轻生"，表明二者受害人的不同情绪。"羞忿"之说在清代的司法文献中一般是与性有关联性的暧昧表达；"气忿"在清代司法文献中一般指因事生怨、恨等产生的情绪表述。此处条例文字表述的区分，蕴含了两种犯罪所侵害内容的不同，戏谑近似"调戏"，受害女子自尽具有维护贞洁之隐意；秽语因无"图奸"之意，受害女子自尽则无维护贞洁之意。所以戏谑者须有"觌面"亵狎用词，其量刑适用调戏致妇女自尽例，绞监候；秽语者则满流之刑，量刑较前者为轻。性（调戏）涉及社会风化，关乎男女性别规范，是国家与社会所防范和治理的重要内容，而秽语所表达的怨恨是人之常情，所以二者的立法旨趣不尽相同。

综上，清律在立法上对戏谑、秽语行为进行了规范，为两种不同的犯罪治理提供了法律支持。例义文本未明确"戏谑""秽语"二者的定义，而是通过不同的文字表述予以区分，还需要司法在具体的情境中进行甄别。由于二者皆是以言语对女性进行侵害，在实践中存有交叉或重叠现象，以致司法表述中秽语戏谑并用，例如"姚氏被贾保仔秽言戏谑"[1]14，案件中出现"秽言戏谑"并存表述，根据这一表述，显然符合上述条例2后半部分内容的规定，但从该案文献记载来看，此案的地方审理官员适用了该条例的前半部分规定，所以被刑部以"条件不符"驳回，即不符合戏谑的构成条件，经过仔细辨别，确认姚氏的自缢是"因别故"，方阻却了对戏谑亵狎条例的适用。戏谑、秽语单从言语用词来说，区分不明显，清代立法侧重于具体情境的区分，这需要司法人员在实践中进行仔细的甄别，显然增加了司法的难度。且戏谑照"调戏致本妇羞忿自尽例"量刑，也造成了司法定罪的困难，以致在司法中出现了戏谑致妇女自尽犯罪向"调戏"靠拢的情形。

---

〔1〕（清）祝庆祺等编：《刑案汇览三编》（二），第 1288 页。

三、女性生命的附加值：戏谑、秽语司法实践中的"贞节化"

清代关于戏谑、秽语导致女性自尽的规定，将男女两性矛盾由男性对女性人格伤害，通过司法的阐释，转化为男性对女性贞节或名节的侵害。例如在张氏因刘士远戏谑自尽一案中，张氏由于家贫，丈夫不得不佣工于外，"其依弟文礼以居。夜作无油，从邻妇于忠元妻刘氏会绩。有刘士远者，素狎文礼。是夜，就忠元索逋，忠元赴集未回，刘出，应边士远手携瓜子糖，刘辄取啖数枚，以其余入。偶忆是日系张生辰庚，言无物相请，即以糖为寿。士远在院实与闻之。忠元旋归，语竟，各散去。翌日，士远谑文礼曰：'昨晚吾曾买糖寿尔姊。'文礼归问其姊，张以士远造言亵狎，羞忿自缢。士远依'出语亵狎，令本妇一闻秽言即便轻生，杖一百、流三千里'例治罪。母老独子，决杖留养。张氏照例旌表"。[1]刘士远的"昨晚吾曾买糖寿尔姊"之语，虽然从表面是戏谑张氏之弟，但语言传达出了以下的信息：（1）张氏以有夫之妇身份，避开其弟，与其有私下来往的授受行为；（2）张氏隐藏了其给予的寿糖，且不告知弟弟，隐有某种暧昧之心。这些皆潜在地说明张氏不忠于丈夫，不恪守妇道，不遵循社会规范，换言之，其品行不端，为人不正。或许刘士远说者无心，但后果严重，其不仅破坏了张氏的名誉，败坏了其品行与道德，还破坏了张氏姐弟间的亲情及信任。张氏以"造言"表达出了对刘士远话语的反驳与批判，既有自辩，亦隐含了对其人品的否定，二人的言语交锋内容远超出了法律。她自缢而亡的原因绝非"一闻秽语即便轻生"一语可以涵盖，但司法以贞节的话语对张氏之言行做出了法律评价，尤其是对她的旌表进一步反映了司法对其死亡贞节化处理的模式化。

戏谑、秽语亵狎是以言语对女性进行精神、心理的伤害，其中既有性的内容，也有诋毁、威胁、恐吓、嘲弄、贬低等敌意，女性对此类行为的态度，如上所言，常常表现得极为激烈，不仅有自辩，也抗争，这不仅是她们自身人格的维护，更是对其为人立世及其价值、尊严等的诤言，但司法以贞节话语简化了她们自缢的诉求表达，通过旌表机制，将她们恢复"为人"尊严、堂堂正正、清清白白做人的诉求与名节相关联，并名节化，又以此为标准，

---

〔1〕（清）周广业著，祝鸿熹、王国珍点校：《过夏续录》下册，浙江古籍出版社2018年版，第26页。

对女性因言语侵害而引发的死亡事件进行了分流，先将因被人戏谑、秽语亵狎的再婚女性排除在了旌表名列之外。如许荣贵与王贵秽语戏谑，致王贵之妻李氏羞忿自尽，该省巡抚以李氏捐躯明志，向礼部具题旌表，被礼部以李氏乃夫亡再嫁不符合法律激励妇女守节的规定而驳回。[1] 旌表从本质上看属于罪刑体系之外的行政法体系，但司法过程中，司法官员不忘其所兼任的行政职责，将刑事的惩罚和行政的旌表合一共理，打通了犯罪与捐躯女性名节奖励的内在关联，将复杂的案件审理模式简化为固定审理套路。质言之，将男女两性因戏谑、秽语而产生的冲突处理成两性对立下的男性对女性贞节（名节）的侵害，这既顺应了国家与社会对两性的行为规范要求，也有利于巩固既有的性别秩序。

法律虽然实现了被侵害女性希望惩罚戏谑、秽语者的诉求，但她们的生命价值在司法的审视中被添加了附加值——贞节（名节），使得她们所曾受到的精神、心理，甚至身体的伤害，在性别隔离、贞节及旌表机制的话语下，皆被淡化与简单化处理。尤其是那些再婚的女性，她们希望通过法律可以平复因被他人戏谑、秽语欺辱而受到的伤害，恢复被贬损的社会评价等，挺胸"为人"，这些期望在立法与司法的贞节化处理模式下变得不具有意义。

四、情轻法重：贞节化理念下戏谑、秽语法律的司法困境

清代司法实践发现在女性因被戏谑、秽语亵狎而自尽的犯罪案件处理过程中，存在着情轻法重的现象，即男性的戏谑、秽语行为罪情轻但条例处罚规定过重。如果按照例文进行惩罚，必会产生对男性的不公，进而失去法律的公正之义，司法亦因此陷入了两难的境地。究竟如何在既维护女性贞节的情形下，又能够实现对犯案男子的公正处罚，成为清代司法实践中司法官员的一大难题。例如上文提及的袁大得秽语亵狎案中，因无服族婶袁司氏向他"索食面卷"，其以"妻子爱食之言"信口答复。此言在日常生活中难以以"秽语"作评，但随着袁司氏的自尽，司法则将其评价为"亵狎"，司法人员可能出于对他处境的同情，不得不强调其言"出于无心"。无心，即意味着是过失性之言，不存在主观恶意，然而根据立法，司氏的抱忿投缳，与其言语存在关联，出于对生命的重视以及对女子名节的维护精神，法律必须对其进

---

〔1〕 （清）祝庆祺等编：《刑案汇览三编》（二），第 1286-1287 页。

行惩罚，其量刑依据只能适用上述的秽语条例，杖一百，流三千里。有意思的是，该案的办案官员不仅强调其语出无心，且为其开脱罪名，指出"袁司氏之自尽亦因事后被夫耻笑追悔所致"，亦即司氏死亡的责任被重新分配，由其夫与袁大得两人共同分担，最终袁大得得以减轻刑罚，"照村野愚民本无图奸之心，不过出语亵狎，本妇一闻秽语即便轻生拟流例量减一等，杖一百，徒三年"。显然在该案审理的过程中，司法官员通过对司氏死亡时间的解释，降低了司氏维护自身名节的决心与坚定性，避开秽语条例重刑的直接适用。又如刘耀敛钱要灯案中，刘耀因敛钱与祁纪氏产生冲突，"致相争詈"，即随口骂称"与伊同睡即不要钱"，纪氏欲与之拼命，经其母纪李氏劝息留住。但在母亲送纪氏回去的途中，听到刘耀在纪氏大门墙外的公井汲水，并学唱秧歌，其时他并不知纪氏已回，纪氏隔墙听闻，疑其有意讥诮，触起前忿，投缳殒命。[1]纪氏隔墙听闻而疑心刘耀对其嘲笑。在既有的两性关系框架下，法律对纪氏自尽的评价是维护自身名节，是国家鼓励的行为，因此其死亡的责任只能由与其发生言语之争的刘耀承担。

　　戏谑、秽语致妇女自尽条例是根据男女隔离规范以及男子对女子的贞节具有潜在的危害的逻辑而设计，在戏谑、秽语致妇女自尽的犯罪中，男性分担了加害人的角色，因此这必然产生女性一旦自杀身亡，男性必然承担责任的不公现象。如于王氏向乔朋索讨借当的衣服，乔朋请求缓期，王氏没有答应，拉住他逼令归还，乔朋挣脱跑走。王氏同女儿春姐在后追赶，乔朋将其推跌，未经成伤。王氏爬起后向乔朋撕扭，因乔朋裤未系带，裤子褪下。王氏回家后，"气忿莫释，投缳殒命"，乔朋被依例定罪。办理此案的司法官员对此也承认，"乔朋因裤未系带，被王氏撕扭，以致将裤褪下，与有心污辱者不同。……乔朋……称系提着裤子不及掖好，即春姐供词亦称提着裤子拦门躺着，是乔朋裤已提起，并非裸体相辱。既有其女春姐在场目击，自无隐饰别情"，但他依然按照男性是女性名节加害人的角色进行判决，为王氏的自尽承担责任，"惟于王氏之自尽究由被该犯亵侮所致，较之秽语詈骂轻生者情事相同，……将该犯比照因他事与妇女角口，彼此詈骂，妇女一闻秽语气忿轻生例，拟以杖一百，流三千里"。[2]

〔1〕（清）祝庆祺等编：《刑案汇览三编》（二），第 1301–1302 页。
〔2〕（清）祝庆祺等编：《刑案汇览三编》（二），第 1308 页。

在性别隔离与维护女子贞节理念指导下的立法，在司法中导致男性因罪轻而被重判的困境，无论是刑部，还是地方司法官员皆有认识。刑部亦曾尝试着从司法的层面解决这一难题，其典型的案例代表则是前文提及的赵刘氏案。在该案的审理过程中，为减轻加害人赵拐子的责任，刑部官员与直隶总督围绕着赵刘氏死亡的原因究竟是"羞忿自尽"还是"抱忿自尽"进行了激烈的论争。

赵刘氏因赵拐子的亵狎而羞忿自尽的案情，并不复杂，但在审理中遇到了法律的适用问题，即赵拐子是应该以条例2前半部分的规定定罪，还是以后半部分定罪。道光元年（1821年）案发，当时的直隶总督适用了条例2的前半例文，将赵拐子拟以绞监候。根据直隶总督的案情描述，赵拐子的情形完全符合了前半部分例文的条件：觌面、戏谑、妇女羞忿自尽等。但是该判决意见被刑部驳回了。刑部的驳复非常耐人寻味，值得深究其潜藏在背后的逻辑。为分析方便，其原文摘录如下：

> 当经臣部查，向来办理羞忿自尽之案，总以与本妇觌面相狎及实有图奸之心者方拟绞抵。其并非本妇觌面，自不得概引此例。详核此案情节，赵刘氏孙再醮之妇，孙女段赵氏系伊夫前妻之子所生。查阅供词，段赵氏业已出嫁，当日并未回归，赵拐子纵曲蘗迷心，何至以隔绝多年久未见面之人忽然携带钱文前往，辄以将钱送给，欲与同宿之言向其祖母戏谑，已非情理。且其时尚有刘氏之媳董氏同站门首，董氏系丧居幼妇，既在场同闻秽语，羞忿之心自必较甚，何以并未闻有难堪情状，而刘氏独忿不欲生？迨赵拐子向刘氏磕头服礼，当即寝息，似乎忿恨之心亦可消释。至是晚赵敬回家，刘氏告知，如果有被辱难堪欲行自尽之言，赵敬即应找向赵拐子不依，以泄伊妻之忿。何以事隔三日声息无闻，刘氏仍因此服毒殒命。如果赵拐子止因曲蘗迷心醉后妄言，并未与本妇觌面，亦本无图奸之心，且业经服礼寝息，事隔三日，情近追悔自尽，则自有拟流之条。但案情种种支离，是否另有起衅别情，应令研究确实再行核办等因。[1]

刑部从法律适用与案情事实两个方面进行了批驳：首先是例文引用不当。刑部认为赵拐子亵狎的对象不是"觌面"的赵刘氏，而是未其曾在场的孙女段赵氏。其次是案件事实不清。刑部提出了以下几个问题：（1）段赵氏出嫁多年，事发当日未回娘家，赵拐子因何突然携钱向赵刘氏戏谑？（2）赵拐子戏谑之时，在场的妇女并非赵刘氏一人，尚有其儿媳董氏，二人一老一幼，缘何年幼寡居的董氏在听闻赵拐子之言后没有羞忿自尽，反而年老、再嫁的赵刘氏忿不欲生？（3）赵拐子已向赵刘氏磕头服礼，事情已经"寝息"，其忿可消；赵刘氏的丈夫没有出面向赵拐子讨要说法，那么其自杀是否另有别情？

统言之，刑部的结论认为，赵刘氏不符合立法上戏谑亵狎受害人的条件，不是赵拐子亵狎的目标，其自杀应另有他故。刑部因何要做出这样的驳复，甚至不惜强调其年龄（刘氏案发时年近 60 岁），并以事发在场年幼寡居的董氏作对比？这主要涉及此案中赵拐子的刑罚轻重问题，他们欲借该案来解决律例基于女性贞节维护而对男子情轻重罚的问题。根据条例 2，如果与妇女"觌面"亵狎，不论有心无心，即照"但经调戏"例拟绞监候。若未曾与妇女"觌面相谑，止与其夫及亲属互相戏谑"，则杖流。生死悬殊，刑部不得不重做考量。这是刑部如此考虑的重要原因，但不能解决赵刘氏不是赵拐子亵狎的对象问题。因此，我们不得不推测，就本案而言，刑部应是意识到了条例 2 在实践中存在的情轻法重问题。他们想对赵拐子从轻用刑，如此，就必须回到案件的具体情境中找寻或发现其中的漏洞，排除掉赵刘氏是赵拐子戏谑亵狎的目标对象，将其身份确定在她是段赵氏的亲属（继祖母）上，这样就可以从法律上解决赵拐子的刑罚从轻问题。所以，刑部的驳复意见淡化了赵拐子觌面亵狎的主观心态，降低了赵拐子递钱给赵刘氏并对其进行戏谑亵狎的恶劣性，强化了赵拐子递钱对象与言语亵狎对象的不同，为下一阶段赵拐子的减轻刑罚打下了基础。应该说，刑部以其专业的知识素养为赵拐子的从轻用刑找到了合理的理由。然而刑部的批驳意见遭到了当时直隶总督的反驳，其原文摘录如下：

> 诚以蓄意求奸，用言调戏，事本有心，故一经羞忿自尽，不论本夫及父母亲属，定例特严绞抵，所以惩淫恶而励廉耻也。村野愚民或因事交谈，失于检点，致涉秽亵，或自在他处，不防有人出言无忌，适被妇女听闻，因此抱忿轻生，不特无图奸之妻，抑且无戏谑之言，其迹易明，

其情可原，故得减绞为流。若别无他故，辄以戏言向妇女觌面相狎，因而羞忿自尽，在言者有意亵狎，初非偶失检点，闻者亲遭秽辱，亦非得自听闻。是以乾隆五十一年定例之初，本不论有无图奸之心，但以秽言觌面相狎，即应按例拟绞。若必分别有心无心为断，则有意图奸即属但经调戏，无意图奸即属村野愚民，拟绞减流已有专条可引。此例之设不几等于虚文，其非但经调戏而亦应拟绞，不得与村野愚民同拟流罪者，恶其并无他故觌面戏谑故也。盖无故而向妇女戏谑，迹近调戏，纵使无意求奸，已属有心故犯，事在防微，例严杜渐，故凡妇女因人亵语自尽之案，总以是否戏谑分绞流，不以有无图奸衡轻重，而戏谑之语或指物之戏人，或借彼以谑，此狂徒佻达不一，其词要以觌面之人即为被狎之妇，不必因其出语之借端而发辄泥本妇之别有所归。[1]

赵拐子因饮醉回归，见赵刘氏站立门首，并无他故，辄以将钱送给欲与该氏孙女段赵氏并以睡宿空言向赵刘氏觌面戏狎，是被狎之本妇在赵刘氏，不在段赵氏，死者既系被狎之妇，秽亵又在觌面，正与亵语戏谑羞忿自尽拟绞之例相符，似不能因其语系托指，又无图奸之心，竟置觌面相狎于不论。虽赵刘氏系再醮之妇，年近六十，不等于青年少妇。第人无贤愚男妇之嫌宜别，女无老少，羞忿之心则同。例内统以妇女二字概之，则一经被辱自尽即应取问。如例未便于此中再有区别，兹奉部驳以如果赵拐子并未与本妇觌面，亦本无图奸之心，且业经服礼三日，情近追悔，自尽自有拟流之例等因。是舍赵刘氏而指段赵氏为本妇，故以并未觌面又非有心图奸，详示原拟之非，现经审明，该犯赵拐子虽非有意图奸，实与赵刘氏觌面戏谑，赵刘氏系被狎之本妇，始终羞忿自尽，并非追悔轻生。如以为赵拐子并无图奸之心，竟照村野愚民出语亵狎例拟流，而该犯系衅起戏谑，事在觌面，另有拟绞之条。如以为觌面戏谑必须实有图奸之心者方拟绞抵，则是调戏而非戏谑，何必于但经调戏正例之外另设戏言相狎比照之文。究竟村野愚民出语亵狎与并无他故辄以戏言觌面相狎两例，一则拟流，一则拟绞，应作何分析，部驳内所称并未与本妇觌面，亦本无图奸之心，自有拟流之语，是否必须两事俱无方可减绞为流，抑有一于此即当依例拟绞，罪关生死出入，未便草率臆断。

---

[1] （清）祝庆祺等编：《刑案汇览三编》（二），第1296页。

直隶总督的反驳意见极为精彩，可以说，刑部棋逢对手，直隶总督在批驳中也显示了其精湛的法律素养。他从法律体系的整体视角出发，首先阐释了言语调戏的故意性，然后对一般性的"乡野愚民"言语亵狎的无故意性进行了解释，进而论证了觌面戏谑的主观心态，再回到本案中的男主角赵拐子的行为上，他明确指出其亵狎行为的有心（故意），具有对赵刘氏的恶意。此后他又对"被狎之妇"进行了解释，其解释充满了真知灼见，发人省思，"第人无贤愚男妇之嫌宜别，女无老少，羞忿之心则同"之语更是卓识远见，法律面前，人之"羞忿之心"不因年龄大小而有别，此语即使放诸当今，依然值得称颂。他肯定了赵刘氏即是赵拐子亵狎的对象，认为赵刘氏虽然年龄已老，且是再嫁之身，但其仍然怀有羞忿之心，其自杀身亡即是由赵拐子之亵狎而起。否定了刑部的驳疑，再次判定赵拐子不具有从轻用刑的理由，应适用条例 2 的前半例文，处以绞监候。

直隶总督的这一答复令刑部极为恼火，其再次以赵拐子的供词为据进行批驳：

赵拐子所称当日赵刘氏孙女段赵氏并未回家，伊所素知不特无可图奸，且断无欲奸人孙女公然向其祖母明告之理。伊所称欲与段赵氏睡宿，不过借此空言向赵刘氏戏谑等语。试思赵拐子既无图奸段赵氏之心，而赵刘氏系年近六十之妇女，又有伊媳董氏在旁，赵拐子亦断无觌面图奸之理，何故以无谓空言触人忿怒，安知非别有所因。

刑部因刘氏年老再次无理性地武断地否定了她是被亵狎的对象，又指出刘氏时隔三天方自杀，其间，其夫"赵敬亦并无登门叫骂投保鸣官确据。即地邻亦俱无切实供词"，认为刘氏之死另有他因，发回重审。显然刑部对赵刘氏具有明显的偏见。再次重审，直隶总督又一次申明赵刘氏是赵拐子觌面亵狎的对象，但补充了赵拐子可以从轻用刑的细节——赵刘氏在赵拐子磕头寝息后"追悔"，使得该案可以适用"凡调奸妇女未成，业经和息之后，如有因人耻笑，其夫与父母亲属及本妇，复追悔抱忿自尽，致死二命者，将调奸之犯改发边远充军。若致死一命者，杖一百、流三千里"条例，赵拐子得以杖流定惩。

刑部与直隶总督在审理赵刘氏因赵拐子亵狎自尽案中的论争，充分暴露了清代性别对立、女子贞节维护理念下立法设计的弊端，男女双方皆成为这一理念的牺牲品。司法实践中司法官员也不得不动了恻隐之心，为减轻男性对因其言行而致女性为维护自身人格（贞节或名节）而自尽的责任，对此类案件的审理更偏重个案化，扩大戏谑、秽语犯罪量刑的比附适用。对于戏谑与秽语区分不明显的案件，多适用秽语亵狎条例，减轻量刑。然而，情轻法重是清代立法中普遍存在的现象，减少量刑始终是清代司法实践中难以解决的问题。

结　语

戏谑、秽语致妇女自尽条例是清律基于两性对立、对女性作为弱者予以保护的立法，其延续了《大清律例》中凡案关男女两性立法的精神，女子因此而羞忿自杀者皆围绕着贞节、以其为核心建构话语情境，男子对其贞节产生危险或施加侵害，她们作为受害者，为维护自己的名节而甘愿赴死。这样的表述风格，无论是在立法还是在司法方面，皆完全套路化，形成了简单化或单一化的刑罚机制，将女性"为人""做人"的诉求完全淹没。这虽然从法律上为女性提供了免受男性骚扰、侵害的保护，但也忽略或淡化了来自女性同性的侵害。当然，在比附援引的原则下，若女性用秽语辱及同性也会受到惩罚。但整体而言，法律基于固化的性别行为模式，将男子设置为两性关系中的强者，即加害人身份，女性设置为弱者，即被害人身份，推定男性不可能受到女性的羞辱，在"威逼人致死"律中戏谑、秽语亵狎所指向的对象只能是女子，这既忽视或漠视了男性在此类犯罪中的被动性，也漠视或忽略了女性在此类犯罪中的主体性。清代立法从男性犯罪人的视角对男性的言语犯罪行为进行了规制，虽然没有排除女性侵害女性的情形，但以男性犯罪是常态，女性犯罪为例外。

清代司法官员在法律实践中意识到了性别对立下的立法缺陷，并尝试性进行纠正和修改，但未能实现立法层面上的解决。即使在晚清修律时，修律者们对戏谑、秽语亵狎条例进行了整改，但依然延续了男子是加害者、女子是受害者的立法思维。当然性别认知对于那一时期的立法者而言是一个难以逾越时代的难题，关于性别问题，即使对于当今的立法也是一个亟待解决的难题。这也是一个立法技术的问题。立法技术是一种特殊的技艺理性，其需要立法者具有实践经验和理论知识。立法者只具有实践经验是不够的，如果如此，其立法只能是描述性的，或仅局限于对事件的描述，不具有概括性，其规范适用对象也是狭隘的。立法技术，应当既具有实践知识，也应当包含理论知识。清代立法从报复主义的角度出发，对于男女之间因言语侵犯（不分有心无心之别）而产生的女子自杀处罚皆采用从重处罚，为处于弱势地位的妇女提供了保护机制。但这种感性的报复，在保护妇女的同时，也放纵了她们对男性"报复"的自杀行为。

清代省例的决策机制与共识形成

——以《湖南省例成案》为素材

杜　金*

摘　要："省例"意指省级政府制定和颁布的规范性文件，通常被视为地方性立法。清代《湖南省例成案》收录的大量公文，记录了官场围绕某些行政和司法问题的决策过程，反映了省内官僚机构的行政流程与内部层级，以及中央与地方的权力关系及运行机制。省例的出台有官方启动和民间启动两种模式，无论采取"自上而下"还是"自下而上"的决策方式，议案都需要在科层组织中逐级审议，达成形式性或程序性的共识。层层详报和审议的公文流程也是信息交流和集思广益的共识形成过程，经由官场商谈形成的集体意见以省例的面貌呈现于世。但这种"集体决策"未必是实质意义上的"共识"，更多是通过组织内部的逐级背书，使决策获得程序意义上的合法性或正当性。

关键词：清代　省例　动议　决策　共识

一、背景与旨趣

18 世纪的中国被誉为"康乾盛世"。帝国疆域进一步扩展和巩固，政治稳定、经济发展、人口增长，甚至处于高压控制下的思想文化也在夹缝中显露出某种繁荣。然而在盛世的表象之下，各种危机潜滋暗长，陆续浮出水面，成为帝国治理中亟待解决的棘手难题。翻阅乾隆年间及此后编撰刊刻的各种"省例"可以发现，这种"治"与"乱"相伴而生的格局，乃是省例陆续产

* 杜金，法学博士，中山大学法学院副教授。本文部分内容已刊载于日本中国史学会编，《中國史學》第 32 卷，2022 年 10 月；感谢寺田浩明、黄国信教授在资料方面给予的帮助。

生的政治背景。而《大清律例》以及"部章"（部例）的相继出台，则是各省制定、汇编和刊行省例的制度语境。省例的土壤和根基，依然是中央政府制定的律例和部例。就法律结构而言，虽然省例的出现是为了回应地方治理中的问题，弥补中央立法可能存在的不足和疏漏，但并不能脱离中央制定的法律框架和制度基础。

　　所谓"省例"，意指省级政府制定和颁布的规范性文件，通常也被视为地方性立法。[1]据考证，作为法律术语的"省例"一词，始于清代，在乾隆年间的法律文书中已经颇为流行。[2]这意味着清人对省例的政治功能和法律价值，已有自觉的认知。[3]不过，地方法规之类的概念，在当时尚未形成统一和规范的用法，如《治浙成规》《成规拾遗》《晋政辑要》《西江政要》《福建省例》《广东省例》《粤东省例》《粤东省例新纂》《江苏省例》《四川通饬章程》《豫省成例》《豫省拟定成规》《山东宪规》《东省通饬》《湖南省例成案》《皖政辑要》《直隶现行通饬章程》等，表述不一，"省例"仅为诸多术语中的一种而已。由于它们性质相近、内容相似，[4]为了表述的方便，今天统称为"省例"。

　　关于省例的性质与功能，以及律、条例、部例、省例之间的关系，清人曾有简明的解释：

　　　　举凡通行部章，因时损益，所以辅律例之简严；通饬省章，因地制宜，所以阐部章之意指。[5]

　　　　条例是国家令典，天下通行，一律遵办。省例是外省申详事件酌定

---

　　[1]　将"省例"视为地方性法律或地方法规，是学界的普遍观点。不过，究竟如何理解那些被汇编成书的《××省例》的性质，仍有进一步讨论的空间。

　　[2]　参见杨一凡、刘笃才：《历代例考》，社会科学文献出版社2012年版，第346页。

　　[3]　法国学者丹尼斯·库什（Denys Cuche）认为，"词语的出现是为了回答在特定的历史时期、特定的社会与政治情境下出现的某些疑问、某些问题。用新的词语来命名新事物，既是提出问题，本身也是以某种方式来解决问题"。[法]丹尼斯·库什：《社会科学中的文化》，张金岭译，商务印书馆2016年版，第7页。我们并不能说地方法规是清代出现的新事物，但无论如何，以一种新的姿态来面对浮现出的新问题，以新的术语来表达和解决这种新问题，或许说明了清人对省例的政治功能与法律价值的新认知。

　　[4]　与其他省例相比，《晋政辑要》在性质和内容上有所不同。参见王志强：《清代国家法：多元差异与集权统一》，社会科学文献出版社2017年版，第30页脚注②。

　　[5]　（清）钟庆熙辑：《四川通饬章程》（清光绪二十七年四川谳局刊本），"夏时序"，载杨一凡、刘笃才编：《中国古代地方法律文献》丙编第15册，社会科学文献出版社2012年版，第387页。

章程，各就一省而言。[1]

　　律文一定不移，而定例则随时斟酌轻重，以补律之所未及；至于省例，则又推广定例之所未备。原系融会贯通，并无彼此矛盾，致有窒碍难行之处也。[2]

　　在中央集权的政治体制下，省例的性质实际上与律例、部例相通，只是效力位阶较低；当然，其适用范围有所不同，前者仅适用于一省，后者则通行于全国。条例和"部章"（部例）的特点是"因时损益"，当时代变迁导致原有的律例与社会情势脱节时，需要用其补充和调整既有的法律规范，以满足现实需要。"省章"（省例）的特点则是"因地制宜"，针对省内出现的社会问题而制定，以阐释、细化和补充中央立法，具有明显的地方性和局部性。或者说，条例和部例弥补因时间产生的制度不足，省例弥补因空间导致的制度漏洞。

　　受制于律例和部例，作为"封疆大吏"的督抚在制定省例时，实际上只有非常有限的决策权力和操作空间。如果省例涉及的事项较为重要，那么督抚批准之后尚待"咨准部覆"[3]，方能取得法律效力；而"奏咨有案，概归条例，以清界限"[4]之说，又意味着这类规范在法律性质上已经属于条例，不再是省例。清代部分省例汇编之所以仍收录"咨准部覆"的条例，显然是基于它们与本省事务有关，或是出自本省督抚的咨请。总体而言，省例乃是律例、部例以及"地区性特别法"之外的余数，仅有拾遗补阙的价值和意义。

　　除了将省例置于律例和部章的框架中，亦有必要从地方治理的视角进一步理解省例的特点与功能。清帝国幅员辽阔，天南地北千差万别，中央制定的律例和部例不可能事无巨细地涵盖种种情形。在此状况下，中央政府控制具有普遍性的重要问题，将区域性的琐碎细务留给地方官员自行处理，是一种合理且必须的选择，既可以实现简约治理的意图，也能够满足因地制宜的

---

　　[1]　（清）王有孚撰：《一得偶谈初集》（清嘉庆十年刻本），载杨一凡编：《中国律学文献》第3辑第4册，黑龙江人民出版社2006年版，第442页。

　　[2]　《西江政要》卷十，"窃盗三犯案犯查明恩赦前后分别辨（办）理"，清江西按察司刊本，中国国家图书馆藏。

　　[3]　（清）宁立悌等辑：《粤东省例新纂·凡例》（清道光二十六年刊本），载杨一凡、刘笃才编：《中国古代地方法律文献》丙编第10册，社会科学文献出版社2012年版，第16页。

　　[4]　《江苏省例初编·凡例》（清同治八年江苏书局刊本），载杨一凡、刘笃才编：《中国古代地方法律文献》丙编第11册，社会科学文献出版社2012年版，第533-534页。

需求。省例虽说"通饬一省"，但有些内容仅涉及省内部分州县的特殊问题，就像条例中那些针对特定区域和特定事项制定的"地区性特别法"一样。本文所要讨论的《湖南省例成案》，即收录了这类文书和章程，其事项之特殊和琐碎，有时甚至到了仅此一例的程度。

本文试图在官僚科层制和决策理论的框架中，讨论制定省例的动议是如何提出的，审议依据是什么，规则和共识又是如何形成的，进而解释省例的法律意义。从存世清代省例来看，其编纂方式并不相同。例如《粤东省例新纂》是以条例形式编纂，已经完全看不出原始文书的形态和踪迹；《东省通饬》虽然存有文书痕迹，但依然是明显的条例形式。[1]这两种省例，很难用来讨论条文背后的修订意图、决策机制以及规则是如何形成的。《江苏省例》是以文书的形式来汇编，可是编者对文书的流程信息做过掐头去尾的删减，也就剪切了决策过程的全貌。[2]《治浙成规》《福建省例》《湖南省例成案》都保留了公文流程；比较而言，《湖南省例成案》呈现了更原始的文书形态，也更适合作为决策机制与权力实践的分析样本。[3]

二、动议的诞生

自春秋战国封建宗法制度解体，君主官僚政治兴起并在秦汉帝国定型，律令、文书及其操作者法吏，成为帝制中国政治与行政实践中的核心因素。各种公文的类型、格式和术语，不仅体现了行政（包括司法）事务之间的差异，也反映出官僚科层制的权力结构和运行程序。文书或公牍，因而成为初登仕途的官员必须首先掌握的专门之学。清代中国的文书行政不仅继承了这一传统，而且变本加厉。从中央到地方的各种文书汇编，都体现出这一点。因此，

---

〔1〕 参见《东省通饬》（清抄本），载杨一凡、刘笃才编：《中国古代地方法律文献》丙编第13-14册，社会科学文献出版社2012年版。

〔2〕 参见《江苏省例初编》（清同治八年江苏书局刊本）、《江苏省例续编》（清光绪元年江苏书局刊本）、《江苏省例三编》（清光绪九年江苏书局刊本）、《江苏省例四编》（清光绪十七年江苏书局刊本），载杨一凡、刘笃才编：《中国古代地方法律文献》丙编第11-13册，社会科学文献出版社2012年版。

〔3〕 本文利用的《湖南省例成案》为清刊本，东京大学东洋文化研究所藏。全书存82卷，缺1卷（户律卷一），另有目录2卷；扉页记有"续增至嘉庆二十五年"和"本衙藏版"。详细信息可参见［日］寺田浩明：《清代的省例》，载［日］滋贺秀三编：《中国法制史——基本资料的研究》，東京大学出版会1993年版，第690-694页；杨一凡、刘笃才：《历代例考》，社会科学文献出版社2012年版，第353-359页。两书介绍的《湖南省例成案》均为东洋文化研究所藏本，不过统计结果略有差异。

从文书制作的视角来切入清代中国的行政运作，也受到了学者的关注。[1]本文将以《湖南省例成案》为样本，讨论文书的基本结构以及动议的启动方式。

(一) 文书结构

在国家与社会的"二元构造"背景下，我们可以根据受众的不同，将清代行政文书分为两类：一类是官方制作并在内部流通的文书，另一类是官方制作并向社会公开的文书。[2]《湖南省例成案》收录的基本为第一类文书，记录了湖南官场围绕某些行政和司法问题的决策过程。不过，为了实现地方治理的目的，有些文书也要求对社会公开，例如以勒石、板榜或张挂的方式颁布晓谕，使相关人等能够了解官府的意图和文书内容，并遵照执行。在《湖南省例成案》中还有一种文书，虽然本身没有直接向社会公开，但特别要求州县根据文书的决策内容和精神，制作告示，晓谕百姓。[3]本节关注的核心是官场内部的审议与决策，暂不讨论文书的受众问题，虽然受众对官府制定省例也会产生影响。

从官僚科层制的组织结构来看，清代行政文书分为上行文书、下行文书和平行文书。通常情况下，省例的形成过程——由提出议案到审议，再到督抚的批示和通饬，以及偶尔咨请部覆——包括了几种不同的文书类型。从这些文书中，我们可以看到清代行政体制的组织与流程，以及它们内部的层级与权力关系。以《湖南省例成案》收录的文书为例，套引在其中的大量禀或详即为上行文书，批、牌、檄是下行文书，为数不多的关移则属平行文书。[4]上行文书中偶有咨请部示的议案，下行文书中也会录有钦遵谕旨审议的内容。就此而言，作为省例汇编的《湖南省例成案》，除了反映湖南省内各级官僚机构的组织架构和行政流程，也在某种程度上体现了中央（皇帝和六部）与地

---

〔1〕 参见郑金刚：《文书转述：清代州县行政运作与文字·技术》，人民出版社2016年版。

〔2〕 参见郑金刚：《文书转述：清代州县行政运作与文字·技术》，人民出版社2016年版，第15页。

〔3〕 从受众来看，《湖南省例成案》收录的文书大致包括两类：第一类是针对湖南官场内部问题颁布的通饬，如《清理狱具部定样式》（名例卷一）等；第二类是针对地方社会治理问题通饬官民人等必须遵守的告示，如《屯田照民田例每斗收租一石帮费勒石永禁》（户律卷四）等。向民间百姓公开的文书，又可分为两种情况：①直接公开，如《民间置买产业执契收粮先令投税印契》（户律卷六）等；②间接公开，如《麻阳县民间置买田房不遵例投税不粘连司尾别经发觉照律详办》（户律卷六）等。

〔4〕《湖南省例成案》还收录了若干由诉讼启动的议案，因此夹杂了一些讯与供。虽然讯和供属于司法文书，不过由于这类议案本身的行政性质，我们仍可将其视为行政文书的组成部分。况且，清代原本就没有严格意义上的行政与司法的分化，将其统一视为行政文书亦无不可。

方（总督和巡抚）的权力关系与运行机制。

皇帝集中了一切国家权力，是官僚权力的来源；然而皇帝不可能亲自操控一切权力，不得已而授权给官僚群体。以皇帝为中心的政治体制，可以说是一种集权与分权混合的模式，也是皇帝进行政治统治和行政治理的基础。事实上，任何大型组织都有必要通过集权和分权的组织模式，实现合理有效的决策与控制；其组织架构，可以分为纵向和横向两部分。[1]清代中国当然也不例外。中央层面，从纵向组织来看，皇帝居于权力金字塔的顶端，六部则是落实皇帝意志的职能机构；从横向组织来看，六部属于平行的职能部门，因政事分化而设立。地方层面，督抚处于省级权力的塔尖，藩司和臬司襄助督抚进行官僚内部控制，它们同样是基于政事分化而产生。其下，则有道、府、州、县。但只有州县牧令属于"治民"之官，因而有"父母官"之称。[2]在这样的权力结构中，皇帝、督抚、州县构成了纵向的三个重要节点。[3]中央政府的皇帝与六部堂官，省级政府的督抚与两司，基层政府的州县与六房书吏，也就成为行政决策与实践的关键操作者。

清代中国的行政与司法的常规程序，便是在这样的制度架构中运作的，省例的决策过程也是如此。以《湖南省例成案》为例，在笔者统计的全书797件文书中，[4]有229件上级机关直接下发的公文，以巡抚谕令为主；有568件下级官员向督抚呈报的公文，其中除5件以外，其他公文结尾均有批示。这563件录有督抚批示的上行公文，可视为经过了审议的议案。议案基本由省内各级官员主动或依巡抚指示提出。相当多的议案始于县、州、府，也有一部分议案来自两司或河、粮、盐道这类职能部门。典型的公文流程大致为：①州县以禀或详的方式，提出议案；②巡抚（督抚）往往批示布政司或按察司审议，或由两司共同审议；③两司接到巡抚（督抚）的批示之后，通常不会直接审议，而是转发给府一级；④同样，府也会转给最初提案的州县或辖区内其他州县讨论；⑤州县将审议结果送交府；⑥府在此基础上提出

〔1〕 关于大型组织的集权与分权、纵向与横向的理论分析，参见［加］亨利·明茨伯格：《卓有成效的组织》，魏青江译，中国人民大学出版社2012年版，第129~159页。

〔2〕 这里描述的清代中央与地方的组织架构，只是一个"极简"的版本；同时，这一描述也仅是为了分析《湖南省例成案》所做的概括。

〔3〕 参见徐忠明：《内结与外结：清代司法场域的权力游戏》，载《政法论坛》2014年第1期。

〔4〕 根据目录，户律卷一尚有7件文书未计入；因此全书共计收录804件文书。

自己的意见，详报两司；⑦两司审议能否采行，并详请巡抚（督抚）定夺；⑧巡抚（督抚）一般认可两司的结论，并下达执行，"通饬各属遵照"。文书流程如图1所示。

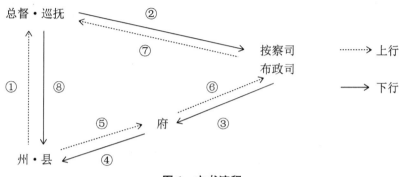

图1　文书流程

（二）启动方式

就《湖南省例成案》收录的文书而言，省例的出台包括两种模式：（1）官方启动模式，即各级官员主动收集和反映地方治理中的具体问题。具体又可分为：①自上而下，省级官员向下级官员征求和收集意见；②自下而上，下级官员向省级官员请示和汇报。（2）民间启动模式，例如百姓向官府陈情，以及诉讼案件引发的官方讨论。通过这些议案的提出与审议，我们大致可以看到在省例的形成过程中，提案者、审议者和决策者各自的关怀与导向，不同身份的参与方对议案的影响，以及他们所考虑的法律依据与现实因素。

清代中国的政治体制中，谁享有"立法"的权力，律例并没有明确规定。似乎只要是官僚群体中的一员，便有制定相应规则的权力。例如州县官员可以在辖区内颁布告示，甚至民间社会可以制定乡规民约和家规族法——它们在某种程度上也被视为具有"法律"意义的社会规范。一方面，立法权极其分散和多元；另一方面，这些规则的法律效果并不那么确定。[1]一个建立在

---

〔1〕寺田浩明在讨论"告示的效果"时曾经指出，"通过对史料的考察，得到只能是'效果各不相同'的回答"。参见［日］寺田浩明：《清代土地法秩序"惯例"的结构》，载［日］寺田浩明，王亚新等译：《权利与冤抑：寺田浩明中国法史论集》，清华大学出版社2012年版，第99－101页。《湖南省例成案》收录的很多告示是针对同一问题反复刊示晓谕。这固然体现了地方官员禁革陋俗的强烈意图，但也意味着这些告示的法律效果相当有限。

农业经济和儒家意识形态基础上的巨型帝国，其治理能力的不足，导致了法律的决策分散与结构多元；而官方既希望社会进行自我管理，又想实现帝国集权控制的暧昧态度，这带来了法律效力与效果的不确定性。

以《湖南省例成案》为例，动议的提出可以概括为以下几种情形：

（1）督抚命令。在《湖南省例成案》收录的文书中，由督抚直接下令制定省例的情况为数不少。作为一省最高长官，一旦他们谕令下属制定规则，这项工作通常会得到广泛响应。一般而言，在科层化官僚制决策活动中，发布决策指令的官员位阶越高，决策适用的范围就越广，牵涉的利益群体人数也会相应增长，其所需要的信息资讯就越多。问题在于，位居省级权力"金字塔"顶端的督抚，往往缺乏决策所需的信息资讯，单凭一己之力很难拿出切实可行的方案；发动下属参与决策过程，既可以收集必要的信息，又能获得备选的决策方案，还可借此考察下属的行政能力，一举而三得。

督抚谕令的省例制定，大致又分为两种情况：一是在广泛咨询社情民情基础上讨论规则的制定，例如《地方利弊应兴应革各条》（户律卷五）中，湖北湖南总督上任不久便发布宪牌：

> 兹当下车伊始，其间民生休戚、法治张弛、斟酌因革之宜，一时未能周知，所有共事文武各官，一切风土民情，自有正知灼见，但因地制宜，区画各异。……一切纲纪所在，难以枚举，合就通行咨询，备牌行府，照文事理，查明该地方确有何利何害，当何如见之施行；孰缓孰急，各宜直抒己见；或详或禀，缕晰批陈，本部院虚衷采择。不特藉觇才具，并得裨益地方。若掇拾陈言、虚应故事，并以必不可行之事妄呈臆见、混乱章程，则一概毋庸具覆，各宜凛遵。

虽然文中列举了若干咨询条款，包罗地方治理的方方面面，不过真正纳入讨论的问题只有宁乡知县提出的两条：①请变通推收之法以杜漏脱；②请禁止无益之会以惜民费。即便是这两条议案，经过各级官员层层审议，最终还是被否决了。在《湖南省例成案》中，还有很多这类仅以重申律例了结议案、"通饬遵照"的文书。就此而言，以"省例"命名的文书汇编，并不完全具有地方立法的性质。

二是针对某一具体问题讨论规则的制定。在《民间置买产业执契收粮先令投税印契》（户律卷六）中，湖南巡抚提出的民间不动产交易缴纳契税的问题，"备票行司，照文事理，即将民间买卖田房务令粘连契尾，毋得私行投税，至如何可杜假印诓骗之弊，一并悉心妥议，详候核夺"。接到巡抚指令之后，布政使汤聘随即转饬属下讨论。文书声称，通省十三府州及其下属州县官员都参与了讨论，"议覆各情词未必尽同，而立法设方，重申禁令，颇亦周悉"。布政司审议之后，不过是重申了律例及该司曾经奏请部覆议准的原议，并未提出具体的新规；巡抚则批示"仰即一并通饬，实力奉行，仍出示晓谕，毋再沿袭陋习，致滋弊混"，同样没有形成具有规则意义的省例。

（2）下级请示。下级机关会根据现实需要主动提出制定省例的动议，其中以位于治理前线的县、州、府居多，布政司、按察司、督粮道、驿盐道等职能部门亦有不少。有时，州县也会将自己在辖区内颁行的"劝谕"和"禁令"性质的告示，禀请督抚批准。一经批示通饬遵行，就从"县例"上升为省例；其适用范围就不再局限于一县一州，而是通省适用。对于州县提出的动议，督抚未必照单全收，往往在修改的基础上予以批准。例如在《安邑湖荒地亩逼处洞庭滩涨靡常难以起科》（户律卷四）中，澧州安乡知县提出了三条动议，其中一条被驳回，其他两条被批准，"通饬所属一体遵照"，具有了省例的意义。不过督抚批准的动议或告示，仍有可能只适用于最初提出议案的州县。以《代书每词给钱十文》（刑律卷八）为例，湘乡知县提出了酌添三十名代书、每词给钱二十文的议案；知府和两司审议认为与定例相符，但人数应减至十五人，每词收费十文足矣；抚批"如详转饬遵照"，意味着虽然批准了修改后的议案，却只针对湘乡一县，并未上升为省例。有些动议虽然最终获得"通饬遵照"，但未必产生新的规则。以《民间置买产业于契内将四至亩数界址登载明白》（户律卷五）为例，在请示总督的详文中，溆浦知县指出了民间典卖产业之弊病及其原因，并提出革除弊病的方案和理由。对此，布政使回复称，府州及其所属州县"详覆率多详称于民实有不便者，亦有详称似属可行者，各见参差，惜词不一"。布政司以定例已极周详、办理诸多不便两条理由，否决了王弘曾的议案。最终，布政使仅提出了"应请通饬，嗣后买卖产业务于契内将四至亩数登载明白，以免衅争"的建议。该项议案参与讨论的官员虽然很多，审议结果仍不过是重申既有办法，并由巡抚"通饬遵照"了结议案，也谈不上制定了规则意义上的省例。

（3）诉讼案件。争讼表面上只是两造之间发生的事情，但也会暴露风俗良窳、官场舞弊、律例缺失等诸多问题。毕竟，争讼总是处于社会风俗和人际网络之中，也摆脱不了官府和法律等外在制度结构的约束。有时两造之所以将争讼提交衙门，并不只是为了解决已然存在的冲突，可能还希望据以传递信息，将地方社会发生的问题呈报官府。至于越诉、上控和京控，不仅有放大事件、引起上官乃至皇帝关注的效果；也是一种抗争策略，既可以"摆脱"初审官员的操控压抑，又有可能"反制"原审官员。总之，除了解决两造之间的争端，诉讼也可以成为一种暴露社会问题进而促发改革和完善的契机。《湖南省例成案》即收录了多件因诉讼而制定的省例。以《麻阳县民间置买田房不遵例投税不粘连司尾别经发觉照律详办》（户律卷六）为例，原告麻阳县民刘一甲等人采取越诉之法，径赴巡抚衙门状告麻阳县蒲知县违法"复税"。从审理结果来看，这是一起原告为报复知县而提起的诬告，却也成为省例产生的契机。其审议结论除了个案的处理，还包括"通饬剀切晓谕，嗣后令遵例投税，毋得贪减税银，请印白契。该州县如私印白契、不粘司尾、侵隐课税及擅差滋扰等弊，察出参究不贷"。

（4）百姓陈情。帝制中国固然属于皇帝集权专制，不过"民惟邦本，本固邦宁"[1]的政治理念亦有深厚的历史传统。[2]通过采风观谣和体察民情，将风俗民情吸纳到政策之中，落实到实践之中，成为中国行政的传统。采纳民情可分为两种类型：一是官员主动到乡村了解民情；[3]二是百姓到衙门陈述民情，即由百姓向官府陈情因而引起制定省例的动议。[4]以《偷牛贼犯照律定拟仍带铁铃小枷与贼犯一体充警》（刑律卷四）为例，衡山县民陈道一等人就盗卖耕牛的问题向总督呈递了陈情书，总督对此做出了积极回应，认为"盗卖耕牛，最为民害，屡经严行饬禁在案。若得立法稽查，可以涮除积习，诚与农人有益。仰南按察司确核妥议（详）报"。从"若得立法稽查"来看，已有制定相关条规的意图。随后，湖南巡抚也作了批示，"仰按察司遵照督部

---

〔1〕 引据（清）王鸣盛著，顾宝田、刘连朋校点：《尚书后案》，北京大学出版社2012年版，第717页。

〔2〕 关于中国"民本思想"的系统梳理，参见金耀基：《中国民本思想史》，法律出版社2008年版。

〔3〕 例如《劝民勤俭以裕衣食并掘蛟之法》（户律卷四）。

〔4〕 例如《查明黄灰砂石听民采取烧灰以资播种仍饬附近铅垅照旧封禁》（户律卷八）、《典商当贼盗赃物差票提起贼赃追还当本》（户律卷三十三）、《示禁凶徒强借谷石以及富户高抬时价并违禁取利纵放牲畜各条》（刑律卷一）、《递解人犯到驿任听择店投宿于某街某店即令某街保甲派拨支巡不许拉扯附近居民》（刑律卷十七），等等。

堂前批一并妥议详报"。衡州府将批示转饬所属衡阳县、衡山县、耒阳县、安仁县、长宁县、酃县审议，各自提出了不同意见。在此基础上，衡州府和按察司又提出了自己的审议意见。虽然没有采纳陈道一等人的提议，却形成了若干杜绝盗卖耕牛的管理办法和惩罚措施，也得到了巡抚批准，"如详通饬，实力奉行"。

以上，笔者梳理了动议产生的机制与主体，由此或可了解省例是基于什么原因、由谁启动以及决策程序的大致情形。不过这仅是就省内而言，事实上制定省例的动因尚有可能来自朝廷的意旨。[1] 在这种情况下，制定省例就不只产生了省内官民之间与官场内部各级官员之间的互动，还引发了中央与地方之间的互动，省例的特殊性与普遍性之间也随之产生了张力。朝廷介入或启动省例的制定，更反映出清代中国政治权力纵向一体化的集权特征。从《湖南省例成案》收录的这类文书来看，湖南各级官员确实是在积极行动和认真讨论，但他们并没有制定具有规范意义的条款，而仅表达了"实力奉行"的态度。之所以如此，或许是因为督抚担心自己拟定的规则可能与中央的意图以及律例、部章不符，而被驳回或被否决。

三、"合法律性"审查

从《湖南省例成案》来看，无论采取"自上而下"还是"自下而上"的决策机制，决策信息都需要在官僚科层制的组织架构中经过层层审议，最终达成形式性或程序性的共识。在官场内部审议提案的过程中，通常要求审查议案与中央律例是否符合，于地方治理是否有益无弊。如果满足这两个要求，就有可能获得共识或批准，并以省例的面貌呈现出来；否则，可能被否决或议而未决。囿于篇幅，本文主要讨论省例制定的"合法律性"审查，暂且不论地方治理中的现实问题。

动议在审议中因法律依据而被否决或部分否决，主要有以下三种情况：

（1）法律渊源的冲突。《民间开垦田地报明升科隐匿照例治罪》（户律卷四）记载，乾隆二十二年署通道县知县沈惪祖禀称，由于民间垦荒长期"沿

---

[1] 例如《饬民息讼劝课农桑》（户律卷七）、《采买仓谷听官商各自交易严禁牙行不许高抬时价》（户律卷三十四）、《严禁讼师讼棍诬告越诉》（刑律卷十）、《修筑堤塍照旧办理章程毋庸更改》（工律卷一），等等。

习不报"，甚至产生刁佃、土豪挟制占争和讼端纷起的社会问题，因而建议落实乾隆十六年"清查漏升垦田，晓谕民间首报，照例分年升科"的圣训，以及汉苗杂居地方"只示令民人首报，其苗人田地概免呈首"的通饬。并照乾隆十八年奉准部咨请定报垦给照之例，"刊刻执照，钤印编号，颁发下县，出示民间"。令业户将垦荒亩数如实填写，呈报州县查验，再由州县发给业户收执。鉴于"刊刷执照不无工费，应请酌令业户领照一张，纳钱一文，解充纸张刊刷费用"。该议案既征引了皇帝的圣训，又考虑到咨部批准的先例，甚至援引了督抚的通饬，规范依据和道理都看似充分，然而这一提议并未得到全部批准。

在对该议案进行审议时，靖州知州吕宣曾提出了反对的法律依据：一是"乾隆十六年因龙阳县大围堤升科一案奉户部奏准"条例；二是已有荒地开垦升科定例；三是"如果水冲坍塌，尚有具题请豁之例"。其结论是，沈惪祖所请之"垦户随时报勘升科之处，殊觉漫无区别，与例不符，不便仰请入告"。至于"该署令禀请由宪台衙门刊刻执照印发州县，俟业户呈报垦荒、勘明填给之处，原系乾隆十八年通行定例。因南省各州县向未申请，未奉颁行。嗣后如奉刊发，则较之地方官给发印照自觉更有稽考"。"刊刻执照工费无出，应如该署令所请，着令业户领照一张，纳钱一文，解充应用。"署布政使司事按察使夑舒基本上同意了靖州知州的意见，但否定了关于刊刷执照费用的建议。提出"殊觉琐细，且恐启胥役需索之端，似应令各州县照契纸之例，捐备纸张，赴司刷印领回应用"。

在科层化的身份与权力结构中，处于不同位阶的官员，思考问题的视角也存在着差异。就这份文书而言，知县对法律依据的考量不如知州严谨完备，着眼之处有些琐碎，更关注税粮能否足额征收；藩司的视角则更宏观一些，也更留意是否"便民"的实施问题。这种情况并非个案，而是省例决策文书中的普遍现象。

（2）法律援引和理解错误。在审议省例提案的过程中，各级上司（特别是两司）非常关注议案的法律依据，也很留意州县官员对法律的援引是否全面、理解是否准确的问题。以《因夫逃亡及无故不娶并两不和谐情愿离异各条分别议断》（户律婚姻卷十）为例，醴陵知县详请严禁将妻嫁卖恶俗，出妻改嫁须赴官讯明，不告官而擅自改嫁者严惩治罪。这一建议遭到长沙知府的强烈反对，指出知县对法律理解的严重错误，"除犯奸律外，出妻律内并无告官听夫去留之文，是可知止令归宗，不许嫁卖"；知县"欲正风化，反当官开一败化之端"。至于严惩一节，"原情论罪，律义本至精当"，知县的建议却混淆了多条律文。藩臬两司认可了知府的审议，并征引律条原文，做了精准的解释，同样认为知县的议案将律文中的离异归宗原意变为告官改嫁，于律法不平、风化不正；又将买休卖休、嫁娶违律、典雇之律混为一谈，"变乱章程"。较之知府和两司的意见，醴陵知县建议整饬恶薄风俗的用意固然不差，但法律依据完全站不住脚，理解也有严重错误，议案遭到否决乃意料中事。[1]

（3）对他省先例的态度。除了遵循朝廷颁布的律例和部章，[2]在审议提案时，为了使待议的省例依据充分，增强决策的说服力和可行性，地方官员有时还会参考他省制定的相关省例。这种情况在《湖南省例成案》中不乏例证。不过与朝廷的律例和部章相比，他省之省例，只有参考价值，而没有约束力；地方官员既可以将其"移植"到本省，亦可以不予采纳。在《定罪解审发回之犯着穿赭色衣服前后大书地方姓名》（刑律卷十八）中，平江县知县针对湖南州县存在囚犯越狱，以及押解途中脱逃之事，为便于保甲、歇店识别与官府缉获，建议把四川的做法移植到湖南来。按察使却提出了很多反对理由，认为"川省行有成效，此系各处办理情形不同，既未奉有定例通行，别省势难画一。今遍行照此置换，于制度似觉更张"。在臬司看来，他省取得成效的省例，并非本省采纳的理由。不过，巡抚还是批准了知县的建议。在这一文书流程中，决策意见在知县、臬司与巡抚之间来回摆荡。采纳与否，

---

〔1〕 湖南巡抚也持这种看法，认为"该县请禁四条，不但为醴邑起见，亦深中湖南通省积习。苟严行示禁，于人心风俗未必无补。至请改定处分，则诚属不必。该司等援按律例，辩论明晰，仰即如详饬遵"。

〔2〕 值得一提的是，有些情况下，即使编入会典的条款也未必被省内官员认可。例如在《楚南恶风因贫卖妻随时酌办　民间祖遗荒山私自垦辟私卖别人议还工本按股均分》（户律卷九）中，沅陵县知县基于当地的卖妻恶风，提议："嗣后有将妻嫁卖与人，审明后照会典内载家贫将妻不告官嫁卖与人为妻妾，依不应，妇人仍归后夫断结。通禀各宪檄行。北臬宪议详，如审系后夫知情买娶，及妻妾被夫欺骗嫁卖，并虽经卖嫁尚未成婚，仍应断回，以全名节。其审系后夫实不知情，而妻妾自甘失节，商同嫁骗，即照会典所载断归后夫。详奉院宪批行通饬遵照在案，故迩年北省嫁骗之风稍息。此案南省议未准行，今可否南省亦画一办理。"藩臬两司在审议时指出："查律载，用财买休卖休、和娶人妻者，本夫本妇及买休人各杖一百；妇人离异归宗，财礼人官，并无断归后夫之条，亦无断回前夫团聚之例。狱讼以律例为准，即使会典载有此条，而律例内既未纂入，自不便引用。……嗣后遇有此等案件，俱应随时揆悖斟酌办理，未便预立科条。"这意味着即使收入会典的条款，两司认为与律例不同，既不愿意援引来审理案件，更不愿意将其纂入省例之中。湖南两司和巡抚的这一态度，与湖北完全不同。

取决于决策者的态度，毕竟"因地制宜"是制定省例的基本原则。但对本省与他省情形是否契合的判断，取决于决策者的身份和权力。[1]

上述讨论似乎意味着制定省例必须要有准确的律例依据，否则就会遭到上司否决。总体上看确实如此，不过实际情况要复杂得多。省例既有可能填补律例的不足，扩展律例的适用范围；[2] 亦有律例存在漏洞和空缺时，仍不轻易填补的事例。在此，笔者各举一例作为说明。

其一，细化和补充律例。在《军流徒犯分别安置当差不许倚恃罪犯勒索养膳》（名例卷二）中，针对军流人犯在配所脱逃之事，按察使严有禧提出了"请定分别安置军流之法"的议案。他指出："近奉部议，山东按察使沈廷芳条奏：流罪系安插为民，终身不返，并无当差役使；军犯乃分编各卫入伍当差，即有卫所改隶州县，仍令军犯各充水草夫役，不得听其闲散。"问题在于"军流二项之中，其中原犯案情各有不同，作何安置当差，自宜稍为区别"。

---

〔1〕 参考他省之省例的议案，在《湖南省例成案》中还有一些例证。例如，在《楚南地方毋庸设立官媒》（户律卷十）中，善化知县因湖南不设官媒，骗婚之事层见叠出，提出"可否仿照江浙之例，俱令州县地方设立官媒婆"负责说合婚姻的建议。长沙知府在审议时提议"自应俯如该县所请设立官媒"。按察使却在指出设立官媒之弊端之后，得出了"原不必徒多方立法也，应将该县所请设立官媒之处毋庸议"的结论。巡抚批准了臬司的意见。又如，在《典当每年十二月初十日起至正月初十日止一月以二分息向赎》（户律卷三十三）这件文书中，巡抚要求属下提出减轻典当利息又不过分损害商人利益的改革方案，"与各省之例画一"。藩司在综合审议各属提交的方案时，提道："湖南典商向来以三分行息，今若照江浙等省一例轻减，原不过得利少轻，仍可营运。即现在典商停歇，民情趋利若鹜，自必仍有商人来楚开设，原可无虑其要挟。第三分之息，相沿已久，今骤然减至二分，恐奸商刁难，反与小民致有不便。……惟常德、澧州所议二分五厘之处，似属衷益平施，商民两便。"也没有采纳浙江等省的办法。《典商当贼盗赃物差票提起贼赃追还当本》（户律卷三十三）中，浙江商人呈送总督的陈词称，"窃查江南省典铺，分别内结外结，重案起赃给主、追本还商；外结之件认赃贮典，免利取赎。久经勒石遵行，商民两便"，并抄粘江省典商事例。布政使、按察使认为，"律例已属宽平，今典商叶仁和等以贼赃难辨、商本有亏为词，援引江南远年详案，欲将内结之案追赃给主，外结之案概令原主取赎。无论江省有无此议，难凭该商一面之词；即使所引属实，而各省情形不同，亦难强相比附"。驳回了浙江典商的呈请，"仍遵旧行定例，画一办理，毋庸轻议纷更，转致滋弊"。可见对于本省而言，他省之例只有参考价值，而不必照单全收。

〔2〕 以省例中规范与中央通行法的关系为标准，王志强将省例分为三种类型：（1）对中央制定法的简单重申；（2）以中央制定法为前提制定的具有解释意义的实施细则；（3）中央制定法没有相应规定时地方自定的处理办法。参见王志强：《清代国家法：多元差异与集权统一》，社会科学文献出版社 2017 年版，第 34 页。胡震基本沿用了这一分类基础，将省例划分为四类：（1）重述性规则（对中央法的简单重申）；（2）实施性规则（对中央法的再创造）；（3）补充性规则（对中央法的救济）；（4）变通性规则（对中央法的发展）。参见胡震：《清代省级地方立法：以"省例"为中心》，社会科学文献出版社 2019 年版，第 55-63 页。

从而提出了具体的管理办法，细化了律例和条奏之不足。这是乾隆二十四年的文书，三年之后，严有禧在《安置军流设法营生以免脱逃》（名例卷二）中再次提出"酌筹安置军流之法，以杜踈脱扰累"的议案，内容要比上件文书更加具体。这种做法既细化了中央立法的笼统规定，也补充了其不足之处。

其二，扩展律例的适用。《徒犯发配一体造具年貌箕斗疤痣清册移送配所查验以杜顶替》（名例卷二）则可以作为扩展律例适用范围的例证。按察使严有禧指出："递解军流遣犯，例应造具年貌、疤痣及十指箕斗清册，令沿途配所各官详细查验，以杜顶替。至徒罪人犯，系在本省定驿，其罪较轻于遣犯，是以历无造册稽查之例。"由于在执行过程中出现了"贿通解役，买人顶替"的情况，严有禧提出"嗣后凡有拟徒之犯，定案后令各州县照军流之例，一体造具年貌、疤痣、箕斗清册，一面报明，一面移解，责成沿途暨司驿之员按册查验"。严有禧将原本仅适用于"军流遣犯"的递解之法，扩展到了徒犯。当然这种扩展并没有损害徒犯的切身利益，而是为了完善递解的管理办法。

其三，即便律例空缺，仍不轻易填补。《幼抱养媳或为嫂或为弟妇兄亡弟续弟亡兄续酌量情节分别定议》（户律卷十）提供了例证。由于律例对于尚未成婚的童养媳之兄亡弟续或弟亡兄续未作规定，"向来州县办理无所适从，类多草率完结"，却又关乎人伦大事，辰谿县知县提出了"可否请以兄亡收嫂、弟亡收弟妇之律，酌减满徒科断"的议案。在审议时，辰州府知府考虑到穷民迫于生计不得已而抱养幼媳、自幼抱养在家日久生情以及相沿积习，认为若以徒刑论处，似觉太重，建议"照不应重律拟以重杖，仍照嫁娶违律之条"论处，以收"情法两平"之效。藩臬两司在审议时却不愿意制定填补律例"漏洞"的省例，理由在于：乡愚罔知礼法，"相沿既久，习惯成风"，恐难一概治罪；"若一旦绳以峻法，似觉情堪悯恻，若如该府所议，仅予一杖，更恐立法太轻，小民玩视"；与其预设科条，不如临时斟酌。就司法程序而言，徒罪以上案件必须进入审转程序，而这种相沿成习的婚姻，必定为数不少，如果依法定拟，未免审断压力过重；而交由官府临时斟酌，地方官员就有了回旋余地。就此来看，方便地方官员进行日常司法，也是制定省例考量的一个因素，否则不免作茧自缚。

四、"合法性"共识的形成

（一）决策的权力

虽然民间百姓的诉讼和陈情可以成为制定省例的契机，但是参与决策的主体仍然是省内各级官员；个别情况下，远在京师的部臣和皇帝也会参与省例的制定。因此，省例是"官场"决策过程的产物。所谓"官场"，是由正式制度和非正式制度建构起来的包括了身份等级、科层权力、关系网络以及运作程序的制度架构。它也是一个虚拟的空间结构，不同位置的官僚，其决策行为也会受到身份、权力的约束和影响。这种情形类似于法国社会理论家皮埃尔·布迪厄（Pierre Bourdieu）提出的"场域"概念。[1]尽管"官场"是一个具有公共论坛性质的制度空间，参与省例制定的官员均有表达各自意见的权力，然而终局意见的形成不只取决于是非错对或合理与否，更取决于决策者所处的位置。

在现代学术语境中，决策研究已经形成了非常复杂而精致的理论成果。《决策的艺术》一书提出了分析和解决复杂决策的五个核心要素：问题、目标、备选方案、结果和取舍；同时要考虑不确定性、风险限度和相关决策。[2]这些要素可以作为决策是否合理有效的评判依据。美国学者詹姆斯·G. 马奇（James G. March）提出的包括规则、身份、权力与信息的决策分析框架，[3]对理解传统中国的决策机制亦有帮助。寺田浩明关于清代中国审转程序中"公论"形成机制的讨论，也是值得参考的分析框架。[4]

基于上述框架，我们可以看到知府否决州县、两司否决知府、督抚否决两司、中央否决地方省例议案的情形，却不会出现相反的例子；但官阶低的官员可能会推翻官阶高的前任所作的决策。州县的议案虽然来自地方治理的

---

〔1〕 参见［法］皮埃尔·布迪厄、［美］华康德：《实践与反思：反思社会学导引》，李猛、李康译，中央编译出版社1998年版，第133-140页。

〔2〕 参见［美］约翰·S. 哈蒙德、拉尔夫·L. 基尼、霍华德·雷法：《决策的艺术》，王正林译，机械工业出版社2016年版，第5-10页。

〔3〕 参见［美］詹姆斯·G. 马奇：《决策是如何产生的》，王元歌、章爱民译，机械工业出版社2013年版。

〔4〕 参见［日］寺田浩明：《清代刑事审判中律例作用的再考察——关于实定法的"非规则"形态》，《"非规则型法"之概念——以清代中国法为素材》，载［日］寺田浩明，王亚新等译：《权利与冤抑：寺田浩明中国法史论集》，清华大学出版社2012年版，第352-354页、第371-392页。

可靠信息，但在官僚科层制的纵向结构中，上司完全可以凭借自己的官场位置予以否定。不过这种决定权不轻易跨越层级来直接行使。两司作为专业性的职能机构，是决策的过程的关键环节，巡抚通常照章批准两司的意见。[1]层层详报、层层审议的公文流程是一个交流信息和集思广益的共识形成的过程，看似烦琐，但其更重要的意义是为省例的决策获得程序上的正当性或合法性。

收入《湖南省例成案》的公文显示，无论由谁提出议案，一般都以巡抚的批示正式启动审议程序，并以抚批结束。由总督批示启动审议的不多，以督批结束的更少。在563件文末录有批示的文书中，除1件以外，[2]均有抚批。其中有305件公文，巡抚批示后尚有"仍候督部堂批示"或"仍补详督部堂批示"之类的表述；不过续抄督批的仅有7件。当然，汇编的公文基本只有抚批而无督批，可能与这些文书抄自的衙门有关。[3]另有1件禀文，文末先由督批"……仍候抚部院批示"，再续抄抚批"……仍候督部堂批示"。[4]类似的督抚"交叉批阅"虽然在文末只出现了8次，但在文书中间套引的批示中并不少见。清代大量行政公文以这种抚批"候督批"、督批"候抚批"的形式结束审批流程，反映了督抚批示的程序功能以及二者之间的权力关系。尽管总督的品级高于巡抚，但他们并非上司和下属，维持着彼此独立而又相互制衡的关系。[5]

还有254件文书末尾的抚批并未提到"候督批"，即这些议案无须总督审议和决策。哪些事项需要总督批示，哪些巡抚可以决断，似乎没有明显的规

〔1〕 关于两司的审议职能及其作用，可以参见［日］谷井阳子：《清代则例省例考》，载［日］寺田浩明主编：《中国法制史考证》丙编第4卷《日本学者考证中国法制史重要成果选译·明清卷》，郑民钦译，中国社会科学出版社2003年版，第157-158页。《湖南省例成案》收录的文书中，仅有极个别督抚否决"司议"的情况，例如《定罪解审发回之犯着穿赭色衣服前后大书地方姓名》（刑律卷十八），平江知县提出的禀请被臬司审议否决，但巡抚却不认同臬司的意见，批准了知县的提议。

〔2〕 参见《自尽命案如所告情节重大不准中途拦检》（刑律卷七），文末只有督批："如禀通饬遵照，仍补禀抚部院核示。缴。"另有两件文书虽然也录有督批，但时任总督的吴达善兼署湖南巡抚，其督批本身也是抚批，参见《小押毋许违禁取利及知情故押贼赃除照律治罪外仍不许复开小押》和《典商当贼盗赃物差票提起贼赃追还当本》（户律卷三十三）。

〔3〕 上司批示后，将带批示的详文原件发还下级机关存档，批示机关则保留详册和抄批作为副本存档。鉴于文书并非原件，很难做进一步的推测。

〔4〕《禁革词讼内恶薄字句》（刑律卷十）。

〔5〕 参见郭松义、李新达、杨珍著，白钢主编：《中国政治制度通史》第10卷·清代，人民出版社1996年版，第180-187页。

律。考虑到督抚异地办公，以及湖南官方在编纂这部汇编时基本没抄录督批，可否认为常规情况下，总督对湖南省内日常行政提案的批示只有形式意义？而巡抚作为一省的最高行政长官，对省内之事享有决断权。《巨风陡作房屋吹落瓦片专差驰禀毋任铺递玩延》（户律卷四）就是一个比较特殊的例子，虽然文书中间套引的抚批中有"仍候督部堂批示"之句（无督批内容），文末的抚批中却没有。如果不是漏抄，这或许意味着即便一项议案由总督审议过，抚批本身依然可以直接产生行政效力。

当然，有些情况下总督也会对抚批提出异议，《自尽命案如所告情节重大不准中途拦检》（刑律卷七）即是例证。对于巡抚第一次批准的议案，总督作出了"似未妥协，仰再另行妥议覆夺"的批示，启动了第二次审议程序。由于督批是第二次审议的直接原因，因此臬司审议之后直接禀呈总督审批，总督批准了臬司的禀请，但要求补禀巡抚批示。鉴于总督与巡抚在行政权力上彼此独立又相互牵制，因此对于省例审议报告的交叉批示，既是礼仪性和形式性的，也是制衡性和监督性的。

（二）审议结论的形成

通览《湖南省例成案》，绝大多数省例从提出议案到作出决定，都要通过不同程度的讨论或审议。如果议案复杂、涉及面广，为了充分吸取意见，有必要扩大讨论的范围。[1]审议结论可分为四种情况：全部同意属下的提案；完全否决属下的提案；部分同意、部分否决的提案；他省和中央参与决策的特殊情况。其中，后两种情况更能体现"共识形成"的过程。

（1）全部同意。在《清泉县严禁脚夫霸占码头及演戏擅用真刀各条》（户律卷三十四）中，清泉知县禀呈两条提案：严禁"脚夫霸占码头之恶习"和严禁"演戏擅用真刀之悍习"。按察使接到督抚批示后，"通行各府州转饬查禁在案"。之后按察使和驿盐道的会详中，在认可查禁的基础上又提出了若干具体措施："应请嗣后凡货物、米谷、行李上下，令各州县按地名远近酌中定价，示谕码头毋许逾额多索。如本家别处雇人挑运，听从其便。各脚夫不许

---

〔1〕例如在《民间置买产业执契收粮先令投税印契》（户律卷六）中，藩司提到"十三府州并各县详议前来"，意味着全省各级衙门的长官皆参与了讨论，而且提出的方案各不相同。在《民间买卖田庄谕令业户自封投税粘连契尾印给毋任胥吏包揽私税》（户律卷六）中，亦有"十三府州所属各州县详覆前来"之句。

仍前霸占行凶，如有违犯，一经商民呈报，立即严拿，按律治罪。其大小衙门需用脚夫，亦照依定价发给，毋得短少抑勒，致伊等藉为口实。"湖南巡抚对此做出了"仰再通饬，分别示谕，严行查禁"的批示。按察司和巡抚均同意了知县的提案，显然是出于维护挑夫市场秩序和确保百姓生命安全的期待。从文书结构来看，这件提案被审议了两次，第一次在事实层面做出"转饬查禁"的批示，第二次则是在规则层面做出"通饬遵照"的批示，也就有了省例的意义。

（2）完全否决。与全部同意州县提案相比，完全否决的情况要更多一些。例如在《将妻妾妄作姊妹嫁卖与人照律问拟……》（户律卷九）中，道州知州提出了四条议案：一是"嫁妻之风宜定条例以惩无耻"，二是"搜赃之害宜请严禁"，三是"改适孀妇宜立法矜恤"，四是"各堂所宜请酌减"。永州知府对此逐条审议，提出了详细的否决理由。概括而言，对于知州提出的问题，知府实际上并没有原则性反对；之所以否决提案，可能是因为知州更多着眼于当下遭遇的问题，知府则要考虑议案的律例依据、可行性与操作性。针对第一条议案，知府指出："此等刁恶，尤为人心之害，此唐牧所以严定条例之请也。"然而指出："卖妻骗财定例已有明条，捏词诬告加等，自有定例。遇有犯者，应照依律例问拟，似可毋庸再为区别。"针对第二条，知府明确表示："窃犯交保邻约束收管，原欲使之改过自新，若以通乡之人勒写包管，凡有失窃不论有无赃据，遽至其家，不分内外男女，遍行搜查，逼勒赔赃，实属教人偷窃，遏其自新之路。此种恶习，应请严饬禁止。嗣后如有此等事件，发觉拟请比依诬良为盗究处，毋以犯窃有案而从宽。"后两条提案，知府的审议思路也是如此。最终结论是"请严饬遵照定例实力举行"。布政使和按察使完全同意知府的审议结果。面对两种方案，巡抚与通常的做法并无不同，认可两司的审议结果，批示"如详饬遵"。

（3）部分同意、部分否决。这种审议结果可以说是《湖南省例成案》中的主流，也最能说明在意见不一的情况下，程序性的决策共识是如何产生的。以《民间词讼禁止滥批乡保查覆 征收钱粮令民自封投柜》（刑律卷八）为例，岳常澧道副使提出了两条议案：一是"州县词讼滥批乡保查覆之习宜除也"，二是"经收钱粮州县应照例办理也"。两司在审议时并无不同意见，仅予适当修正。针对"本道现在严谕所属州县毋得滥将词讼批发乡保"的笼统操作，两司作了进一步区分："嗣后如遇婚姻中之抢夺，及盗卖盗买之田土，并争斗有关伦理，其情事非属细故者，不许概批乡保调处，自图安逸，致滋民累。"岳常澧道与两司不同观点在于，前者认定州县将词讼批予乡保调处，是因为懒于听断或自图安逸；后者则认为除"既未敢置之不问，又不便概行差拘"之外，尚有息事宁人和杜绝胥役索诈的效果。共同点则是都担心乡保族邻藉端需索。巡抚在批示中认可了岳常澧道的提案，认为"地方乡保例止稽查盗逃、赌博、私宰耕牛及呈报命案、失火，是其专责。其余民事，岂宜干预。州县亲民之官，凡遇词讼应行受理者，事无巨细，俱应躬亲剖决，岂可批发乡保，致伊等贪利营私，拖延滋累"[1]。

省例制定中决策共识的形成，可以说是参与审议的官僚之间"求同存异"的过程，即寻找合理有效方案的过程。不过决策者的位置仍发挥着关键作用，被巡抚否决的两司的审议意见，实际上更契合清代司法实践的真相。清代律例对州县司法责任有严格规定，词讼公事"不得辄行批委"。[2]但司法实践中为了达到"息讼"和"政简刑清"这种官方意识形态宣告的目的，把词讼纠纷批予乡保调处颇为常见，[3]一概禁止恐怕是矫枉过正。另外，两司提出的区别对待方案，也符合司法实践的惯常做法。普通词讼属于州县自理范围，州县享有裁量之权；婚姻抢劫、田土盗卖以及事关伦常的争斗，绝大多数已属审转案件，禁止批委理所当然。再者，批委乡保固然有"择肥而噬"之虞，可是衙门审断亦不免胥吏衙役勒索，甚至更为严重。就此而言，巡抚批准道员的提案，并不意味着他们的决策比两司高明；恰恰相反，两司的意见应该更切实，也不违背主流的司法理念。提案最终是否被通过，其合理性与可行性的判断往往取决于科层结构中的相对位置，但以集体背书的方式获得更强的合法性。

再看《自尽命案如所告情节重大不准中途拦检》（刑律卷七）。臬司禀称，"近如衡阳县详报王廷献身死一案，先以自缢拦验通详"，分明有蹊跷；此后查出是争执引发的命案，"以此类推，皆由拦验之弊。应请嗣后凡遇自尽人命及身死不明等案，该地方官接到报呈，立即带领吏件前往相验。如有尸

---

〔1〕 将巡抚批示的理由与岳常澧道的禀文进行比较可以发现，虽然两者措辞存在明显差异，但是态度很一致。

〔2〕 田涛、郑秦点校：《大清律例》卷三十·刑律·诉讼，"告状不受理"，法律出版社1999年版，第479页。

〔3〕 参见黄宗智：《民事审判与民间调解：清代的表达与实践》，中国社会科学出版社1998年版，第108-132页。

亲中途拦验，概不许滥准，则尸伤有无立时可辨。讯取供情，通详立案"。巡抚认可了臬司的提案，批示："楚俗刁诈，自尽命案多有狡捏，据禀不准拦验甚是，仰即如禀通饬遵照。"然而总督持不同观点，认为"自尽人命准告免检，原指别无他故者而言"，王廷献身死不明却准拦验，这是知县的问题而非囿于成例所致。如果因此一概不准拦验，日后遇有年少妇女短见轻生、并无别故者，若必须露体相验，"似觉无以示矜恤，且恐顾惜颜面之家必致通同讳匿，因而地棍人等藉端挟诈捏报，反足以滋事端，似未妥协"。针对总督"另行妥议覆夺"的批示，臬司进行了辩解和申述，提出"自尽人命准告免检乃久奉定例，本司何敢遽请更易"；但湖南民风刁诈健讼，倘若开了准予拦验的口子，尸亲随意起灭诉讼，将官府玩弄于股掌。

平衡准与不准拦验可能产生的后果，是此次讨论所要解决的根本问题。为此，按察使提出了三条方案：①"凡遇自尽人命具报到官，该州县阅其呈词，并无别故，即先就现到之尸亲、见证、保邻人等查讯相符、毫无疑义者，仍照例准其免检，通详立案外。"②"如先以重大情词呈请往验，迨已至中途又称并无别故拦检者，先后变幻，即难保其并无弊窦，应不准其拦检，以杜后衅。"③"倘州县惮于往返，不行详慎查办，率准拦验，后经究出别情者，即行严揭请参。与例意既不相违，而案件益昭慎重矣。"总督表示认可，做出"如禀通饬遵照"的批示。臬司重新提出的方案看似完美，可操作起来未必容易。②和③或许问题不大，但是案件刚进入司法程序，全面深入的调查尚未开始，对于待审事实恐怕很难做出①中"毫无疑义"的精准判断。

（4）他省和中央参与决策的省例。虽然省例是调整一省内部事务的具有法律性质的规范，其最终决策主体应当为督抚，不过某些省例议案之提出，或与他省相关，或与朝廷相关。在这种情况下，他省或中央也会参与省例的审议。以《修筑堤塍照旧办理章程毋庸更改》（工律卷一）为例，这件文书详细记录了湖南官员奉旨展开省例决策的过程，其中还涉及广西和湖北两省的相关事宜。从文书流程来看，先由署理广西巡抚针对"湖北修堤之积弊"向皇帝奏请改革，皇帝下旨湖北湖南总督酌议；总督奉到朱谕之后，随即札行湖北藩司饬议；同时，总督又向湖南巡抚提出了湖南可否参照湖北一体遵照的提案。广西巡抚的提案，启动了湖北的事务，由于总督兼管湖北和湖南两省，又连锁启动了湖南的事务，引发湖南官场的讨论。

于是，湖南藩司"当即移会兼管水利之岳常道并有堤之长沙、岳州、常德、澧州四府州"，随后提出审议方案的有长沙知府及所属湘阴知县，岳州知府及所属巴陵、华容知县，常德知府及所属清军厅、武陵县、龙阳县、沅江县、澧州护知州事平江县知县，岳常澧道仓副使，总体意见是"仍照旧例"。在综合这些意见的基础上，湖南藩司建议"不如请照各府州县所议，仍循旧定章程遵照办理，以随民便"。湖南巡抚的态度似乎并不明确，只批了"据详已悉"。不过从这件公文收入时拟定的标题"照旧办理，章程毋庸更改"可知，巡抚应该认可了属下的审议意见。

这件奉旨讨论的文书虽然并没有做出新决策或制定新省例，但足以说明省例的提案和决策未必局限于一省之界域。在特殊情况下，它可能会超越本省官场，与他省和中央产生联系。如果跨省的广泛审议达成了决策共识，产生的省例的效力就有可能超越省界，成为相关省份的共同规范；它的性质也将发生变化，成为中央条例的组成部分，具有王志强所谓"地方性特别法"的性质。就此而言，省例的制定不仅是在一个错综复杂的权力框架中进行，也是在一套多元复杂的制度结构中形成。这件议案对省例研究的价值还在于，尽管它具有"奉谕"审议的特殊性，但是由于广西巡抚提出的革除"修堤之积弊"方案并不符合湖南的实际情况，最终仍不免被否决。在这个例子中，省例的地方性特征得到了湖南官场的维护，地方官员行使权力的自主性也得到了坚持。

在省例的制定过程中，是否"咨部"也是一个值得关注的问题，这是取得中央认可的途径。例如在《城步县原设田亩赏给通事王子仲等耕种今通事既已故革所有掣回田亩折收银拨充公用》（户律卷四）中，湖南巡抚批示"此项折银充公，应否咨部查核之处，仍速另议详夺"，县、府、藩司均答复该田亩原未详明咨部，因此"似可毋庸咨部"。又如在《牛行循照旧例有税者批解无税者各听其便毋容再行添设》（户律卷三十四）中，巡抚批示"查牛驴税每年原有额征之项，今设立牙行，事属创始，每行额定纳税若干，应否咨请部示，抑或仅止该州设立，毋庸通饬照办，详内均未议及，仰再核议详夺"。布政使答复：州县设立牙行原于雍正十一年钦奉谕旨，然而"楚南买卖牛只，设立经纪，印烙稽查，原为弥盗重农起见，应请照案通饬各属一体遵设，毋庸给以牙贴，并免咨部定额"。这两件文书所审议的事项其实都很琐碎，然而"咨部示覆"与否，却成为巡抚必须认真对待的前提。也反映出在地方官员权力实践中，尽管巡抚号称"封疆大吏"，其权力却受到了严格的制度约束。

有些文书还反映出，"咨请部覆"的议案必须得到"咨准部覆"，督抚方能做出决定。在《积匪等犯发伊犁等处请部示覆》（名例卷二）中，抚批"仰候咨请部示，覆到饬遵"，意味着来自中央的意见不仅具有参考性，也具有约束力。省内审议尚未妥帖之前，督抚甚至不敢轻易咨请部覆。以《屯田照民田例每斗收租一石帮费勒石永禁》（户律卷四）为例，漕院批示"屯田如有佃种不清，自应遵照部咨清理，办理妥协"；但又觉得布政司、督粮道对审议的事宜"详内俱未明晰"，"碍难汇题，仰再星速通查妥议，另详核夺"。由此不仅可以看出省内官场的权力运作，也能发现央地权力的互动关系。

综上，所谓共识形成，是指决策主体在商谈过程中产生的集体意见，也可以视为官场内部达成的公论。无论最初的议案是由谁来提出，最终的决策是由谁来拍板，经由官场集体商谈形成的集体意见，将以省例的面貌呈现于世，成为一省的法律规范。当然，这种"集体决策"未必形成实质意义上的"共识"，它更多是通过组织内部的逐级背书，使决策获得程序意义上的合法性。研究省例的决策机制，实际上也是在考察国家权力的运作机制。

五、结语：《省例》的性质

虽然"省例"被视为地方法规，但《湖南省例成案》是否为地方立法汇编呢？尽管其中不乏在补充、细化、阐释律例基础上制定的省例，但是仍有很多文书仅呈现提案的审议过程与决策理由，并未产生新的规则；有些即使"通饬遵照办理"，也不过是重申既有的律例和省例；还有一些决策意见并未通饬，只适用于提出议案的地区。似乎很难在整体上将《湖南省例成案》视为省例汇编，或者将收入的文书一概视为省例。它更像是一部行政"成案"汇编，而非"省例"汇编。或者说，只是一部"书"，而不是法律意义上的"例"，虽然其中确实收入了很多具有法律效力的省级政府制定的条例。[1]

---

〔1〕 胡震在考察《治浙成规》的文书性质基础上，认为"虽然并无明确的规定赋予收入《治浙成规》的省例更高的效力，然而与一般文书相比，以省例形式保存的文书与夹杂在成千上万的文书之中的普通文书相比，显然具有更重要的分量，也更易为官吏知晓援用"，并确定了成规的性质是"例"而非"案"，"《治浙成规》是浙江省例的汇编，而非地方上编纂的本省成案的汇编"。参见胡震：《清代省级地方立法：以"省例"为中心》，社会科学文献出版社2019年版，第70-71页。笔者的想法与之有微妙的差异。

《粤东省例新纂》就其收录原则作了说明：

> 是书所辑，悉属本省外办章程，即与成例稍有变通者；或经详明两院，或经咨准部覆，俾昭程式。如定例已有专条，及各省通行事件，概不纂入。
>
> 凡一州一县议详事件，未经通行各属，及虽经通行而系一时一事，并非永为定例者，或其事足为程式，或有关日后稽查，均一并采录以备参考。[1]

可见，清人在编纂时已有自觉。其一，"省例"是指经过特定程序产生的本省规范，不包括与中央立法完全一致或各省通行的规范；其二，仅适用于个别州县和个别事件的决策可收入《省例》作为范例和参考，但非严格意义上的"省例"。

湖南官方之所以编纂颁发这样一部汇编，[2]或许也是出于便利性和示范性的考虑，方便官员查找规则和决策范例。《饬遵命案人犯亲老丁单应否留养》（名例卷一）就提到巡抚到任后，"屡次批司饬行，继又汇列条款，由司通饬在案"。在《各项刺字人犯查照律例酌定应刺字样及分别刺字处所》（刑律卷六）中，抚批："查核赍到清折甚属简明，仰即抄录通饬各属，一体遵照办理，毋再错漏未便。仍移藩司编入通行成规书内汇刊通颁可也。"其后附有24条例文。这件文书清楚地表明，将省例汇刊是为了便于保存和查找。而从这条抚批以及多部存世省例为藩司、臬司刊本可知，两司可能是负责编纂这类汇编的机构。

清代编撰刊刻了大量律例注释和判牍汇编，供官员和幕友参考使用，但这种"参考"价值并不意味着汇编具有法律性质。收入《湖南省例成案》的文书亦有类似作用，官员遇到具体问题不仅需要查找规则，也需要了解之前是否有过同类提案，提出议案应该提供哪些理由才能说服上司。同类问题被反复提出的例证在《湖南省例成案》中并不少见，[3]也有官员在文书中直接

---

〔1〕（清）宁立悌等辑：《粤东省例新纂·凡例》（清道光二十六年刊本），载杨一凡、刘笃才编：《中国古代地方法律文献》丙编第10册，社会科学文献出版社2012年版，第15-17页。

〔2〕（嘉庆）《郴州总志》、（嘉庆）《桂东县志》、（同治）《桂东县志》、（同治）《茶陵州志》、（光绪）《会同县志》都有官方颁发《湖南省例》的记载。

〔3〕工律卷二收入的有关"修筑堤塍"的文书，虽然各件重点或有不同，但亦有不少重复审议事项。

提到以前的提案。[1]加之官员的流动性，有些未存档文书可能随着离任而被带走或弃置，继任官员想要了解相关信息多有不便。因此，搜集整理那些重申既有法律、已经形成省例甚至尚未形成省例（议而未决）的文书，选择重要或具有示范性的汇刊，无疑具有实用价值。

因此仅就《湖南省例成案》而言，它是一部省例及决策文书的汇编，而非在整体意义上具有法律性质的省级条例的汇编。

---

〔1〕 例如《盗牛之案严比捕役务获贼赃究治》（刑律卷四）。

《大清新刑律》 与流放刑的终结

［韩］ Kim Hanbark*

摘　要：清末修订法律馆上奏的《大清新刑律草案》是对唐律以后应时而变的刑罚制度之全面修订。本文探讨了新刑法中至今为止没有受到太大关注的流放刑废除之历史意义。清代是法制上广泛利用流放刑的"流放刑的时代"，清朝将名目上的流放距离活用到实际流放，以全国为配所运用流放刑。但是，流放刑本身具有的问题，随着盛世结束而逐渐严重，不得不进行修改。最终，嘉庆以后，清朝虽然放弃了"无期刑的性格"，加上了在配所中的拘禁措施，但是仍然维持以流放刑为中心的刑罚体制。到清末新政时期，流放刑的维持仍由刑部及部分边疆大臣主张。这样看来，沈家本等废除流放刑并不是随着时代更迭而自然实现的，而是以符合新国民国家的刑制为目标贯彻的改革成果。

关键词：沈家本　大清新刑律草案　废止流刑　刑罚变革　清末修律

一、《大清新刑律》 在中国刑罚史上的意义

　　义和团运动以后，列强占领北京，《辛丑条约》在收拾残局中签订，造成了清朝不能再拖延改革的局面。最终清朝宣布新政，作为改革的一环，设立了以沈家本和伍廷芳为大臣的修订法律馆，光绪三十三年（1907 年）沈家本等提交了新刑律的草案（《大清新刑律草案》，以下简称草案）。在报告草案完成时，沈家本强调修改《大清律例》的五项重点：更定刑名、酌减死刑、死刑惟一、删除比附、惩治教育[1]。其中，更定刑名是对传统五刑制度的修

---

　　* Kim Hanbark，韩国釜山大学人文学研究所研究教授。

　　[1]《修订法律馆奏刑律草案告成分期缮单呈览并陈修订大旨折》，载高汉成主编：《〈大清新刑律〉立法资料汇编》，社会科学文献出版社 2013 年版，第 18-21 页。

订，包括从唐律到清代随机应变或随便变通的刑罚制度之全面修订。

草案提出的新刑罚制度是以罚金、拘留、有期徒刑、无期徒刑、死刑五种为主刑。此处所说的有期、无期的徒刑，就是指现代的徒刑。使用历史上熟悉的"徒刑"一词，将有期徒刑和无期徒刑分开确定为五刑，是为了表示新的刑罚制度可以从中国传统中找到由来，具有历史连续性，而缓解变化的冲击，形成改革的共识。单纯整理上述刑制改革，即将笞杖的轻刑改为罚金和拘留，将徒流的重刑改为有期、无期的徒刑，但如果仔细观察刑名的变化，就会发现其中包含以下变化。

第一，原则上禁止了把一个罪行处以多种的刑罚。据沈家本介绍，宋元时代后，出现了在徒刑和流刑上并科杖刑的倾向，他把这种形态批评为"一罪二三刑"，主张应该排除在新律之外。[1]草案明确规定，只有在分则中特别明示的情况下，才能在徒刑上并科罚金。[2]因此，像明清律一样，在法典里面"杖一百，流三千里"这样，把两种刑罚构成一套的量刑形态消失。

第二，限制了正刑之五刑以外的刑罚。到了清代，像为民、充军、发遣、枷号等随着时代潮流而诞生，或者从前代继承的五刑以外的刑罚在法典内扎根已久。举例来说，充军本来就是明初针对军户的特殊刑罚。但在明代中期以后，随着五刑以赎刑处理的行刑方式的扩张，作为不赎的刑罚，充军逐渐扩大了。到了清代，用充军来处罚的犯罪行为，仍然比流刑多。大清新刑律还发挥着整理随着历史潮流如雨后春笋般出现的这些"闰刑"的作用。

第三，试图使刑名与实际刑罚一致，抑制换刑，统一执行刑罚。所谓换刑，是指将原来的刑罚改为其他刑罚进行处罚，中国历史上普遍认可的换刑是"工乐户及妇人犯罪"律里工匠、乐户、妇人那样，由于犯罪者身份而产生的。但是，一部分阶层的换刑被大众认为是特权，特别是对清代旗人的换刑。沈家本认为，这些措施不仅会造成满汉的界限，还会妨碍法律的统一。[3]

第四，正式规定了刑罚执行期间的要素。本来前近代中国法律中除徒刑之外，服刑期间并没有作为量刑的等差手段发挥作用。但是，随着清代中期

〔1〕（清）沈家本：《寄簃文存》卷二《论附加刑》。
〔2〕《大清新刑律草案（总则）》第七章《刑名》第四十四条。
〔3〕（清）沈家本：《寄簃文存》卷一《旗人遣军流徒各罪照民人实行发配折》。

本属于无期囚的流放犯管理问题抬头，以"自新"为前提，在一定期间后，逐步释放了罪犯。因此，在配所服刑期间的释放与否成了刑罚的差等要素。自然而然，像"十恶"或"常赦所不原"一样，发生了量刑中存在的罪情区别决定实际服刑长短的倾向[1]。草案也考虑到恩赦的存在[2]，但值得一提的是，将期间的差等作为区分刑罚轻重的重要等差手段正式导入。

草案确定的刑名没有经过太大变化，而延续到现代中华人民共和国的刑法里[3]。由此可以确认上述变化的历史意义。这样看来，可以说，通过草案切断了刑名和刑罚不一致的唐代以后持续下来的旧习，打破了例外、非一律的刑罚执行，开始了保持在刑罚执行上的标准性，试图使国民能够预测处罚程度的近代司法改革。

尽管如此，在刑制改革方面草案具有的重要性没有得到高度评价。此处大致可以举出两个原因。首先，改革的评价落在了礼法之争与废除领事裁判权这两大问题上。收回领事裁判权是近代中国外交上至高无上的课题，而且沈家本为了获得改革的动力，利用了废除领事裁判权这一政治焦点。

然而，尽管肯定回收领事裁判权这一目标的存在，对新刑罚的设计是否只考虑了这一目标，也存在疑问。对此，高汉成曾指出，在废除领事裁判权这一可达成协议的口号背后隐藏着法律近代化的意图[4]。实际上，与废除领事裁判权没有直接关系的部分，沈家本想进行改革，这也是礼法之争当时被劳乃宣等批判的地方。如果局限在此礼法之争的争论焦点来看，不得不否认修正案和最终新刑律都是从草案大幅后退的，进而司法改革本身是未能达到最初目标的不完全改革[5]。最终，评价改革的成败时，大家关注礼法之争中争论焦点的突破与否，因此脱离这些论点的问题，比如刑制改革，特别是删除流放刑这样的部分没有受到正确的评价。

其次，从监狱制度的完成和过程的角度出发，考察了行刑改革。对于理解近代徒刑是从罪犯习艺所开始的这种看法，太田出评价说，这种方式只不过是追溯历史寻找类似的东西，并指出，近世诞生的收容设施，从结果来看，

〔1〕 ［韩］Kim Hanbark：《청대 사법에서 십악의 위치와 역할》，《대구사학》148，2022年。
〔2〕 《大清新刑律草案（总则）》第十四章《恩赦》。
〔3〕 但是，本来属于主刑的罚金转移到附加刑，1979年以后重新引入管制。
〔4〕 高汉成：《签注视野下的大清刑律草案研究》，中国社会科学出版社2007年版，第29—35页。
〔5〕 ［日］岛田正郎：《清末における近代的な法典の编纂》，创文社1980年版，第9页。

是与近代的制度巧合而已〔1〕。

笔者认为，太田出的主张很妥当，同时想指出一个重要部分。以清史稿作者的身份而闻名的赵尔巽在光绪二十八年（1902 年）主张把遣军流徒换刑为在罪犯习艺所的有期工作。但是，从回信可以看出，刑部认为在罪犯习艺所的工作是为流放以后的管理，并没有以行刑方式的变化来推进。换句话说，虽然罪犯习艺所的存在和运营经验无疑有助于日后执行近代徒刑制度，但其变化本身是作为流放过程中的后续措施开始的。

从以上两个方面来看，不得不承认大清新刑律的行刑改革没有受到太大关注。本文希望把焦点放在改革重点之一上：从流放到近代徒刑的变化。当时沈家本说明了以下废除流刑的理由。

> 丁，废止流刑。流刑之制最古，在使凶恶之徒，窜居远方。然南朔东西，皆中国土地也。与之相接者，皆中国人民也。其中得失，无待缕述，流刑废止，实无可疑。即使有、无期，或最长期徒刑之囚，必应移诸边境者，从监狱规则，以实施之可矣。于徒刑外，另置流刑，诚为无益，本案故删除之。〔2〕

总之，流放刑的得失太明显，其废除是理所当然的，仅用一百多字解释了前近代中国刑罚制度中"最古"的流刑的废止理由。这似乎反映了沈家本对废除流放刑的信心，以及当时形成的共识。

对于废除流放刑，王云红分为国内和国外两个方面说明其原因。一方面，在国内，随着交通的发展，流放这一要素的惩治力减弱，而且各地接连发生变乱，配所的地方也更加限定。另一方面，当时西欧国家认为中国的刑罚执行残酷和落后。王云红说，流放是附加杖刑的报复性刑罚，也是通过暴露受国家处罚的罪人来显示国家威力的野蛮刑罚，不符合新时代的要求〔3〕。

但是此处有一些需要考虑的地方。首先，王云红所说的国内问题，除交通发展之外，早在乾隆年间就已经指出，从某种角度来看，这是在执行流放

---

〔1〕 ［日］太田出：《中国近世の罪と罰——犯罪・警察・監獄の社会史》，名古屋大学出版会 2015 年版，第 346-360 页。

〔2〕《大清新刑律草案（总则）》第七章《刑名》。

〔3〕 王云红：《清代流放制度研究》，人民出版社 2013 年版，第 274-284 页。

刑的过程中必然伴随的问题。其次，从国外问题的角度来看，在中国之前撤销领事裁判权的日本，虽没有删除流放刑但成功收回了领事裁判权，而且俄罗斯的流放囚就在黑龙江对岸发挥实边的功能。如此看来，为了收回领事裁判权这一至高无上的目标，没有必要删除流放刑。也就是说，关于沈家本通过大清新刑律废除流放刑的理由这个问题，还有进一步考察的余地。本文将在以上问题意识下，通过观察清代流放刑的设计、现实及其变容，进而观察沈家本对废除流放刑的作用，了解大清新刑律和沈家本的法律改革的意义。

二、盛世之法：清代流放刑的设计与现实

流放的起源可以从《尚书》中的"流宥五刑"中找到，就是不杀重罪人，而送至皇帝统治领域内的边疆地区。从送往边境这一点来看，对于罪人而言，处罚内容是被送往生活环境恶劣的边境地区，要过比现在更艰难的生活，对于皇帝或政府而言，将社会危险因子的罪人送往边境，谋求以首都为首的内地社会之稳定。因此，中国流放历史上的一贯趋势是，不论日后在配所受到何种待遇，大体上将罪人送往边境地带（唐代的边境流放，宋代的沙门岛，元代的东北边境和瘴烟地区，明代的烟瘴充军）或委托给军队（宋代的编军，明代的充军）。如此，流放刑通过把罪犯送到空间上、性质上分离的地方，从一般社会排除的形式，作为降死一等的重刑履行了功能。

清代的情况与此不同，其中大致有两个支点。首先，在法制上，流放刑的适用幅度扩大了。笔者以前的研究把清代称为"流放刑的时代"。因为不仅是五刑之一的流刑，在明代为了维持军户而确立，但进入清代后"流刑化"的充军，到边境流放的发遣，原本是劳役刑而事实上起到省内短期流放刑作用的徒刑等，把罪犯送到远离原籍的地区，让他在那里生活的流放刑在司法方面占有史无前例的巨大比重。暂且不论相当于有期刑的徒刑，在乾隆五年时，在2346个条目中，超过20%的484条的罪人被处以流放刑[1]。

其次，清代内地流放活跃。此与明代大幅扩张的充军的流刑化有很大关

---

〔1〕 以乾隆五年《大清律例》《总类》为基准，在2346条中，除徒刑以外的流放刑相关项目总共为484条，以流刑处罚的罪名为208条，充军为228条，发遣为28条。另外，根据光绪《大清会典》的研究表示在3987条中，流刑有400条，充军有476条，发遣有143条。See Derk Bodde and Clarence Morris, *Law in Imperial China*, Harvard University Press, 1967, p. 104.

系。明代代替流刑积极利用的充军，具有降死一等重刑的性质，在法制内部被广泛使用，这种比重也被清代继承。但是，在以八旗制为中心的清代军制系统下，原来起到军犯配所作用的卫所逐渐被废除，由州县来负责军犯的管理，发生了充军与流刑别无二致的结果。有趣的是，随着充军的"流刑化"，流刑也受到了之前确立的充军之行刑方式。特别是在流刑执行上导入为分配军犯而使用的道里表，流刑也放弃将罪人送往偏僻地方的古代理想，而采取了将流放距离相应的内地普通州县作为配所的分散罪人的方式[1]。

以道里表为代表的清代内地流放系统支撑着流放刑的时代。清朝的官员一致认为，如果送到特定场所的流放犯数太多，治安就会出现问题。因此，采取更多的配所，努力分散配置罪人。道里表是用里程这一明确的标准指定了配所，强制大部分的州县成为收容犯人的行刑工具。嘉庆十四年《五军道里表》的湖州府部分如下。

> 湖州府属军犯编发附近、近边地方
>
> 附近，东至抵海不足二千里。南至福建福州府闽清县、侯官县、闽县。西至湖北黄州府黄梅县、广济县、蕲州。北至山东泰安府肥城县、平阴县，又至济南府长清县、历城县、齐河县。以上除东外，南西北俱足二千里。
>
> 近边，东至抵海不足二千五百里，南至抵海不足二千五百里。西至河南河南府嵩县、渑池县，又至陕州，又至湖北武昌府江夏县，又至汉阳府汉阳县、黄陂县、汉川县。北至山东武定府海丰县、沾化县。以上除东南外，西北俱足二千五百里。
>
> 湖州府属军犯编发边远、极边地方
>
> 边远，东至抵海不足三千里，南至抵海不足三千里。西至陕西西安府长安县、咸宁县、咸阳县、渭南县、临潼县，又至湖北安陆府钟祥县。北至顺天停止编发。以上除东南北外，西系三千里。
>
> 极边，东至抵海不足四千里，南至抵海不足四千里。西至甘肃平凉府隆德县、静宁州，又至巩昌府会宁县，又至陕西汉中府褒城县、南郑

---

[1] [韩] Kim Hanbark：《配流刑の時代：清朝と刑罰》，京都大学学术出版会2022年版，第32-41页。

县、宁羌州、沔县。北至山西大同府阳高县。以上除东南外，西北俱四千里。

湖州府属军犯编发烟瘴地方

烟瘴，广西浔州府武宣县，又至柳州府来宾县，又至思恩府迁江县，广东广州府南海县、番禺县，又至肇庆府新兴县，又至罗定州东安县[1]。

如果湖州府出身罪人犯了边远充军的罪，需要把他流放三千里，按照道里表就定为被送往陕西的五个州县或湖北的钟祥县。在这种配所的设定上，除直隶被设定为遣免地区外，没有太大考虑地区的特性。换句话说，只是以距离为基准设定配所，并没有向更偏僻的地区流放罪犯的意图。这意味着，里程代替将罪犯送到偏僻地方的古代流刑的立法宗旨，为将其理想法律化而准备的里程差等支配了清代流放刑的运用。因此，以嘉庆年间为基准，可以确认内地大部分地区要收容流放犯。

但是如此完备的制度包含着三种风险。第一，流放过程中的负担。把内地全省作为配所，最多移动四千里的流放刑只有在以内地整个地方的政治稳定为前提时才能实现。另外，从经济角度来看，罪人移动到配所期间的粮食和衣服，以及护送他的兵士和衙役的旅费也要支付。流放犯一般一天移动五十里，但在严冬、盛暑期间或罪人患病期间无法移动，因此到达配所短则四十天，长则数年。因此，清代的地方官衙即使不是直接收容罪人的地方，在流放过程中也分担着经济、行政上的负担。

第二，送到配所以后的管理负担。清代流放的特点之一是罪人与民众之间的距离过近。过去的流放刑将边境地区定为配所，罪人在武力集团的控制下，比较容易管理。但是清代的内地流放，本该被一般社会排除的罪人在一般社会里被管理，因此罪人的管理问题直接关系到地方治安。再加上，对于清代的流犯和军犯没有指定流放以后的措施，所以大部分流放犯不得不自给自足。但是在封闭性很强的前近代社会，被打上犯罪者的烙印后，这些流放犯并不容易找到工作，最终再次陷入犯罪泥潭或乞讨等，妨碍地方治安。因此，对在配所未能找到生业的罪人，按照"福建之例[2]"，在一定期间内发

---

〔1〕（清）明亮：《五军道里表》卷四《浙江》。

〔2〕可以自给自足的军流派犯由地保管辖，对于年轻力壮却无法维持生计的军流犯与家属寄给一年间口粮的流放犯管理对策。参见光绪《大清会典事例》卷七二一《军流》。

放粮食[1]。

第三，流放犯的过剩问题。首先，由于流放刑是无期刑，被流放的囚犯离开配所的方法只有三种，死亡、逃走或受到赦免。再加上，清代是中国历史上史无前例的人口剧增时期。一般认为，经过乾隆年间，中国人口增加了两倍以上。虽然两倍的人口并不一定意味着两倍的犯罪者，但有理由推测流放犯的数量也增加了。其次，配所的扩张也有限制。不仅首都的直隶与根本之地的奉天已经排除在流放配所之外，西南苗疆也以罪人与平民来往有可能恶化治安为由被排除在配所之外。浙江之玉环厅等地是僻壤的盐产地，为了防止罪犯加入私盐集团，也被指定为免遣地域[2]。归根结底，向内地全境的分散已经达到最大限度，没办法以空间分散缓解流放犯过剩的压力。

以上三种潜在危险性中，上述两种在乾隆年间还没达到成为问题的程度。盛世稳定的统治秩序使流放刑的执行顺畅，丰富的财政可以支付配所罪人及其家人的生活费。最严重的问题是罪人的过剩收容。乾隆十年，湖北巡抚晏斯盛请求释放已在配所的流放犯。

> 计自乾隆元年至今，楚北递到军犯共计二百二十余起，除老疾残废入养济院外，尚有二百余名。乾隆六年改归州县以后，地方日积，而多散在保甲，实非良事。请于分发之例，除应入养济院者归原配各州县外，一切少壮军犯止照省分充配，而不必限定州县细核里数，致多寡不均，可否于通省府厅州县佐杂各衙门，均匀分发，各一二名，使充水草夫役，日捐给口粮银二分。虽非入伍之旧，亦不失当差之意。五年、十年果能安静改过自新，即题明准其还籍，再配即加等治罪。如此，则军犯所在常不过一二人而止，不致扰累地方，而若辈亦可保全，且易改为良善矣[3]。

晏斯盛主张把罪人分配到各衙门后，在五年、十年后，观察他是否改过而释放。他认为通过如此方法，可以控制配所罪人的数量。当时晏斯盛的主

---

[1] 关于配所流放犯的管理问题参见［韩］KIM Hanbark：《配流刑の時代：清朝と刑罰》，京都大学学术出版会 2022 年版，第 139–153 页。

[2] ［韩］Kim Hanbark：《配流刑の時代：清朝と刑罰》，京都大学学术出版会 2022 年版，第 64 页。

[3] （清）晏斯盛：《湖北巡抚晏斯盛为酌拨军流人犯充役当差事奏折》，载哈恩忠编选：《乾隆朝管理军流遣犯史料（上）》，载《历史档案》2003 年第 4 期。

张未获准，翌年陈宏谋修改服刑年限的设计，再次申请流放犯的释放。虽然乾隆帝不赞同设定刑期，但是指示把在配所十年以上安分守法的流放犯赦免释放。类似的流放犯的赦免措施在乾隆四十三年和五十五年也进行了，特别是在四十三年的赦免中，表明了释放罪人的理由："今自乾隆十一年查办之后，历时已久，各省到配人犯，所积渐多。"[1]由此可见解消流放犯过剩的现实目的。

另外，从乾隆十一年到四十三年，没有发现释放配所流放犯，此原因在于新疆的平定。平定新疆以后，将内地流放犯转移到新疆，可以缓解内地流放犯的过剩。如此，清代流放刑所具有作为重刑的两种惩罚因素——流放远方和没有固定刑期——没有受到太大的损伤。也就是说，从乾隆年间来看，可以说，在盛世稳定的政治潮流下，通过新疆的平定与三次赦免，稳定执行着流放刑。

三、惩罚要素的修改和流放刑的存活

（一）无期流放的变化

如上所述，到乾隆年间没有破坏清代流放刑拥有的重刑性格。但是到了嘉庆年间，情况就完全改变。首先，需要关注嘉庆元年（1796 年）的大赦。因为该赦免的释放对象包括了三年以上在配所安分守法的流放犯。考虑到之前即位恩赦中没有释放在配流放犯，而且乾隆时只释放超过十年的流放犯，设定如此的赦免对象标准是非常破格的。

其次，嘉庆二年又出现了新的恩赦事例，减等配所的军流徒犯。虽然乾隆年间也存在减等军流犯的情况，但看起来当时没有减等已经到达配所的罪人。但是嘉庆二年以后，在减等军流犯时不论是否到达配所成为通例。可以说，嘉庆年间以后，流放犯的数量是通过皇帝即位时的大赦和其他随时进行的恩赦中的减等措施调节的。虽然流放刑在法律上仍然是无期刑，但每个罪人的实际服刑期间并不取决于他自己的寿命或皇帝的寿命。

流放刑的短期刑化这一现象从巴县档案中的流放犯名册也可以确认。巴县流放犯清册里可以看到乾隆年间流放的罪人 60 名，而他们的最短流放期间是平均 12.57 年。这表示无论罪人是否死亡、赦免或逃走，在配所生活平均

---

〔1〕《清实录》卷一〇四八《乾隆四十三年正月癸亥》。

在十三年以上。但在嘉庆年间，被流放的 62 名（不包括无法确认到达日期的 2 名）的最短流放期间是平均 4.68 年而已。而且，通过道光年间流放的 65 人的平均最短流放期间也是 6.4 年，可以确定这不是嘉庆年间的特殊性，而是倾向的变化。归根结底，随着嘉庆初期的赦免扩大，此后也被继承，除犯不赦免的罪之外，流放犯在配所生活的实际期间通常不超过十年[1]。

进入嘉庆年间，需要积极减少配所流放犯的数量是因为新疆已经处于饱和状态，白莲教起义使西部流放困难，而罪人的空间分散达到了极限。在这种情况下，清朝在流放刑的两个惩罚要素中，多少牺牲了无期刑的，试图维持以流放刑为中心的刑罚体制。

（二）在配所的拘禁措施

进入道光年间，嘉庆以后的内外不安加剧。西北的新疆和东南沿海地区常常发生冲突。在这种情况下，清朝并未试图改革以五刑的实际执行为前提的司法构造。但是，各地区觉得以往管理有期、无期的流放犯的方法已经濒于崩溃。各地开始实行自救政策。

地方的自救政策最先、最积极出现的是与徒刑有关的部分。因为徒刑是外结案件，所以与需要报告到中央的其他流放刑不同，可以在一省发挥灵活性。徒刑原本是劳役刑，但是经过乾隆年间变成了一种短期省内流放刑。因此，从巴县档案的流放犯清册中可以看出，乾隆后期之后县政府把徒犯和军流犯一起管理。但到嘉庆年间，因盗窃被定为徒罪的人犯，不被处以徒刑而处以锁带铁杆等代替刑越来越频繁[2]。此种代替刑减轻了配所罪人的管理负担，起到了细分量刑的作用。

然而，流刑、充军、发遣的话，罪人必须从原籍省移动到其他省，而且罪案本身要向中央报告，因此一省进行换刑是有限的。所以，一省可以主办的自救政策只能局限于罪犯到达配所以后的管理方法。在光绪十一年刑部的现行调查中可以找到各省管理流放犯的方法。当时，刑部担忧逃亡军流犯的数量日益增加，要求各省督抚报告地方的现状和今后管理罪人的良法。

---

〔1〕［韩］Kim Hanbark：《配流刑の時代：清朝と刑罰》，京都大学学术出版会 2022 年版，第 191–200 页。

〔2〕［日］鈴木秀光：《鎖帯鉄桿・鎖帯石礅と清代後期刑事裁判》，载《法学》第 75 卷第 5 号，2012 年，第 203–209 页。

首先，不收流放犯的热河、吉林或只收容徒犯的直隶没有表示太大的疑议。其次，其他省也没有对徒犯表示特别意见。因为徒犯刑期结束后就可以回乡，所以从罪人的立场来看，没有必要承担逃跑时被抓获并加重处罚的危险。

可见问题在于无期囚的军流犯。大部分督抚认为军流犯逃跑的理由在于生业的困难，因此主张官衙应该向罪人提供职业。虽然已经在条例上规定向罪人及其家人支付一年的口粮，但仅凭这些是不够的。另外，四川、河南、甘肃各自提议设立一些收容设施名为徒流所、自新所、军流所[1]。有趣的是河南和甘肃的提议，该督抚强调的不是刑量而是罪情。也就是说，即使是同样的刑量，他们认为人命事件是因暂时愤怒而引发的，只要提供生业就可以控制，反而盗窃犯是惯犯而难以管理。太田出认为，自新所或类似的设施收容的是没有土地、无人负责的人，所以这不是新刑罚的登场，而是一种事后措施[2]。考虑到各省督抚设立自新所等设施的提案是从如何管理流放犯的问题出发，笔者也认为太田出的主张是妥当的。

另外，还看得到在配所让已经被流放的罪人锁带铁杆的事例。从光绪二十一年巩昌府洮州厅的军流犯清册来看，可以确认光绪十六年至二十年到达该地的八名军流犯的存在。值得关注的是，其中在配所追加锁带铁杆的罪人。[3]参考收容设施或锁带铁杆的事例可以看出，在流放刑的一要素——即将罪人送往远方——的上面，开始附加后续措施。可以说，这是针对屡次被指责的流放犯多数逃跑的对策。

（三）赵尔巽的改革策略和刑部的回答

光绪中期以后，为稳定地管理流放犯，把他们安置在收容设施或监禁。与此同时，义和团运动以后，再次加速的世界化潮流和中央的权力矛盾要求清朝做出转变。清朝广泛采取了改革的议论，张之洞和刘坤一随之联名上奏，开始了所谓新政。在该上奏中，张之洞和刘坤一也没有漏掉刑罚的问题，特别是对于流放刑有如下叙述。

> 至近年流徒各犯，率皆中途逃回，否则在配不久即逃，由于沿途押

〔1〕《部咨汇核各省安置军流徒犯章程》，载《江苏省例四编》，光绪十一年。

〔2〕［日］太田出：《中国近世の罪と罚——犯罪・警察・监狱の社会史》，第328-346页。

〔3〕《巩昌府洮州抚番厅安置军流人犯案清册》，载国家图书馆分馆编：《清代边疆史料抄稿本汇编》第18册，线装书局2003年版。

解差役无多，到配管束地保难信。逃回以后，肆恶更甚，似此有名无实，岂足以昭儆戒。查近年盗匪各案，外省多奏明改为监禁数年。拟请，以后除军罪皆系重情照旧发遣外，其流徒两项，由地方官酌量情节，详报咨部，令缴赎罪银若干，以为监狱经费，改为羁禁几年，较本例所定年限少减，则该犯有羁管之实，沿途省解送之烦，似亦两者裨益〔1〕。

张之洞主张，充军按照原样执行，但把流刑和徒刑以监禁换刑。反正要在配所监禁，如果大部分罪人逃跑或遇到赦免很快就会回来，那么就不可避免对流放刑的存在意义感到怀疑。如果按照这个主张进行改革，可以解决清代一直存在的充军和流刑的等差问题，而且通过把流犯和徒犯换刑，可以让实际流放犯的数量减少。

另外，该上奏还提议把笞杖处以罚款。然而，当比较张之洞对笞杖刑和流放刑的两种看法时，虽然他意识到西方对身体刑的关注，但在流放刑方面找不到这样的感觉。归根结底，关于要求流放刑的改革，张之洞的动机不在制定西方列强承认的近代刑法改革，而在流放刑执行的困难上。

光绪二十八年（1902年）护理山西巡抚赵尔巽更激进地提议，主张删除流放刑。赵尔巽具体列举了流放刑的三种失效——劳役不可行、刑罚失去本意、交通发达而容易逃跑，以及四种弊端——流放犯数量太多而消耗的费用莫大、管理不善而经常逃跑、折磨民众恶化治安、在异乡死亡与皇帝好生之德背道而驰，并提出了新对策。他主张停止所有流放类刑罚，将犯人收容在犯罪地方的罪犯习艺所里。

拟请，仿汉时输作之制，饬下各省，通设罪犯习艺所，以后将命盗杂案遣军流徒各罪犯，审明定拟后，即在犯事地方，收所习艺，不拘本省外省，分别年限之多寡，以为工役之轻重，精而镂刻熔冶诸工，粗而布缕缝织之末，皆分别勤惰，严定课程，其愚劣过甚者，令作举重等项苦工。徒犯自半年至三年，加重至四年。军流自非所犯常赦所不原者，似均可酌定年限，期满察看作工分数，及有无悛悔，有无切保，再行释放。流罪自五至九年，军罪自十年至二十年，皆令常带刑镣，在所工

〔1〕 （清）张之洞：《张文襄公奏议》卷五三《遵旨筹议变法谨拟整顿中法十二条折》。

作，文弱不能工作者，即令服所中书记司帐之役，桀骜不服约束，则加以鞭扑督责之刑，是有十益。拘系本地，众知儆惕，一也。管束有所，不致逃亡，二也。见闻不广，习染不深，三也。各营工役，使生善心，四也。力之所获，足以自给，五也。与人隔绝，不滋扰害，六也。系念乡土，易于化导，七也。护解无庸，经费可省，八也。本籍保释，的确可靠，九也。即或疾病死亡，仍获首邱，法中有恩，十也〔1〕。

在此刑部采纳了赵尔巽的意见，设立了罪犯习艺所，众所周知，有将其理解为近代徒刑出发点的观点。但是在讨论这个问题时，还有被忽视的部分。赵尔巽的改革方案是"在犯事地方，收所习艺"，所以可以说是代替流放刑的改革方向。而且，从赵尔巽主张该措施的第七、第八、第九点好处来看，虽然明示了犯事地方的罪犯习艺所，但大体上设想为原籍地方。

但是，刑部持不同意见。刑部愿意对于某些犯罪，将罪犯送到配所后，安置在当地的罪犯习艺所。虽然刑部批准了在习艺所里收容流放犯，但这只作为对配所流放犯的管理措施。这表明刑部并没有放弃流放刑所具有的惩罚要素，把罪人送到远方。从刑部的答复中取一部分如下。

> 惟变法原以救弊，名实尤不可稍乖，犯事各有不同，安置岂能归一。致如从流充役，不出本省，限满即应释回，此项人犯，即在犯事地方收所习艺，固属可行。若如所奏，军流人犯，亦概不解配，窃恐此后不法匪徒，有恃无恐，益将肆行凶横，无所不为。犯案到官，不过收所习艺而已，昔则投诸异域，今则萃处乡闾，关有犯法之名，无迁徙之实，是立法适以长奸，闾阎愈将不靖，如谓军流发配省分，尽多优于故土，乐于本邦，并谓近日轮船火车交通四达，一经脱逃，追捕不易。虽亦有此等情形，然不能因此一端，遂将情重军流，概行停遣〔2〕。

最终，刑部只部分接受了赵尔巽的建议。决定把犯强盗抢夺、会匪棍徒的罪人，按照原样流放，监禁五年到十年后，在习艺所收监十到二十年以后

---

〔1〕（清）端方：《大清光绪新法令》第九类司法《刑部议覆护理晋抚赵奏请各省通设罪犯习艺所折》。

〔2〕《刑部议覆护理晋抚赵奏请各省通设罪犯习艺所折》。

才释放。此外，犯常赦所不原的罪人也送往配所，收容在配所当地的习艺所，命令工作六年到十年。换句话说，按照赵尔巽的主张不实发而收容于犯事地方罪犯习艺所的罪人，只不过不属于常赦所不原，或没犯强盗等罪人而已。其理由也是"若为常赦所得原者，其罪既有减免之时，即其人终有释回之日，无论军流，俱毋庸发配"。这可以理解为，如果是一般罪犯，很有可能遇到赦免被释放，因此没有必要流放。

通过上述内容可以看出，刑部仍然将流放刑的实发理解为强有力的惩罚要素，并努力最大限度地坚持。甚至虽然赵尔巽的主张是前一年张之洞、刘坤一的上奏的发展，与当时掌权者的意见一致，但刑部仍采取了强硬的姿态。如此看来，刑部仍然不想破坏流放刑作为重刑的本质。以至今为止分析到的流放刑的变化及其改革趋势上的重要部分制作成表1。

表 1　流放刑构成要素之变化

流放刑的构成要素		乾隆年间	嘉庆年间以后	赵尔巽的改革以后
流放	实发与否	坚持实发	坚持实发	放弃一部分（只限于常赦所不原，强盗等罪人）
	后续管理	自给自足	自给自足 加上监禁（锁带铁杆、收容于设施）	收容于罪犯习艺所
无期刑	刑期有无	坚持无期刑	放弃一部分	放弃（变有期刑）
	实际流放期间	赦免时释放十年以上罪人（只三次）	赦免时释放三年以上罪人（频繁）	导入刑期 强盗等：十五年到三十年 其他：六年到十年

在此把表1简单说明如下。流放刑的执行系统随着乾隆年间《三流道里表》的完成到达顶点。这是在当时的政治、经济稳定的基础上，在全国范围内空间分散流放犯来抑制过剩，按照福建之例辅助罪犯生活而维持的。然而，流放刑基本上是无期限的，而且一般来说，到达配所的流放犯在于赦免、减等之例外，因此无法阻止内地各地罪人过剩的事态。在乾隆中期平定新疆，大举移送罪犯，不破坏流放刑的本质，也可以运用以流放刑为中心的刑罚体系。但是到了嘉庆年间以后，流放刑的危机更加严重，当时清朝选择的方法是缓解作为无期刑的性质，通过频繁的赦免和减等来抑制流放犯的过剩。到

了赵尔巽改革主张之际，流放刑实际上已经处于难以执行的状况。但是，刑部仍然不想放弃流放这一刑罚基本拥有的惩罚要素。

四、刑部和沈家本对流放刑的立场差异

那么在这种情况下，沈家本的立场如何呢？如上所述，沈家本将流放刑的废除视为既定事实，而且好像其废除并没有面临太大的抵抗。另外，为了大清新刑律的修订征求意见时，曾经主张废除流放刑的张之洞表示，"今日交通日便，流刑自是可除"。两广总督张人骏也说，"遣军流犯，近年大半逃亡，欲求补偏救弊之方，似不得不变通成例"。对于废除流放刑问题，基本上可以认为已经达成一定程度的协议。

但并不是所有人都同意废除流放刑。例如，河南巡抚吴重憙主张为了实边保留流刑[1]。尽管流放刑执行过程中困难重重，但这种"实边"目的是支持维持流放刑的一项根据。实际上，在沈家本提出草案的光绪三十三年，东三省总督徐世昌便主张把罪犯流放到东北，用于实边。法部（光绪三十二年从刑部改称）非常看重这一提议，并与俄罗斯的西伯利亚流刑进行对比。

> 原以边地，人稀土旷，使罪囚且耕且戍，以节馈饷，而辟利源用，意至为深远。近日泰西各国发遣之法，虽各不同，而如俄罗斯之西伯利亚、乃高加索二区，实与中国古制吻合。盖其法到配后，须作苦工十年，始入农籍，不准释回，既阴施其拓地之谋，即显藉为殖民之用。该督等谓黑龙江左岸之属俄地者，屯户较多，未必不由于此。……除徒犯向在本地应役例不出境应毋庸议外，现计死罪减流各犯，数目较多，或事出无心，或杀由忿激，或一时争角斗情，甚轻本与实在凶徒有间，且若辈有室家者，十居八九，以之助兴屯政，洵属相宜。顾，或谓黑龙江所发，系属外遣擅误可矜各犯，均系随案减流，投之远方，似觉过重，不知此系实边之计，并非科罪之差，古有迁平民以置边徼者矣。况其为罪犯耶[2]。

归根结底，就像沈家本在执行法制改革时利用欧洲各国的刑罚实态补充

---

〔1〕［韩］Kim Hanbark：《配流刑の時代：清朝と刑罰》，京都大学学术出版会 2022 年版，第254-255 页。

〔2〕（清）王先谦：《东华续录（光绪朝）》卷二一七《三十四年六月》。

自己的根据一样，法部也以俄罗斯的西伯利亚流刑为例，抗辩了流放刑的有用性。另外，这种刑部、法部的思考倾向也体现在《大清新刑律》颁布之前临时使用的《大清现行刑律》中，作为五刑之一，设立"遣刑"，明示了流放以后在配所中从事劳役。

从以上情况来看，很难说流放刑的废除一定是随着时代的潮流自然而然实现的。刑部、法部仍然相信流放所具有的惩治效果，当他们接受把流放犯收容于罪犯习艺所时，并不是改变刑罚的本质，而是流放的后续措施的变化，即接近罪人管理的一环。其实，这种对实边和流放刑的执念非常强烈，袁世凯政府再次提出了流放刑复活论[1]。

那么，为什么沈家本不顾法部内部的反对，断言废除流放刑呢？最终，这必须通过沈家本拥有的新国民国家的志向来寻找。重新观察沈家本废除流放刑当时的文章，他认为"南朔东西，皆中国土地也，与之相接者，皆中国人民"。同时，考虑到沈家本构想满汉同罚等的均质刑罚制度，可以说，他认为设立均等的刑罚制度，建立国家统一的法制比应用刑罚更为优先。如此看来，沈家本通过《大清新刑律》试图废除流放刑的历史意义并不小。即使沈家本修改其他新法律，但在刑罚制度的改革方面，他成功地贯彻了自己的观点。实际上，宣统二年（1910 年）11 月 1 日，资政院审查修订刑律时也没有对最初提出的五项改革重点做出让步。

---

〔1〕《大总统申令兹制定徒刑改遣条例》，载《政府公报分类汇编》1915–15，第 29 页。

文化交流与文化冲突视野下中日法律
近代化转型再思考

——以两国出洋考察宪政为中心的比较分析

柴松霞*

摘　要：近代中日关于立宪概念的形成是在出洋考察之后，朝野对传统的和现实的政治制度及其运作进行观察、思考、研究、反复讨论、商榷而总结、概括的结果。中日两国的法律近代化都采用了外源性的道路，是外来法文化冲击的结果。因此，如何实现对外来法文化吸收与改造的统一，是近代中日法律转型面临的现实问题。一个能够坚守文化自信的人或民族，需具备一种开放的文化胸怀，既熟知、尊重和珍惜自己民族的优秀传统文化，又能放眼世界，理性地对待其他民族和国家的文化。在法律移植过程中怎样结合本民族自身的特点，扬长避短，去粗取精，加强移植法律的协调，尤其要不断地将学来的文化要素与本国的法制改革和建设相结合，这是实现法治强国战略目的必须考虑的因素。

关键词：出洋考察　法律移植　法文化　法律近代化

引　言

在近代转型过程中，中国和日本都先后进行了一场去西方考察、变革法律的运动，从而实现从传统法制向近代法制的转变，然而直接效果迥然不同，尽管对两国今后宪法文化的养成都产生了深远影响。法律交往过程往往伴随法律移植，而移植的效果如何，是受法律文化冲突影响的，文化交流实质也

---

* 柴松霞，法学博士，天津财经大学副教授。

是一个文化选择、文化冲突和文化整合的过程。

"法律移植"这一概念所表达的基本内涵是：在鉴别、认同、调适、整合的基础上，引进、吸收、采纳、摄取、同化外国的法律，然后使其内化成本国法律体系的一部分，为本国所用。可见，"法律的本土化"是"法律移植"这一概念中的应有之义。"必须记住法律是特定民族的历史、文化、社会的价值与一般意识形态与观念的集中体现。任何两个国家的法律制度都不可能完全一样。法律是一种文化的表现形式，如果不经过某种本土化的过程，它便不可能轻易地从一种文化移植到另一种文化。"〔1〕单纯的拿来主义，很难在中国落地生根，但结合日本文化的巨大生命力以及日本民族的精神，却使日本一次又一次地变落后为先进，也创造了日本独特的民族文化。

中日两国法律近代化均是西方文化冲击的产物，因此，考察、学习乃至移植西方法律就成为两国法制近代化的重要环节。无论是日本在明治维新以后建立的较为全面和完整的六法体系，还是晚清时期建立的很不完整和不成熟的近代法律体系，都是学习借鉴西方国家特别是德国、法国这些大陆法系国家的结果。对于法律近代化而言，派人出洋考察只是其中的一个环节。如何实现对外来法文化的吸收和改造的统一，是中国和日本共同面临的问题。由于中日对外来法文化的基本态度和对法制改革的理论认识水平有所不同，两国处理这一问题所经历的过程是不同的。

对一种外来文化的认知和吸收，受环境条件等各种因素影响，既包括宏观方面，也包括微观层面。但不管是主动还是被动的心态，只要发生法律冲突，也必然伴随法律交融，在这过程中外来法文化必然会对本土文化产生影响，这是不以人的意志包括统治者的意志为转移的。只是由于条件、环境等因素的限制，这种影响有大小、好坏、快慢之分。如果对外来法文化与本土法文化处理得当，便产生好的效果，从而能推动本国的法制转型与法律变革；处理不好，便产生排异反应，但仍然会对本国的法制转型与法律变革产生影响，因为外来法文化必然会对国内的法律观念、法律思维产生影响，最终也必将带动法律制度的变革，虽然这种变革不一定实现改革的初衷与目的。

---

〔1〕 [美] 格伦顿、戈登、奥萨魁：《比较法律传统》（中译本），米健等译，中国政法大学出版社 1993 年版，第 6-7 页。

一、近代中日出洋考察宪制的法文化动因

从历史经验来看，外来文化势必对本国传统法律制度变革造成冲击，甚至影响法律近代化的实现。近代中日都曾派出考察团考察西方宪制，尽管一开始两国都是被动为之。日本首次出洋是为了修改不平等条约，受到冷遇，但是日本使团领略过西方的先进制度后，更加激起了奋发图强的精神，日本选择主动做出变革；然而中国在考察时未产生很大挫败感，本来出洋只是内忧外患形势下的"被动之举"，故充斥着一种无奈感乃至"消极怠工"，本质上也是惰性和拒绝的心态。

由于当时中日两国都没有传统意义上的宪法文化，而是以继受的方式来塑造本国的宪法文化，如何实现对外来法文化的吸收和改造，是两国在近代法制转型中面临的难题。中国社会长期处于一种封闭的文化体系之中，中国法律在漫长的历史发展过程中只有纵向的传承，缺乏横向的比较吸收，对西方法文化既有接受又有抵制；日本始终以一种开放的姿态，有选择地、自觉地输入外来法文化，并在加以消化吸收之后，成为自己文化传统的一部分，这就使得日本法文化具有强大的包容气度和融合力，这对日本宪法文化的养成与巩固极具推动力。但日本的宪法文化具有扩张主义的特点，以致使日本的法律近代化具有军国主义色彩。

任何一个民族、一个国家，只有在民族国家的保护下，才能走上现代化的道路，有了民族国家，才能有现代化。民族国家是每一个国家现代化的原点，只有在民族国家出现后才能有现代化的起步。当时日本和清王朝，哪个更具有民族国家的特质？显然，内忧外患使得清王朝失去作为民族国家的特质和功能。

其实，没有一个因素可以单独解释在社会转型过程中，推行法律近代化所处的困境的深度和复杂性。内忧外患使得清政府统治权威日渐没落，其中造成的权力上的真空必然要靠其他方式填补，所以各地起义、革命不断，资本主义经济发展也受到某种程度的阻碍和影响，很难形成所谓"市民空间"。处在这一时代背景下，传统的正当性随之受到外来文化的冲击，一定程度上有助于激发中国进行变革，尽管这种激发力量十分有限。毕竟，经济水平低下、教育程度落后，再加上"天高皇帝远"的政治隔绝，中国老百姓适应重大社会变迁的难度可想而知，就很难鼓动普通老百姓接受他们身边发生重大

转折和变化的可能。并且清政府的立宪改革根本不可能去发动群众,只是自上而下的变革而已,何况即使在统治阶级、精英阶层内部,对于这种变革也有分歧和争斗。

自18世纪晚期以来,欧洲社会开始进入两个有所关联的转变之中。以法国为中心的政治革命粉碎了复杂的旧制度特权阶层,并且因此释放了无穷的独特的市民活力,政府和公民之间的关系比以前更紧密。通过引导并尊重人民意愿的方式(在选举、暴乱、游行示威和新闻界中允诺人民表达意愿,尤其得到现存政府的认可),让政府更加强大。数百万人由于战争而被动员,而他们至少是出于自愿的。此方式还扩大了经济和政治革命范围,使得个人性的公民立法提案程序的法律障碍被消除。这种"民主革命"虽然曲折,但不可阻挡地从法国传播到欧洲其他国家。法国随即兴起了新式特权阶层,欧洲其他国家中也产生了各种各样介于自由、民主思想和现行惯例之间的不彻底的议院。新的特权阶层或者正如我们更好地称之为资产阶级政权,在1789年满怀希望地被开创,随着19世纪即将逝去,却显得不再新鲜。但"新生的社会主义者挑战了这种不断汇聚力量而又不断风行的制度"〔1〕。

西方国家的势力极大增长,这让欧洲人和美国人更容易克服其他民族为他们的活动施加的阻碍。交通运输的发展缩短了距离。19世纪后半期,所有适宜居住的陆地的重要部分已囊括在全球商业网络中。政治和军事、知识分子和文化的联系与经济交流联系同样不可避免。几十年时间中,欧洲帝国几乎扩张到整个非洲和亚洲大部分地区;而第二次世界大战之后,帝国收缩速度比其扩张速度更加迅速。但这并不意味着"新国家"将从1789年规定的"现代性"中退缩或者被排除在外,相反,在所有非西方世界地区中这种政治的独立都深深地承载着现代性的特点。〔2〕

科学、技术以及衰弱国家和民族借鉴富裕和强大国家富强的"秘密",自然渴望都倾向于将世界统一为一体。然而因自然环境、文化传统对保持地方特色的期望,与其背道而驰。所以今后社会中统一性与多样性的矛盾,仍是所面临的主要难题。综观全球,没有一个国家在实现现代化过程中不受其困扰,由此衍生出的官僚制度、城市化、工业化都对传统产生了深远影响;至

---

〔1〕 [美]威廉·麦克尼尔:《世界史》,施诚、赵婧译,中信出版社2013年版,第375页。
〔2〕 [美]威廉·麦克尼尔:《世界史》,施诚、赵婧译,中信出版社2013年版,第376页。

今没人能够预知以后人类稳固的生活状态所适合的情景。随着工业革命和民主革命的发生，欧洲国家开始改变，为西方外交官、士兵、商人和传教士所支配的军事、经济和知识力量，得到了极大的增长。

在早期全球化的历史潮流中，中国自明朝开始就放弃了元代发达的海外贸易和商税政策，恢复传统的朝贡贸易和农业财政，并长期采取"海禁"政策，这就使得中国自明朝以来出现一种背离：一方面国家在吸收早期全球化带来的白银货币、军事技术乃至思想观念，但另一方面政权体制仍呈现出巨大的传统惯性，不为新思潮所撼动。可见，在世界从传统走向近代的转型时期，明代中国实行的是"有限"动员的国策，虽然长期保持了疆域广、多族群、多文化的王朝国家模式，但未能利用自身的军事、经济和国家整体实力，推动国家进一步改造和成长，也未像其他文明那样积极扩张。即使自中国明代开始，萌发了历史的新芽，也依然笼罩在传统的体制之下，"就像一件衣服，其他文明改换了样式，而中国只是点缀了花边"[1]。

当亚洲各个主要的文明都证明无法以传统方式抵御西方入侵者时，在1850—1860年这10年间开始了一个严重的危机时期。[2]当中国准备投入更多的精力来关注外国的技术和思想时，其社会秩序和政府首先经历了第一次影响深远的崩溃。日本却走上了相反的道路。至少直到第一次世界大战，日本在很多重要方面保留了传统的社会秩序，而国家的领导人利用其权力实现了日本社会面貌的革命性变化。他们最终削弱了领导阶层的传统基础，但是在新的政治形态和观念兴起之后，却能在日本人中维持一种有效的凝聚力。[3]

为什么中日在近代都不学英国的君主立宪制呢？最根本的原因还是到底应该由谁掌握大权。其实，英国自"光荣革命"后，便进入了一个和平、渐进、改革的时期，从那时起一直到现在的三百多年间，再也没有发生内战，也没有发生革命，按说这符合清王朝统治长治久安和"消弭革命"的需要，而考察大臣也对英国的地方自治制度等赞不绝口，不学的根本原因在哪？还是对权力的掌握与否。英国都铎王朝和斯图亚特王朝时期，国王是最高权力统治者，议会代表着克制，但仍然听命于国王；而"光荣革命"后，情况完全发

---

[1] 赵现海：《十字路口的明朝》，天地出版社2021年版，第5页。

[2] ［美］威廉·麦克尼尔：《世界史》，施诚、赵婧译，中信出版社2013年版，第398页。

[3] ［美］威廉·麦克尼尔：《世界史》，施诚、赵婧译，中信出版社2013年版，第414页。

生了转变，议会大权独揽，国王的权力无时无刻不受到议会的制约，这才是英式君主立宪的实质。

显然，清朝统治者肯定是不甘心放权的，虽然在预备立宪、官制改革中也讨论过内阁的问题，清政府抛出的是皇族内阁。判断一个国家的政治制度，不在于它有没有国王，而在于国家主权掌握在谁手中，有没有国王不重要，重要的是谁在统治，而英国国王是没有实权的，权力在议会手中，这也是其"虚君共和制"能长久存在的原因。因为国王、皇室的存在并不妨碍国家的主权，大权掌握在议会手中。而中日在学习过程中，当然不会选择这种模式，他们的根本目标就是大权不能旁落。

1910 年 4 月，国会请愿同志会在北京成立，直隶咨议局议长孙洪伊为会长，汤化龙为湖北省支会书记；他还与张謇等人共同发起各省咨议局联合会，汤化龙任会长，参加者有湖南的谭延闿、山西的梁善济、四川的蒲殿俊、福建的刘崇佑等，"汤与彼等相聚京师，纵谈大计，并到处演说、运动，冀有所成"。[1] 教皇保罗曾经告诫人们关于推进社会走向文明的重要一点是"不要害怕"。而立宪党人就是不害怕清政府、不害怕革命才有武昌一役。

清末 1911 年辛亥革命，有了汤化龙等人的参与，革命也不再是恐怖，辛亥革命之所以被称为"天鹅绒式革命"，成为"茶杯里的风波"，原因即在于此。革命要求的国体、政体和宪法，在一个社会的中上层产生。当时的清政府，外侮稍缓，内忧日重。其中既有来自革命党人的压力，又有立宪派不断请愿，不断向清政府施压请开国会。革命党人始终坚持以武力"颠覆现今之恶劣政府"，或谓不革命绝不能立宪。清政府自己也意识到了"欲防革命，舍立宪无他"，错误在于他们优柔寡断，不肯主动让步。

所以，即使从立宪派当时的活动情况来看，这场逼迫清政府让权、交权的革命迟早会发生。伊藤博文就曾预言："三年之内，中国将爆发革命。"[2]毕竟，清政府的自私，使得当时优秀的中国人大多处在权力[3]的边缘或外围，因此，无论是下层起义，还是中上层反叛，都在向新的权力架构集结队伍，立宪派也成了革命党的同盟者。也就是说，以汤化龙为代表的立宪派与

---

〔1〕 张玉法：《民国初年的政党》，岳麓书社 2004 年版，第 89 页。
〔2〕 余世存：《大民小国》，江苏文艺出版社 2012 年版，第 78 页。
〔3〕 无论是主权还是人权。

清政府离心离德是必然的。他们十分明白清政府仍有权力和实力，但这不是他们所认同的那个超越各方之上的"权力"。所以，"争论辛亥革命是革命党人主导还是立宪党人主导，大概只有学术上的意义"〔1〕。

立宪派可以认同君主立宪，但也不怕脱离清政府再组织权力，即以议院政治为核心的共和宪政，汤化龙后来甚至被称为"议院政治鼓吹手"。他们选择与革命党人合作，在代表武昌方面跟清政府谈判时就明确表示："此次武昌首义，并非转行种族革命，实为政治革命。处现在二十世纪时代，君主国逐渐减少，民主国日益增多，如能按照共和制度，则……永久立于优待地位，享共和幸福，较之君主时代之危险，至有世世子孙莫生帝王家之惨，胜百倍矣……"〔2〕其实，正因有汤化龙等立宪党人的参与，"使得辛亥革命从偶然事件成为真正的历史性事件"。〔3〕虽然辛亥革命的有关报道在当年报刊上的分量很小，但之后星星之火最终成了燎原之势，对中国的社会变迁产生了深远影响。

出洋考察与国内改革的互动，开明派与顽固派的论争，正体现了王志强教授所说的，"中国法律传统"受到挑战之际，"法律中的多元、差异乃至断裂，是古代社会中始终存在的形态，而不是走向西方化的进程中才特有的现象，只是其中主流意识形态中的部分内容发生了一定变化"〔4〕。但考察职业人士或精英思想家的观点、立法者倡导的正统意识形态、普通司法阶层和职业官员的群体意识和技术，以及普通社会民众的集体观念，都应是法律史研究的对象，通过清末这场出洋考察与仿行立宪的争论，把各个阶层的法律认识、法律思想、意识和观念体现得淋漓尽致。预备立宪所谓"失败"也正说明："在根本制度、思维方式和价值取向等层面，我们尚未充分认识到古代中国的法观念和意识仍然可能顽固、普遍和长久地存在。"〔5〕

毫无疑问，中日之所以在近代社会转型时期两次出洋考察宪政，进行法律移植和变革，目的都有防止权力滑落这一根本原因，只不过日本在实现

---

〔1〕 余世存：《大民小国》，江苏文艺出版社 2012 年版，第 78 页。

〔2〕 张玉法：《民国初年的政党》，岳麓书社 2004 年版，第 89 页。

〔3〕 余世存：《大民小国》，江苏文艺出版社 2012 年版，第 74 页。

〔4〕 王志强：《清代国家法：多元差异与集权统一》，社会科学文献出版社 2017 年版，"原版代序"第 XXI～XXII 页。

〔5〕 王志强：《清代国家法：多元差异与集权统一》，社会科学文献出版社 2017 年版，"原版代序"第 XXII 页。

"归政天皇"后需要进一步加强天皇权威；而清王朝需要防止大权旁落。但"权力"是一个中性概念[1]，它是指个人、群体和组织通过各种手段以获取他人服从的能力，比较这些相互交织在一起的因素会发现，在内忧外患情况下，清政府最高统治者权威不高，各地起义不断，已失去让众多个体、群体或组织都服从的能力，尽管其手段包括暴力、强制、说服以及继承原有的法统等方式，好像每一种方式都找不到运用的"度"在哪里。比如暴力和强制运用过多，必然引起更激烈的反抗；而说服的力度和程度不够，在激进派看来，继承原有的法统又显得过于"保守"。在这张"权力的文化网络"[2]中，显然各方面都比日本所掌握的力度差些。面临社会转型与变迁的时代背景，作为最高政权的清政府在预备立宪过程中虽然尽力去应对，也做出一些体制及内容方面的改革，但这一过程也激发出各种矛盾，包括内部矛盾，因此，立宪改革收效甚微可想而知。

在内忧外患的社会转型时期，稍微激进的变革形式会被当局乃至后世归结于对"西方的挑战"，其实，这也是一种主观价值偏好，以致晚清中国以官方为主推行的受西方启示的立宪运动，被学术界论证为一种"防范"战略，这也往往导致具有"开明"思想的人士，在特定情形下把他们从西方取来的经验，最终与中国社会中本质上较为保守的力量联合，即学者所说的"妥协"或改革不彻底。其实，不管是否因受到西方影响，纯粹的"内在"变革也会存在激进和保守的纷争。

二、革命抑或改革如何选择？——基于历史节点与宪政机理的分析

历史表明，在 20 世纪最初的十年，对于中国未来的体制应该选择"君主立宪"还是"民主共和"，在思想理论界不管是中体西用还是全盘西化，争论双方的出发点都是否定君主独裁的帝国现行体制，诉求的归宿都是在中国建立西方通行的政治体制，根本分歧在于清政府尚可救治与否。从宪法文化层面讲，不管是在朝还是在野立宪派，抑或革命派，都是"西化论者"，只是在好讲"以史为鉴"的国人面前，他们论证的出发点和角度不同而已。

---

〔1〕 参见〔美〕杜赞奇：《文化、权力与国家：1900—1942 年的华北农村》，王福明译，江苏人民出版社 2010 年版，第 4 页。

〔2〕 该词借用了美国学者杜赞奇《文化、权力与国家：1900—1942 年的华北农村》（王福明译，江苏人民出版社 2010 年版）一书中的观点。

日本是二元结构，它是幕藩体制，天皇的神权还存在。在进行改革的过程中，它首先夺取了政权，由政权的力量来推行天皇的政策；而中国的一系列改革没有这样，无论是洋务运动还是戊戌变法抑或立宪改革，以慈禧为首的顽固派一直手握大权，徒有改革之志的光绪没有足够的权力撼动他们的统治地位，何况还有满汉民族矛盾的存在。以经济因素为例，日本是把官产处理给民间，而中国是官商合办、官督民办。还有一个非常重要的原因，就是日本最后恰恰成了中国现代化的一个最大障碍——它一发展，就要侵略中国。

日本的改革志士、武士，同时非常精通各种各样的文化信仰。所以，日本既重视文化，又有非常强的现实行动力，这一点与中国的士绅文官是有很大区别的。中国依靠光绪皇帝来推行改革，还有一个慈禧太后在阻拦。而日本恰恰是二元结构，地方的藩是割据的形式，可以与幕府分离，在积蓄了力量以后一起发展。光绪皇帝却是孤掌难鸣，所以，他的百日维新到预备立宪都是不成功的。

倘若统治者对文化因素对近代化的影响视而不见，妄想通过国家强制这一单一的手段来完成法律近代化，尤其是在大众的"现代化"意识没有养成之前，基本等于徒劳。如此，不仅不能发挥出少数社会精英的能力和作用，而且容易导致社会精英与国家利益的脱节和对抗，最终会失去他们的支持。

中日两国分别于19世纪末、20世纪初出洋考察他国，此时中西之间的感性认识已然出现隔阂，这种隔阂不仅取决于文化期望，也取决于社会制度乃至时间的选择。中国虽然在前期进行了修律改革，但在文化理念上基本还是围绕着由重入轻、由旧入新、由中入西的原则展开。甚至在五大臣出洋考察的前夕，中国于1905年4月9日凌迟处死了一个犯人——王维勤[1]。而天主教时期的欧洲，带有折磨意味的死刑被称为肉刑（supplice），它源于拉丁文的supplicium。事实上，随着折磨式死刑的消失，这个词在英语中已不存在，几个世纪前的德语中也没有使用它。[2]

这就是区别和冲突，中西方理念截然不同，所以，当外方得知中国要去考察法律时，一是带着好奇心。二是对中国的政治考察和宪制考察持有怀疑

---

〔1〕 关于王维勤的审判记录请参见光绪时期《奏底》第13卷，刑部河南司部分，现藏北京第一历史档案馆。

〔2〕 〔加〕卜正民、〔法〕巩涛、〔加〕布鲁：《杀千刀：中西视野下的凌迟处死》，张光润、乐凌、伍洁静译，商务印书馆2013年版，第22页。

的心态，尽管外国政府还是热情洋溢地接待了考察团。三是外方会不可避免地把欧洲的哲学和文化嵌入 19 世纪末、20 世纪初欧洲人所看到的中国文化。比如，中国存在酷刑——与西方刑罚理念不一致的处罚方式，这给欧洲人造成了中国法律野蛮落后的固有认识。直到 1905 年，没有一个欧洲人会相信，像王维勤那种被凌迟处死的处决方式，会存在公正可言。相反，他们认为这种折磨式的死刑是异种文化的一个标志。而从中国的角度讲，欧洲人对痛楚的想象过于泛滥。

从时间选择性来说，18 世纪是个分界点，这个时间节点完成了中国由文明向野蛮的转变。原因就是 18 世纪之后，特别是第二次鸦片战争之后，中国更进一步对西方敞开了大门。一方面来自西方人对中国的描述，如 1818 托马斯·德·昆西（Thomas de Quincey）由于他涉及一桩鸦片案件，认为中国是"难以想象的恐怖"，对中国有一种"全然的厌恶"。因为他经历了"如噩梦一般、东方神秘的酷刑拷问"[1]，并希望读者能相信他的记述，而他列举的事例几乎让每一个人都相信他所说的就是中国现状。另一方面，第二次鸦片战争之后，清政府当时正大范围地利用公开处决的方式镇压 19 世纪中期的几次主要叛乱，其中包括声势浩大的太平天国运动。这期间，中国的肉刑不同寻常地严酷、公开，为了表达政府官员平定一切叛乱的决心并起到警示他人的作用。

与此同时，欧洲人对公开行刑的认识发生了改变：司法程序中对犯人的折磨渐渐地在法律中失去了合法性；而任何有关酷刑促进欧洲文明化进程的记忆也都被快速地抑制。当肉刑在西方文化中消失时，却在最具东方性的中国不断涌现。所以，对于清政府竟然两次派高级官员领衔的考察团来学习宪制，德国人是持怀疑态度的，并不相信中国会真心学习他们先进的政治制度和法律制度。

但是，当存在着偏见接待被贴上标签的中国考察团时，一方面，外国政府是认真积极的，以德国为例，不仅德皇亲自接见考察大臣，并一再嘱咐如何抓军备和大权；另一方面，给中国整理、翻译相关资料，希望中国考察团真能学到东西。而德国舆论在报道中国考察团来访时，则对中国的考察和未

---

〔1〕［美］卢公明：《中国人的社会生活：一个美国传教士的晚清福州见闻录》，陈泽平译，福建人民出版社 2009 年版，第 412 页。

来的改革夹杂着希望和质疑的矛盾心理。德国人甚至由衷地希望，中国国家的管理水平能与世界保持一致。[1]其实，从德国的态度可以窥探当时西方国家普遍存在的一种心理：只有西方文明才能让中国摆脱中国法律的陋习。

日本明治时期开展的近代启蒙运动，从人生而具有的权利、自由，从批驳旧有的观念，破除旧意识的束缚，宣传开放、学习西方等方面，其进步作用不容忽视。作为对明治维新补课的自由民权运动，特别是大量来自民间的所谓"私拟宪法"，其争取资产阶级的平等、自由、民主的要求，其闪烁的"理性之光"，今天亦令人感叹。日本在制定政策措施时，兼容并包，强调落到实处。日本一切立足实际，务实、唯实的做法，与明治维新也有关系。明治以来日本留下的一些好传统，亦值得我们重视。兴国之道，还在于民智的开启，思想解放，清王朝连经过出洋考察、历练的这种上层人物的思想都没真正解放多少，何况当时民众的识字率普遍不高，何谈民智的开启？

不可否认，面对同样的问题和窘况，日本化被动为主动，而且一直保留这样的传统。比如，宪法学中最重要和最基础的一个概念"国体"，最早肇源于中国古籍[2]，但被引入日本之后，却能进行本土化的改造，并使之具有原创性的政治观念[3]，以至近代转型时，中国还需从日本移植过来。日本学者泷川政次郎指出："日本的'国体'作为一种观念，是在江户时代（1603—1867年）的日本国学之中孕育了胚胎，并随着整个明治时期国家观念的发达而形成的。"[4]

德川幕府后期水户藩的尊王学者会泽正志斋于1825年出版的《新论》一书中，"国体"一词已被赋予超越传统国粹主义的内涵，初步成为国家主义的一种意识形态。尤其他已洞见：当时的西方列强之所以具有某种强力和一体性，是因为其所拥有的基督教发挥了一种"统合性的、源动性的核心力量"[5]，而基于王政复古的立场，他认为在古代日本同样存在类似的某种

---

[1]　Otto Frank："Die Chinesische Kommission zun Studium fremder Staatseinrichtungen"，Kolnische Zeitung，vom25，Februar1906.

[2]　《管子》中有"四肢六道，身之体也；四正五官，国之体也"一说，意指君臣父子五行之官，具有类似于国家组成要素的含义。

[3]　See John S. BrownLee，Four Stages of the Japanese Kokutai（National Essence）.

[4]　[日]泷川政次郎：《日本人の国家観と国体観念》，载《日本文化研究》第一卷（1958年），第37ページ参照。

[5]　See John S. Brownlee，Four Stages of the Japanese Kokutai（National Essence）.

"一体性"，即天照大神所创建并被传承下来的、以"政祭一体"的形式存在的历史传统，这就是他所诠释的"国体"，旨在以被神格化了的天皇权威去塑造国家精神的正当性与一体性，从而克服西方列强的冲击所带来的国家危机。

会泽式的国体概念，很快成为对明治宪法的制定具有较大影响的主流国体观，这种保守主义的立场将"国体"看成是某种源自日本自身历史、传统与习俗之中的结晶，为此认为是永恒的、绝对的、不可变更的，并集中体现在天皇身上，乃属于所谓"日本本土的"，用当今中国的政治话语来说，具有"日本特色"的。中国学者潘昌龙甚至认为，日本近代的这种国体论，至少可以归纳出三个基本信条：神国思想、尊皇思想以及大和魂论。[1] 由此可窥探中日在向西方法治取经过程中，为何会出现截然不同的效果。

虽然，清末因处于内忧外患的局面，为了挽救统治危机，也先后两次派员出洋，主动学习西方法治，但还是没有把握住时机，关键要能做到"因时制宜"，否则在别人的叫骂声中被推着走，其进行的改革是很难满足民愿的。日本恰恰抓住了适当的时机向西方学习，并及时进行吸收和消化，所以明治维新时期其在法律近代化道路上比清末预备立宪相对成功不是没有原因的。

宪治体系本来就是一项复杂的系统性工程，预备立宪运动不仅包括官制、司法等方面的变革，还包括财政、金融、军事、交通、教育等方面，要想实现整体变革，最终都需要落实于机构改革、增置与制度建设，并通过制度内容实施贯彻得到体现。政治体制的变革是牵一发而动全身的，包含了新与旧、传统与现代、东方与西方各种势力的斗争，成为近代制度转型的关键枢纽。其间，各方利益相互纠缠，冲突不断，改革过程充满艰辛曲折。其实，在传统中国文化土壤结构移植外来的全新体制，自然会遭遇古今中外观念体制相隔悬殊的困扰，如何兼容而不变质，并非易事。

作为一项系统工程，对于宪治体系的构建，尤其需要从文化上注重国家统合原理的功能。立宪运动最重要的一点是要改变"国体"，从而改变政体模式。而国体作为建构国家形态、将特定政治权威加以正当化以及形成国家统合原理等功能，不用说两次出洋大臣意识不到，就连当时的精英分子在立宪争论过程中，也鲜有人意识到，他们更多地还是围绕一些皮毛化的、具体形

---

〔1〕 参见潘昌龙：《试论〈明治宪法〉中的国体论思想》，载《外国问题研究》1989 年第 1 期。

式化方面的内容进行辩论。而日本以出洋考察大臣为代表的知识精英，不仅有意识地认识到国家统合原理的重要性，还一直在解决如何有效发挥国家统合的功能。

美国学者柯文曾经指出，广泛的文化变革一般有两个阶段，前一阶段由开拓者（或革新者）主导，后一阶段由使其合法者（或生效者）主导[1]。的确，中日出洋考察团在他国的所见所闻及归国后的建议是介绍先进的法律文化，但是该主张能否被践行，则是由"使其合法者"主导了，而中日产生的效果差异正是源于此，以慈禧为代表的晚清统治集团显然不如日本天皇那样能切实有力地推行外来先进文化。因此，在"合法化"的过程中，即制度性变迁的过程中，会忽略社会、经济和政治等对变革的影响因素，纵使容易注意到精神、文化和心理的因素。当然，学术界也容易把中日产生这种差异的原因归结为：在法律移植过程中，晚清政府过分地强调"中国化"（或反西方化）。实则不论形式上的结果如何，都不能否认，预备立宪所引起的对新生事物的学习、法律思想的变革、地方精英的日益政治化，对后世产生的巨大影响等，是不以任何人的意志为转移的。

出洋考察虽然是直观学习和移植他国法律制度的方式，但任何术语、概念、法律原理、法律文化等的学习、摸索，不只是从他国到中国的单向输入，而是可能经过了跨多国之间的多向交叉的移植过程，"甚至可能经过了与共同处于继受国地位上的其他国家——如日本之间的互向往复、彼此交流的移植过程"[2]。何况，这种移植还存在译语的创生、输入，甚至是概念意义的变迁、与本土文化的调适、法条化等诸多环节，其间难免涉及由"他者"转化为"我者"的种种问题，所以，纵使在形式、步骤和做法上亦步亦趋，但只要其他环节处理存在不同，就不可能取得相同的效果。

维新派代表人物康有为早就看到"西人治国有法度，不得以古旧之夷狄视之"，所以，他们主张戊戌变法，甚至不惜牺牲生命去进行变法。出洋考察与预备立宪则是统治阶级主动发起的，但在风雨飘摇之际，他们才想到要下决心立宪——错过了最佳时机，已经晚了。革命派已经等不及，上天也没有

---

〔1〕 参见［美］柯文：《在传统与现代性之间：王韬与晚清改革》，雷颐、罗检秋译，中信出版社 2016 年版，中文版序言。

〔2〕 林来梵：《国体概念史：跨国移植与演变》，载《中国社会科学》2013 年第 3 期。

给清朝那么多时间去"预备",辛亥革命的枪声一响,就埋葬了清朝的法制建设和努力。

此外,五大臣出洋"择善而从"的理念出发点固然好,但在借鉴过程中可能会出现不平衡的现象,表现为对德国、日本这些国家的偏好,还有文化背景、语言环境的不同,这都阻碍了我们对外来文化的吸收借鉴。正如王人博教授曾指出的那样,思想价值的尺度依赖实效性,从西方搬来思想和理论并不难,而这些思想或理论能否以及如何应用于现实中国,却不完全由思想、理论自身说了算。[1]

马克思说过:"极为相似的事情,但在不同历史环境中出现,就引起了完全不同的结果。如果把这些发展过程中的每一个部分都分别加以研究,然后再把它们加以比较,我们就会很容易地找到理解这种现象的钥匙。"[2]大致来说,日本所走过的路较为平稳,而中国则多有曲折乃至反复。詹姆斯·奥康内尔教授用"创造性的理性"[3]来表达现代化的精神状态,虽寥寥数字却很好地表达出了秩序与创造的融合,这也恰恰是完成现代化进程无法逃避的艰难课题。一方面,现代化就意味着革新、要求打破原有规则,创造性地建立新的秩序;另一方面,稳定是维持现代化成果的必然保障,如何把握好创新与秩序二者间的关系,是每个现代化国家必须面对的难题。

三、文化碰撞视角下对清末立宪的评价与思考

客观来讲,不是预备立宪本身加速了清政府的垮台,而是立宪改革的不成功加速了政权的崩溃。不是预备立宪没有挽救清王朝的统治地位,而是清廷没有挽救立宪。清末立宪改革不成功的原因很多,就连当时的外国人也认识到:"清朝政府并没有明显的希望来维持其摇摇欲坠的皇权。中华帝国必定会分崩离析。七年来已获得局部胜利的革命和无数小的起义在有些省份里甚至导致了无政府状态、连年饥荒和商贸的凋零。某些地区的瘟疫和另一些地区的蝗灾——所有这些,再加上空虚的国库、游民、军饷不足和军官无能,

---

〔1〕 参见王人博:《张之洞:一个法政改革者的行动逻辑》,载《法学评论》2021年第1期。

〔2〕 马克思:《给〈祖国纪事〉杂志编辑部的信》,载《马克思恩格斯全集》第19卷,人民出版社1963年版,第131页。

〔3〕 [美]西里尔·E.布莱克编:《比较现代化》,杨豫、陈祖洲译,上海译文出版社1996年版,第25页。

等等，都必然会造成清朝的迅速瓦解，无论是否有外国人的侵略。"〔1〕

黄克武先生就曾指出，"我们在看晚清的时候往往还是从革命史观，把清廷的改革和立宪派的追求加以扭曲，这是蛮可惜的"〔2〕。的确如此，除辛亥革命中成功的革命党外，历史进程中有很多人付出了不同的心力，包括清政府的统治阶层，不应该因最后历史的结果否定前面的努力。而立宪政体模式的选择，从根本上讲，还是取决于文化的碰撞和竞争。宪治民主其实是个程序性的东西，它要保障公众参与和平等；而这套程序性的东西，其核心是自由，是个体解放和个性解放，如果不具备这种理念，而仍然是靠强权维持统治尊严，在近代转型时期"西学东渐"的大背景下，纵然有宪法，不管选择哪种政体模式，都是不会成功的。

中国的宪法舶自西方，立宪也是出于内忧外患、保种、保国、保权的需要，因此，这种舶来品始终为中国传统的基本法所重塑，进而造成在制度本身与制度功能上，都改变了西方宪法文化的立场和原意，形成具有中华民族传统的宪法制度，也就是有些学者所说的"假立宪"的（非立宪主义的）民族特征。通过《钦定宪法大纲》、皇族内阁的出台可以看出，集权趋向是中国文化的根基问题，在此基础上进行西方宪法文化的学习与制度移植，没有出现契约思想与统筹的安排，这说明仅靠模仿西方的宪制，也不能从根本上改变中国集权体制的历史惯性。纵使官方两次派员出洋考察，不能解决中国政权组织体制权力聚散和分配的问题，虽然我们并不能否认出洋事件对国人法律思想的启迪、洗礼，以及对后世的影响。

无论如何，出洋考察与清末立宪本身不能说完全是失败的，毕竟在客观上它留给后世太多有用的法律理念和制度。否认清末预备立宪成果的言论，只是站在当局者的角度上评价，因为预备立宪在当时没有起到多大的作用，更没有挽救清朝本身的统治危机，但宪政编查馆的成立、宪法的制定、责任内阁的出现等，都对后世产生了深远的影响。甚至在思想上也具有启蒙作用，以后任何人妄想称帝、搞独裁专制，都不得人心，共和的观念才深入人心。

何况，判断一种文化的新旧，能否只用政治的变化或者制度的变革作为

---

〔1〕 沈弘编译：《遗失在西方的中国史：〈伦敦新闻画报〉记录的晚清 1842—1873》（上），北京时代华文书局 2014 年版，第 156 页。

〔2〕 许知远主编：《东方历史评论》14，贵州人民出版社 2018 年版，第 83 页。

划分标准还有待商榷。鸦片战争引起了中国近代社会的剧烈动荡和变革，预备立宪也正式以官方的意识形态进行政治变革，这些作为制度的分水岭乃至划分历史时期的分界线还是可以接受的，但能否真的作为文化上的分水岭，恐怕是需要考虑的。因为一种文化的形成是经时间沉淀的，它的演变更是需要长时段，比如民间习惯，不可能在一日之内全部废除。换言之，社会再怎样反复震荡，可能会影响制度的改变，但不可能完全摧毁文化的内核。当然，有时候某一个具体的事件、某一个具体的政策或者决策，甚至某项改革，可能带来文化上的激变，比如废除领事裁判权、清末十年修律和预备立宪运动等。甚至有时候某个事件或决策会引起移风易俗，但我们只会说它是文化"激变"的前奏或导火索，传统文化的影响和作用不会马上被取代、消失。

出洋考察显然是法律移植的一种方式，但究竟能否进行有效移植，不同学派有不同的看法。历史法学派认为法律就像语言、风俗、政治一样，是民族精神、民族特性和民族共同意识的体现。法律会随着民族的成长而成长，随着民族精神加强而加强，随着民族个性的消亡而消亡。"对于法律来说，一如语言，并无绝然断裂的时刻"，"循随同一内在必然性规律"，"法律是社会存在整体中的一部分"。[1]就连主张"为权利而斗争"的耶林也认为萨维尼的说法有一定的合理性。所以通过完全照搬照抄他国的形式制定本国的法律是必定失败的。我们要从自身民族习惯以及我们的文化特性中，不断抽离出适合现代社会的规则，并在不断演化中加以调整，而不是突兀地制定一个完全不符合民族习惯的规则。比如，萨维尼在钻研罗马法时，认为德国不应当去学习法国民法典，因为通过照搬的形式是不会成功的。

徐爱国教授也认为古代社会中西方法律的比较是有可比性的，因为古代社会不像现代社会那样社会分层与分化剧烈。道德与宗教是古代人生活的内在动力，由此也体现在法律制度的层面上。古代东西方社会都有自己的道德观和宗教行为观，但其中蕴含的差异性导致了后来的分化。当西方社会步入了现代社会的时候，东西方的法律传统开始出现了分野。[2]因此，他认为比较法律史基本的比较是区分规范的比较和文化的比较，真正有效的比较应该

---

〔1〕 参见［德］弗里德尼希·卡尔·冯·萨维尼：《论立法与法学的当代使命》，许章润译，中国法制出版社 2001 年版，第 10 页。

〔2〕 徐爱国主编：《无害的偏见——西方学者论中国法律传统》，北京大学出版社 2011 年版，第 241–242 页。

是法律文化的比较，或者说社会结构层面上的比较。[1]因为所有的规范都有自己特定历史文化背景，只有在这个背景下，规范才能够得到它真实的意义。同一结构的法律现象有比较的现实性，不同结构的比较缺少可比较的平台。

萨维尼当然承认了德国很大程度上是学习、继承罗马法的事实。然而他认为这种学习、继承是一种内在的吸收，而不是外在的强化，在这一过程中法学家和法官扮演了非常重要的角色。他说，"历史发展到某个时期，法学家和法官就代表了这个民族的精神。通过法官和法学家这些社会精英卓有成效的工作，罗马法精神渗透到了德国人的民族精神之中"[2]。反观清末预备立宪，从广泛学习各国法律到专意于学习君主立宪国家，首先都是内忧外患下的被动之举，即属于外来强迫的成分是主要原因，没有内在性的吸收融合。其次在这一过程中缺乏法律人才，法学家和法官寥寥无几，故他们所起到的作用就非常有限了。他们基本属于旧传统脱胎而来的比较开明的专制体制下培养的大臣而已，中体西用仍是大多数人最基本的思想。日本明治维新过程中的继受和学习，反而具备萨维尼所说的特性。日本一直善于学习，比较主动，也善于进行本土化的改造和吸收，而天皇又重用明治维新的大臣，让他们发挥出所谓"关键性作用"。

然而中国在学习西方法律的过程中，工作重心主要是在法律的制定上。没有系统性、整体性、协调性要求的话，立法就成了简单的复制、翻译、誊抄的工作，把自己认为合适的法条加以整合就万事大吉，但实际效果大相径庭，这也是清政府出台了相关宪法性大纲草案后仍走向灭亡的原因。因为从这个意义上讲，学习日本法也好、学习德国法也好，乃至学习英国法或美国法，没有什么实质性的差异，只要做得像个法典的样子就可以了。但体现在成效上，肯定是微乎其微。从法律效力、主权和法律渊源角度来看，唐代以降的中国古代法律和清末新政与修律，在法律范式上存在着性质的差异性。从法律传统上考察，法律的意识形态并不因政权的更迭发生断裂。辛亥革命埋葬了清王朝的政权，但清朝留下的制度仍在坟墓里制约着后世的法律发展。"历史铭刻在我们的心里，它可以是我们当下法律活动的包袱，也可以是法律

---

〔1〕 徐爱国主编：《无害的偏见——西方学者论中国法律传统》，北京大学出版社 2011 年版，第 241 页。

〔2〕 ［德］弗里德尼希·卡尔·冯·萨维尼：《论立法与法学的当代使命》，许章润译，中国法制出版社 2001 年版，第 10 页。

活动的工具。"[1]

清末预备立宪过程中的各种争论随着清帝国的灭亡而告终，但这只是说立法层面的争论终止了，司法层面的冲突依然存在。现在我们仍然存在法律意识形态的论争，究竟是学习西方的制度，还是建立我们本民族的东西？究竟是按照西方的思路来判案，还是要保持中国的民族性？从清末移植西方法律至今，一百多年过去了，我们的法律体系是西方的，而我们的法律理念基本上还是传统的。制度与民族精神的断裂，导致了中国法律之路的扭曲和变形。从法律近代化的实践来看，从中国内在的传统中衍生出现代法律制度是不可能的，而内在地消化西方法律制度和理念，好像也没有取得多么大的成效。正如徐爱国教授指出的："我们有悠久的法律传统，但现代法律历史又相对短暂，因此，我们必须面对这样的历史哲学的难题做出抉择：或者尊重历史，让历史束缚当代的中国法律；或者弱化历史，把历史与当下的相似性当作法律发展的动力。"[2]

清政府自出洋考察之后，宣布预备立宪，变被动为主动，中华法系也在不断模仿西方、学习西方的过程中走向解体，取而代之的是西方模式。好在经过几十年的努力，南京国民政府时期基本建成了完善的近代法律体系。按说，我们的法制建设开始步入正轨。"但法律效用最终应体现在它对整个社会的影响上。上述法律体系并没有把中国带进民主宪政和法治国家行列，相反，在看似健全的法律体系外衣遮裹下，却不断培植出新的专制政治。"[3]正如有学者指出的："在世界宪典史或宪政史上，虽不乏宪典促成宪政之例，然而，也有多少国家，宪典尽管制定，而上轨道的政治始终是不能变成事实的幻影，我们的 30 余年的制宪史更是最现成又最近的实例。政府中的大部分人士也应该获得足够的历史教训，那就是中国的问题绝不能单靠白纸上的黑字就能解决……"[4]

"的确，在一切国家中，时间都带来变革，但若一方面是努力维持旧法

---

[1] 徐爱国主编：《无害的偏见——西方学者论中国法律传统》，北京大学出版社 2011 年版，第238 页。

[2] 徐爱国主编：《无害的偏见——西方学者论中国法律传统》，北京大学出版社 2011 年版，第238-239 页。

[3] 张仁善：《礼·法·社会——清代法律转型与社会变迁》，商务印书馆 2013 年版，第3-4 页。

[4] 楼邦彦：《如何能粉饰得了太平？——由召开行宪国大想到种种》，载《观察》1948 年第 5 期。

律，另一方面是引入新框架，这时，国家便陷入混乱。"〔1〕亨廷顿曾指出：
"现代性孕育着稳定，而现代化过程却滋生着动乱。"〔2〕另一学者 C. E. 布莱
克也认为："现代化是一个创造与毁灭并举的过程。它以人的错位和痛苦的高
昂代价换来新的机会和新的前景。"〔3〕在现代化的进程中，借鉴、吸收现代的
制度体系、文化思想的同时，势必对传统造成不小的冲击，这种冲击还会进
一步导致原有的既得利益者的反对，从这种程度上看，现代化就是一种重新
分配利益的过程，如清末官制改革和满汉民族矛盾等无不体现立宪过程中的
这种冲突。"如果人们想象现代化是在新的原则基础上对社会的整合和重建，
那么他们也必定会想到现代化意味着传统社会的解体。"〔4〕

清末立宪派与顽固派的交锋说明，在实现由传统社会向近代社会转型过
程中，往往会存在一股势力即所谓顽固派或保守派，他们在抵制近代化这件事
上达成了共识，还通过结成短暂的同盟来阻止近代化进程，从而进一步破坏社
会的整体性。但只要有两种不同文化的碰撞，就会有法律移植的发生，这并非
某一个人能左右的，不同之处就在于对继受国正向影响多少和大小的问题。

同时要注意，评价某一历史事件包括专制皇权，甚至不能简单地用"好
与不好"去评判，关键是看它起了什么样的历史作用。不管清末预备立宪是
否具有诚意，是好是坏，它对后世产生的影响都是不能抹杀的，比如它对立
宪思潮的启迪，使得"共和"观念深入人心，如果以后的当权者想走复辟的
老路，必将引发声讨和包括使用武力在内的反对，这就是清政府出洋考察与
预备立宪对后世所产生的深远影响之一。

客观来讲，晚清十年是一个非常丰富的时代，王德威提出过一个命题：
"没有晚清，何来'五四'。"〔5〕他的意思是"五四"运动是从晚清出来的，
但晚清的复杂多元和开拓性远超过"五四"运动。其实，晚清时代在思想文
化方面是开放多元的，蕴含着未来中国相当多的不同的可能性。"从政治史的

〔1〕 Commons Debates1628. , vol. Ⅳ, pp. 103-104.

〔2〕 ［美］塞缪尔·P. 亨廷顿：《变化社会中的政治秩序》，王冠华等译，生活·读书·新知三联书店 1992 年版，第 38 页。

〔3〕 ［美］C. E. 布莱克：《现代化的动力》，段小光译，四川人民出版社 1988 年版，第 37 页。

〔4〕 ［美］C. E. 布莱克：《现代化的动力》，段小光译，四川人民出版社 1988 年版，第 37 页。

〔5〕 许知远主编：《东方历史评论》14，贵州人民出版社 2018 年版，第 82 页。

角度来说，晚清当然是一个朝代的衰微，事实上晚清具有相当的思想活力。"[1]

当然，某一制度在一定历史阶段中合理，后来又不合理了，也属正常。正因如此，历史才发生变动和变化。毕竟，历史是流动的，不是死的，每一个时代都有它独特的、自己的要求，会演化出自己的制度，没有哪一种制度是绝对的好，是从来合理、放之四海而皆准的，如果真是这样，也意味着历史走到了尽头。然而，如果历史有尽头，是否也说人走到了尽头？那不意味着人类社会的灭亡吗？事实是，人类社会始终处在前进发展的状态，诸如科技等方面的日新月异，必然也会带来制度的变革，新的事物、新的技术出现了，法律不做变革将最终被时代抛弃，所以说，历史没有终点。制度源于需要，一旦某种国家制度、社会制度超出了或者不能满足特定时代的要求，它自然而然会被淘汰。伴随着这一淘汰、斗争、选择的过程，历史又被推进了一个新的时代。

另外，我们还应注意，移植来的法律是否真的被我们需要，要注意法律的价值性和被需求性，不能只是为了迎合某种声音和潮流"为移植而移植"。毕竟，法律的价值，是指"在主体人与客体法的关系中，所体现出来的法律的积极意义或有用性"[2]。也就是说，只有当法律符合或能够满足人们的需要，在人与法之间形成价值关系，法律才是有价值的。一种法律制度有无价值、价值大小，既取决于这种法律制度的性能，又取决于一定主体对这种法律制度的需要，取决于这种法律制度满足一定主体需要的程度。如果一国没有这种需要或某种外来法律制度、法律思想或法律文化不能满足本国法制建设的要求，那么这种法律移植也是徒劳无功、白费力气的。

历史证明，只有使宪法成为人们生活中的信条和自觉遵守的根本行为准则，法治的时代才算真正到来。[3]其实，清政府预备立宪抛开是否具备诚意，终究走向失败的原因是没有在思想文化上真正改变，搞的仍旧是制度建设。鸦片战争以来的实践探索证明，无论是学习西方器物还是学习制度，都没有从根本上使改革成功，出洋考察与立宪仍旧是制度层面的学习和变革，不能

---

[1] 许知远主编：《东方历史评论》14，贵州人民出版社 2018 年版，第 82-83 页。

[2] 范健、张中秋、杨春福编著：《法理学——法的历史、理论与运行》，南京大学出版社 1995 年版，第 169-170 页。

[3] 张晋藩：《中国宪法史》，中国法制出版社 2016 年版，第 17 页。

在根本上改造思想文化，致使预备立宪制度也无法挽救清政府的统治地位，这是立宪不如日本有成效的深层次原因。

结　论

中日两国最终的不同之处在于，明治维新之后日本逐步走向了近代化的道路，国家富强，因而也走上军国主义道路，开始向外扩张、侵略。清政府的变法没有得到真正的实施便寿终正寝，它留下的法律遗产成为其后的民国政府的法律宝藏，之后的许多法律是以清末所修改的法律为蓝本，并加以少量修改而成的。虽然中日两国法治变革的模式、结果不尽相同，但都使法治思想在国内得到了传播，深深影响着各自法制的发展。尽管清政府对宪政改革的认识程度及改革方式远不及日本，但是改革的影响一直延续到民国时期。出洋考察团所学习的宪法、议会、责任内阁等立宪必备要素，一直是民国时期不断试验和反复实践的内容。

立宪是一种文化现象，是历史发展或文化演进的产物。而近代中日关于立宪概念的形成是在出洋考察之后，朝野对传统的和现实的政治制度及其运作进行观察、思考、研究、反复讨论、商榷而总结、概括的结果。平心而论，就一种制度而言，只要符合一个时代的需要，能解决这个时代的问题，它就是"好"的，所以不管中日选择何种学习对象和立宪模式，关键看它是否具有时代合理性和要求，保守与否倒在其次。显然，清政府匆忙之下选择的德日模式，已经不能解决清末社会涌现出的各种问题，保守派和立宪派均不接受考察大臣的建议，说明他们所设计的立宪蓝图的确存在问题，去西方考察，没有学到法治的精髓和实质，却激起了全国上下立宪的思潮，且势不可当，这不是以他们的意志为转移的，并且这股思潮对后世具有深远的影响。

文化冲突是文化发展的重要动力，文化冲突实际是文化竞争和文化发展的过程，没有竞争，没有比较，文化就不能发展自己的个性，也就不能获得巨大成就而具有普遍意义。文化冲突必然走向整合，原来渊源不同、性质不同以及目标取向、价值取向不同的文化，经过相互接近、彼此协调，它们的内容与形式、性质与功能，甚至目标取向、价值取向等也就不断修正，发生变化。文化整合实质上就是文化选择的过程，显然，两国分别派考察团出洋就是为了弄清这个问题。然而，两国考察团成员对此问题的认识良莠不齐，导致了中日在法律近代化过程中的不同效果，也成为分析清末预备立宪运动的一个重要视角。

要处理好"外来化"与本土化的关系，需要把握住以下几点：一是中国自身需在政治制度和经济上进行变革，法律移植应注重"内在的吸收"，而不是"外在的强化"，法律移植不仅仅是复制、照搬别国的制度、概念，而应该是法律文化和法治观念的转变；二是要对传统文化有真正的认识，并在现代语境中，对传统资源进行创造性再诠释；三是要发扬中华优秀传统文化，提升国民素质，认识到这不是一个口号和标签的问题，而是历史和素养；四是要理性区分文明与文化，不必把现代文明与传统文化看成非此即彼的对立选项，自由、平等、民主等理念，仍是人类文明向前发展的必然选择；五是面对全球化浪潮，不必怀有恐惧感和敌意，要有开放的文化胸怀，既熟悉、珍惜自己的文化，又能放眼世界，理性对待其他民族和国家的文化，对异质文化一味地赞扬或批判，都不是追赶潮流的表现。